依戀理論
三部曲
II

分離 焦慮

JOHN
BOWLBY

劃時代心理學經典

〖探索母嬰關係與內在不安全感的源頭〗

依戀理論創始者
約翰·鮑比——著

東華大學
諮商與臨床心理學系助理教授
翁士恆——繁中版審定

萬巨玲、肖丹、周晨琛、周兆璇、李娟娟、楊詩露、王秋蘊————譯

VOLUME
II

ATTACHMENT & LOSS

SEPARATION

依戀理論三部曲 II

分離 JOHN BOWLBY 焦慮

劃時代心理學經典

〔探索母嬰關係與內在不安全感的源頭〕

作　　　者：約翰‧鮑比（John Bowlby）｜繁體中文版審定：翁士恆｜
譯　　　者：萬巨玲、肖丹、周晨琛、周兆璇、李娟娟、楊詩露、王秋蘊
總編輯：張瑩瑩｜主編：鄭淑慧｜責任編輯：謝怡文｜校對：林昌榮｜封面設計：萬勝安
內文排版：洪素貞｜出版：小樹文化

發　　　行：遠足文化事業股份有限公司(讀書共和國出版集團)
　　　　　　地址：231 新北市新店區民權路 108-2 號 9 樓
　　　　　　電話：（02）2218-1417 傳真：（02）8667-1065
　　　　　　客服專線：0800-221029
　　　　　　電子信箱：service@bookrep.com.tw
　　　　　　郵撥帳號：19504465 遠足文化事業股份有限公司
　　　　　　團體訂購另有優惠，請洽業務部：（02）2218-1417 分機 1124

法律顧問：華洋法律事務所 蘇文生律師
出版日期：2020 年 9 月 30 日初版
　　　　　　2024 年 1 月 25 日初版 5 刷

All rights reserved　　版權所有，翻印必究
Print in Taiwan
特別聲明：有關本書中的言論內容，不代表本公司/出版集團之立場與意見，文責由作者自行承擔

國家圖書館出版品預行編目資料

依戀理論三部曲2：分離焦慮 / 約翰‧鮑比(John
Bowlby) 著；萬巨玲、肖丹、周晨琛、周兆璇、李
娟娟、楊詩露、王秋蘊譯-- 初版. -- 新北市 ：小樹
文化出版：遠足文化發行, 2020.10
　　面；　公分
譯自：Attachment & loss : separation（Volume2）
ISBN 978-957-0487-39-8 (平裝)

1.兒童心理學 2.焦慮症 3.親職教育

173.1　　　　　　　　　　　　　　109010289

© The Tavistock Institute of Human Relations 1973
First published as Attachment & Loss: Volume 2 by The
Hogarth Press, an imprint of Vintage. Vintage is part of the
Penguin Random House group of companies.
This edition arranged with RANDOM HOUSE UK
through Big Apple Agency, Inc., Labuan, Malaysia.

本書中文譯稿經北京閱享國際文化傳媒有限公司代理，
由世界圖書出版有限公司北京分公司授權。

小樹文化　　小樹文化
官網　　　　讀者回函

最原始的焦慮與創傷，
來自分離與感受不被愛

文／國立東華大學諮商與臨床心理學系助理教授、

英國愛丁堡大學諮商與心理治療學博士　**翁士恆**

　　審定這本書的時候，正是與一群受到家庭與身體創傷孩子相處的時候，心中五味雜陳。約翰・鮑比（John Bowlby）的研究結果與文字，一一的應證在這些辛苦孩子的身上，這些孩子情緒壓抑而行為爆裂，既渴求愛又破壞著所有被愛的可能。矛盾又意欲撕裂的情感，在這些孩子的所有關係中一再出現。而我，是一個既被渴求又欲毀滅的客體，在每次的相處中辛苦的尋求倖存的機會。

　　約翰・鮑比給了這些孩子的處境最清楚的答案：**分離是最原始的焦慮，而感受自己不被愛是最深的恐懼**。這些孩子很辛苦，正經歷著父母失序的困境，或者暴力的對待，對於他們來說，愛一個人與被一個人所愛是如此困難，而「覺得不被父母所愛」卻如此容易。其證據如此明顯的充斥在生活環境之中，因此他只能用盡一切不讓世間規則成形，最好是一個不用看也不用思考的世界，這樣就不用進入「不被愛」的恐懼裡。孩子的失序，其實是對現世的抵抗，拒絕任何提醒他「不被愛」的所有可能。

　　而最驚悚的，是他們的父母也歷經過相同的成長經驗途徑，父母不是不愛，而是不知道怎麼愛，因為沒有被好好愛過，所以不得不給了孩子「不愛」的存在證據，這樣的證據既熟悉卻漠視，從親代傳給了子代。創傷，正在代間傳遞著。

臨床工作者——醫師、社工、心理師、教師等等都希望能打破這個鎖鍊。而約翰・鮑比認為，只進行孩子的工作或者只做父母的工作，終將徒勞無功。唯有同時工作，將親子之愛的牽絆從代代之間細心搓揉、豐富與穩固，創傷才有撫慰的可能。

重要的不是教養方式，而是彼此依戀的生活自身

這本書無疑是關心兒童發展最重要的參考資料，約翰・鮑比更深化對於依附關係的探討，將所有有關於親子關係的研究娓娓道來，以精神分析的理論為骨架，從科學與生物學的實驗發現探討親子關係的基礎。一方面，他告訴世人讓孩子好好活著的關鍵因素，另一方面，他還原著親子之愛的根源，肯定的印證著人類甚至靈長類動物的創傷經驗之始源，來自分離。

而分離不只是來自肉身的分離，更包含著口語上關係的斷離。那可能是：

「如果你不⋯⋯媽媽就不愛你了。」
「如果你⋯⋯就把你送給⋯⋯」
「如果你再⋯⋯就看不到我了。」

也包含著以自身的身體破損或生病所造成的分離隱憂。那可能是：

「因為你⋯⋯讓我頭好痛。」
「因為你⋯⋯我沒有辦法好好生活。」
「你害我生病了⋯⋯」

當然也包括著用「無情感」的方式面對孩子，讓孩子在互動中感覺不到所依附的對象。**這本書詳細的告訴我們依附對象，尤其是母親的生活樣態如何影響著孩子。重要的，不是教養方式，而是彼此依戀的生活自身。**

如何讓孩子看到依附對象可以「好好的活著」是最重要的命題基礎，這呼應著溫尼考特「夠好的媽媽」的呼籲，也連結著費爾本「尋求客體」的終極欲求。

然而，審定這本書卻也是異常困難的工作，因為它如此重要，因此需要不斷的比對譯稿內文的合適性以及與原文的一致程度。如《依戀理論三部曲1：依附》一書一樣，這本書雖然不是完美的譯本，甚至離完美還有相當的距離，但希望經由仔細的審定與校對，正體中文的版本，應該也已經是夠好的版本了。

閱讀這本書一樣會是辛苦的，但大千宇宙卻可以透過閱讀與省思而逐漸開眼，照見與凝視人我關係的核心。這本書，有著豐富的研究資料，適合教師與研究者；有著詳細的臨床應用文獻，因此也非常適合精神科醫師、社工與心理師；而最重要的，它從最客觀的細節之處提供著父母在何時、何地、何處所可能對孩子的影響，因此，若是想要從書中文字省思自我與梳理自身經驗的家長，更是案上必要之著作。

最後，真的很高興可以透過審定的過程好好的將這本書呈現在繁體中文讀者眼前，我們得以擁有約翰・鮑比的原典脈絡，以此知識的原點豐富我們的生活。

然後，我們可以等待最後一塊拼圖——依戀理論第三部曲的終作：失落。

僅以本書，獻給所有的父母、關心孩子的人，與所有的孩子。

依戀理論，讓我們更理解母嬰關係

文／北京大學心理與認知科學院講師　**易春麗** 博士

追蹤早期依附關係對個體後續發展影響的前瞻理論

　　我在2000年之前，從發展心理學教科書上了解到依戀理論，當時並不知道依戀理論的創始人約翰‧鮑比是心理治療領域精神分析科專家，直到2004年秋天參加了南京腦科醫院組織關於依戀理論的培訓。當時，主辦單位邀請了四位英國專家，培訓過程中，專家放了四段母嬰分離的影片，這幾段影片相當震撼，一下子就吸引了我的注意。後來，我找到了約翰‧鮑比的這三本關於依戀理論的書，當時沒有任何中文譯本，我一直都想把英文版好好讀完，可惜在沒有壓力的情況下閱讀完這麼專業的英文書，還是挺難的。

　　這三本書是約翰‧鮑比在20世紀40、50年代開始的研究，他花了30多年將各方面的研究成果轉化成三本最為經典、關於依戀理論的著作。這些書裡涵蓋了對精神分析理論的呈現、反思和批評。佛洛伊德（Sigmund Freud）用的是回顧方法，從成年個案的敘述中追溯其早年的創傷經歷，而約翰‧鮑比與之相反，用的是前瞻性的方法，追蹤了早期依附關係對個體後續發展的影響。在書中，約翰‧鮑比透過多種角度論證他的依戀理論，比如：透過比較心理學（透過研究動物來推演人類的行為）、發展心理學中對幼兒與父母分離的研究，還有生理基礎方面的研究，以及臨床實踐。大家都可以透過閱讀這三本書具體了解這些資料，因此我就不贅述了。

我一直希望這三本書能被翻譯成中文，以促進依戀理論的推廣與應用。當出版社編輯找到我，請我擔任審定的時候，我很高興的接受了。我知道，這段過程可以讓我好好讀完這三本依戀理論最為經典的書籍。說起來，我在十多年前曾為薩提爾家庭治療系列圖書擔任審定，深知審定的痛苦，在完成那幾本書之後也發誓不再做這種事情，可是等到依戀理論這三本書送到我的面前時，由於書的吸引力，我義無反顧的接受了這個工作。這次的審定工作花費了大半年的時間，由於參與翻譯的工作者很多，翻譯水準參差不齊，這使得審定有時候是一種純欣賞，有時候就是一種痛苦的折磨。這套書審定完成後，我很欣慰自己終於好好讀完了這些經典，也發誓不再做審定工作，不知道要多久，才能好了傷疤忘了疼，有其他可以吸引我的書。

依戀理論影片，改變了英國醫院陪床規定

　　不知道是不是因為天分，我對親子互動行為異常敏感，也很喜歡分析和解讀各種影片。因此，2004年看到約翰・鮑比的依戀理論影片，至今還對我有很大的衝擊，所以我在這裡還是要介紹一下當初所看到的兩段重要影片，以及這兩段影片的深遠影響。約翰・鮑比就如同一個攝影記者，以不干預的方式進入觀察環境。

　　第一段影片是一個3、4歲的小女孩和媽媽分離。在20世紀40、50年代的英國，小朋友住院的時候不准媽媽陪床。那段影片裡，小女孩住院大概七天，媽媽每天會有短暫的時間來探視小女孩。隨著時間推移，小女孩和媽媽見面後需要越來越多的時間，才能和媽媽進入一種比較好的互動狀態。等到小女孩出院的時候，我們看到的是兩個一大一小的背影，孤獨的走出醫院，沒有任何母女之間的親暱互動。

　　據說這段影片被國會議員看過之後，改變了英國不准父母在醫院陪

床的規定。我還記得，90年代我在國內兒科醫院實習的時候，家長也不可以陪床，家長白天可以在醫院，晚上必須離開，相信這種住院方式也會損害中國兒童。

第二段影片也是關於分離的，時間是九天。這段影片中的小男孩大約兩、3歲，他的媽媽即將生小寶寶了。在那個年代，英國和中國不同的地方是，他們沒有親戚也沒有鄰居幫忙，爸爸也沒有假期必須上班。媽媽生產的時候正好是晚上，小男孩在睡夢中就被臨時送到了托兒所，早上一睜開眼睛就在那裡了，身旁都是陌生人。他試著引起保母的注意，但是因為保母有很多工作要做，對小男孩的情感需求缺乏足夠的關注。剛開始，小男孩還試圖和成年人接觸，後來就絕望了，他沒有辦法從保母那裡得到如父母般的照顧，等到媽媽生產完幾天後、到托兒所來接他的時候，媽媽抱起他，而小男孩在媽媽的懷裡扭動、掙扎著，就如同媽媽是個魔鬼，影片裡的媽媽看起來很傷心。這對母子在精神分析師的指導下慢慢修復關係，但是即使如此，媽媽報告小男孩在隨後的歲月裡，依然偶爾會莫名的情緒不穩定。

第二段影片比第一段影片還要震撼，它改變了英國這種生育模式，此後開始推行新的模式來幫助孩子應對母親生育時的這幾天分離。

第三段影片是又有一位媽媽準備生產了，在生產之前，媽媽帶著大孩子去熟悉一個寄養家庭，媽媽準備在生育的那幾天把孩子託付給寄養家庭，因此在生產之前經常帶著孩子到寄養家庭中去玩，還讓孩子帶著自己的安撫物，就是他最喜歡的一個玩具，媽媽要讓孩子熟悉寄養家庭，並且對待在寄養家庭中一段時間有心理準備。

中國近年來因為對兒童養育的重視，開始有些親子關係類節目，很多真人秀電視節目對研究依附關係都是有幫助的。我們實驗室最喜歡研究和分析的是《爸爸回來了》。這個節目中，孩子和媽媽分離兩天，然後由爸爸替代照顧，非常有研究依附行為的味道，可惜因為有些觀眾覺

得那些參與節目的真人秀家庭在炫富，結果節目停播了。當然也有其他真人秀，例如《寶寶抱抱》、《媽媽是超人》、《爸爸去哪兒》，這些以紀錄片方式錄製的親子關係類節目，都可以成為很好的分析養育技巧和依附關係的研究資料。

過早或過突然的親子分離，可能會導致孩童心理創傷

我曾經諮商輔導過一個自閉症兒童，孩子的媽媽生產的時候是剖腹產，因為兒子的頭太大了，自然分娩可能會有極大的危險。頭太大就是一個最重要的信號，人類必須為頭大付出沉重的代價，頭大是智力發展的優勢，但是為了減少母嬰的危險，人類嬰兒需要提早出生。相對很多動物一出生就具有很多技能，人類嬰兒更為脆弱，他們必須依賴養育者的餵養和保護才能夠生存，他們不僅需要養育者提供奶水，還需要養育者提供衣服和住所保護他們不受傷害，他們不得不把自己交付給養育者，而養育者的教養素養決定了兒童心理發展的品質，兒童需要和養育者形成安全的依附關係才能更健康的成長。

中國和西方文化對於分離的態度其實是有很大不同的。當年，研究者研究分離與依附的啟示來自第二次世界大戰，倫敦兒童大撤離❶導致的親子分離，為依附相關研究提供了背景，西方這種親子分離比較少見。但是在中國文化下，親子分離是大家習以為常的，我小時候還常常羨慕那些由爺爺奶奶或外公外婆照顧的孩子——不用上幼兒園，父母把孩子送到農村，等到上小學的時候再接回來，不覺得這會有什麼問題。目前，中國的大批農村留守兒童也是中國傳統跨際養育的一種放大版

---

❶ 編注：1939年，在德國空襲的陰影下，英國政府展開城市清空計畫，有系統的將婦女與兒童送至郊外，英國郊外的兒童之家應運而生。

本；我在臨床工作中看到另外一群高級留守兒童的情況是——父母出國留學了，生完孩子就把孩子送回國由親戚撫養，而不是父母自己撫養。在臨床工作中，我一般不接成人諮商，但是會擔任諮商師督導，這些諮商師的大學生案例中大致有一半以上有早年和父母分離的經歷，當然，這可能只是我的主觀感受。

就我的臨床經驗來說，**並不是只要有分離，孩子就會出問題，通常是很多因素結合起來才會出問題甚至使問題放大**。首先是孩子本身的個性特徵和氣質類型，會出問題的孩子多半都是比較敏感的，尤其是在幼兒期需要父母給予更多照顧的；其次就是寄養家庭和孩子的父母是不是對孩子很好。如果兩邊都不好是最糟糕的，這對孩子來說是災難性的；如果寄養家庭很好而父母缺乏養育能力，那麼對兒童來說回歸家庭時的轉變就是巨大的創傷。最後，在孩子被寄養出去和回歸家庭這個過程中，父母是否做好了足夠準備讓孩子能夠適應，讓孩子回歸時有著必須哀悼的失落，包括失去之前依附的對象，還得面臨重新建立親密依附的未知旅程。

開始擔任諮商師的時候，我認為分離都是不好的，後來發現，有些送孩子去寄養的父母，做出寄養行為的當下並不具有撫養能力，在孩子回來的時候，破壞性的養育方式更說明他們不具有養育能力，或許他們把孩子送出去是更好的選擇。記得一個來訪者說起她的爸爸有暴力傾向，她家的三個孩子都被送出寄養，她的寄養時間最短，弟弟妹妹寄養的時間都比她長，他們在心理方面要比她更能適應一些。因此，我們也不能一概而論認為分離都是壞的。對於不具有撫養能力的父母來說，能夠把孩子寄放到有撫養能力的家庭中，對孩子來說也是一種祝福。但是作為臨床工作者，我還是強調**父母應該學習一些科學養育技能，並且要對自身童年創傷或者不適做出修正，才能在養育過程中讓孩子得到最大可能的受益。**

在這篇審定序接近尾聲時，我想根據多年臨床經驗提出一些建議：

第一，大家應該做好準備再生育，要有計畫，很多父母並不喜歡孩子，也沒準備好要好好照顧孩子，就把孩子帶到了這個世界，然後與他們分離，這是何其殘忍。生育是一件該負責任的事情，不是盲目的。我堅持認為媒體應該倡導負責任的生育，成為父母之前要先評估自己是否在身體上、物質上、精神上具有養育能力，不然面對幾千萬留守兒童，多少諮商師都無法替代他們做孩子需要、適當的父母。

第二，如果一定得把孩子送出寄養，還是等孩子稍微大一些再寄養，因為越小的孩子心智水準越低，他們越難以理解父母為什麼會把他們寄養在別人家，或者父母為什麼要離開。幼兒通常覺得自己非常重要，而父母的離去正是在毀掉他們這種自我感覺，他們會認為自己不重要，或者以為自己犯了什麼錯誤父母需要懲罰他們所以才離開。

第三，如果父母必須離開，那麼父母最好能讓孩子提前知道自己要離開，以及什麼時候會回來，即使只有一方離開，對孩子也是沉重的打擊，所以在離開前的交接和適應是非常重要的，並且如果可能的話，為孩子找一個替代者或許能有一定的幫助。

第四，孩子回歸，或者父母回歸家庭後，需要親子之間的再適應，父母應該以先建立良好的依附關係為主，很多家長誤以為矯正孩子的不良行為（有時候未必是不良行為，而是父母看不慣的行為）就是愛，在孩子和父母沒有建立足夠好的依附關係情況下，這些矯正會讓孩子認為父母不接納他們，而且會認為父母在攻擊他們，而不是在養育他們。

和父母的正常分離是兒童成長過程中必然會經歷的，兒童隨著年齡的增長，會越來越獨立，最後脫離父母的羽翼。但是，**和父母過早分離，而且分離時間過長、分離過於突然，是兒童無法理解的，這些都可能讓兒童造成嚴重的心理創傷**。約翰・鮑比的依附研究關注於母嬰分離對兒童造成的影響，希望這套書的出版能夠讓華人父母重視兒童的早期

養育，也期待這套書中的理念能夠推動研究，向大眾普及相關的科學育兒理念，增加大家對嬰兒以及對母嬰關係的理解。

致謝

最後，作為本套書翻譯工作組織者和審定者，在此對所有譯者和校對者表示感謝。《依戀理論三部曲1：依附》的翻譯者：汪智豔、王婷婷；《依戀理論三部曲2：分離焦慮》的翻譯者：萬巨玲、肖丹、周晨琛、周兆璇、李娟娟、楊詩露、王秋蘊；《依戀理論三部曲3：失落》的翻譯者：白建磊、付琳、趙萌、梁愷欣、王益婷。 校對：王秋蘊、黃慧、牛安然、王憶豪。本次翻譯我們進行了二至三輪校對，部分翻譯由譯者互相校對，另外由大學本科系學生進行了一輪校對，我作為把關者進行了最後一輪校對，希望能把最好的作品呈現在讀者面前。

「在父母在場的情況下直接對嬰兒做出回應的時候，嬰兒會有一種在不知曉的狀態下感受著的喜悅。」

——法蘭西絲·湯姆森·薩洛（Frances Thomson Salo）

「安全堡壘不是一個地方、一個人或者一件事，而是一種聯合創造的心理的狀態，是一種兩人之間的、嬰兒與母親間的心理的狀態，在這種狀態裡嬰兒的期待和母親感覺其所能提供的是一致的。在這種適當的心理狀態裡，母親能或多或少地回應她的嬰兒，她能明白嬰兒在尋找什麼。」

——薇薇安·格林（Viviane Green）

「如果一個孩子逐漸相信，呼喚會招來一個關心他的成年人，並且對他的求助給以恰當的回應，孩子內心就會開始發展出基本的安全感。對於某些母親而言，由於她們自身的情緒資源耗盡，養育和保護衝動無法活躍，尤其是在她們內心缺乏一個可以被喚起、關愛的父母的聲音的時候。因為沒有充滿生氣的、被深深愛著的記憶，當她們還是小孩子的時候，沒辦法相信有一個足夠好的成年人在情感上是樂於幫助他們的。」

——愛曼達·瓊斯（Amanda Jones）

「家長傾向於重新活現和重新創造他們曾經歷過的養育，然而也會帶入他們曾經『希望』得到的養育，這些潛意識的願望會發展起來，將他們自己的孩子創造成自己曾經的樣子，或者曾經希望的樣子。在喚起過去的這個部分時，孩子可能會代表家長潛意識自體的一部分——被愛

13

或被討厭的部分。育兒過程包含家長自己的過去，因為育兒過程已經由他們自己被養育和作為孩子的經驗所塑造了。」

——萊斯利・寇威爾（Lesley Caldwell）

探索幼兒分離焦慮，從而建立
溫暖、親密、穩定的母嬰關係

在《依戀理論三部曲1：依附》的前言中，我簡述了開始撰寫本書的背景。與異常兒童相處的臨床工作經驗、調查與了解他們的家庭背景，以及在1950年時，有機會能夠閱讀大量文獻，並與不同國家的同事一起討論心理健康問題，都促使我在世界衛生組織的報告中提出了一條原則：「我們認為，對於心理健康至關重要的是，嬰兒和幼兒能夠經歷一段溫暖、親密、穩定而持續的母嬰關係（或者是與恆定不變的母親替代者經歷這種關係），並且在這段關係中，彼此都能夠得到滿足和享受。」[45][1]為了證實這項結論，報告中提供了一些證據，顯示形成某些形式精神官能症和人格障礙的原因，不是由於剝奪了母親的照顧，就是來自幼兒與母親不連續的角色關係。

儘管在那時，報告中的一些內容引起爭議，但是大部分結論已被接受。然而，報告中提到的一個過程顯然被忽視，在此過程中，許多不同的不良影響，被認為是由於母愛被剝奪或者由於與母親角色的關係無法持續所引起。正是這個缺口，讓我和我的同事一直致力於填補。為此，我們採取了很少在心理病理學領域中應用的研究策略。

---

[1]　編注：此數字標示為參考書目，請參照本書最後所附資料。

我的前瞻性研究策略：
確認與致病原有關的短期與長期性研究

　　臨床工作者每天的日常工作中，無論是面對行為失調的兒童或成年人，還是功能不健全的家庭，都需要回頭查看其因果歷程，從當下的紊亂行為，回溯到過去的事件和場景。儘管在臨床上，這種方法促成許多有價值的臨床結論，比如可能的致病事件，或者其病理過程。但是，作為研究方法，它依然有很大的侷限。為了彌補這個方法的不足，需要定期引用其他醫學分支的研究方法，也就是在確定了一種可能的致病原之後，要前瞻的研究其效果。**只有當致病原被正確識別，並且其短期與長期效果的相關研究也都按部就班完成，才可能描述這個過程是該致病原所引起，才能說明該致病原導致了這些不同結果。**在這些研究中，不僅要關注由致病原引起的病理學過程，還要關注包括能夠影響生物內部和外部的因素要件。只有這樣，才能夠理解由潛在所引起，由特定類型之紊亂行為的病理過程、條件和發生發展序列，而臨床工作者往往最初見到的只是特定紊亂行為。

　　採用這個前瞻性研究策略之後，我和我的同事都被詹姆斯‧羅伯遜（James Robertson）透過文字與影像記錄的觀察結果深深震撼。在他的觀察中，我們看到2～3歲幼兒離開家到一個陌生的地方、由一連串不熟悉的人照顧之後，產生了什麼樣的反應。我們也能看到當他們返回家中與母親團聚時，又有什麼反應[285 & 286 & 289]。分離期間或許是在寄宿幼兒園，或是醫院病房，幼兒通常要經歷一段強烈的不安，並且在這段時間裡難以被安撫。在回到家之後，不是與母親產生情感隔離，就是強烈表現出想要黏著母親的趨勢。**通常，情感隔離時期的長短主要取決於分離時間長短，取決於先前他強烈需要母親存在的時間長短。**在之後的日子裡，無論出於何種原因，當有進一步分離的風險時，幼兒很容易變得極

為焦慮。

　　分析與總結這些觀察結果之後，我們認為「失去母親角色，會引起心理病理學領域中最讓人好奇的一些反應和歷程，無論這種失落是由於其自身原因，還是由於與一些至今還不清楚的其他變項結合而成」。我們之所以這樣認為，是因為所觀察到的反應和過程，似乎與一些依舊苦於早期分離困擾的老年人所觀察到的反應和過程一樣。這方面包括：對他人有強烈需求傾向，當索求的對象不在時，表現出焦慮和憤怒，而這些是被貼上精神官能症標籤的個體身上所常見的特徵；另一方面，也包括他們難以建立深入的關係，比如一些具無情感與精神官能症人格的人所展現的。

了解分離造成什麼樣的心理狀態與反應的三大觀察來源

　　從一開始，便存有一個重要且富有爭議的議題，也就是「幼兒與母親分離的反應，除了分離自身的關係，還受到其他變項影響」。這些變項包括：疾病、嬰兒發現自己所獨處的陌生環境、分離期間得到的替代照顧類型、分離前後擁有的關係類型等等。顯然，這些因素可能大大強化幼兒的反應，或者在一些案例中，這些因素也會減輕幼兒的反應。然而，現有證據足以證明「**母親角色存在與否，對於決定幼兒情緒狀態具有最重要意義**」。這個問題已經在《依戀理論三部曲1：依附》第2章中，從研究結果進行了討論和描述，且在本書第1章也會再次論述。本書更關注近年來由羅伯遜夫婦發起的寄養計畫觀察結果。在這項計畫中，他們「試圖創造一種分離情境，在情境中排除所有致使研究制度複雜化的因素，幼兒的情感需求被盡可能的由一位具有足夠照顧能力的替代母親所滿足」❷。[290-4]透過分析羅伯遜夫婦的研究結果，本書修正了在我早期著作中表達的部分觀點和看法，因為先前沒有注意由熟悉替代

者提供有技巧照顧的影響。

　　同事進行這些實證研究時，我也一直在研究這些資料和資料的理論意義和臨床意義。特別是，我一直試圖勾勒出能夠理解這些不同資料來源的框架，這些不同來源的觀察結果包括：

【觀察1】幼兒與母親分離期間，以及回到家與母親重聚之後的反應。

【觀察2】與所愛人物歷經短暫分離或永久性失落之後，觀察年長者、幼兒以及成年人如何表現。

【觀察3】在臨床工作中觀察兒童和成人的困難，這些人在童年或者青少年時期都經歷過長期分離或失落，抑或是恐懼分離和失落。這些困難包括各種急性或慢性焦慮和憂鬱，以及與父母、異性或者親生孩子建立與保持情感聯結所面臨不同程度的困難。

依戀理論三部曲，探討母嬰聯結的本質到悲傷與哀悼

　　建構理論框架的第一步就是在1958 ～ 1963年期間發表一系列文獻。而《依戀理論三部曲3：失落》❸則是進一步嘗試建構理論框架。

　　《依戀理論三部曲1：依附》致力於解決最初在此系列中的第一篇論文所探索的問題──嬰兒與母親聯結的本質[48]。為了更有效討論與上述聯結發展有關的實證資料，並建構能夠解釋它的理論，有必要先討論

---

❷　羅伯遜夫婦不僅提供了書面報告，還發表了一系列被收養兒童的影片，部分影片會在本書最後的參考文獻中列出。

❸　在《依戀理論三部曲1：依附》的初版前言我只提及了第二本書，然而進一步研究後，我們發現有必要撰寫第三本書。

本能行為的整個問題，以及如何才能將其更適當的概念化。為此，我引用了很多動物行為學家的研究結果和理論觀點，以及來自於控制理論的一些想法。

《依戀理論三部曲2：分離焦慮》主要探討分離焦慮的問題，並且涵蓋了最初系列論文中兩篇極富內涵文獻的一些基本問題，這兩篇文獻是《分離焦慮》[49]和《分離焦慮：批判性綜述現有文獻》[51]。為了更理解我們面對的問題「分離期間產生的不安以及分離之後產生的明顯焦慮」，先討論範圍更廣的相關現象和相關理論，特別是那些能夠預知恐懼、各種不同形式的行為表現，以及通常能夠引起恐懼的各種情形其性質。有關這些問題的討論，將占據本書第二部，並且成為《依戀理論三部曲3：失落》中所討論的問題基礎，也就是：與個人所產生恐懼和焦慮有無巨大差異。由於在完成這項討論任務時，缺少許多必要資料，因此需要大量推測。也正是因為如此，最終結果所形成的框架並不完整。在某些地方，我們能夠詳盡描述，並且提供細節資料；然而在另一些地方，我們則只能主觀建構。這樣做的目的是為了向臨床工作者和其他相關人員提供一些行動依據，並且希望對此持懷疑態度的研究人員，可以進一步探索、假設與檢驗。

《依戀理論三部曲3：失落》中涉及悲傷與哀悼，以及焦慮和失落可能引起的防衛機制，並且修正與擴充相關論文資料，這些仍舊保留在書中的早期論文包括《嬰兒和幼兒的悲傷和哀悼》[49]、《哀悼的過程》[52]，以及《病理性的哀悼與童年期的哀悼》[51]。與此同時，我的兩位同事帕克斯（Colin Murray Parkes）與馬里斯（Peter Marris）已經撰寫了相關書籍，在書中他們提到面對失落問題的方法與我相當接近。這些書包括由帕克斯寫的《失落》[275]和由馬里斯寫的《失落與改變》[242]。

《依戀理論三部曲1：依附》的前言中，已經解釋最初參考的框架是精神分析。原因如下：第一，我的早期思想靈感是來自自己以及他人

在精神分析的實踐工作；第二，拋卻一些侷限，精神分析及其衍生派典迄今為止，仍然是當今心理病理學和心理治療領域中最常用的方法；第三，也是最重要的原因是，我的框架中一些核心概念——客體關係（更好的說法是情感聯結）、分離焦慮、哀悼、防衛、創傷、早期生活的敏感時期，都是精神分析理論中的慣用術語，但是直到近一、二十年，才開始被其他行為學科逐漸重視。

然而，儘管一開始的框架是參考精神分析，但是理論發展至今，已經與佛洛伊德及其後繼者發展的經典精神分析理論大不相同。在《依戀理論三部曲1：依附》第1章已經描述了一些不同之處。在當前的本書中，將會涉及另一些差異，這些內容主要在第2章、第5章和第16章中。

英文版二版序言

準備這個版本，讓我有機會修正一些較小的錯誤，並且提及一些近期的出版品。在這裡簡要提及修正的地方在第3章最後一個注解、第9章第一部分注解，第15章以及第21章注解。

目錄

Part 1　安全、焦慮以及沮喪

Part
2
研究人類恐懼的
動物行為學觀點

Part 3 恐懼敏感性的個別差異
焦慮型依附

Part 1

安全、焦慮
以及沮喪

年幼孩子無論何時與母親角色長時間分離，都很容易產生焦慮
與憂鬱的情況，無論他是不是對這種分離有所預期，或者就失
去了母親角色。然而，在往後的生活中，我們通常很難確定一
個人紊亂的情緒狀態是如何與他的經歷聯繫起來，也很難確定
這個狀態是因為他當前經歷，還是因為過去經歷所產生的影
響。在個體出生後早期的幾年人生，情緒狀態與人生經歷的關
係，通常清晰明瞭。早期生活中的不安，可以看作是之後生活
中出現病理性狀態的原型。

第1章

人類悲傷的原型

「兒童累積的不快樂，是因為兒童看不到黑暗坑道的盡頭。一個學期的 13 週完全可以說是漫長的 13 年。」

——葛蘭姆・葛林（Graham Greene）

幼兒與母親分離後的反應[1]

自博靈漢（Dorothy Burlingham）和安娜・佛洛伊德（Anna Freud）開始記錄寄宿幼兒園裡照料嬰兒和幼兒的經驗起，我們可以看到一個世代的遠去。在這兩本出版於二戰期間的小冊子中[64 & 65]，她們描繪照顧那些失去母親照料的幼兒所出現的嚴重問題。她們特別強調：在幼兒園的環境下，我們不可能為幼兒提供親生母親般的替代性照顧。漢普斯特德幼兒園曾經做過一些調整，以便每一位護士可以有足夠能力照顧幾個孩子，一般是幾個幼兒組成一個小組、由特定護士照顧。她們講述這些孩子對護士有非常強烈的占有欲，而且無論何時，只要特定護士關注別的孩子，他們會表現出非常強烈的嫉妒。

---

[1] 儘管全書通常運用的是「母親」（mother）而非「母親角色」（mother figure），但是我們要理解，本書每一個案例所涉及的都是養育孩子的個體，以及孩子要與其建立依附關係的個體。當然，對於大多數的孩子來說，這個人就是生育他的母親。

「托尼（3歲半）……不允許瑪莉護士用『專屬他的』手去觸摸其他小朋友。吉姆（2～3歲）無論何時，只要他『自己的』護士離開房間，就會大哭起來。雪莉（4歲）會在『她的』護士瑪莉恩有事離開時出現強烈不安。」

人們也許會問，為什麼？難道這些孩子本來就該這樣？他們本來就該對他們的護士有如此強烈的占有欲？在護士離開時，就該如此深受困擾？難道是因為給了他們太多關注、太過允許他們按照自己的方式做事，所以寵壞他們了？或許，一些傳統主義者支持這個觀點。抑或是與此相反，孩子離開家後就面臨過多母親角色改變，或者是在幼兒園裡，可選擇什麼樣的人臨時替代母親角色本身就有太多限制？為了回答這些問題，我們轉向育兒的實踐。

這些在幼兒園的孩子不但對他們「自己的」護士有強烈占有欲和嫉妒心，而且也會對她有著異常敵對傾向，或者會拒絕她，甚至退縮到情感隔絕的狀態。下面的一些紀錄，可以闡明這一點：

「吉姆在17個月大時與非常漂亮而多情的母親分離，在我們的幼兒園也有良好的發展。待在園裡的期間，他對兩位年輕護士發展出了強烈依附，這兩個護士先後照顧過他。儘管吉姆適應環境、活躍，並且善於交際，但是一旦有什麼事情是與依附相關時，他的行為就會變得令人無法忍受。他會一直黏著護士，表現出過度的占有欲，完全不願意被留下、並且不斷索求，卻無法用任何方式表示他想要的是什麼。沒有特殊的跡象時，會看到吉姆躺在地板上啜泣，表現得很絕望。直到他最喜歡的護士離開了，有時只是一下子，他的這些反應才終止。他會變得安靜、沒有情緒反應。」

「雷吉剛來到我們這裡時只有5個月大，他在1歲8個月大時回家、回到母親身邊，兩個月後又回到幼兒園，從那一刻開始，他就一直與我們待在一起。與我們在一起時，他與兩個年輕護士發展出緊密的關係，這兩個護士曾在不同時間裡照顧過他。在他兩歲8個月大時，『他的』護士結婚了、第二段依附就突然破裂了。在她離開之後，雷吉覺得被遺棄了，並且變得絕望。兩週後護士回來看望雷吉，雷吉拒絕了。當護士對他講話時，雷吉把頭轉向另一邊；但是在她離開房間之後，雷吉盯著她走後關上的門。夜幕降臨時，雷吉呆呆的坐在床上，嘴裡唸著：『瑪莉是我的，但是我並不喜歡她。』」

這些觀察結果產生於戰爭時期的壓力下，它們被當作軼事一樣記錄下來，卻大多缺少細節。但是這些紀錄仍然在許多形式的心理病理學障礙上，擲入了一些光芒，讓人們重新審視它們的本質。那些發生在成年期的焦慮和憂鬱狀態，以及心理病理性狀況，往往可以與博靈漢和安娜‧佛洛伊德所描述的焦慮、絕望和分離狀態，以一種系統型式聯繫起來。爾後的一些研究者也表示，年幼孩子無論何時與母親角色長時間分離，都很容易產生這種情況，無論他是不是對這種分離有所預期，或者就失去了母親角色。然而，在往後的生活中，我們通常很難確定一個人紊亂的情緒狀態是如何與他的經歷聯繫起來，也很難確定這個狀態是因為他當前經歷，還是因為過去經歷所產生的影響。在個體出生後早期的幾年人生，情緒狀態與人生經歷的關係，通常清晰明瞭。**早期生活中的不安，可以看作是之後生活中出現病理性狀態的原型。**

當然，大多數孩子都會有一些重新開始正常發展的經歷，或者至少表現出來是這樣，這是一種司空見慣的現象。但是，偶爾會有一些質疑的聲音，懷疑著——在現實生活中，那些被描繪的心理過程，是否與之後的人格障礙有密切的關係。這些都是合理的質疑，不過我們還需要進

一步的證據證實。然而支持這個論點的理由已經強而有力。其中一個理由就是——不同來源的資料可以被組織建構成一個模型。這個模型有其內部一致性，並且與當前的生物理論一致。另一個理由是，一些臨床工作者和社會工作者發現，現有框架可以幫助他們更完善的理解現在面臨的問題，讓他們更有效率的幫助病人或來訪者。

一個不容易回答的核心問題是：「為什麼有些人能夠幾乎或者完全從分離和失落經歷中恢復，而另一些人不會？」生命多樣性往往有其規則，但是如何解釋，卻令人難以捉摸。感染小兒麻痺的人，只有1%會癱瘓，還有不到1%的個體會終身跛足。畢竟一個人究竟會做出怎麼樣的反應是未知的。有些人會爭辯：「不能因為有99%的人可以恢復，就認為小兒麻痺是沒有損害性的，如果這樣說就太荒謬了。」同樣的，那些正在研究中的領域，有些觀點認為「因為大多數個體都能夠從分離或者失落的經歷中恢復，所以這些經歷不重要」的觀點也是荒謬的。

反應具有差異的問題依然重要，而環境可能具有以下兩種主要情況：

【情況1】既有生活與分離所密切關聯的情況，尤其是當幼兒離開母親時受到的照顧。

【情況2】長時間存在於幼兒生活中的情況，尤其是在事件發生前後的幾個月或者幾年裡，孩子與父母的關係。

本章，我們主要考慮的是第一種情況。第二種情況的討論將在本書第三部分中討論。

首先，我們會回顧一些幼兒的觀察。這些觀察是關於幼兒在兩種截然不同的環境中受到照顧時所形成的不同反應。第一個是寄宿幼兒園，在這裡，幼兒發現自己和一些陌生的人待在一個陌生的地方，並且只獲

得有限照顧，沒有人有足夠能力給他足夠的愛；第二個是寄養家庭，在這裡幼兒能夠得到全職、有一定養育技巧的養母照顧，並且養母通常也是孩子之前就可能熟悉的人。

引起「與母親角色分離」強烈反應的條件

我們早期有關幼兒行為觀察的研究，主要是在有制度的機構中進行。基於這些觀察，我們描述了稱之為抗議的、絕望和分離的一系列術語[289]。從那時開始展開，由塔維斯托克兒童發展研究中心同事主持的兩項深入研究。第一個是由海尼克（Christoph Heinicke）負責[155]，第二個是由海尼克和韋斯特海默（Ilse Westheimer）負責[157]。儘管這兩項研究中，只有少數的孩子接受觀察（第一項中有六個孩子，第二項中有十個孩子），但是這些研究是獨特的，因為他們有著特別的照料設想，並且接應著穩定的系統性觀察。而且，每一個分離的幼兒樣本，都有著選定的對照組與之對應，且研究人員同樣會觀察他們。第一項研究，有著匹配程度相當高的對照組，這些孩子都是剛到日托幼兒園一週，由研究者觀察他們的反應；第二項研究，也有類似的匹配組，由研究者觀察這些孩子在家中的反應。海尼克和韋斯特海默運用統計方法整理資料，並描述孩子個別的行為細節。

1966年開始，在三所寄宿幼兒園內展開了更大規模的調查研究。有著類似的園內安排和設施。在這些幼兒園裡，每個孩子歸屬於一個確定的小組，由一、兩個主要護士照顧。而他們可以自由選擇在房間裡還是在外面的花園裡玩耍。幼兒進入幼兒園之前，一位心理病理學社會工作者（韋斯特海默）已經對照觀察過這個家庭，也負責之後蒐集這個家庭和這個孩子的訊息。幼兒一到幼兒園就會被觀察；每週在幼兒園期間，也會觀察六種場合下的玩耍情況。每位觀察者（一位男性觀察者，海尼克，以

及一位女性觀察者，沃伯特）在三個樣本的採樣期間，都至少觀察半個小時，一週內會被劃分為不同的組合（週一和週二，週三和週四，週五、週六和週日）。這種根據代理人、客體、關係、模式和強度進行行為單位分類的方法，在先前的研究就已經應用過，資料也被證明是可靠的。

除了對自由行為進行分類觀察外，也會分類觀察每個孩子在玩標準化洋娃娃遊戲時的表現。也保留了幼兒在幼兒園期間其他大量行為紀錄。

一開始，該研究選擇具有分離經歷的幼兒，依據第一項研究中所使用的五項標準：

【標準1】幼兒先前沒有超過3年的分離經歷。

【標準2】年齡在15～30個月大之間。

【標準3】並沒有其他兄弟姊妹一起在幼兒園。

【標準4】分離時，他與父親和母親住在一起。

【標準5】沒有證據顯示父母將他安置在幼兒園是要拋棄他。

然而，由於獲得以上條件個案有諸多困難，所以實際應用時不得不調整標準，擴大能接受的範圍，讓更多孩子可以成為觀察對象。

研究個案大多數先前沒有分離經歷，或者只有極少數的案例曾參與過研究，有一個個案曾有4週的分離時間，兩個個案曾有3週的分離時間。年齡跨度稍微延長至13～32個月，取代了先前15～30個月的年齡範圍。但是與先前標準出入最大的是，在這些幼兒中，有四個孩子在兄弟姊妹陪同下進入寄宿幼兒園，其中三個各有一位4歲哥哥陪同，另外一位，陪同者年紀比個案還小。剩下的兩個標準沒有改變，每個孩子與父母分離之前都與父母共同生活，而且沒有證據顯示他們被安置在幼兒園，是因為被父母拋棄。

這十個參與研究的孩子來到寄宿幼兒園的原因是家中出現了緊急情況，既沒有親戚也沒有朋友能夠臨時照顧他們。其中有七個家庭是因為母親在醫院待產。剩下的兩個家庭是母親因為其他疾病需要住院。最後一個個案是因為這個家庭失去了家園。

海尼克和韋斯特海默另一本名為《短暫分離》[157]的書中，他們描述了這十個孩子在幼兒園期間的典型行為，同樣的，他們也描述了這些孩子回到家之後的典型表現。隨後的段落會談到他們調查結果中的主要部分。他們所報告的模式也曾在羅伯遜的早期研究中呈現過，這些觀察雖然範圍很廣，但缺乏系統性。

分離期間孩子展現的行為

這些孩子在父母一方或者雙方陪同下來到幼兒園。其中有四個幼兒被父親帶來時緊緊靠著他，看起來很順從，卻也很擔憂。其他和母親一起過來或者和父母一起過來的幼兒，看起來似乎更有自信，好像已經準備好探索新環境。他們大膽的在園區內來回活動，然後會回到父母身邊。

當父母（或父母一方）要離開的時候，這些孩子一般都會哭鬧或者大喊大叫。一個小女孩試圖跟著父母，強烈要求她想知道父母去了哪裡，最後不得不被母親推回房間裡。另一個小男孩躺在地上，拒絕被他人安撫。差不多有八個孩子在父母離開後大哭起來。睡覺時間也是孩子容易哭泣的時候。有兩個孩子先前雖然沒有哭，但是當把他們放在小床上時，就開始大吵大鬧，護士也無法控制。那些一開始就哭鬧的孩子雖然已經停止哭泣，但是當到了睡覺時間，卻又開始哭鬧。晚上才來幼兒園的一個小女孩，剛抵達就被抱到小床上，她一直堅持穿著外套，拚命抱著她的洋娃娃，以一種「讓人恐慌的高音」哭喊著。雖然她已經疲憊得開始打瞌睡，但一次又一次醒來，哭著要找媽媽。

哭著要找父母（主要是母親），是一個典型反應，尤其是在分離後的頭三天。儘管在隨後的日子裡，這種情況有所緩解，但是至少在最開始的九天裡，每個孩子或多或少被記錄過曾經哭泣，尤其是在睡覺時間和晚上，哭泣的情況更為常見。18個月大的凱蒂，在與父母分離後第二天的凌晨，醒來後就開始哭著吵著要找媽媽。她一直醒著，一直哭著要找媽媽直到正午。在安置前期，父親探望孩子也會招致另一波新的哭泣。另一個來到幼兒園三天的小女孩，在父親探望她之後就不斷抓狂的哭泣，直到父親走之後二十分鐘還在哭。

凱蒂就是很明顯哭著找媽媽的孩子。到了幼兒園一週之後，凱蒂不再哭著找媽媽了，並且也能安靜坐在護士的腿上看電視。然而，她也會時不時要求要上樓。當被問到她最希望在上面看到誰的時候，凱蒂會毫不猶豫的回答：「媽媽。」

因為一直想念著消失的父母，這些孩子沒有心情配合護士，或者是接受她們的安慰。最初這些孩子拒絕他人幫忙穿或脫衣服、拒絕吃東西、拒絕喝東西。在第一天裡，幾乎所有孩子（除了一個最小的孩子），拒絕他人靠近、拒絕被抱起，也拒絕被安撫。在一、兩天之後，這種反抗有所緩解，但是直到兩週之後，有超過三分之一的護士表示：孩子仍然拒絕她們的請求和要求。

然而，儘管有時依舊會發生拒絕護士的要求，但是這些孩子偶爾也會尋求護士的些許安慰或回應。最開始，這些孩子對情感的要求沒有區別，但是直到第二週結束時，有幾個孩子開始表現出他們的傾向。例如，一個叫吉莉安的小女孩，最初拒絕護士對她做任何事情，但是現在可以很開心的坐在護士的大腿上。而且，當這個護士離開房間時，吉莉安會充滿渴望的盯著門一直看。即使如此，吉莉安對護士的感情並不一致——當護士回來後，吉莉安會走開。

孩子與兩個研究觀察員之間的關係也不一致。在第一天的時候，大

多數孩子看起來至少跟其中一個觀察員還算友好。但是隨後，他們會透過一些方式來避開觀察員，比如跑開、背對著觀察員、離開房間、蒙住自己的眼睛，或者把頭埋在枕頭下面。特別引人注目的是，當觀察員進入房間時，孩子會陷入恐慌。看到觀察員，有的孩子會驚聲尖叫、跑到護士身邊並黏著她。有時候，當觀察員離開後，有的孩子會明顯呈現出放鬆的狀態。

不用說也知道，觀察員越不顯眼越好。通常，他們的角色並不是引發互動，但是當幼兒靠近他們時，會以友好的方式回應。然而，觀察者會「積極且慎重的走近孩子、觀察他究竟是如何反應」，這也是設計的一部分，尤其是在觀察期的後半部分。在本書後幾章（第7、8章），我們將會看到這部分內容。與其他設計無縫的結合，這個設計有可能變得非常恐怖，但是至少從某種程度上來說，孩子對於觀察者的恐懼必須歸咎於當時的情境。

所有幼兒（除了一個孩子），都從家裡帶了一個他們喜歡的客體到幼兒園。在最開始的三天左右，他們會緊緊抱著自己的客體，如果想要幫忙的護士不小心抓住了他們的客體，孩子就會變得非常煩躁。但是隨後，孩子對待小客體的方式改變了：他們一會兒緊緊抱住它，一會兒又會把它扔在一旁。比如，一個小女孩，她時而把碎布製作的洋娃娃抱在嘴角旁，就像母貓對待小貓咪那樣小心；時而把它扔在一邊，喊著：「都走開。」

在觀察中的兩週裡，敵對行為雖然不常出現，卻有增加的跡象。並且常常表現為咬別的小朋友，或者虐待從家裡帶來的小客體。

這些孩子的括約肌功能常常出現問題。八個幼兒到幼兒園之前已經具有一定程度的控制力，但是在到了幼兒園之後，除了其中一個小朋友，其他孩子都失去了這種能力。這個特例就是伊麗莎白，她已經兩歲8個月了，是這裡面最大的孩子。

儘管某些行為幾乎可以在所有或者大部分孩子身上看到，但是孩子也各自表現行為的差異。例如，有四個孩子時常表現得很活躍，然而另外兩個孩子喜歡安靜待在一個地方。有幾個小孩總是晃來晃去，其他的小朋友卻常常掛著眼淚，總是揉著他們的眼睛。

我們回過頭來說說那四個和兄弟姊妹一起來幼兒園的孩子，其中有三個是和4歲大的兄弟姊妹一起來的，有一個是和比他小的孩子一起來的。就像預想的一樣，這些孩子留在寄宿幼兒園之後表現出典型行為的頻率和強度，與其他孩子相比顯著較弱。他們很少哭，也很少展現出明顯的敵意行為。尤其是在剛到幼兒園那幾天，兄弟姊妹之間會不斷尋求彼此陪伴，他們一起聊天，一起玩。對待外人，他們會統一戰線，表現出一致的行為，有時會對外人說：「她不是你的姊妹，她是我的姊妹。」

與父母重聚時和重聚後，孩子的表現

不可避免的情況就是——每個孩子離家的時間長度不同。在這項研究中，六個孩子離開家在十二～十七天之間；另外四個孩子離家幾週，具體來說分別是七週、十週、十二週和二十一週。每個孩子回到家的表現各有不同。這些差異，某種程度上與孩子離家的時間長度有關，在羅伯遜早期觀察的結果中，也可以預測到這個結果。

從這個階段的研究來看，早期塔維斯托克研究中提到的兩個主要經驗相當實際且有效。第一個經驗是，要對每個孩子第一次回到母親身邊，以及其後幾個小時內的反應進行連續、第一手的觀察。第二個經驗是，必須特別關注孩子如何對來到家庭中的觀察者反應，而這個觀察者，正是孩子之前在幼兒園定期都能見到的人。因此，在三個研究人員的協助下，接下來的研究設置得以實現。

其中一位研究者是韋斯特海默，她在幼兒去幼兒園之前，就接觸過

這個家庭，並且在幼兒離開家庭之後，仍舊與他們保持聯繫，比如去醫院拜訪母親，以及當幼兒與父母重聚時，也會在場以進行觀察。除非有短暫訪談，她在幼兒園一般會避免與幼兒直接接觸。另外兩個研究者海尼克與沃伯特則作為互補的角色，負責觀察孩子在幼兒園的所有行為反應，但是不參與聯絡孩子的家庭，當孩子回家之後，也不會去孩子家裡，直到孩子回家16週之後，必須做一個計畫好的訪談，才會去幼兒家中❷（這個設置中只有一次例外，那是因為韋斯特海默剛好無法去進行觀察，所以那一次的家庭觀察由沃伯特執行）。

韋斯特海默在幼兒園見到了七位母親，並且見證了孩子與母親會面的場景，之後把他們送回家。她還在幼兒園見到了三位父親，見證了孩子與父親見面的過程，也把一對父子送回家與母親團聚（其中一個個案是在回家途中去醫院接母親，因為母親當時正在住院）。

這十個孩子在離開父母幾天或者幾週之後，第一次見到母親時大多有著分離的反應。兩個孩子看起來像是不認識母親了，剩下八個孩子不是躲避母親，就是乾脆從母親身邊走開。大多數的孩子直接哭了出來，或者噙著淚水；剩下的孩子則時而哭喪著臉，時而面無表情。

比起和母親重聚時那空虛、悲傷、惹人流淚的情境形成鮮明對比，當這些孩子與父親重聚時，除了一個孩子之外，都對父親表現得很熱情。而且，還有五個孩子像以前一樣對韋斯特海默相當友善。

先前研究中關於分離的兩個結果，在這個研究中得到了進一步驗證。第一個是，分離反應是離開父母的孩子再次與母親重聚時的典型表現，但是與父親重聚時，表現並不明顯；第二個是，感受到與母親分離反應的持續時間，與分離時間的長度呈現高度正相關。

---

❷ 在這十六週之前，與該家庭聯絡的工作都是由韋斯特海默執行。她也負責孩子與父母重聚之後跟孩子一起玩洋娃娃的任務，且一般是在重聚之後第六週和第十六週進行。與此同時，她還要在這段時間管理孩子。

在九個個案裡，感受到與母親分離的反應，幾乎相當密集的在重聚的最初三天中出現。其中五個孩子的表現尤為明顯，母親也會焦躁的抱怨孩子對待自己就像陌生人，且這些孩子沒有人表現出想要黏著母親的傾向。另外四個孩子，分離感沒有那麼明顯，他們時而表現得想要避開母親，但是有時候，又會黏著母親。只有一個孩子——伊麗莎白——她是孩子當中年紀最大的，也是分離時間最短的，在回家第一天快要結束的時候，開始對母親表現出熱情。伊麗莎白和那四個孩子（時而避開母親，時而黏著母親）很快就表現出很害怕被再次單獨留下，並且變得比離開家之前更愛黏著母親。

我們有理由相信，在生命頭三年，個體如果經歷了長期分離或者反復出現的分離，那麼分離反應將會永遠存在於他的生活中。這種情況帶來的問題在《依戀理論三部曲3：失落》中會繼續討論。通常在經歷持續幾小時或者幾天更短暫的分離之後，分離感會逐漸消失，取而代之的是另一個階段——在這個階段裡，孩子會對父母表現出矛盾的感覺和行為。一方面，他們會要求父母在場，如果他們離開就會大哭；另一方面，他們也許會對父母表現出拒絕、敵意和挑釁。本研究的十個孩子中，有八個表現出明顯的矛盾心理，這八個中有五個孩子的矛盾狀態持續了十二週以上。而決定矛盾心理持續時間的最重要一個決定因素是——母親回應的方式。

當幼兒經歷一段分離的時間後再次回到家中的行為表現，可以顯示他的父母，尤其是母親，是否有嚴重問題。母親如何做出反應，取決於很多因素，比如：在分離之前她與孩子的關係好不好；她是否認為不斷提出心理需求的孩子，應該被更好、更寬容的對待，或是與此相反，認為必須透過懲罰和嚴格要求才能處理。韋斯特海默[373]很早就開始關注的一個影響因素是：與孩子長時間分離，可能是幾週或者幾個月，母親如果都沒有探望過孩子，孩子的分離焦慮會更嚴重。因為溫暖的感覺容易

冷卻，儘管家庭生活可以重新組織，但是當孩子回家時，卻感受不到合適的容身之處。

有足夠證據可以證明：**孩子不得不離開家庭，被帶到一個陌生的地方，由陌生的人照顧之後，他會更容易表現出擔心和害怕，唯恐會再次被帶走。** 這在羅伯遜的早期研究中已經逐漸被注意。那些在工作人員穿著白袍或者護士制服的地方待過的孩子，曾在往後的時光明顯表現出對醫生的恐懼。幾個孩子甚至在羅伯遜到家中拜訪他們時，表現緊張與不安。他們顯得小心翼翼、盡量避開他；如果與母親在一起且不會感受到分離時，則會緊緊貼著母親。

在海尼克和韋斯特海默的研究中，兩名在幼兒園進行觀察的觀察員之一會在孩子回到家中十六週後再去拜訪孩子。所有孩子幾乎都記得這位觀察員，並且有強烈的情緒反應（除了一個孩子），幾乎所有孩子都做出「絕望的舉動」並試圖避開這個觀察員。母親對於孩子顯得這麼害怕感到驚訝，並且表示其他陌生人來家裡做客時，孩子都沒有這樣的反應。

當約瑟芬剛到幼兒園時只有兩歲，在幼兒園待了13天，現在她已經兩歲4個月大了。她在觀察者到家中拜訪時，就表現出明顯的焦慮和敵意行為❸。

當海尼克來到約瑟芬位於郊區的家門口時，他能聽到約瑟芬發出的各式各樣興奮而愉快的聲音。然而，當她的母親來開門時，約瑟芬大喊：「不要！」然後跑到樓梯口坐下，接著突然又喊了一聲：「不要！」然後拿起曾經帶到幼兒園的玩偶用力扔到觀察員身上。隨後，母親、觀察員和約瑟芬一起坐在花園裡。然而，約瑟芬無法安靜坐在那裡，並且一

---

❸　這個案例報告已經從海尼克和韋斯特海默的研究中修改和刪減過了[157]。

直顯得躁動。她把晾衣繩上的衣服扯下、扔到草地上。儘管這個行為看起來是故意挑釁的行為，但是母親沒有任何反應。

約瑟芬變得越來越躁動，精力旺盛的到處亂跑，還一次又一次的跳起來、摔倒在地上，但是她似乎並不在意每次摔倒會帶來的痛苦。過了一下子，她開始攻擊母親，用力衝到母親身上，並且開始咬她，一開始是手臂，後來變成脖子。約瑟芬的母親覺得很驚訝，因為這樣的事情已經一段時間沒有發生了，她開始制止約瑟芬的攻擊行為。

約瑟芬自始至終都顯得非常害怕觀察員，並且一直努力離開他。當觀察員走向約瑟芬時，那種擔心分離的表情顯現在她的臉上，她哭著叫：「媽媽！」然後朝母親跑過去。儘管約瑟芬一直逃開，避免觀察員靠近，但是當觀察員在某個地方停下來時，她會試著悄悄接近，然後攻擊觀察員的後背。有時候，她會先跑開，然後再轉向觀察員，並突然打他。到最後，當觀察員安靜坐在一個地方時，約瑟芬會躡手躡腳的慢慢靠近，然後用一條小毯子蓋住他，與此同時，她會叫著：「都不見了！」然後約瑟芬才把毯子拿開。

約瑟芬的母親注意到，她對待觀察員的方式與以往對待其他陌生人的方式完全不同。母親也很驚訝，約瑟芬竟然對一個只是16週沒見到的人表現出如此強烈的焦慮和退縮行為。

孩子們會以一種特別、恐懼的方式來回應那個曾經在幼兒園見過的訪問者，這一點也可以由對照組孩子的反應證明，而這些對照組，都是沒有離開過家中的孩子。控制組會有幾週時間被設定為「對照有分離經歷孩子的分離時期」的時間；把隨後幾週，設定為「對照有分離經歷孩子的回家重聚時期」的時間。在相當於分離時期的階段裡，海尼克或者沃伯特會到家中看望控制組的孩子，他們曾經帶領孩子玩洋娃娃，這個環節與在幼兒園和觀察組孩子所進行的一樣。在每個採樣期間，所有孩

子與觀察者會有這樣兩到三次的會面。對於觀察組的孩子，這種會面會在分離後的第3天和第11天進行；如果分離時間超過3週，那麼在孩子回家前幾天，還會再安排一次會面（對於控制組的孩子，會面被安排在第3天、第11天和第21天）。在相當於回家重聚時期的16週之後，之前帶領著玩過洋娃娃的那個觀察員，會逐一看望控制組孩子，就如同觀察組的情況。控制組孩子表現得與觀察組孩子完全不同，他們能夠認出觀察員，並且靠近他們❹。

曾經，有些人批評我們涉及分離論題的一個假設：「與母親分開期間，孩子表現得悲傷苦惱；與母親重聚時，又表現出強烈的矛盾心理和焦慮，這些情況一定預知著在這個事件發生前，母子關係本來就不好；或者孩子的焦慮與母親懷孕或者某種疾病有關。」然而，觀察員發現，**即使是那些來自非常幸福美滿家庭中的健康兒童，由於一些原因不得不離開母親身邊、來到陌生的地方和陌生人待在一起，無論其他變項起了什麼作用，孩子仍然會表現出抗議、絕望和分離。**迄今為止，在這種情況下仍舊保持安靜、不被擾動的那個孩子，不是一直不想依附任何人，就是經歷過反復且長期的分離，並且已經適應了長期分離。

毫無疑問的是，除了要考慮失去母親角色會增加憂慮程度，還需要考慮其他變項。例如，環境和相處的人越不熟悉、醫學治療越痛苦，那麼這個孩子無論在分離期間還是分離之後，都會變得更害怕，憂慮也會更嚴重。然而，研究者觀察了當母親在場幼兒的應對情況時，發現這些幼兒和其他幼兒的表現非常不同，這也顯示幼兒自身的因素不足以引起

---

❹ 不僅僅是在第16週的探望之中，控制組孩子的表現不同於觀察組孩子。在相當於分離時期的階段裡，海尼克和沃伯特來到孩子家中進行觀察時，孩子對待觀察員的態度要比觀察組孩子友好許多，也沒有看到什麼焦慮和恐懼表現。然而，需要注意的是，與觀察組孩子相比，控制組孩子在相同的分離時期與觀察員互動的經歷是完全不同的。觀察組孩子在幼兒園期間，每週會有六個時間點需要被觀察，同時還要進行兩到三次玩洋娃娃的遊戲；而控制組的孩子只需要進行三次玩洋娃娃的環節。因此，不同組的孩子對待觀察員的方式和態度不同，也許是因為他們之前與觀察員互動的經歷不同。

短暫痛苦。這項觀察結果顯示在抗議、絕望和分離的結果和程度時，母親的在場與否是相當關鍵的變項。

緩和分離反應的條件

目前已知，可以緩解幼兒與母親分離後反應強度的條件中，最有效的有兩種：

【條件1】有一個熟悉的同伴或者客體（玩具）。
【條件2】有一個可以替代母親的照顧者。

正如我們所預期，當這兩個條件同時滿足的時候，就像平時在家有著祖母照顧的孩子，痛苦和憂慮可以降到最低程度。

先前就有一些觀察者注意到，如果幼兒是與其他兄弟姊妹一同去幼兒園，其痛苦程度可以被大大緩解，尤其是剛到幼兒園的日子裡，海尼克和韋斯特海默也是其中的觀察者。羅伯遜指出，即使幼兒的兄弟只有兩歲或者比他還小，幼兒也能從中得到安慰。因此，**一個熟悉的同伴在場**（即使這個同伴所起到的替代照料者作用幾乎微不足道）**有一定意義的緩解因素。無生命的客體，比如喜歡的玩具或者貼身衣物，也能夠帶來一定程度的安慰。**

第二個重要緩解條件是「替代母親的照顧者」。當幼兒被陌生女人照顧時，能緩解焦慮和苦惱的程度並沒有被有系統的記錄。然而，大量非系統性證據表示：幼兒最初會非常害怕這個陌生女人，並且會拒絕她的照顧。隨後，他開始出現強烈的矛盾行為。一方面，幼兒尋求她的安撫和照顧，另一方面，幼兒因不熟悉而拒絕她。只有在過了幾天或者幾週之後，孩子也許才會慢慢熟悉這種新的關係。與此同時，他仍然繼續

渴望消失的母親角色，偶爾也會對母親角色不在場表示憤怒（具體例子在《依戀理論三部曲1：依附》第2章有更多描述）。

　　痛苦持續的時間長短，部分取決於照顧者的技巧（即她是否能夠調整自己的行為以適應幼兒的痛苦、有時候是害怕和不斷拒絕），**部分取決於幼兒的年齡**。在一項研究中（先前已經簡要介紹過），亞羅（Leon J. Yarrow）發現每一個7～12個月的幼兒被從臨時寄養家庭帶到長期收養家庭之後，都會表現得憂慮不安[386]。他發現，當孩子超過這個年齡範圍時，痛苦的嚴重程度和普遍程度會隨著年齡增長而增加。

　　因此，雖然由熟悉的親人或者交由母親般的女性照顧，而不是由全然陌生的女性照顧時，可以緩解痛苦，但是每一種設置也有各自嚴重的限制。

盡可能緩解痛苦與焦慮的研究條件下，孩子面對分離的反應

　　前言已經提到過，在羅伯遜夫婦的研究中[291]，把觀察者和養父母的角色結合起來，他們把四個孩子帶回自己家中，這幾個孩子的母親已經住院，而他們也需要照顧。研究者這樣做，是為了觀察先前有較好經歷的幼兒如何面對分離情境。他們盡可能提供一些自己知道並且能力所及，可以緩解痛苦和焦慮的條件。值得一提的是，他們讓一位幼兒先前就已經熟悉的女性擔任養母，為幼兒提供細緻照顧。

　　為了達到這些目的，喬伊斯・羅伯遜（Joyce Robertson）承擔起專門照顧幼兒的責任，在此期間，她盡量調整自己的照顧方式，盡可能用幼兒母親的方式來照料幼兒。所有關注點都在於降低環境的陌生感，提高熟悉度。在一個月之前或者即將分離之前，孩子會先了解收養家庭，也會知道收養家庭的成員，這通常是透過兩個家庭頻繁往來的方式達成，比如兩個家庭經常探訪彼此。與此同時，養母會盡可能了解幼兒的發展階段、了解他喜歡和厭惡的事物、了解幼兒母親照顧孩子的方法，以便

在收養期間保持在原生家庭中盡可能相似的狀態。來到寄養家庭，幼兒可以帶著自己的小床、毯子、熟悉的玩具和一張母親的照片。而且，在分離期間，儘管母親並不在場，依然盡可能在孩子心中保持鮮活的母親形象。養母會特別注意要時常與幼兒聊一聊他的母親，並且給幼兒看母親的照片。研究者鼓勵幼兒的父親前來探望，如果每天都能來最好。除此之外，父親和養母會不斷努力向幼兒保證「不久就可以回家了」。透過這些方式，研究者盡可能降低改變帶來的傷害，盡可能以開放的心態接納一個失去母親的孩子的憂慮，並且盡可能向他保證不久就可以回家。

在這項研究中，喬伊斯・羅伯遜一共照顧過四個孩子，他們的母親都在當時生育新的寶寶，而喬伊斯・羅伯遜一次只照顧一個孩子。下面是孩子的年齡和照顧的天數：

個案	年齡	照顧天數
凱特	兩歲5個月	27天
湯馬士	兩歲4個月	10天
露西	1歲9個月	19天
簡	1歲5個月	10天

這四個幼兒都是家中第一個孩子，之前一直與父母共同生活，沒有遭遇過與母親分離的狀況，除了有偶爾被熟悉的人照顧幾個小時的經歷。

相比那些有利條件更少的孩子，這些孩子的痛苦程度要少得多。不過，每個孩子身上還是能夠看出些許的沮喪感。在表達痛苦的形式方面，兩個年長一點的孩子與兩個年幼的孩子不同。儘管凱特和湯馬士看

起來對於寄養環境表示滿意，但是他們也明顯表現出對母親的思念。羅伯遜夫婦在隨後的概述中[291]，特別關注他們表達不滿的片段。因此，會或多或少呈現出情感矛盾的危機。

【個案1】活潑友好的男孩湯馬士

湯馬士是一個活潑、友好，又健談的小男孩，他很快便可以快樂的與養父母生活在一起。大多數時間裡，他都有比較好的情緒狀態，與他的照顧者保持友好的聯繫，能夠投入到遊戲和研究者規劃的活動中。然而，兩天後，他開始對於父母不在場表達悲傷，同時也對此表現出憤怒。他時常聊起他的母親，有時候會抱著母親的照片入睡。雖然他看起來可以承受這種短暫的分離，但是隨著時間流逝，這種被寄養的情況會開始增加他的心理負擔。有時候，他會拒絕養母的關注，並且表示出這是自己母親的職責：「不要抱我，我媽媽才可以抱我。」有一次，他的父親來看他，在探望結束時，湯馬士嘗試各種努力阻止父親離開。父親走後，他悲痛的哭了一會兒，並且不讓任何人坐在父親坐過的椅子上。在第九天時，父親在探望湯馬士結束後，用一句話總結了這種充滿壓力的情境：「我們都受夠了。」

儘管在羅伯遜看來，湯馬士要比其他三個孩子更良好的度過了這段時間，並且回家後，他的憂慮和不安程度也是最小的。但是，他似乎比以前更具有攻擊性，也更加目中無人。尤其是當養母去他家探望時，儘管湯馬士對她很友善，但他依然表現得非常小心翼翼，並且全程緊緊貼著母親。

【個案2】愉快又活潑的凱特

凱特是將近2歲半的小女孩，在她離開家最初的十天裡，很多表現都和湯馬士差不多。一方面，她吃得很好、睡得也不錯，一直都很愉快、

活潑，並且和養母相處得很好；另一方面，她對自己的父母表示出非常強烈的思念和渴望，並偶爾會表現出對於父母不帶她回家的憤怒。而且，由於凱特的母親患有分娩綜合症，所以凱特離開家的時間幾乎是湯馬士的三倍。到了第三週和第四週時，她和養母的關係變得更加深厚了，她似乎要在寄養家庭中為自己找到一個合適的位置。然而，她對於親生母親的思念並沒有停止，一直持續，並且「日益增加，還帶著些許憤怒」。尤其是當她兩次去醫院探望了母親之後，這種憤怒就變得非常強烈，並且直接指向養母。

凱特在分離時期還有另一個行為特徵。在離開家的第二週，她非常害怕迷路、開始黏人。她更容易被惹哭，有時候看起來心事重重，有時候看起來很恍惚。在這些情況下，有時候她會問：「凱特在尋找什麼呢？」似乎在表達對母親的思念和渴望，似乎她真的正在尋找母親，儘管她還像之前一樣活潑，但是已經開始面臨心理的壓抑。

最後，當凱特回到家，她立刻與母親打招呼，並且重新建立與母親的關係。相比之下，她完全拒絕養母，那個靜靜坐在一旁，曾經照顧她四個星期的女人。

儘管凱特很從容的回到家，幾乎沒有什麼悲傷和沮喪，但是研究者還是能夠明顯從她身上看出孩子比之前要求父母更多關注。而且，透過凱特回家兩週的表現，我們非常明顯看出來，她對於再次分離有著強烈的恐懼。凱特的母親急著確保當凱特到了5歲時能夠去上一所特別的學校，所以她提前了兩年多，就把凱特帶到那裡去登記。當天晚上，凱特驚聲尖叫，好像做了噩夢，直到早上還被嚇得氣喘吁吁。醫生診斷為支氣管性哮喘。當醫生向母親詢問是否發生什麼讓凱特備受壓力的事件時，母親想起來──就在前一天，學校校長同意「接受」凱特的入學。

另外兩個年幼一點的孩子還沒有足夠的語言能力，也不能像兩個年

長一點的孩子那樣在腦中形成母親缺失的清晰印象。也許正因為如此，兩個年幼的孩子似乎相對而言更容易轉變依附對象，從對母親的依附轉向對替代照顧者的依附，更容易在新的環境中找到安全感。這兩個孩子都沒有表現出強烈的沮喪和不安。她們的功能看起來都很良好——學習新的技巧，增加詞彙量。然而，對於這兩個孩子來說，有一件事是顯而易見的，那就是一切進行得並沒有那麼順利。簡在離開家的第四天開始變得焦躁不安，不斷尋求關注，並且給人一種她是「一直處於緊張狀態，並且有時候讓人捉摸不定的小孩」的印象。同樣，露西也處在一種困難的樣子，並且在第九天時被描述為「一直處在高度敏感的狀態」。

我們能明顯感受到這些小女孩對母親的思念，以及對母親只是偶爾看望她們一下的憤怒，兩個孩子後來就只對某個特殊的、能夠喚起回憶的物品做出反應。比如，簡在離開家的第六天盯著自家花園的門，然後她跑過去打開門，走到花園裡，並且嘗試打開她父母公寓的大門。但是簡失敗了，只好又返回來，嘴裡發出第一個詞語「媽媽」，並且拒絕進到寄養家中。簡與父親的關係隨著分離時間拉長而惡化。一開始，當父親來看望她時，她可以和父親玩得很愉快；慢慢的，她開始對父親很生氣；最後，她直接不理睬父親了，只有當父親要離開時，她才會黏著他、哭著不讓他走。露西與父親的關係幾乎經歷了與簡一樣的歷程。曾經有一次，父親帶著露西去了家附近的一個公園，父親走後，她變得非常痛苦；起初，她拒絕被養母安撫，隨後她淚眼汪汪的貼著養母，並且難以被安撫。

在重聚時，兩個年幼的孩子能夠一下子就認出自己的母親，並且愉快的回應。然而，與兩個年長孩子不同，她們似乎並不願意離開養母。特別是露西，她很難被從養母身邊帶走，但是隨後，她又會表現出對養母的明顯矛盾心理。比如，在她回家後的第三天，養母去探望露西，她就會表現得很矛盾：「時而開心，時而憂慮；時而笑著，時而皺著眉

頭；養母在的時候黏著自己的母親，養母走之後又會哭得很傷心。」和凱特和湯馬士相同，這兩個年幼的孩子也比離家之前更具攻擊性，尤其是對母親（儘管在每一個個案中，造成這樣的結果的另一種可能是家中都有一個新生兒）。

羅伯遜夫婦的研究顯示：應該盡可能避免母嬰分離

　　這些孩子表現出的痛苦和悲傷程度，要比那些早年就與母親分離，並且處在沒有那麼多有利條件狀態下的孩子所顯現出來的低得多。然而，這些孩子也都有緊張的跡象，並且有時候能意識到自己正在思念母親。對於這些反應的解釋，不同研究者有著不同的意見。羅伯遜夫婦相信抗議、絕望和分離這一系列事件，在一開始就可以被阻止。他們強調要在溫和的環境中，由一位敏感度高、能夠替代母親的個體照顧幼兒，這樣便可以將焦慮控制在一個「可以管理的狀態」下，並且允許其繼續「正面的發展」。這也促使他們公開表達自己的看法：用這種方法照顧的孩子，比起那些由機構收養的孩子，有著本質的表現差異，並且強調若要理解這些差異，不能單單認為這只是反應強度的區別。

　　然而，另一種觀點認為：抗議、絕望和分離這一系列反應並沒有消失，儘管在反應強度和剝奪感上大大減少。比如那兩個年長孩子的反應模式，儘管反應強度有所降低，但是仍然很明顯能看出這是在沒有足夠緩衝的情況下，幼兒面臨短暫分離和分離之後的典型表現。他們會思念母親、尋找母親，他們會變得很悲傷，對母親離開的不滿以及憤怒會增加，他們在回到家後的矛盾心理明顯增多，並且明顯表現出恐懼再次分離。幸虧已經提前做了一些預防措施，使得絕望可以被控制在一定程度上，同時分離也是如此；尤其是分離，我們可以在凱特身上看到更多。在兩個年幼孩子身上，行為模式並不明顯，但是一些典型表現仍然存在。這也使得一些研究者認為：「用這種方式照顧的孩子，他們的行為

反應比起機構收養的孩子，只是反應強度上的不同。」

羅伯遜夫婦還透過其他一些方式，表示他們的理論立場，這與我採用的方式形成對照，尤其是關於悲傷與哀悼在幼兒早期中的作用。這些議題將在《依戀理論三部曲3：失落》深入討論。與此同時，需要強調的一點是：無論我和羅伯遜夫婦在理論觀點上有多大的歧異，在具體臨床的實踐並沒有太多差異。之所以這樣說是因為，當羅伯遜夫婦開始思考具體的實務方法時，他們特別強調「並不能因為這些被精心照顧的寄養兒童能夠比較好的度過那段分離時光，就斷言個體生命早期分離的危險性可以被徹底消除。」相反的是，他們表示，**臨床經驗告訴他們「分離是危險的，並且在任何時候都應該盡可能的避免」**，這也是我們長期以來一直強調的。

關鍵變項：母親角色是否在場

從羅伯遜夫婦近來的研究中和一些已經發表的研究中，我們能夠得出以下兩個主要結論：

【結論1】強烈抗議與隨之而來的絕望和分離，這個反應序列是由一連串的因素造成。在這一序列中，強烈抗議往往是最容易被我們注意到的內容。其核心是陌生人、陌生的事件，以及母親不在場這三個因素同時發生。其中，母親不在場，既可能是幼兒自己的母親不在場，也可能是一個有能力的替代者不在場。

【結論2】即使沒有其他因素，對於兩歲多的孩子來說，從母親身邊分離也會引起悲傷、憤怒以及後來的焦慮。當然，相比較而言，年幼孩子的壓力沒有那麼大的差異。從母親身邊分

離這件事情本身，是決定孩子情緒狀態和行為的關鍵變項。

「母親角色」是指幼兒直接將自己的依附行為所指向和投注的最佳對象。「代理母親」是指幼兒願意將自己的依附行為，暫時指向和投注的任何他人。隨著個體成長，年齡大一點的個體會將自己的依附行為指向除了母親之外的其他人，或者指向代理母親。正因為如此，我們能夠用一些不與親子關係有特別聯結的術語。在這些術語中，我們通常用「依附對象」和「支持對象」這兩個術語來涵蓋所有個體針對某些客體的依附行為。

「在場」和「不在場」是兩個相關術語，如果不加以明確定義，經常會引起誤解。在場是指「隨時準備好可以到達（幼兒身邊）」，而不在場是指「難以到達（幼兒身邊）」。本書中所提及的「分離」和「失落」，通常是指依附對象的主體難以到達，無論是暫時（分離），還是永久（失去）❺。

找到適合的語言來描述這些現象很困難，不僅在這裡，在其他領域也是一樣。比如，多長時間算暫時分離？這很明顯取決於主體的年齡。因此，1歲的孩子覺得是漫長而無止境的事情，也許對於學齡期兒童來說，是無關緊要的。對於學齡期兒童來說是無休無止、漫漫無期的事情，對於成年人來說，沒有那麼重大的意義。另外，一個更加尖銳的問題是：「分離從什麼時候開始，從暫時轉變為永久？或者至少是受害者（遭受分離的幼兒）或者別人這麼認為的？」

然而，還存在一個更深層的問題，那就是：「母親也許物理上存

---

❺ 需要注意的是，本文中使用的「分離」概念與馬勒（Margaret D. Mahler）235 的含義不同，應該加以區別。馬勒的分離指的是一種內在心理過程，其結果是「從共生客體分離出來，完成自我分化」。在此之前，是一種「未分化狀態下，與母親相融合」的心理狀態。

在，但卻喪失了她的『情感』。」這意味著，母親即使在身邊，但是可能在養育幼兒時，對幼兒的需求和願望卻毫無反應。這種無反應、無作為，可能是源於一些因素——憂鬱、拒絕、專注在其他事情上，但是，無論由什麼原因引起，對於她的孩子而言，母親並不比部分在場好到哪裡去。再者，母親可能會嚇唬孩子「如果他不聽話就會拋棄他」，用這種威脅的方式來管教孩子。但是這種管教策略可能比直接忽視更具危害，這可能是更大的致病原。

這些問題和一些其他的重要問題，將在隨後章節中加以討論。與此同時，我們的主要論點也會進入更細緻的討論。**對於幼兒或者成人來說，他是處於一種安全狀態、焦慮狀態還是憂鬱狀態，很大程度上是取決於他的首要依附對象是否是可接近、可到達，以及有的反應。**

一直以來，臨床心理學家和其他一些關注幼兒的研究者，並不認為依附對象的聯結性是孩子（或者是成人）可以幸福還是憂鬱的決定性變項。他們之所以這樣懷疑，其中一個原因是他們假定：「如果不存在『客觀性』，也就是說幼兒或者成人感到痛苦或者害怕的內容是源自內在，那麼任何痛苦或焦慮就不具合理性，這不合理的痛苦和危險，應被視為精神官能症。」另一些原因來自本能行為其本身是個有缺陷的理論，他們尤其強調這些內容尚無法從功能上區別因果關係（詳見《依戀理論三部曲1：依附》第6、8章）。還有一些原因是，對依賴理論有一些相混淆的概念和錯誤的價值判斷（詳見《依戀理論三部曲1：依附》第12章）。此外，還有一些與之不同的原因是，實際觀察這些個案，孩子的日常生活完全被打擾，因為他們實際去做的事情，是每個正常孩子都會做的，因為得到了照顧者良好的照顧，他們變得快樂、對照顧者感到滿意，但是這些是否與事情的實際情況一致，我們不得而知。在這一點，如果所有孩子都能這麼「通情達理」，那麼生活將變得多麼容易啊！

為了弄清楚現在出現的這些問題和困難，我們必須考慮一下，在精

神分析文獻中，分離和失落是如何經歷的，它們往往與人格發展和心理病理反應相關。尤其要檢驗一下分離在焦慮理論中的地位，以及考慮它的重要影響之後並進行相關解釋。我們會在接下來的章節中討論一些觀點和想法，並且比較本書與傳統精神分析作品中的觀點差異。

第2章

分離與失落
在心理病理學中的地位

「我的一本小冊子《抑制、症狀與焦慮》[125] 已經出版了。它再次動搖了現有的理論框架，並且將一些不確定因素注入現在看似穩定的系統中。那些尋求和平與確定性的分析師，可能不得不改變他們的想法，這也許會令他們感到不滿。但是，如果因此就認為我已經解決了焦慮與困擾我們已久的精神官能症之間的關係，那就太草率了。」

——西格蒙德·佛洛伊德[1]

心理病理學對於分離焦慮的研究演進

佛洛伊德終其一生都在做關於精神官能症的病原學研究，無論是他早期的研究還是晚期研究，都能看到他一直關注著神經質性焦慮和防衛這個成對出現的問題。他透過各種假設不斷嘗試，希望解決這些問題，並且最終把它們整合到他的系統理論框架中。然而，從佛洛伊德離世之後，焦慮和防衛的理論一直是精神分析與心理病理學的理論基石；當積極探討這些問題的本質與起源，觀點各異的精神分析學派應運而生。

佛洛伊德最早的理論構架中，他並不認為焦慮源自失落或者恐懼失落，也不認為產生防衛過程，是由於有強烈的焦慮。然而慢慢的，尤其

---

[1] 摘自佛洛伊德於1926年1月3日寫給奧斯卡·普菲斯特（Oskar Pfister）的書信[249]。

是在他生命晚期，佛洛伊德逐漸發展出了這些觀點，在此過程中，他開始把焦慮和防衛的觀點與哀悼聯結，哀悼在佛洛伊德的思想中，一直是重要而非凡的成分。正如佛洛伊德所預設的，其理論框架最主要是使一切再次陷入「變化不定的狀態」。

有關焦慮、哀悼和防衛的理論，佛洛伊德在生命的不同時期，也曾經採納過許多完全不同甚至彼此矛盾的理論，那是因為在那個時期，有很多不同的理論流派紛紛發展，但是這些理論都是依據蒐集單一資料的方法。在分析設置下，資料來自於研究，透過這些資料，研究者試圖重建人格、重建現階段所能看到的個體呈現的人格。此時的人格，往往已經有一定程度發展，並且具備一定的功能，只是程度相異。對於大多數人來說，這些呈現出來的資料令人沮喪，也具有刺激性。一方面，它直接觸及每一個敏感的臨床工作者都會意識到的問題，其核心目的是為了更良好的理解病人、幫助病人；另一方面，它呈現了一個非常複雜、彼此競爭、有時又相互矛盾的理論系統，可是又沒有提供一個有效而去蕪存菁的方法。

在本書，我們希望嘗試解決精神分析領域的經典問題。我們的原始資料來自一些對於幼兒在遭到拒絕的環境的表現之觀察。根據這些資料，研究者嘗試描述幼兒在早期階段的人格功能，並且以此預測以後的行為和狀態。同時，還有一個特別的目的是要描述幼兒早期頻繁出現的反應模式，並以此探究這些反應模式如何在未來的人格功能中被識別❷。

如上一章所述，一些重要的內容可以概括如下：無論何時，正與母親角色建立依附關係的幼兒，在無預期且不情願的情況下與母親分離後，都會表現出憂慮，尤其是被帶到陌生環境、交給陌生人照顧時，這

---

❷　對於是否採用某種觀點，在《依戀理論三部曲1：依附》第1章有詳盡的敘述。

種憂慮就變得特別強烈。幼兒在這種情境中的行為反應遵循著一個典型的序列。最初，他會強烈抗議，嘗試他能採取的各種方式，希望能喚回母親。隨後，他似乎開始對「喚回母親」感到絕望，但是他仍然沉浸在思念母親的境況中，並且會對她是否回來非常警覺。再之後，他看起來似乎不再對母親感興趣，而且在情感上開始與母親分離。當然，如果幼兒與母親分離的時間不是太長，那孩子的這種分離狀態，也不會持續。分離時間可能長一些，也可能短一點，但是當幼兒再次與母親團聚時，他對母親的依附又會再次顯現出來。從相聚的那一刻開始，幼兒會一直黏著母親，可能幾天或幾週，當然有時候時間也可能更長。並且，無論何時，當他感到會再次失去母親時，就會立刻表現出焦慮。

當我開始重新審視這些由觀察者提出的理論問題時，我很清楚首先應該弄清楚幼兒與母親之間的聯結究竟是什麼。在應對分離時，幼兒反應的三個主要階段都與精神分析理論中心議題有關，而這些問題逐漸清晰。我們發現，抗議階段與引起分離焦慮有關；絕望階段與憂傷和哀悼有關；疏離階段與防衛有關。這個論題後來可再次完整[49]，而提出了三種反應類型，即：分離焦慮、憂鬱和哀悼。這些反應和防衛是單一過程的不同階段，只有當它們被如此看待的時候，才可以掌握其真正重要的意義。

翻閱精神分析流派的文獻可以發現，一般來說，之前關於分離焦慮、哀悼和防衛這些議題的思考都是零碎的。這是一個回溯的過程，在心理病理學中的重要性是這樣被發現的：最後一個階段最先被注意到，而最開始的階段是最後被注意。因此，防衛機制，尤其是壓抑的重要性，在佛洛伊德早期精神分析著作中就已經被提到，並且成為他早期理論基礎——佛洛伊德這個主題的相關論文，最早是在1894年出版的《防衛的神經——精神機制》[III]。但是從另一個角度講，他當時掌握有關憂鬱和分離焦慮的重要性，仍然零碎而不成系統。儘管他很早就意識到哀

悼在歇斯底里症和憂鬱症中的重要性，但是直到20年後，他才在《哀悼與憂鬱症》120一書中進行系統論述。對分離焦慮的論述也有同樣的歷程，儘管在《性學三論》114一書中，他用一段文字描述了分離焦慮；在《精神分析引論》121一書中，用三頁的篇幅來闡述；直到1926年，在佛洛伊德晚期、具有顛覆性的作品《抑制、症狀與焦慮》125中，才肯定分離焦慮在焦慮理論中的核心地位。在那本書中，他斷言：「思念自己所愛的人或者自己所渴望的人，是理解焦慮的關鍵。」❸

　　部分研究者前後顛倒的認識三階段過程，有很清楚的原因：在醫學史上，一個病理序列的最終結果，往往是最先被描述的。逐漸的，才會開始描述更早期的階段，要完全理解和確立整個過程的正確序列，往往要經過很多年。事實上，困擾佛洛伊德最長時間的，也是如何理解病理學發展的序列。究竟是先有防衛後有焦慮，還是先有焦慮後有防衛呢？如果對分離的反應是痛苦和哀悼，那又為何還有焦慮呢？現在可以了解到，佛洛伊德經過30年的精神分析探索，他把這個發展序列的順序顛倒過來了，把最終結果放到了原初階段。佛洛伊德直到70歲時，才開始對分離和失落有了清晰的認識。分離和失落，是佛洛伊德研究的主要來源，也是他窮盡半生研究的內容。儘管如此，他的觀點在舊時代已經深入人心。

　　到1926年為止，大量精神分析理論的術語已經廣為流傳。提到焦慮，無論在維也納還是其他地方，閹割焦慮和超我焦慮都是理論與實踐的基礎。而且，最近克萊恩（Melanie Klein）一直在闡述一個假設，她認為焦慮與攻擊性有關，並且把它和死亡本能聯繫在一起，克萊恩的這個假設，很快的成為新的理論系統中的關鍵概念。佛洛伊德在分離焦慮以

---

❸ 有關佛洛伊德焦慮理論發展的介紹，可以參考史崔屈（James Strachey）在標準版《抑制、症狀與焦慮》對此書的介紹346，也可以在附錄一中查閱。

及它與哀悼的關係這兩個概念化方法的發展過於陳舊。

　　而且，除了哈格－赫爾穆特（Hermine von Hug-Hellmuth）的一篇早期文獻[168]以及柏恩菲爾德（Siegfried Bernfeld）的簡短介紹[38]，直到很多年後，才有一些關於分離經驗致病意義的臨床文獻發表，一些最早期的研究者，利維（David M. Levy）[223]，鮑比[43 & 44]，以及班德（L. Bender）和亞內爾（H. Yarnell）[31]，他們提供了大量實證經驗，並且指出某種特定的病理人格與嚴重受損的母子關係之間的病原學關係。幾乎在同一時間，費爾本（Ronald Fairbairn）[96 & 97]正在開展有關分離焦慮的心理病理學修訂工作，薩蒂（I. D. Suttie）[348]在此之前已經做過相關工作，幾年之後，奧迪爾（C. Odier）[268]也開始了這些研究；貝內德克（Therese Benedek）[33]基於觀察第二次世界大戰期間的成年人，描述了個體對分離、重聚和失落的反應；博靈漢和安娜・佛洛伊德[64 & 65]記錄了幼兒應對分離時的反應（引自本書第1章）。此外，一些與之相關又有些許不同的研究也逐漸開展，戈德法布（W. Goldfarb）[136]和史畢茲（René Árpád Spitz）[339]開始研究母親角色沒有參與養育對孩子的影響。

　　然而，儘管很多研究者做了上述這些研究，但是分離焦慮在精神分析理論流派中，還是無法提升到核心地位。事實上，當1926年佛洛伊德發展了有關分離焦慮的理論時，克里斯（Ernst Kris）——一位維也納當地作家，在幾年後寫道：「精神分析師並不知道……分離焦慮是在怎樣典型的情境中出現的。對失去客體的恐懼，以及失去客體之愛的恐懼，是分析資料中的重要成分，現在，這是我們顯而易見的，但過去並沒有人意識到。」[212]克里斯自己也承認，直到十年前，他才開始意識到這些恐懼的重要性，他也坦言，即使是在寫精神分析學派的思想時，他也沒有意識到它們的重要性。在精神分析的發展歷程中，分離焦慮這個概念被長期忽視[388]，甚至不曾被提到。即使是在萊克勞福特（Charles Rycroft）的最新著作中[299]，也沒有獲得足夠的重視。

在這一點上，很明顯，佛洛伊德在《抑制、症狀與焦慮》發展的一些觀點的確擲地有聲。然而遺憾的是，這本書是在他職業生涯即將結束時才完成的，這本書希望掙脫原來的視角，即防衛、哀悼和分離焦慮的序列；取而代之的是，他想重新闡釋這個序列，並且指出，分離焦慮是處於序列的前端。而在此書結尾，他勾勒出一條新的路線——**焦慮是對害怕失去重要客體的反應，哀悼是對真正失去客體的痛苦的反應，防衛是處理焦慮和痛苦的一種模式。**

佛洛伊德最後勾勒出的這條路線，也是本書所遵循的路線。而對於這麼做的原因，將在第5章進行更深入、清晰的闡述。這個思維路線後來也被很多佛洛伊德的追隨者採用，但是他們的視角完全不同。其主要的區別是，他們所採用的視角是基於達爾文主義的演化論，而佛洛伊德的理論不是。

分離焦慮與其他焦慮的形式

佛洛伊德在晚年時，才開始把分離焦慮看作是神經質性焦慮問題的核心，當然，這並不意味他的觀點就是對的。「焦慮」這個術語，已經被用於多種形式，以此來涵蓋範圍廣泛、不均勻的內在狀態。而「神經質性焦慮」的定義，也不清晰，也可以涵蓋範圍廣泛、不均勻的內在狀態，並且它們的起源往往不同。在這種複雜的情況下，我們目前仍然不清楚分離焦慮的作用。特別是現在我們仍然不清楚，與焦慮、恐懼這些不同的狀態相比，分離性焦慮作為對於精神官能症發病的影響究竟有多大。

儘管臨床工作者都急切的想要將這些問題闡述清楚，但是要完成這項工作，其關鍵之處都在這項工作之外。沒有人嘗試過建構起焦慮的一般性理論。也沒有人嘗試判斷用哪種方式，來理解分離焦慮會更好一

些，儘管這可能會有助於澄清上述問題。這些論述也是未來研究的任務和重點。

研究者目前所做的嘗試非常有限。非常短暫的分離也會讓幼兒變得非常沮喪。年齡稍長一點的孩子，他們會因為更長時間的分離而沮喪。而成人則會因為一段持久的或者永久的分離而感到沮喪，比如失去親友。而且，無論是最早出現在佛洛伊德有關歇斯底里症的研究報告中，還是近年來的一些卷宗，這些臨床報告，都指出個體生活中最近出現或者早年發生的分離和失落的經歷，對於一些臨床症狀的發病，具有非常重要的影響。以上這些情況足以奠定關注我們的問題的基礎。

事實上，對這些問題的研究顯示：我們認為，佛洛伊德可能把一些問題搞錯了，比如他認為失去某個深愛的和渴望的人，是理解焦慮的關鍵。在我們的研究中發現，可能並不只有一個關鍵因素——在很多種情況下，恐懼和焦慮都會被喚起。然而，可以確定的是，**失去深愛的和渴望的人，是我們要探究的關鍵之一；同時，由分離和失落所引起的特殊焦慮不僅普遍存在，而且會導致更深且更廣泛的痛苦。**正因為如此，我們得緊抓這個關鍵，同時還要看看有沒有其他可能的因素。

解釋幼兒分離焦慮的六大理論與其自身挑戰

一旦我們注意到這些由持續幾天或者更長時間分離所引起的強烈反應形式和反應序列時，我們也會對那些出現在幼兒日常生活情境中的反應類型和反應序列更為敏感，儘管相比之下，這些反應的強度要低得多。比如，我們注意到**當敏感、反應良好的母親在場時，嬰兒或者幼兒通常容易滿足；當把他們放開之後，會更有自信、更有勇氣的探索自己的世界。**相反的，母親不在場時，嬰兒多少都會表現出緊張不安；他隨後對所有陌生的或意外的情況都表現出過度警覺。而且，當他的母親要

離開或者找不到她時，孩子更傾向於立即拉住她或者立即尋找她；孩子會一直處在焦慮狀態，直到找到母親為止。

　　儘管上述這些資料都是最基本的內容，也是每個敏感的母親早就知曉的內容，但是仍舊存有一些爭議，尤其是有關這些行為序列的部分，一直沒有形成完整的系統：「為什麼小孩在母親不在場時會感到痛苦不安？」「他恐懼的是什麼？」「為什麼當母親消失時或者找不到時，孩子會感到焦慮？」「為什麼他會擔心母親會再次離開？」

　　在精神分析的大量文獻中，我們可以零散看到有關這些問題的答案，至少有不少於六種理論在闡述相關內容。蘭克（Otto Rank）的「出生創傷理論」（birth-trauma theory）[279]和佛洛伊德的「信號理論」（signal theory）[125]都非常鮮明的解釋了為什麼當母親離開時，幼兒會感到焦慮。另外三種理論，包括佛洛伊德早期有關原欲轉換的理論[114]，以及克萊恩關於迫害與焦慮性憂鬱的理論[202 & 203]，它們有著不同的理論淵源，並且只被用於處理有關分離焦慮的問題。然而，很明顯，這五種理論都很複雜，因為在每一種理論中，作者都排除了之前關於分離焦慮的觀點，即：母親不在場這個事件，本身是引起幼兒痛苦和焦慮的真正原因。因此，每一個研究者都感到被束縛，無法探究其他可應用於解釋在另外背景下發展出來的理論原因。在漫長的探索過程中，一次偶然的機會，一位學者接受了前人那些有價值的資料，並且發展出了第六種理論，這種理論認為「幼兒的苦惱和隨之而來的焦慮，並非出於其他原因，而是對母嬰依附關係的原初反應」。薩蒂[349]、赫爾曼（Imre Hermann）[158]、費爾本[97 & 99]，和溫尼考特（Donald W. Winnicott）[376]等人發展了這個理論。值得注意的是，早在大約半個世紀前，詹姆斯（William James）就說過：「嬰兒期最大的恐懼來源是孤獨。」[170]

　　與第六種理論非常相似的，是佛洛伊德在1905年發展出的理論。這個部分我們在下一章開頭引用，也顯示佛洛伊德是較早注意到這方面資

料的學者。事實上，正如史崔屈在標準版《抑制、症狀與焦慮》的引言中指出：「孩子因為和母親分離而產生的焦慮，時常出現在佛洛伊德的思想，並且在他不斷發展出解決焦慮問題的過程之中，他時常回到與母親分離這個論點之上。」不過，由於佛洛伊德在一開始設定這個理論的基本假設時，就已經有了既定的方向，這也使得佛洛伊德從來沒有採納過第六種理論的觀點。

所有這些用來解釋分離焦慮現象的努力，不僅具有歷史價值，還具有重大的實踐意義，因為每種理論都會形成理解不同類型的人格功能和心理病理學，並最終產生各種形式的心理治療實踐和預防心理病理學。正是因為分離焦慮的精神分析理論具有持續而鮮活的影響力，因此在本書附錄一有詳盡的綜述。其他的一些假設，將在第5章討論，而這些討論主要也是依據現有生物學和動物行為學知識展開。

然而，在開始對這些理論進行深入討論之前，有必要說明觀察分離期間和分離之後，所出現的額外行為，從人類幼兒的行為開始，並且進而和其他物種幼崽的行為進行比較性分析。必須強調的是，在所有研究的描述中，既有可能是母親離開幼兒，也有可能是幼兒在不情願的情況下被從母親身邊帶走。在這兩種完全相反的處境中，我們能夠看到孩子非常不同的表現。母親留在一個已知的地方而孩子去探索，這種情況在《依戀理論三部曲1：依附》第13章有詳細論述，這也是安德森（J. W. Anderson）[12 & 13 & 14]、瑞格德（Harriet L. Rheingold）和埃克曼（Carol O. Eckerman）[282]等學者的研究主題。假如幼兒自己發起活動，在某種程度上他知道母親還會出現，那麼他在活動中不僅會比較容易滿足，也更有冒險精神。而我們接下來說的「分離」更多意味著主動權不是掌握在母親手裡，就是掌握在某個第三方手裡，總之並不是兒童主動發起的「分離」。

第3章

人類幼兒對於母親
是否在場時的行爲表現

「幼兒最初的焦慮莫過於他感到將會失去所愛的人。」

——西格蒙德・佛洛伊德[114]

自然觀察法，觀察孩子與母親分離的行為反應

第1章呈現了很多有關幼兒離開家後的行為觀察資料，這些幼兒不是住在寄宿幼兒園裡，就是住在寄養家庭中幾天或者幾週。相比之下，本章我們觀察了更為短暫的分離情境。我們觀察的對象與母親分離的時間從一天到幾小時不等，但是所有幼兒都必須和陌生人待在陌生的地方，並且沒有替代者照顧。

很多心理學家已經記錄了當幼兒第一次進入幼兒園或者第一次進入研究機構參加實驗時表現出的行為。當然，這些心理學家這樣做，並不是為了累積以下議題的證據，也就是「對於大多數幼兒來說，在3歲前去幼兒園是令人不愉快的壓力體驗」。事實上，根據這些紀錄，我們可以看到人們漠視依附行為是依賴自然發展的，似乎有種盲目的熱忱認為幼兒應該快速的獨立與成熟。這也導致了在實際養育中，幼兒和家長都經歷了不必要的焦慮和壓力。然而，從科學目的和該結果的紀錄來看，依舊有很大優勢，它不會帶來誇大憂慮程度的風險；事實上，反倒不可證。

63

最早且規模最大的研究

雪莉（Mary M. Shirley）在哈佛大學公共衛生學院做的研究，是最早也是規模最大的類似研究[326 & 327]：共一百九十九個幼兒（其中有一百零一個男孩，九十八個女孩）參與研究，他們的年齡範圍在2～8歲之間，在研究期間需要全天參與研究中心的活動。在此期間，他們要經歷不同的心理檢查和醫學檢查，他們可以玩耍、進餐，也可以休息，但是一整天都沒有母親陪伴。研究者表達了這樣的信念：「從這些孩子對與母親分離的反應可以看出，他們是典型在學齡前主要由母親照顧的孩子。」

這些孩子每隔六個月需要到研究中心一次，且每個孩子都全程參與為期三年的研究。每個孩子開始參與研究時的年齡不一，其中二十五個孩子是在兩歲時第一次參與研究，有二十八個孩子在兩歲半才開始參與研究，另一些孩子會分批進入研究，每組年齡約增加半歲，最大的孩子是在5歲時參與研究。這種設置的結果是，每個年齡層孩子有較大的數量差異，兩歲的有二十五個，最多的是5歲半的孩子，有一百二十七個。孩子在一天中經歷了三種情境——離開母親、在研究中心玩耍、在一天結束時與母親重聚。研究者統計出表現出沮喪的幼兒，最終的結果是以幼兒年齡百分比和性別百分比呈現。在公布的資料中並沒有區分第一次到研究中心的幼兒反應，以及已經多次參與研究的幼兒反應。

年齡在2～4歲的幼兒中，大約一半的幼兒❶在一開始與母親分離時就出現沮喪的反應，也約有一半的幼兒在一天結束後與母親相聚時同樣表現沮喪。高年齡組孩子的沮喪程度會有所降低，儘管當一天結束與母親相聚後，男孩的沮喪程度從未降低至30%以下。即使是在幼兒喜歡的遊戲時間裡、有與之相配合的陌生母親替代者陪伴，幼兒的沮喪程度

---

❶　由於結果是以不同年齡組和性別百分比與總數呈現，所以無法計算出更大類別、精確的百分比。

還是相當顯著，並且變化幅度較大，最小年齡組的幼兒大約在40％（2～3歲），4歲的幼兒沮喪程度大約在20％，高年齡組（5～7歲）的沮喪程度最低，為15％：

「……在遊戲期間出現沮喪情緒並不罕見。在遊戲室裡，幼兒除了哭泣、吵著找媽媽之外，還會用各式各樣的方式表達自己的不安。幾個孩子只是悲傷的站在一邊熬過這段時間；幾個孩子不安的來回輪流更換雙腳摩擦著地面；幾個孩子失望的望著窗外，在川流不息的車流中尋找父親那熟悉的小轎車……這些孩子不理會為他們提供的玩具，也拒絕參與研究者規劃的遊戲。」

還有一些孩子會心煩意亂的坐在那裡，漫無目的擺弄手裡的玩具或者讓細沙穿過指縫。年幼的孩子中，有一半明確表示出要找媽媽；在4歲半～6歲的孩子中，要求找媽媽比率下降到約四分之一的數量。

那些沒有在白天表現出沮喪的幼兒，往往是在晚上與母親重聚時才表現出沮喪的狀況：

「先前強忍著淚水、非常努力克服不安感的孩子，往往在見到母親時便無法壓抑心中的情緒和眼裡的淚水。一看到母親，先前的自主性和獨立性統統消失不見了，他又重新回到了早上離家時那個孩子氣的狀態。」

在每一個年齡區間過度沮喪的孩子中，女孩比率都少於男孩。而且，當女孩沮喪的時候，強度和持續時間都要弱於男孩。很明顯，本研究的研究者讚嘆女孩的「成熟」，遺憾男孩的「孩子氣」。

研究者還指出，3歲的孩子似乎更容易感到沮喪和難過，其傾向既

高於年幼的孩子，也高於較年長的孩子：「兩歲和兩歲半的孩子似乎還不太清楚接下來的一天將發生什麼；他們很少預期到的恐懼。」而對於3歲的孩子來說：「他們更清楚這一天他們需要做什麼，也更不願意離開家。」這在那些已經到過研究中心一、兩次的孩子身上特別明顯。當然，研究者在進行身體檢查和心理測驗的時候，都盡可能用溫和、孩子能接受的方式。然而，當母親不在場時，孩子非但不能適應每六個月一次的檢查，而且對檢查變得更焦躁不安：「先前已經有過一、兩次經歷的孩子已經熟悉環境了，但是這似乎使孩子變得更焦躁不安。」當這一天到來的時候，孩子似乎變得更加沮喪了 [326]。相比之下，5歲及以上的孩子，似乎更容易受到安撫，有些孩子能夠享受一整天的時光。

研究 2 年齡限制在最幼小孩童的研究

希瑟斯（Glen Heathers）論述了一項研究 [153]，它源自雪莉的早期研究，但是僅限於早期調查的一小部分。年齡限制在最小的幼兒身上，行為報告也限制在記錄幼兒離開家去幼兒園期間的反應。

一共有三十一個孩子，年齡在23 ～ 37個月大之間，均來自中產階級家庭，智力程度在平均以上。研究者主要觀察他們剛到幼兒園前五天的反應。在這幾天裡，每個研究者負責一個孩子，並且每天開車把孩子帶到學校，孩子們之前沒有見過這些研究者。為了滿足研究需要，每位母親都被要求在門口就與孩子道別，並且讓研究者把孩子帶到車上。儘管每位母親都盡量向孩子解釋這是怎麼回事，但是我們不禁好奇對於這麼小的孩子來說，他們能夠理解多少。

需要觀察的行為被列在一個表格裡，一共有十八個項目，涵蓋了幼兒可能發生的行為。具體如下：

情境	孩子的行為
從家裡帶到車上時	1. 哭泣 2. 躲藏、試圖躲藏，或者類似的行為 3. 拒絕穿衣服離開家 4. 黏著母親 5. 吵著找媽媽 6. 試圖跑回家 7. 必須被強制帶到車上 8. 拒絕被帶到車上
在車上前5分鐘裡	9. 哭泣 10. 吵著找媽媽 11. 尋求安慰或關心 12. 拒絕被安撫或被關心 13. 緊張、退縮，或者毫無反應
到達幼兒園，進入大樓時	14. 哭泣 15. 拒絕下車 16. 只能被拉下車，強行帶到學校 17. 緊緊黏著同行的研究者 18. 退縮、不願意進入幼兒園

在這五天裡，三十一個孩子在上述十八個項目中，日常得分從0～13分，具有明顯的個體差異性。在第一天，平均為4.4分。儘管有二十一個孩子在第五天的沮喪得分比第一天低，但是還有四個孩子得分要高於第一天。

值得注意的是，在第一天裡，高年齡組的孩子（30～37個月大）要比低年齡組的孩子（23～29個月大）有更明顯的沮喪情緒；然而，在接下來的幾天，兩個年齡組孩子的表現沒有顯著差異。如同雪莉的研究發現，希瑟斯也注意到這一點，**稍大一點的孩子在第一天會更沮喪，可能是因為他們先前已經到過研究中心、參加過一些研究，所以會預期到接下來發生的分離。**

研究 3 精細觀察孩子處理與母親分離過程的研究

在相同的研究傳統下，就像雪莉和希瑟斯所做的，第三項研究已經在《依戀理論三部曲1：依附》第11章簡要介紹過了。研究中，墨菲（Lois B. Murphy）[262]觀察了幼兒在研究中心進行一系列設計好的遊戲。在這項研究中，在接孩子的設定上與希瑟斯所採用的方式差不多，但是對孩子與母親分離的處理，則非常不同：儘管幼兒被鼓勵在一名照顧者的陪伴下自己走到車裡，但是這名照顧者並不是完全的陌生人。而且照顧者不會阻止母親過去，因為幼兒本就應該抗拒，母親也有權利希望陪伴孩子。並不意外的是，只有十五個年齡在兩歲半～4歲的孩子同意在沒有母親陪伴的情況下自己走到車上。所有孩子到達研究中心後，母親都得離開，只有孩子自己進去。

墨菲的研究結果與先前的研究一致。她記錄了個別幼兒的狀況，其中詳細記錄了一個孩子如何決定要母親陪伴。我們有足夠的理由相信，對於一個孩子，當他被兩個幾乎不認識的女人帶到陌生的地方時，他們表現出這些反應是健康的，也是正常的。

研究 4 比前三項更為精細的研究

詹妮（Marjorie G. Janis）進行了一項更為精細的研究[171]，她觀察了一個不到兩歲3個月的小女孩，女孩每週有兩個半天到幼兒園去。在這些報告中，我們可以看到這個年齡的孩子會因為這種分離經歷產生多大焦慮，而且這些焦慮是非常隱蔽的，至少在一段時間很難被發現。

洛蒂被描述為「正常、語言表達能力很好的孩子」，她來自一個專業人士家庭，是家中三個女孩中年紀最小的。她的父母被描述為「對孩子的需要非常敏感，而且可以意識到分離可能帶來的困難」。洛蒂所在的幼兒園本身也有一個政策，即母親可以在幼兒園陪伴孩子，直到孩子

可以獨自留在幼兒園為止。

　　洛蒂前兩次去幼兒園時，母親一直陪伴著她。在第三次，當母親短暫的離開她時，洛蒂還笑著重複喊著家人的名字：「媽媽！爸爸！多莉！海蒂！」（她兩個姊姊的名字，一個是5歲9個月，一個是10歲半）。一週後，當洛蒂第五次去幼兒園時，她堅持要穿一件看起來像是多莉的裙子，她之前和多莉的關係也更親近一點。到第十四次時，洛蒂自稱是多莉：「我是多莉，叫我多莉。」

　　然而，在接下來的幾次觀察中，洛蒂對母親離開的反應要比之前強烈許多，偶爾還會哭喊著找媽媽。在第十八次去幼兒園的前一天，洛蒂（在家裡）堅持跟著母親，隨著母親在房子前後轉呀轉，並且緊緊抓著母親。在接下來的一天，洛蒂在幼兒園裡：「當母親跟她說再見的時候，她立刻哭了起來。她哭得很傷心……她哭得滿臉通紅，而且身體發燙。」從那以後，洛蒂再也不叫自己多莉了。

　　與母親的預期不同，洛蒂到了幼兒園之後，非但沒有穩定進步，她的行為反而退化了。她根本無法忍受母親離開，當母親真的走了的時候，她會哭得非常傷心。在學校時，她會黏著母親，越來越近，幾乎不能像之前那樣獨自玩耍；她的遊戲行為是有限的、退化的，不受控制的，有時還會出現暴力行為；在家中的時候，她不能控制自己小便，在她已經能夠控制小便之後又首次失控了。

　　而且，在這幾個星期裡，當洛蒂的母親出去，她被留在家裡和一個熟悉的人待在一起時，她表現出對母親越來越強烈的需要。她也變得越來越頑皮，也越來越不聽話。

　　在下學期的幾次會見裡，那時洛蒂已經有兩歲6個月大，剛開始的時候，她還堅持讓母親跟著自己。後來，儘管她漸漸接受母親必須離開的事實，可是她在遊戲的過程中還是無精打采、三心二意的；而且當母親回來的時候，洛蒂的第一句話是：「我剛才沒有哭。」然而在最後的

四週，當母親離開時她又哭了，並且這種情況一直持續到學期結束。結果是，直到第三個學期，那時洛蒂已經兩歲9個月大了，才能夠在沒有母親陪伴的情況下安心、快樂的待在學校❷。

　　儘管洛蒂的父母對孩子的需求非常敏感，洛蒂所在幼兒園制度也比較合理，但是現在很明顯，無論是洛蒂的父母還是洛蒂的老師，都對這個年幼的孩子有太多期望。很明顯，大人在這個小女孩身上施加了太多壓力，讓她不要哭。在整個報告過程中，儘管洛蒂經常能夠控制自己，也常常能夠忍住不哭，但是這也證明了她一直處於壓力之下。

　　如果不是因為很多人對幼兒分離有這麼多的誤解，我們其實沒有必要在本書中呈現如此豐富的資料，這些誤解包括：當孩子短暫離開父母，與陌生人待在陌生的地方時，孩子的行為應該符合成人的預期。因為這些錯誤的理念至今仍然存在，即使是專業人士也有這些誤解。這些理念錯誤的暗示：一個健康、正常的兒童，當他離開母親時不應該大吵大鬧；如果他那麼做，不是被母親寵壞，就是表示他可能正在遭受某種病理性焦慮。我們希望用一種全新、更加現實的角度看待這些反應，並且應該基於依附行為的自然歷程和功能來理解。

實驗研究法下，觀察孩子的分離焦慮

　　由於倫理上允許讓孩子處於短暫分離（比如只持續幾分鐘），這種分離所產生的行為，也可以在實驗室條件下進行觀察，因此可以控制變

---

❷　關於洛蒂應對母親不在場時的策略，將在《依戀理論三部曲3：失落》討論，比如自稱自己是一個「大女孩」了，就像她的姊姊。

項，進行詳盡系統觀察也相對容易。而且，我們可以在其他條件恆定的情況下，比較母親在場與不在場時，孩子的行為表現。

亞森尼亞（Jean M. Arsenian）[19]是首位進行該研究的學者。近年來，一些研究者也紛紛仿效，比如安斯沃思（Mary Ainsworth）[9 & 4]、瑞格德[281]、高斯（F. N. Cox）和坎貝爾（Doris Campbell）[77]、麥柯畢（Eleanor E. Maccoby）和費德曼（S. Shirley Feldman）[230]、李（S. G. M. Lee）等人[220]，以及馬文（R. S. Marvin）[244]。這些研究展現了幼兒行為的全貌，因為他們都是從幼兒第一個生日開始，連續研究到3歲。

在《依戀理論三部曲1：依附》第16章中涉及依附模式時，已經簡要介紹了安斯沃思的研究。在該書完成之後，安斯沃思和她的同事已經公開發表更多觀察研究的細節，並且有更多幼兒參與了研究[6]。

安斯沃思的研究對象是五十六個1歲嬰兒，均來自美國中產階級家庭，他們的家庭養育方式屬20世紀60年代的典型方式。研究者詳盡觀察了一個「子樣本」（sub-sample），這個子樣本是由二十三個嬰兒組成，從他們出生第一年開始觀察、記錄他們的社會行為發展，並且著重提到了依附行為發展。至於其他三十三個嬰兒，研究者對他們進行有限的觀察，並且是從9個月大才開始進行[29]。因此，研究者觀察與記錄了所有五十六名參與研究的嬰兒在出生後第一年的行為發展。當嬰兒快要過生日時，他和母親將被邀請參加一項簡短的實驗❸。實驗的目的是想了解嬰兒在一個舒適但是略顯陌生的環境中，會如何表現——母親在場時，嬰兒會如何表現；若母親不在場時，嬰兒又會如何表現。

為此，安斯沃思在一個小房間裡安置了三張椅子，並且在房間中央留了一塊空地。房間一端的一把椅子是為母親準備的，房間同一端的相反方向還有一把椅子是為一位陌生人準備的，在房間的另一端還有一把

---

❸　在這五十六名幼兒中，有三十三名是49～50週大，剩下的二十三名是51週大。

小椅子，上面堆滿了玩具，這是為嬰兒準備的。這種情境的設定是為了顯得足夠有趣，能夠吸引嬰兒的注意和興趣，但是它又是陌生的，會讓嬰兒感到害怕。陌生的觀察員（女性），在進入房間時動作會盡可能緩慢、柔和，因此如果嬰兒感到擔心害怕，就是由於不熟悉陌生人所引起，而不是由於某人突然闖入所引起。一共有八個實驗情境，而安排實驗時，從打擾最少的情境先開始；而且，這一系列的實驗情境，都是嬰兒在日常生活中可能會遇到的類似情況。嬰兒的母親與陌生人在實驗情境中扮演的角色，都是事先被設定好的。

六種實驗情境安排與兩種紀錄層次

這些實驗情境具體安排如下：

【情境1】母親在一位觀察員的陪伴下，帶著孩子走進房間，然後觀察員離開。

【情境2】第二個實驗情境一共持續3分鐘，母親把嬰兒放在為大人準備的兩把椅子中間，然後安靜坐在自己的位置上。母親並不參與嬰兒的遊戲，除非嬰兒尋求母親的關注，才可以參與一點，更多時候是讓嬰兒自己玩耍。

【情境3】第三個實驗情境也持續3分鐘，實驗一開始陌生人就進來了。剛開始1分鐘，她安靜坐在自己的椅子上；第二分鐘，她與嬰兒的母親交談；最後，在第三分鐘時，她輕輕走近嬰兒，並且給他看一個玩具。與此同時，母親仍安靜坐在椅子上。

【情境4】實驗一開始，母親便悄悄離開房間，並且把自己的皮包留在椅子上。如果嬰兒可以自己開心的玩耍，那麼陌生人便不干預、保持安靜；如果他表現得並不活躍，那麼陌生人

會嘗試用一個玩具引起他的興趣；如果嬰兒顯得很痛苦難過，那麼陌生人需要盡可能分散嬰兒的注意力或者安撫嬰兒。與先前兩個實驗情境相同，這個實驗也持續3分鐘，但是若嬰兒非常痛苦且不能被安撫，可以減少實驗時間。

【情境5】在陌生人離開後，母親回到房間。一進門，母親便在門口停下來，主要是為了看一看孩子在她回來後的第一個反應是什麼。在那之後，她可以自由選擇做任何事情——如果有需要，可以安撫嬰兒，也可以和他一起重新玩遊戲。一旦嬰兒被安撫、安定下來，母親再次離開房間。這次離開房間時，可以有短暫的停留，並且要和嬰兒「說再見」。

【情境6】在這個實驗情境中，嬰兒被獨自留在房間裡。這個情境通常持續3分鐘，當然，如果嬰兒非常痛苦，可以根據實際情況提前終止。

完成上述實驗情境6之後，第7個實驗情境是陌生人回到房間，第8個實驗情境是母親回到房間。

這一系列實驗情境下，嬰兒、母親、陌生人的行為都會透過房間內的單向玻璃被觀察者記錄下來。從這些敘事紀錄中，可以根據兩種層次，將每個嬰兒的行為進行分類：

【層次1】每個實驗情境中，嬰兒表現出不同行為反應的頻率與次數，每出現一次計1分鐘，觀察週期為15秒（因此，對於一個3分鐘的實驗情境，分數變化的範圍是0～12分）。

【層次2】實驗情境中記錄嬰兒行為反應的強度。在制定強度等級時，需要考慮到嬰兒面對的行為者是母親還是陌生人。

不同的研究情境下，孩子的行為特徵分析

在本章，我們抽出一些特殊、值得注意的結果：在整個實驗情境序列中，五十六名1歲嬰兒在母親不在場時的行為反應（情境4和情境6），與母親沉默坐在房間角落裡時的反應（情境2）相比，差異很大。每個嬰兒在這裡所表現出的行為反應，幾乎都可以被定義為焦慮或者痛苦，就好像他真的要失去母親了。

在實驗情境2中，母親在房間裡，嬰兒的典型反應是對現場環境能夠保持積極關注。通常，嬰兒會自由的跑來跑去、玩玩具，偶爾會瞥母親一眼；只有很少的嬰兒（七個）會表現出不活躍，並且一直待在一開始被放置的地方。在這個實驗情境中，只有少數幾個孩子在一開始的時候會嗚咽一下，總體來說，很少有嬰兒哭泣。

在實驗情境3中，陌生人也參與到母親和嬰兒之間的互動中，大多數嬰兒的行為都發生了明顯的改變。通常，他們會盯著陌生人看；有一些嬰兒會挪得離母親更近一點兒；探索活動和遊戲都減少了，活動量平均會減少到一半。一些嬰兒會有哭泣或者無精打采的傾向，但是其中只有五個嬰兒出現不同強度的哭泣。不過，嬰兒通常會漸漸對陌生人感興趣，很快的，他們會小心翼翼的對陌生人表現出友好。

在實驗情境4中，母親已經離開房間，嬰兒會發現自己獨自與陌生人待在一起。幾乎一半的嬰兒，當他們意識到母親已經離開後，便會表現出強烈尋找母親的傾向。十一個嬰兒跟著母親到了門口，並且掙扎著要跟她們在一起；剩下的嬰兒會頻繁或是長時間一直盯著門看，或是跑到母親曾經坐過的椅子搜索、尋找。在這個情境中，經常有嬰兒哭泣，也會有一些其他的哀傷特徵。在母親不在場的情境中，哭泣的數量是實驗情境3的四倍。十二個嬰兒幾乎整個實驗都在哭，另外十三個嬰兒哭了一會兒。總共有三十九個嬰兒不是哭泣，就是尋找母親，或者兩者都有（當中十三個嬰兒）。剩下十七個嬰兒沒有上述行為，比率相當小。

在實驗情境5中，實驗一開始，母親便回到房間，有一半的嬰兒積極的跑到母親身邊，並且明顯表示出要親近母親，然而另外六個嬰兒不是表現出要與母親接觸的信號，就是用目的性較弱的方式接近母親。在那些更活躍、與母親有親密身體接觸的嬰兒中，有十三個嬰兒一直黏著母親，並且拒絕被母親放下，之前哭泣的嬰兒也都停止了哭泣，當然也有一些嬰兒，之前看起來特別悲傷，因此不能立刻被安撫。在母親回到房間的情境中，二十三個嬰兒的子樣本將會在第21章進行更深入討論。

在實驗情境6中，母親再次離開房間，這一次留下嬰兒自己單獨在房間。在大多數嬰兒身上都能觀察到尋找母親和哭泣的現象，其強度也比在實驗情境4中要強烈。在這個情境中，四十四個嬰兒尋找母親，在這四十四個嬰兒中，有三十一個嬰兒跟隨母親到了門口。在這三十一個嬰兒中，有十四個嬰兒用力拍門或者嘗試打開門——但是，尋找門把或者把手指插入到門縫裡都是徒勞無功的。當中十二個嬰兒並沒有尋找母親，在這十二個嬰兒中有幾個嬰兒，他們在第一次遭遇分離時尋找母親，但是在第二次分離時只表現出了哀傷。在實驗情境6中也出現了很多哭泣的場景。其中四十個嬰兒哭泣了，哭泣的強烈程度有大有小；這些嬰兒包括所有在先前的分離情境中表現出和其他人一樣哀傷的嬰兒。一些嬰兒會搖晃門、用腳踢門，或者在房間裡胡亂移動——「就像是一個受困的小動物」。只有兩個嬰兒既沒有尋找母親也沒有哭泣；三十個嬰兒則兩者兼具。

實驗情境6是以陌生人反回來結束，與此同時，實驗情境7開始。在此期間，嬰兒都與陌生人待在一起，3分鐘後，母親回到房間，實驗情境8開始。

在實驗情境8中，嬰兒靠近母親、黏著母親、拒絕被母親放下的趨勢更強烈了，在大多數嬰兒身上都能看到這些，並且要明顯多於先前實驗情境中的重聚表現。這一次，五十六個嬰兒中，有三十五個嬰兒積極

跑到母親身邊，並且明顯表現出希望與母親身體接觸；還有九個嬰兒不是表現出想和母親接觸的信號，就是以更迂迴方法接近母親。另外兩個嬰兒儘管沒有接近母親，但是他們和母親隔著一段距離時已經開始熱情互動了。明顯的是，大量的嬰兒（四十二個）積極黏著母親，並且拒絕被母親放下；另外三個嬰兒儘管沒有黏著母親，但是也拒絕被放下。

上述資料中，有少數幾個嬰兒表現出對母親不同程度的矛盾心理。因此，有幾個嬰兒在接近母親之前會表現得有點忽視母親，另外幾個嬰兒會在接近母親和離開母親之間徘徊。還有一些嬰兒，他們表現出的矛盾更嚴重——他們既有強烈想要接近母親、黏著母親的願望，又有強烈想要離開母親的願望。

還有一小部分嬰兒（七個）表現得完全不同——既沒有接近母親，也沒有表現出任何想要接近母親的願望。相反，他們不理會母親，並且在母親召喚他們的時候也拒絕回應，有幾個嬰兒甚至盡量不去看母親。

回到實驗情境4和實驗情境6：在這兩個情境中，當母親不在場時，觀察者發現嬰兒不是尋找母親，就是哭泣，或者兩者都有。下表中的數字代表著在每個情境中嬰兒表現出上述三種反應的數量。

下表是對實驗情境6與實驗情境4中，嬰兒行為反應的比較結果：

行為反應	實驗情境4	實驗情境6
只是哭泣	12個孩子	10個孩子
只是尋找母親	14個孩子	14個孩子
尋找母親並且哭泣	13個孩子	30個孩子
總計 （單一實驗情境共有56個孩子）	39個孩子	54個孩子

那些在實驗情境4中的反應只有哭泣的嬰兒，在實驗情境6中更容易哭泣。

那些在實驗情境4中的反應只有尋找母親的嬰兒，在實驗情境6中可能會尋找母親，也可能會哭泣。

那些在實驗情境4中的反應既尋找母親又哭泣的嬰兒，在實驗情境6中也更可能如此，且這些嬰兒中只有一小部分僅有哭泣的反應。

這些嬰兒反映的個體差異非常有趣（正如第21章中所討論的），並且與上年度觀察到的母嬰互動方式有很大的關聯。然而，在這裡，我們更關心的是嬰兒反應的共同特徵。在母親每次離開房間時，一開始是嬰兒被留下與陌生人待在房間，然後是嬰兒獨自待在房間裡，每個嬰兒的行為反應都有變化。所有嬰兒原來的探索活動和遊戲活動都減少或者停止了，尤其是在母親第二次離開房間時，除了兩個嬰兒之外，幾乎所有嬰兒都表現出對該情境的明顯厭惡，並且透過尋找母親、不開心的哭泣，或者用這兩種方式來表達。即使房間和房間裡的玩具與母親在場時完全一致，當母親不在場時，嬰兒表現出哀傷和焦慮的程度也相當高。

我們還沒有足夠信心透過描述樣本行為的廣泛特徵來概括整體，因為這樣做，多少還是有些主觀。為了說明這些實驗情境對於一個小男孩和他的母親意味著什麼，我們描述了每一個個案，並且挑選出一些具代表性的個案陳述如下[4]：

代表性個案：布萊恩與母親的互動

1. （母親、嬰兒、觀察者）布萊恩在他們進入房間時，用一隻手臂勾著母親的脖子；他靠在母親身上，抓著母親上衣一角；他認真看著周圍的一切，似乎對玩具和觀察員很感興趣。

---

[4] 此描述來自安斯沃思和威迪（Barbara A. Wittig）的研究[10]。

2.（母親、嬰兒）被放下後，布萊恩立刻朝玩具爬過去，並且開始探索它們。布萊恩很活潑，他把玩具拿起來，然後大動作的扔掉或者把玩具繞著自己擺動。他在房間裡到處爬來爬去，不過大部分是在母親所在的那一邊。儘管他的注意力在玩具和遊戲上，但他看了母親六次，並且朝母親笑了兩次。有時候，母親也會偷偷看著布萊恩，但是他們似乎不曾對視過。僅有一次，他把一個玩具嘩啦一聲扔到母親腳下，而母親把玩具移向布萊恩。除此之外，他們沒有其他互動。快要到3分鐘時，他對著一個長長的硬紙管裡吹氣，就好像在吹號角。然後他笑著看著母親，似乎希望得到母親的認可。

3.（陌生人、母親、嬰兒）當陌生人進入房間時，布萊恩回頭看她，我們能在布萊恩的臉上看到一種愉悅的表情。他再一次拿起長紙管吹氣、微笑，並且轉向母親、看著她。他繼續玩耍，看了陌生人兩次。當陌生人和母親開始交談時，他繼續在房間的盡頭活躍的探索、玩耍著，只看了陌生人一次。這1分鐘對話結束時，他朝母親爬去，自己站了起來，用一隻手扶著母親的膝蓋站了一會兒，另一隻手拉著母親的衣角，然後又繼續回到遊戲中。當陌生人開始靠近他，把一個玩具遞給他時，他笑了、爬向陌生人，並且得到了玩具。他把玩具放到了嘴裡。陌生人把長紙管遞給布萊恩，他又開始往裡面吹氣。他來回看著玩具和陌生人，在此期間，他完全沒有看過母親。

4.（陌生人、嬰兒）布萊恩沒有注意到母親離開。他繼續看著陌生人和她手裡玩著的玩具。突然，他朝母親坐過的椅子爬去，然後自己爬起來，以站立的姿勢看著陌生人。陌生人嘗試用一個有輪子的玩具轉移布萊恩的注意力。他移向玩具，拿到玩具之後，他開始將它來回轉動，但是他再一次看了一眼母親空著的椅子。他不再像之前和母親單獨在一起時那麼活躍了，兩分鐘後，他不再活躍。布萊恩坐在地上、嚼著玩具上的線，並且來回看著陌生人和母親坐過的椅子。他發出不開心的聲音、

哭喪著臉，然後哭了起來。陌生人試著用一塊積木分散他的注意力；他拿著積木，但是隨即暴躁的扔掉。他不時有一些抗議式的哭泣，但是總體來說，布萊恩哭得並不厲害。

5.（母親、嬰兒）當母親打開門、停在門口時，布萊恩立刻看著她，嘴裡發出很大的聲音，聽起來像是笑也像是哭的聲音。然後他立刻爬向母親，自己站了起來，母親立刻將他的手臂環繞著自己脖子，布萊恩的臉靠著母親的肩膀，他緊緊抱著母親。當母親把他放下時，布萊恩給了母親一個大大的擁抱。他拒絕被放下、哭著黏著她，並且大聲抗議。一旦被放到地板上，布萊恩就自己倒在地上、臉朝著小地毯，然後生氣的哭起來。母親在他身邊跪下，嘗試著再次用一個玩具吸引他的注意力。他停止哭泣，看著小玩具。過了一會兒，母親站了起來，回到她的椅子上坐下。布萊恩再一次倒在地板上，又開始哭泣。母親再次將他抱起來，試著用一個吱吱響的球吸引他的注意力。他看著球，仍舊用一隻手勾著母親的脖子、緊緊抱著母親。他開始玩耍，但是很快又開始轉向母親、哭了兩聲，並再一次貼著母親。玩了一陣子又黏著母親一陣子，如此一直反復循環。大約4分半鐘後，母親顯然不想耽誤實驗，選擇布萊恩正玩球玩得很開心的時間走到了門口。

6.（嬰兒獨自一人）當母親跟布萊恩揮揮手說「再見」的時候，布萊恩抬起頭看了母親一眼，並微微一笑。可是就在母親離開、快要關上門的一剎那，布萊恩立刻哭了起來。他坐在地上哭泣著，自己晃來晃去。他哭得很厲害，偶爾會停下來看看周圍。1分半鐘之後，布萊恩漸漸恢復，哭得不那麼厲害了，這時陌生人按照要求進入房間。

7.（陌生人、嬰兒）當陌生人進入房間時，布萊恩略微停頓了一下，但是停頓之後，他繼續哭泣。陌生人先試圖分散布萊恩的注意力，然後把自己的手臂伸向布萊恩。布萊恩高高抬起自己的雙臂，於是陌生人將他抱起來、布萊恩立刻停止了哭泣。她將布萊恩抱在懷裡，給他看鏡像

玻璃邊緣的圖片。他似乎對圖片很感興趣，但是他緊緊抱著陌生人、抓著她的衣角。布萊恩偶爾會嗚咽兩聲，但是大部分時間他都沒有哭泣。然而，當陌生人把布萊恩放下來的時候，布萊恩大聲尖叫。她只得再次將他抱起來，布萊恩才安靜下來。

8.（母親、嬰兒）當母親再次回到房間時，布萊恩正無精打采的哭著。他沒有注意到母親進來。陌生人半轉身、朝向母親。布萊恩看著母親，仍舊哭著，但是立刻又轉過身去。很快的，他又「做了一個雙重反應」。他又看向母親那邊，發出有點抗議的聲音。母親將手臂伸向他，他也微笑著朝向母親、探身去抱她，身體離開了陌生人的懷抱。就這樣，母親把布萊恩抱起來。他伸出胳膊摟著母親的脖子、緊緊摟著她，並且興奮的扭動。然後，陌生人試著吸引他的注意力，直到她已經觸碰到布萊恩了，他才意識到陌生人靠近了。這時，布萊恩立刻貼在母親身上，把自己的臉埋進母親的肩膀。母親繼續抱著他，他也抱著母親、黏著她直到實驗結束。

分析安斯沃思之外的其他研究結果

自從安斯沃思第一次提出她的研究結果，一些其他研究結果也陸續發表。在這些研究中，有三位研究者[230 & 244]設計的實驗情境，盡可能與安斯沃思的實驗序列相近，但是參與這幾個研究的兒童，年齡都比較大。在兩項進一步的研究中，實驗情境的設計不同於安斯沃思所設計，但是在這兩項研究中[77 & 220]，有機會研究嬰兒最初，母親在場的實驗情境中的表現，以及之後母親不在場的表現。有關這些研究的具體細節，可以參考下頁表格：

研究者	樣本	參與研究時的年齡
麥柯畢與費德曼	美國白人（長期研究） 30～60人	2歲、2歲半、3歲
麥柯畢與費德曼	以色列集體農場 （橫斷面研究） 20人	2歲半
馬文	美國白人（橫斷面研究） 3組 × 每組16人	2歲、3歲、4歲
高斯與坎貝爾	加拿大白人（橫斷面研究） 2組 × 每組20人	14個月， 以及24～37個月
李等人	英國中產階級（長期研究） 27人	1歲、2歲、3歲

由於我們列出的最後兩項資料，比較了兒童在第一年和第二年的行為表現，因此很容易從其中一個得到研究結果。

李與同事發表的初步結果顯示——儘管依附行為在孩子第二個生日時仍然非常明顯，但是行為調節系統的諸多方面，是從第一個生日後便開始改變了。

比較同樣的兒童在相同情境中，1歲和兩歲時的行為表現之後，我們看到，兩歲的兒童很可能有以下表現：（a）會更大程度與母親親近，安德森已經發表過類似的觀察結果[12]；（b）在接近陌生人時，會更猶豫。

另一方面，僅僅是靠近母親、能夠看到母親，就足以給兩歲孩子安全感，而對於1歲的孩子來說，似乎更傾向於身體接觸。而且，當母親把他們單獨留下時，兩歲的孩子的抗議行為要更少些。李總結說，相較於1歲孩子，兩歲的兒童已經可以運用複雜的認知策略與母親保持聯結。他們會利用一些生動的口語表達或者心理意象的方式與母親保持聯

繫，這些都是1歲兒童很難做到的。結果是這些兩歲兒童相較於之前1歲時，可以更良好的組織依附行為，他們也更善於保持與母親的聯結。

在第三年中，**兒童在實驗情境中的行為變化很大程度上也是兒童認知能力發展結果**。在麥柯畢和費德曼的長期性研究中[230]，他們研究了兒童在第二個生日和第三個生日之間的變化，研究發現：3歲兒童有更良好的能力與母親進行遠距離溝通，當母親離開房間時，他們也更容易理解母親還會再回來。結果顯示，與兩歲時的情況相比，3歲兒童在應對母親短暫離開時，哭泣的情況和跑到關著的門處的情況，都有所減少。而且，3歲兒童被單獨留下時，有一個陌生人加入、進來在哄著他們，孩子更容易恢復平靜。而對於兩歲的孩子來說，無論是被單獨留在房間還是和陌生人在一起，都一直處於沮喪狀態。

麥柯畢和費德曼在同一個研究序列中，觀察了這些兒童在兩歲半時的表現（兩歲半是中間年齡），他們發現，這些兒童的表現介於在兩歲時的反應和3歲時的反應之間。非常有趣的是，在相同的實驗情境中，以色列集體農場的兒童在兩歲半時的反應與美國兒童在相同年齡時的反應並無顯著差異。研究者發現這兩組兒童之間有一些相似的地方，他們用相似的方式進行分組、用相似的方式減少個體差異。這個研究結果也與其他觀察結果一致，以色列集體農場兒童依附行為發展，與那些成長在傳統家庭的兒童非常相似（參見《依戀理論三部曲1：依附》第15章）。

儘管兒童在2～3歲期間，依附行為很多方面都還在發展，但是在這些實驗情境中，母親在場與不在場時，孩子的表現仍然有顯著的不同。例如，麥柯畢與費德曼的研究發現，兩歲兒童的「操作性遊戲」（Manipulative Play）在單獨與陌生人相處時，減少了四分之一；單獨被留在房間裡時，下降了二分之一。相反的，哭泣的兒童比率顯著增加，當母親在場時，大約有5％的兒童會哭；與陌生人在一起時，上升至30％；被獨自留在房間裡時，上升到53％。當母親不在場時，3歲兒童

的行為變化相較於兩歲兒童，並不那麼顯著，但是方向一致。他們的操作性遊戲在與陌生人待在一起時，下降了六分之一；被單獨留在房間時，下降了三分之一。而當母親在場時，兒童哭泣的比率為0；與陌生人在一起時，為5％；但是當被獨自留在房間裡時，只有20％。

母親離開後，兒童除了哭泣之外，不同年齡層都有兒童表現出想要追隨母親的情況。在兩歲兒童中，有30％的兒童不僅跟隨母親到了門口，而且還嘗試把門打開；有21％的兒童會站在門附近或者靠在門上。在3歲的兒童中，34％的兒童嘗試開門；幾乎有一半的兒童用力拍打門。而且，每個年齡層的兒童中，都有不少兒童表達對母親不在場的憤怒：兩歲兒童中有19％，兩歲半兒童中有31％，3歲兒童中有14％。

麥柯畢與費德曼注意到「兒童被單獨留下時，有一些活動會增多，尤其是兩歲和兩歲半的兒童」，他們這樣寫道：

「這種增多的活動，頻繁的以焦慮尋找和不安形式表現出來。但是偶爾也會以一種完全相反的方式來應對獨處的壓力——近乎被冰凍住的靜止……有的孩子會一動也不動的站在那裡。他們有可能站在門附近，看起來是在等待母親歸來，或者也可能站在房間的任何其他地方。很少有兒童會玩玩具，他們做出每一個動作的速度都會顯著降低，就好像電影裡的慢動作。而且，偶爾也會有兒童在處理這種分離帶來的沮喪時，會時而無規則的亂跑，時而待著不動。」

至於評價這些觀察結果的過程，有必要提醒讀者的是：在每一個實驗情境中，母親離開房間的時間不超過3分鐘；如果兒童表現得過度悲痛，分離的時間會更短；在最初的兩個分離情境中，兒童與一位先前母親在場時，他已經見過的友善女性在一起。而且，那些他玩過的玩具也會一直留在原處。

馬文的橫斷面研究結果[244]，與麥柯畢和費德曼的研究以及本研究的觀察結果高度一致，並且年齡擴展到4歲。馬文的研究中，樣本構成為八個男孩和八個女孩，並且三個年齡層都有。在馬文的研究中，男孩與女孩的行為反應有顯著不同：兩歲男孩表現出的沮喪程度與安斯沃思的研究中1歲兒童的表現差不多；3歲男孩的沮喪程度要低於兩歲男孩；4歲男孩相比之下，更少受到研究情境的影響。相反的，兩歲和3歲的女孩相較於1歲的女孩，明顯受情境影響程度較少；然而，4歲的女孩更加沮喪，尤其是被單獨留下時，沮喪程度更大。馬文對於最後一個出人意料的結果，給出了可能的解釋：4歲的女孩在測試情境中更容易受到母親武斷行為的干擾，當母親表現出武斷行為時，她們更容易變得不安；尤其是當她們問母親是否可以不要離開她、不要把她獨自留在房間裡時，母親表現出不情願的行為時，她們更容易沮喪。

儘管這些研究結果大體上是一致的，但是在細節上還有些許差異。例如，安斯沃思對1歲兒童的研究中，和麥柯畢與費德曼對兩歲和3歲兒童的研究，並沒有發現任何性別差異；然而，李和其同事在對1歲和兩歲兒童的研究中，和馬文在對兩歲、3歲、4歲兒童的研究中，發現了男孩和女孩之間明顯的差別。對這個差別以及一些其他研究中報告的差別，相當難以解釋。這很可能是實驗設置中相當小的差異，比如，陌生人的行為會顯著影響行為表現的強度，但是不會影響其形式。

據此和其他小型分離實驗，可以得到以下一些結論：

【結論1】在一個安全卻有些陌生的環境中，11～36個月大、在原生家庭中成長的兒童，很快能夠意識到母親離開，且通常會表現出對此事的關心，這些表現會有明顯的差異，但是總量上往往比較顯而易見，而一些個案中，兒童會表現出很強烈的焦慮和悲傷。兒童的遊戲活動大幅度減少，也有

可能終止遊戲，他們通常會試著跟隨母親。

【結論2】在這些實驗情境中，兩歲兒童表現出的沮喪程度可能與1歲兒童差不多，而且對於1歲和兩歲兒童來說，幾乎不可能很快被母親或者陌生人安撫。

【結論3】3歲兒童在這些實驗情境中，幾乎不會感到沮喪，而且更可能理解母親很快就會回來。被母親或者陌生人安撫、邀請玩耍時，可以相對更快復原。

【結論4】4歲兒童更少受到實驗情境影響，也更少對母親的專斷行為表現出痛苦。

【結論5】隨著年齡增長，兒童更傾向於利用視覺、口頭交流的方式與母親保持聯繫。母親離開後，當他們感到沮喪時，更傾向做出有意義的嘗試，比如：想要打開門去尋找母親。

【結論6】最多有30%的兒童在母親離開房間被單獨留下時，會表現出生氣和憤怒。

【結論7】在一些研究中以及一些年齡層中，研究者並沒有發現不同性別之間的行為表現有顯著差異。在現有研究中發現的一些差異顯示，男孩在母親在場時，會有更多探索活動，當母親離開時也會更活躍的嘗試與母親在一起；女孩更傾向與母親待在一起，同時也會對陌生人表現得更友善。

這些小型的分離實驗中，更進一步的研究結果是在最近才被發表，這個結果也與雪莉[326]和希瑟斯[153]的研究（請見本章一開頭）相關。這個結果是：在安斯沃思的序列實驗中，兒童在1歲時參加第二次實驗要比第一次參加時，顯得更沮喪和焦慮。當母親在場時，他會挨得母親更近一點，也會貼著母親更緊一點；當母親不在場時，他也會更常哭泣。這些結果是從一個對二十三個嬰兒進行的「再測研究」（test-retest study）中發

現的，在這項研究中，嬰兒在50週大時參加第一次實驗，兩週後參加第二次實驗。他們假設，這種敏感性增加並不單是因為成熟，也不可能是因為成熟。研究結果提供了第一手的實證性證據，即：**1歲兒童在相對安全友善的環境中經歷持續幾分鐘的分離經驗，會使他們在重複實驗中變得更加敏感，而且在母親離開之前就會變得更加敏感。**

分離反應的個體發生學

出生第一年，依附行為的變化與發展

12個月大及以上的嬰兒，對分離的反應非常顯著，剛出生時是沒有這些反應的。所以很明顯，在剛出生的第一年裡一定有所發展。但是不幸的是，很少有研究會注意到這種發展，而且在為數不多的研究，也都僅限於研究入院接受治療的嬰兒。不過，好在有這些證據，且這些證據是非常明確的。而這通常與我們已知的依附行為發展和認知行為發展有關。

在《依戀理論三部曲1：依附》第15章中已經描述過：在嬰兒生命的最初幾個月中，他們的依附行為已經逐漸有了具體對象，並且具有區別性，而且對依附對象是有偏好的。這種發現可以概括為如下幾點：總體上來看，嬰兒在16週大之前，很少有有區分度的指向性反應，並且只有透過非常敏感的觀察方法才能觀察到；在嬰兒16～26週大時，有區分度的指向性反應數量增加，也更加明顯；在大多數家庭中，嬰兒在6個月大以後，便可以表現出明顯有區分度的指向性反應。因此，我們並不驚訝，本章中的一些早期研究情境中出現對分離的反應，並沒有在6個月或者7個月大以前的嬰兒身上發現。

謝弗（H. Rudolph Schaffer）[305 & 307]研究了七十六名入院接受治療的嬰

兒，他們的年齡都不超過12個月大，並且沒有身體衰弱、畸形或者腦損傷。其中有二十五個健康嬰兒，入院是由於「選擇性手術」（elective surgery）。在醫院期間，每個嬰兒入院前三天，每天被觀察兩小時。嬰兒不但沒有母親陪護，也很少與護士互動。

觀察這二十五個健康嬰兒的過程中發現，嬰兒的反應隨著年齡不同有很大的差異。分界線是28週大。十六位超過29週大的嬰兒中，除了一個原本就很不安之外，另外十五個嬰兒都顯得焦躁，並且表現出所有兩歲與3歲兒童典型的反應——掙扎、不安、哭泣。相反的，另外九個年齡不超過28週大的嬰兒，除了兩個嬰兒之外❺，另外七個嬰兒都能夠接受這種環境，並且沒有太多的反抗行為，只有些許不習慣和有些困惑的安靜，能夠顯示出他們對環境變化的感知。

謝弗強調，嬰兒的這種轉變是突然發生的，他們會突然從困惑、迷茫轉變為反抗和煩躁，並且在28週大時，反抗強度達到最大。因此，這十六名年齡在29～51週大的嬰兒，其反抗持續時間和反應強烈程度都和7～8個月大及11～12個月大的嬰兒差不多。

此外，在大約30週大時，當他意識到陪伴對象改變時，無論是對觀察員還是對母親，他幾乎都迅速做出反應：

「對於較小的嬰兒（年齡不超過28週大），在大多數觀察時間裡，他們的反應都是正常的，儘管他們面對的對象完全是陌生人。嬰兒對經常餵養他們、幫他們洗澡的護士和觀察者的反應都是一樣的……另一方面，在年齡大一點的嬰兒組中，幾乎完全失去正常的（即友好的）行為反應，在大多數觀察時間裡，當有陌生人靠近時，他們就會變得消極，並且會有害怕的反應——這些反應在年齡較小的組別中是沒有的。」[307]

---

❺ 例外的兩個嬰兒中，其中一位已經28週大。

儘管在進行統計學比較時，這些觀察結果數量太少了，因此無法了解不同年齡層的嬰兒對母親的看望如何反應；但是，這些觀察結果可以支持研究者的觀點，即在28～30週大嬰兒的行為，有很大的變化。年齡大一點的嬰兒會緊緊貼著母親，這與對觀察員的消極反應形成鮮明對比。相比之下，年齡小一點的嬰兒對母親和陌生人的反應便沒有那麼大的差別。同樣，當母親離開時，年齡較大的嬰兒會大聲哭泣，並且會拚命哭很長時間，但是年齡小一點的嬰兒就沒有反抗的跡象。

　　最後，當這些嬰兒從醫院回到家中時，他們的反應隨著年齡不同有了很大的改變。大多數7個月以上的嬰兒會表現出強烈依附行為。他們幾乎一直抱著母親，當母親離開把他單獨留下時，會大聲哭泣很長一段時間，並且很明顯非常害怕陌生人。即使是對之前熟悉的人，比如父親和兄弟姊妹，有時也會表現出些許懷疑的反應。相反的，7個月以下的嬰兒在最初到家的時候，幾乎沒有或者很少表現出依附行為。母親在描繪他們時都用了「奇怪」這個詞。一方面，他們看起來專注的環顧四周；但是另一方面，他們似乎沒有意識到有成年人靠近，也不躲避他們：

　　「有時候幾個小時過去了，嬰兒一直伸長他的脖子，環顧周圍環境但是並沒有明確的特定對象，他們會掃視所有物體，但是不會特別注意某一個。在觀察他的臉時會發現，他幾乎是面無表情的，儘管有時候會有一點不知所措或者擔心害怕的表情。這種症狀的極端表現，是嬰兒整個過程都相當不活躍，除了掃視行為；並且他們幾乎不發聲，除了曾報告過有一、兩次他們會哭泣或者嗚咽。當給他們玩具時，他們也不會理會玩具。」

　　當成年人試圖引起他們的注意，和他們建立關係時，這些年齡小一

點的嬰兒似乎完全沒有注意到。一些嬰兒似乎會躲避成年人；另外一些嬰兒會面無表情的凝視他們，似乎要把他們「看透」，就像之前看環境中的其他物品。

這兩個年齡組嬰兒的反應，唯一相似的地方就是睡覺——這兩組嬰兒都無法安睡，且通常會在夜間哭鬧。

想要更好理解7個月以下嬰兒的反應，以及這些反應方式對於嬰兒今後發展的重要性，似乎不那麼容易。然而很明顯，年齡小一點的嬰兒比起不同年齡層、大一點的嬰兒，對分離的反應有很大不同。正如本書討論的主題，只有嬰兒過了7個月大之後，我們才能看到他的模式。

謝弗在討論他的研究結果時[305]，借鑒了皮亞傑（Jean Piaget）有關嬰兒客體概念的發展理論[277]。皮亞傑發現，只有在第一年的後半年裡，嬰兒才開始能夠想像出一個物體是獨立於他而存在的，即使有時這個物體並沒有存在於嬰兒的視線中，嬰兒也能夠透過時空關係和因果關係感受到這一點，並且會在它消失不見時去尋找。此外，貝爾（Silvia M. Bell）[29]證實了皮亞傑的研究結果，她報告了自己的實驗結果，該實驗是為了檢驗「嬰兒發展出想像『人作為客體永存性概念能力』」是否早於他能夠想像『無生命物體』」。她的研究顯示，大多數嬰兒較早發展出對人類的認識，而稍後才認識到事物；而一直到9個月大，嬰兒才能發展出認識有生命物體的部分能力，還有一小部分嬰兒要推遲幾週才可以。因此，考慮到嬰兒的認知發展過程，我們很難按照預期，在更小的嬰兒身上看到一直所關注的嬰兒應對分離的反應類型。

出生一年後，依附行為的變化

研究證據都顯示，嬰兒被放在陌生環境和陌生人待在一起的典型反應模式一旦建立起來，大多數在3歲之前幾乎不會有太大的變化，無論是反應形式還是反應強度，都不會變化太多。3歲以後，他們的反應強

度會有所降低，但是降低的速度非常緩慢。例如，洛蒂改變去幼兒園的態度，也是在第三個學期才出現的，那是在她兩歲9個月時（見上文），這也是很多其他孩子的特點。當告訴孩子母親去了哪裡，並且給他足夠理由相信母親還會回來，即使是在一個相對陌生的環境中，孩子也能夠開始接受一個不是母親，但卻是相對熟悉的人。

目前我們知道唯一能夠減少與母親分離帶來的影響的條件，是熟悉的事物，比如另一個熟悉的陪伴者。正如羅伯遜夫婦所指出的[291]，尤其是由一位有養育技巧、相對熟悉的養母來照顧。相反的，陌生的人、陌生的地方、陌生的活動都會讓孩子感到害怕，尤其是獨自一人時（詳見第7、8章）❻。

與一個重要的依附對象不情願的分離，會讓個體感到痛苦，這也是個體成長中不可分割的一部分。因此，隨著年齡增長，個體對於分離與陪伴的反應方式也在變化，慢慢的，隨著時間推移，依附行為的形式也在一點點改變。這些變化在《依戀理論三部曲1：依附》（第11、17章）中有粗略的描述，所以在本章中不必贅述。迄今為止，與我們喜愛的對象產生依附的關係是生活中不可分割的一部分，因此，同樣也不能避免與依附對象分離而產生的悲傷，以及對分離的預期而產生的焦慮。這也是本書其他部分所討論的主題。

與此同時，為了超越傳統，用一種更為寬廣的視角看待人類對分離的反應，我們有必要對人類幼兒的反應方式與其他物種幼崽的反應方式

---

❻ 最新一篇由馮列文（K. van Leeuwen）與圖馬（J. M. Tuma）完成的論文中[221]，詳盡描述了兒童（年齡在兩歲11個月到4歲3個月之間）和母親去非全日制幼兒園前後的反應。其研究理論源自依戀理論。研究者指出，兒童如果在3歲兩個月前開始去幼兒園，那麼15天後，孩子比之前更傾向黏著母親；此外，當母親不在場時，他們專注且感興趣的遊戲活動會顯著減少。研究中有三個男孩，他們已經在學齡前班待了5～7個月，當中兩個人是在兩歲8個月入園，另一個是在兩歲7個月入園。他們到幼兒園最初幾週，受到的影響特別明顯。研究者回顧自己的研究後總結：「我們接受兒童入園時應該更謹慎（至少要比通常所做的謹慎），並且盡可能讓兒童更晚入園，可以等他們大一點再開始。」

進行比對研究。研究之後我們發現，**多數哺乳動物和鳥類的依附行為是非常相近的，牠們應對分離的方式也非常相似。**從這個角度來看，人類的這種行為方式並非獨一無二。

第4章

非人靈長類動物對於母親
是否在場時的行為表現

> 「人類可以具有一切高貴的品質，會對最卑劣者寄予同情，其仁慈不
> 僅惠及其他人也惠及最低等的生物，其神一般的智慧，可以洞察太陽
> 系的運動及其構成。雖然人類具備了這一切超強的力量，但是人類在
> 身體構造上，依然被打上永遠擦不掉、起源於原始生物的標記。」
>
> ——查爾斯 · 達爾文（Charles Darwin）[81]

自然觀察法下，研究靈長類幼崽與母親分離的反應

　　人們早已知道，在鳥類和哺乳類動物幼崽身上，能夠看到與母親角
色分離和隔離之後引起的痛苦，通常以呼喚和尋找的形式表現出來。一
個很明顯的例子是，當小鴨子暫時失去已經建立起依附關係的母親角
色，會發出「走丟後的尖叫」。其他動物會以其他方式表現出來：小羊
會咩咩叫、小狗會汪汪叫。在更接近人類、由人類照顧撫養長大的猴子
和猿類幼崽身上，這種例證也不勝枚舉。這些證據都能夠支持以下兩
點：**其一是無論何時，當靈長類動物的幼崽離開母親時，會有一定強度
的抗議行為；其二是，當牠發現找不到母親之後，會有一定強度的痛苦
沮喪行為。並且，與母親重聚時，會有一定強度黏著母親的行為。**

　　例如，鮑維（Niels Bolwig）[41]對他圈養的小赤猴進行了觀察和記錄，
這隻小赤猴剛出生沒幾天，就交由鮑維養育❶，他描述了小赤猴從一開

始是如何「表現得不害怕人類、哭了多久，當被單獨留下時的驚恐……那種完全張著嘴和扭曲著臉的尖叫，也只有在觀察者遠離小赤猴可觸及的範圍和視線時才表現出來。通常在這種情況下，牠會蹣跚跑到視線裡最近的人身邊」。沒過多久，小赤猴的依附行為就變成只針對鮑維了，直到3個半月大時，除非可以一直和照顧者在一起，否則牠會出現各種麻煩狀況。

然而，到了4個月大時，小赤猴的探索活動範圍越來越大。所以牠的主人決定：

「每天把牠留在籠子裡幾個小時，讓牠和其他同種類的猴子待在一起。然而，這個嘗試並不成功。儘管小赤猴已經很了解其他猴子了，之前也習慣與牠們一起玩，但是當牠意識到我要離開時，就會恐慌發作，立刻尖叫起來，聲嘶力竭的對我大喊，並且試圖把門打開。直到我把牠放出來，牠就會坐下來、哭泣。在那之後，牠就一直黏著我，在這一天接下來的時間裡都寸步不離，拒絕我離開牠的視線。在那天晚上，當牠睡著之後，還會不時發出小聲尖叫而醒來、抱著我，當我試圖挪開牠的手臂時，牠會用盡一切方法表達恐懼。」

類似的行為也能夠在黑猩猩幼崽身上看到。海斯（Cathy Hayes）[150]收養了一隻3天大的雌猩猩，她記述維吉在4個月時是如何黏著照顧者，從牠離開自己的小床，直到晚上蜷縮在小床上……

「無論我在吃飯或者學習時，牠都坐在我的大腿上。當我煮飯時，牠就跨坐在我的臀部上。一旦我把牠放到地上，當我準備離開時，牠就

---

❶　請見《依戀理論三部曲1：依附》第11章。

93

會尖叫，然後死死抱住我的大腿，直到我把牠抱起來……當牠放鬆警惕而我們之間的距離差不多有一個房間那麼大時，牠就會抓狂的跑過來，跨越這個可怕的距離，並且用最大的音量嚎叫。」

凱洛格夫婦（Winthrop & Luella Kellogg）收養雌黑猩猩古亞時，牠已經有7個月大了，並且一直養育了九個月之久。他們提出完全相同的行為[196]。他們這樣描述：

「一種強烈而執著的衝動，促使古亞要求照顧者待在視線之內，並且不時要召喚朋友、管理員和監護者。縱觀整整九個月期間……無論在室內還是在戶外，牠幾乎不會離牠所認識的人太遠。根據我們的推斷，如果把牠單獨關在房間裡，或者走得比牠快使得牠跟不上，或者把牠落在後面，對古亞來說，都是強加在牠身上，最可怕的懲罰。很明顯，牠沒有辦法毫無痛苦的獨處。」

凱洛格夫婦把古亞的行為和他們的兒子進行比較，他們的兒子比古亞大兩個半月，他們發現：

「如果家裡的大人明顯準備離開家時，他們兩個都會表現出焦慮行為（即煩躁不安和哭泣）。這使得我們可以初步理解古亞對關門的反應機制，也能夠理解牠何以在視線所及之處都會敏銳、持續的觀察著門。如果牠碰巧被放在門口的一側，牠的朋友在另一側，古亞會對關門的動作非常敏感。如果稍微有一點關門的趨勢，無論是大人關的還是風吹的，古亞都會迅速跑到角落，並且像之前一樣哭泣。」

古德（Jane Goodall）[218]在非洲中部的岡貝溪保留區（Gombe Stream Reserve）對黑猩猩進行了一系列觀察研究，具有非常詳盡的描述。觀察發現，由於分離而產生的焦慮和悲傷，不僅發生在被囚禁的動物身上，在戶外的分離也可以引起悲傷，並且這將貫穿黑猩猩的童年。在第一年裡，黑猩猩很少與母親脫離實際聯繫；儘管從第一個生日開始，開始與母親分開得多一點了，但是仍與母親非常靠近。直到4歲半時，牠們之中才有幾隻黑猩猩能夠在沒有母親陪伴的情況下獨自探索，但是這也是非常罕見的❷。

　　一旦幼崽開始花時間不與母猩猩實際接觸，那麼牠主要是用聽覺訊息來與母猩猩保持聯繫。無論母猩猩還是幼崽發出「呼」的一聲嗚咽時，另一方都會迅速做出反應：

　　「當幼崽開始……從母親處爬走時，一旦遇到任何困難或者無法很快回到母親身邊時，牠就會發出這個聲音。直到幼崽的運動能力發展良好以前，母親通常都會立刻做出反應、迅速來到幼崽身邊。母親也會發出同樣的聲音，一般當牠準備把幼崽從某個有潛在危險環境中移開時，牠會發出『呼』的聲音。甚至有時候，當牠準備好去抱幼崽時，會先比劃出來。因此，『呼』的嗚咽聲對於重建母嬰聯繫來說，是相當特別的信號。」

　　另一個被幼崽使用的信號是尖叫，無論是從母猩猩那離開，還是將要離開，抑或是被突然的大聲響嚇到時，牠都會尖叫。當幼崽尖叫時，母猩猩幾乎都會查看一下、搖一搖牠：

　　「有些時候，當母猩猩開始準備離開幼崽身邊時，幼崽就會驚聲尖

---

❷　有關黑猩猩的依附行為發展簡略說明，請參考《依戀理論三部曲1：依附》第11章。

叫。每一次母猩猩都會立刻轉回來，檢查一下牠們是否安好。事實上，在整個幼崽期，幾乎每次幼崽尖叫，都會讓母猩猩快速去解救牠的孩子。」

即使是已經5、6歲的小黑猩猩，每當遇到麻煩或者走失的時候，牠們還是會發出尖叫聲，母猩猩通常也會快速發起救援：

「有好幾次，我們能觀察到這些小猩猩一不小心就弄丟了母猩猩。每一次，牠們都繞著樹凝望半天，並且像之前一樣發出嗚咽聲和尖叫聲，然後牠們會匆匆離開——通常跑向錯誤的方向。有三次，我能夠觀察到母猩猩的反應。儘管牠會朝著小猩猩尖叫的方向跑去，但是自己並不會發出任何聲響來告知行蹤。」

其中一個案例中，一隻5歲的小雌黑猩猩在晚上與母猩猩走散了，牠就一直嗚咽哭泣，直到第二天早上。在另一個案例中，一隻小雌黑猩猩在母猩猩發現牠之前就停止了哭泣，這也導致了持續數小時的分離（現在還沒有任何小黑猩猩與母猩猩重逢後有關小黑猩猩行為的資料）。

這些年幼的野生黑猩猩與母親的聯結，一直保持到前青春期。在此期間，分離很少見，即使分離，通常也會透過聲音信號和相互搜索的方式而重逢。

靈長類幼崽面對分離的早期實驗性研究

這些自然觀察的資料明確的顯示兩點：其一是，年幼非人類靈長類動物的依附行為與人類幼兒的依附行為非常相似；其二是，牠們面對分離的反應也與人類幼兒面對分離的反應非常相似。由於在人類幼兒身上

進行分離實驗時，分離持續時間太長的話不被大眾認可且有違倫理，因此，不止一位科學家開始把年幼的小猴子作為研究對象。最近，大量研究報告已經發表，這些研究報告至少來自四個研究中心。在這些研究中，動物幼崽的年齡從兩個月到8個月大，一共來自五個物種，即：恆河猴、豬尾猴、冠毛獼猴、爪哇獼猴與赤猴。這五種猴類都是半陸地、群居的舊世界猴❸。

物種之間應對分離的反應是有差異的，但是這種差異，更多的是反應強度不同而非方式不同。在恆河猴、豬尾猴和爪哇獼猴的案例中，都能看到以下幾個現象：牠們在整個分離期間都會表現得非常痛苦，並且在分離之後，都有明顯黏著母親的趨勢，且拒絕再次可能的分離，即使分離非常短暫，牠們也無法忍受。在冠毛獼猴和赤猴的案例中，分離的第一個小時裡能夠在牠們身上看到強烈的痛苦，但是隨後痛苦程度有所減緩，在那之後，牠們在活動中的痛苦程度也比其他物種小一些；與母親重聚之後，牠們也表現出更少的憂慮。冠毛獼猴痛苦減少，主要是因為與母親分離之後，牠能夠得到群體中另外一個熟悉的母猴持續的替代照顧。

在下文中，我們主要關注有關恆河猴和豬尾猴幼崽的研究，因為這兩種猴類在實驗中的反應更接近人類嬰兒，而且這兩個研究更為廣泛、數量更大，尤其是有關恆河猴的研究。那些與冠毛獼猴行為進行比較的研究，都提到了羅森布魯姆（Leonard A. Rosenblum）和考夫曼（I. Charles Kaufman）的研究[293 & 194]；與赤猴進行比較時，大多參考普雷斯頓（David G. Preston）等人的研究[278]。米契爾（G. Mitchell）[251]對於這些分離研究，寫了一篇實用綜述。

---

❸ 迄今為止，最新關於黑猩猩的研究是由梅森（William A. Mason）提出[245]，但是在這個案例中，黑猩猩與一個同齡且同一籠的夥伴分離，而不是與母黑猩猩分離。

研究 1　較早期的實驗研究

延森（G. D. Jensen）和托爾曼（C. W. Tolman）[173]完成了一項比較早期的實驗研究。兩隻豬尾猴分別被飼養在籠子裡，單獨與母親待在一起。當牠們分別到了5個月大和7個月大時，研究者偶爾會將兩位母親的孩子進行交換，但是不會超過5分鐘。觀察員從單向透視玻璃進行觀察。

由於母猴與小猴子緊緊抱在一起，很難將牠們分開，通常要透過誘騙或者大力拉開才能使牠們分離。雙方都有強烈的反抗行為。延森和托爾曼對此有生動的描述：

「母猴與小猴的分離對於這對母子來說，是一個嚴重的壓力事件，對於照顧者（飼養員）來說，也是一件壓力事件。對於其他看到、聽到這一幕的猴子來說，同樣是一種壓力事件。母猴會對照料者表現得很兇狠，非常緊張的保護自己的孩子。猴崽的喊叫聲幾乎響徹整個大樓。母猴會與照顧者（飼養員）抗爭，並且會攻擊飼養員。小猴子緊緊抱著母猴，並且會抓住任何物體來防止被飼養員抱走或者移開。小猴子被帶走之後，母猴會在籠子裡不停踱步，時不時會抓著籠子並咬它，且不斷嘗試離開籠子。偶爾牠也會發出哼哼的聲音。而小猴子在幾乎整個分離期間，都會時不時發出高音量的尖叫聲和哀號聲。」

5分鐘之後，母猴和小猴子再次重聚，當牠們再次見面時，會立刻奔向對方，並且盡可能抱緊彼此：

「母猴安靜的坐下、抱著牠的孩子；如果飼養員不在場，母猴很快就會表現得比較舒服和放鬆。房間裡一切都靜止了，再也沒有小猴子那痛徹心扉的喊叫了，也沒有母猴的聲音。在一個僅持續5分鐘的分離之後，母猴與小猴相互緊緊擁抱的時間至少持續了15分鐘，在一些案例

中，可以持續40分鐘。」

　　其他研究者在進行實驗時，把母猴與小猴分離的時間更長，一般從六天到四週不等。在豬尾猴和恆河猴的案例中，幾乎所有觀察者都報告：分離後大約14小時，牠們會有極嚴重、強烈的痛苦表現，隨之而來的是相對的安靜期，一般會持續一週或以上的時間。在安靜期中，小猴子會表現得不那麼活躍、不喜歡玩耍，無精打采的坐在那裡。

　　哈洛（Harry F. Harlow）一直主持著這樣的兩項研究。在其中一項研究中[323]，四隻年齡在24週～30週大的恆河猴幼崽被從母親身邊隔離了3週。由於母親就被關在臨近的籠子裡，牠們之間只隔著一塊透明的屏幕，所以母猴和幼崽能看到彼此，也能聽到彼此。在分離的前3週，觀察者定期觀察牠們，在3週的分離期間也進行定期觀察，在分離之後的3週，也同樣進行定期觀察❹。每一次都將兩個已經彼此熟悉的幼崽關在一起，牠們都是同時與母親分離的，並且可以自由的到對方身邊。因此，在整個分離期間，這四隻猴子幼崽可以有夥伴陪伴，牠們可以一起進食、一起喝水，並且能夠在視覺和聽覺上與母親保持聯繫，只是不能與母親保持身體上的接觸。

　　一旦透明屏幕亮度被調低，這四隻小猴子就會發出「強烈且持久的抗議」。牠們會發出很多高音量的嚎叫聲和哭泣聲，同時也會嘗試各種方法見到母親：牠們會撞到屏幕上，也會在籠子裡盲目亂跑。過了一下子，當牠們安靜下來時，小猴子們蜷成一團靠在屏幕上，似乎想盡可能與母親親近。母猴最初也會尖叫，並且會攻擊研究者，但是牠們的反應強度和持續時間都比小猴子低許多。在整個分離期間，這幾對猴子母子

---

❹　有關恆河猴依附行為的描述，詳見《依戀理論三部曲1：依附》第11章。直到3歲時，小恆河猴在野生環境中，仍然與母親保持緊密的聯繫。

對彼此的興趣降低了，互動遊戲也減少了；這與分離前3週和分離後觀察到的活躍程度，形成了鮮明的對比。**在母猴與小猴子團聚之後的日子裡，有一個非常明顯的現象：與分離之前相比，小猴子黏著母猴、一直保持與母猴聯繫的現象明顯增加了。**

研究 2　延續早期研究的進一步研究

第二個類似的實驗是由希（Bill Seay）與哈洛來完成的[324]，他們進一步將八隻30週大的恆河猴與母親分離開來。在這個實驗中，母子分離只持續了兩週，且母親是完全被移走的；幼崽仍舊可以自由活動，但是這一次，每天只能玩半小時。結果和之前的實驗一樣，包括在第一天時，牠們會「胡亂到處跑、攀爬、嚎叫、哭泣」；相對來說，牠們對同伴的興趣也變少了。度過了抗議期（這個階段的時程沒有報告）之後，幼崽們「進入一個以低活動性、少遊戲活動或沒有遊戲活動、偶爾會哭泣為特徵的階段」。研究者相信「這第二個階段在行為層面上與人類嬰兒經歷與母親分離之後所表現出的絕望，非常相似」。再次重逢之後，母猴與小猴子又一次出現了強烈的彼此擁抱、彼此黏著的階段。

在1966～1967年這段時間，另外兩組研究者也發表了非常類似的研究結果，一組是來自劍橋大學的斯賓賽布（Y. Spencer-Booth）與海因德（Robert A. Hinde）[332]，他們對恆河猴進行了研究；另一組是來自紐約的考夫曼和羅森布魯姆[193]，他們對豬尾獼猴進行了研究。這兩項研究有許多共同之處，並且比之前的研究更有教育意義。在哈洛的實驗室，小猴子都是由母猴獨自撫養，每一對都在一個小籠子裡；而在海因德與考夫曼的實驗室，母猴與小猴子作為一個穩定群體的一部分，生活在一個非常大的籠子裡。和牠們在一起的，還有一隻成年雄性以及兩到三隻成年雌性，通常還有幾隻其他小猴子。在這兩個研究中，分離都是透過將母猴移出籠子來完成。這就意味著，猴子幼崽仍可以留在一個完全熟悉的環

境裡，並且還能夠和一些牠之前就很熟悉的小猴子待在一起——生活中唯一的改變，就是母親不在了。

海因德與考夫曼的研究還有第二個優點，他們在報告結果的時候，呈現了大量的細節，且涉及在幾週的分離中，小猴子行為表現的變化歷程，以及在幾個月的時間裡，雙方的行為表現。尤其是在分離結束後，海因德繼續進行了兩年的研究。對於實驗中母猴與小猴分離後的序列反應，這些觀察提供了相當有價值的資訊。

在考夫曼和羅森布魯姆的實驗中，他們的研究對象是四隻豬尾猴的幼崽，最小的21週大，最大的26週。每一個個案中，母猴被從籠子裡移走四週。在分離期間觀察到的行為進程，可以分為三個階段，可以描述為：煩躁階段、抑鬱階段和復原階段。然而，有三隻小猴子經歷了所有三個階段，第四隻小猴子表現出相對較少的憂鬱情況，並且大多數時間裡，都與群體中的其他成年母猴待在一起，這隻小猴子的母親是這個群體中的雌性領導者。剩下的三隻猴子幼崽的行為，可以被描述為如下狀態：

「第一個階段開始時，牠們幾乎一直都是如此：走動、探出頭搜索、頻繁跑到門口和窗口，且有零星、短暫的古怪活動會爆發出來，還有偶爾朝著群體中其他成員移動。這些年幼的小猴子頻繁的發出『喔啊』聲和悲哀的呼救聲。同時，自我指向的行為顯著增加，比如吮吸手指、用嘴和手腳擺弄身體的其他部位，包括生殖器。這些反應會在分離第一天持續存在，並且在此期間，這些幼崽拒絕睡覺。

「大約24～36個小時之後，這三隻幼崽的行為模式有了明顯的改變。牠們待坐在地上、蜷成一團，經常把頭藏在兩腿之間，幾乎快要卷成一個球了。除非被人主動移走，否則牠們幾乎不動。牠們的動作就好像是慢動作一樣，只有在進食的時候或者要對攻擊做出反應時，動作才

會快一點。這些幼崽很少對社交邀請做出反應，也很少會做出社交手勢，並且幾乎停止了一切遊戲行為。這些幼崽表現出對環境不感興趣，甚至疏離於環境。只是偶爾抬起頭，『嗚啊』一聲。

「這種憂鬱的狀態大約要持續5、6天，在那之後，幼崽的行為模式逐漸開始改變。復原階段是從一個更加直立的姿勢以及對單調環境開始恢復興趣開始。其緩慢的試探性活動開始頻繁起來。逐漸的，失去母親的小猴子也可以與社會環境進行互動，通常是從與同伴的互動開始。之後，牠們又開始遊戲活動了。憂鬱情緒仍舊，但是是以一種程度較低的形式存在。憂鬱階段和對無生命物體的探索、遊戲階段交替出現。移動的量和速度都有所增加。在這個月即將結束之際，幼崽在大部分時間裡都是警覺、活躍的，但是牠的表現還是和這個年齡幼崽的典型表現不一樣。」

母猴與小猴子重聚的3個月裡，研究者也觀察與記錄了牠們的行為。四個個案都有明顯改變，且趨勢上與早期研究觀察結果非常相似：

「當母親重新回到群體中後，發生了另一個戲劇性變化。四個個案重聚時，透過各種方式產生親近行為的措施都明顯增加了，這也意味著原有的二元關係需要經歷巨大的改變。幼崽緊緊抱著母親，母猴牢牢保護著孩子、給孩子乳頭，這些行為都在重聚之後的那個月裡顯著增加，尤其是比對分離發生前的1個月，這些活動的頻率，其增長趨勢相當明顯。即使是到了重聚之後的第3個月，這種趨勢還是很明顯的。考慮到一般幼崽在這個年齡層時，這些特殊親近行為會明顯減少的事實，這種二元關係中，親近行為顯著增加就讓人特別注目。

「親近行為在其他方面也同樣顯著的增加。從另一個標準上來看，衡量母嬰身體分離的程度是一個標準，在之前的規範化研究中，我們已

經發現其重要性。這涉及從另一個個體身邊離開（通常由幼崽發起的）的問題。與分離之前的一個月中幼崽主動離開母親的頻次相比，在重聚之後的一個月裡這種離開的頻次下降到20％。而且，離開時間的平均長度從60.5秒下降到34.4秒。」

幼崽不僅離開母猴的次數減少了，離開的時間長度也比分離之前短很多。與此同時，比其之前，母猴更容忍幼崽保持親近，很少會用拒絕或躲閃的方式抵制幼崽親近。

與考夫曼實驗中的四個研究對象相比，斯賓賽布和海因德研究中，最初描述的四個研究對象非常不同——有不同的種族（用恆河猴幼崽取代豬尾猴幼崽）與更大的年齡（年齡在30～32週大，而不是21～26週大）；母猴被移走的時間也更短一點——只有6天而不是4週。儘管如此，無論是在分離期間還是在分離之後的幾個月裡，觀察結果都與考夫曼及其同事的結果非常相似[164 & 332]。

研究 3　二次分離與長時間分離研究

自從斯賓賽布與海因德發表第一份研究開始，他們便公布了一系列深入研究的觀察結果，在這些研究中，樣本數量從原始的四隻幼崽增加到二十一隻，特定的子樣本繼續進行第二次分離，另外六隻幼崽進行了更長時間的分離（13天）。幾乎所有幼崽又進行了兩年的深入研究，這意味著研究持續到牠們兩歲半時才結束，並且將牠們的成長情況與控制組樣本比較，控制組一共有八隻幼崽，自始至終一直與母親在一起。斯賓賽布和海因德合寫了一篇關於這些研究、非常有實用價值的綜述[333 & 334 & 335]。

最初觀察四隻幼崽時，不僅涉及分離期間的行為，也涉及分離之後一個月的行為表現，並且在之後被更大量的研究所證實；因為在斯賓賽

布與海因德的早期文獻中[332]，這些觀察結果都被詳細描述，所以接下來介紹的內容均來自那篇論文。在考夫曼的研究中，儘管幼崽的行為反應存在一些個體差異，但還是有整體的一致性。

第一次經歷分離的行為表現與影響

在分離的第一天中，四隻幼崽一直尖叫和哀號。儘管在接下來的日子裡程度有所減輕，但是在分離期間，牠們持續哀嚎並且遠遠超過分離之前的狀態（在母親回來之後的幾週裡，仍舊持續哀號）。然而，與考夫曼的豬尾獼猴幼崽不同，恆河猴幼崽在母親被帶走之後，立刻有明顯不活躍的狀況。這種相對來說不活躍的狀態，在整個分離期間持續存在：「通常，母親不在場期間，這些幼崽的行為被描述為沮喪、抑鬱。牠們蜷縮坐在那裡、態度消極，變成了順從的動物。」分離的第一天，操作性遊戲和社交性遊戲都顯著減少了。儘管在接下來的幾天裡，操作性遊戲活動有所回升，但是社交性遊戲仍然很少，並且在這六天中，有越來越少的趨勢。

幼崽與群體中的成年雄性猴子或者與其中一位成年雌性猴子的互動數量要比分離之前和之後都多，但是依然只是分離之前牠與母親互動數量的一小部分。在這裡，幼崽的行為依然具有很大的差異性。其中一個與母親分離的幼崽在觀察中，從來沒有被成年猴子安撫或者有可以接近的成年猴子，而觀察組中，每一個經歷分離的小猴子在被觀察的時段裡，有20%的時間被成年猴子安撫和貼近成年猴子的行為。然而，相比於分離前與母親親近的時間，與其他成年猴子親近的時間通常是非常短暫的。牠們基本上不會與其他成年猴子緊密擁抱。我們通常看到的場景是：一個經歷分離的幼崽呆呆的坐在成年雌性猴子或者雄性猴子身邊，很靠近的挨著坐；當成年猴子離開的時候，幼崽就會叫喊。尤其是其中兩隻幼崽，經常與群體中的成年雄性猴子坐在一起，跑到牠的身邊尋求

保護。因此，這些經歷分離的幼崽，能夠從群體中的其他成年猴子那裡獲得替代性照顧，但是相比於分離前能夠從母親身上獲得的照顧，也只是一小部分而已。

分離之後，幼崽的進食行為也有很大轉變，這種轉變的方式在經歷分離的人類嬰兒身上也能夠觀察到。在分離的第一天，其中一隻幼崽幾乎一直在吃。在接下來的日子裡，這四隻幼崽都有食量增加的趨勢。

儘管經過第一天的分離，強烈的、急劇的反應平息下來，但是，這四隻幼崽在接下來的5天分離期，仍然表現得很不正常。

在母親回來之後的幾週裡，我們仍然能看到這些幼崽身上的異常行為。在母親回到籠子裡之後，四隻幼崽「都比分離之前更愛黏著母親了。被母親拒絕時，牠們會表現出強烈的憤怒，並且經常猛烈的撲在母親身上。或者有時候，母親已經拒絕牠們了，就會自己猛撲到其他隻雌性猴子身上」。其中兩隻幼崽的這種反應是『非常明顯並且持久的』——在重聚後的第一天，牠們幾乎不能與母親分開。

在重聚後的 1 ～ 2 週裡，一個特別明顯的特徵是——幼崽的反應方式也許會發生改變，從「比較放鬆變得非常沮喪和低落，並且會沒有明顯原因的一直黏著母親」。在重聚之後的第二天和第三天，其中一隻幼崽被記錄下：「牠開始表面上看起來以一種平靜的方式與母親分開了，但是分開之後，會突然變得很慌張，並且驚叫著跑向母親。」另一隻幼崽（雌性幼崽）在重聚的第六天，平靜放鬆的玩耍半小時之後，在母親身上睡了一會兒：「當牠醒來之後，看起來非常沮喪和害怕，牠畏縮著，幾乎離不開母親。」然而，隨後，牠又變得放鬆，開始玩耍起來。

從重聚之後的四個月裡，直到牠們的第一個生日，四對母子之間的行為表現各有不同，彼此差異很大。然而，當把這四隻幼崽的行為與控制組（沒有分離經歷的八隻幼崽）進行比較時，這四隻幼崽都受到嚴重影響，「與控制組相比，牠們相較於分離之前，都更加主動親近母親」。

黏著母親的趨勢和與母親保持緊密聯繫的趨勢非常明顯；其中一隻幼崽的這種趨勢在整整四個月裡一直持續，直到第一個生日；另一隻幼崽在這4個月裡，有一半的時間都在緊密聯繫的狀態中。

當牠們在稍微陌生的環境中接受測試時，這四隻幼崽的行為表現與控制組的八隻幼崽行為表現之間，差異更是引人注目。第一次測試是在第12個月大，第二次測試是在第30個月大。與控制組幼崽相比，先前經歷過分離的四隻幼崽，在實驗中更傾向於不願意靠近實驗者領取食物；當被帶到一個陌生的籠子裡時，與母親挨得更近，更少造訪有陌生物品的籠子；偶爾被嚇到之後，也表現得更沒有活力[165]。

這些實驗從牠們經歷6天分離之後，一直持續將近兩年的時間。而這些實驗結果也讓我們深刻認知與母親分離所可以造成的創傷。儘管這些經歷分離的幼崽與那些控制組的小猴子相比，在平靜的一天中，牠們的行為表現沒有明顯變化；但是**環境一旦有了一點點變化，就會出現行為差異：那些先前經歷分離的幼崽，要比控制組的幼崽表現出更謹慎的行為和焦慮行為。這也同樣存在於人類嬰兒身上，這在羅伯遜和我的大量研究中都可以看到**[286 & 288 & 45 & 49]。

正如上文所述，是因為海因德與斯賓賽布對四隻恆河猴幼崽與母親分離六天進行了開拓性的研究，之後，他們又做了很多深入的工作，並且進一步擴展了研究結果。在本章接下來的部分，將加以描述其中一些有趣的部分。

海因德與斯賓賽布的進一步研究

根據海因德與斯賓賽布廣泛而深入的研究，我們不僅能夠確認之前的研究結果並且擴大了之前資料的影響，即恆河猴幼崽經歷為期6天與母親分離的影響，而且將這種影響與其他研究進行比較：（a）第二次為期6天、短暫分離的影響；（b）單一、相對較長、為期13天分離的

影響。此外，他們也表示在觀察中，個體差異對反應的大量影響。

　　我們還考慮到：（a）兩次分離的短期影響；（b）嬰兒禁受一次或者兩次分離的長期影響；（c）為期13天分離的短期影響（最後一組幼崽受到長期影響的研究結果，目前還沒有公布）。

第二次經歷6天分離的短期影響

　　長到30～32週大時，十一隻恆河猴幼崽經歷了第一次也是唯一一次為期6天與母親分離的狀況；有十隻幼崽在此期間經歷了第二次分離（在這十隻恆河猴中，有五隻在第二次分離前十週經歷了第一次分離，另外五隻在第二次分離前五週經歷了第一次分離）。比較了恆河猴幼崽在第二次分離期間的行為反應與在同樣年齡時經歷第一次分離時的行為反應後，研究者並沒有發現明顯差異，無論是在分離期間還是在分離之後的1個月裡，都沒有發現明顯差異[333]。然而，後續研究證實，就此總結說兩次分離的影響與一次分離的影響沒有差異，是錯誤的結論。

經歷一次與兩次6天分離的長期影響

　　在斯賓賽布與海因德的有關6天分離的長期影響報告中[335]，他們將比較三個樣本對幼崽的觀察結果：控制組幼崽（共八隻）；只經歷一次六天分離的幼崽（共五隻）；經歷兩次六天分離的幼崽（共八隻）❺。為了便於比較，一些數量被縮減了；有時出於必要，會混合使用分離一次與分離兩次的資料。

　　簡述研究結果如下：

---

❺　兩隻幼崽在21週大的時候經歷第一次分離，一隻在26週大時經歷第一次分離，並在1歲前死亡；另外一隻26週大組的幼崽，在第二隻生日時死亡。一個長期分離組的幼崽，連同18週大分離的三隻被忽略的幼崽，也在第一個生日時死亡。目前還不清楚這些分離經歷對他們的死亡有什麼樣的影響。

【結果1】在12個月大時和30個月大時進行測試，並且與控制組進行比較，兩組先前經歷分離的幼崽，仍舊表現出「一些持久憂鬱症狀和受到損害的母嬰關係，這在母親剛回到幼崽身邊的一個月裡能明顯觀察到」。

【結果2】先前有分離經歷的幼崽與控制組幼崽的行為差異，因測試地點不同，差異程度也不同。在一個陌生環境進行測試的兩組幼崽，行為差異要比在幼崽自己的籠子裡進行測試時明顯得多。

【結果3】30個月大時的差異，要明顯比12個月大時的差異小得多，但是所有差異都有明顯的方向，即：先前有分離經歷的幼崽，相對於控制組的幼崽多少有些行為紊亂的情形。

【結果4】大多數顯著差異存在於控制組和二次分離組，一次分離的幼崽通常占據中間的位置。

讓我們來逐一討論這些結果。

在幼崽自己的籠子裡進行觀察時（12個月大），兩組中，先前有過分離經歷的幼崽相對於控制組的幼崽，往往傾向花更少時間與母親保持距離，並且在保持與母親親近中，扮演著相對主動的角色。然而，這些差異並不顯著，並且在18個月大時和30個月大時，都沒有再觀察到。然而，三個年齡層中，先前有分離經歷的幼崽有一個顯著的趨勢——牠們要比控制組的幼崽，運動性活動和社交性遊戲都更少。

然而，當幼崽仍在自己的籠子裡時，先前經歷分離的幼崽和控制組的幼崽，在行為表現上沒有顯著差異，但是在一個陌生的環境進行測試時，這些發現在臨床影響中的重要性幾乎沒有被強調。

在幼崽12個月大的時候，牠和母親便一起被帶到陌生的實驗室籠子裡，這個籠子與一個相似的籠子（過濾籠）相連，兩個籠子之間，有一

個足夠長的通道，只有幼崽能夠通過，母親不能通過。測試一共有9天，測試期間會在過濾籠裡放置食物或者一個奇怪的物體，來觀察幼崽的反應。放置的物品包括一面鏡子、香蕉片、黃色的球。幾乎在每一個測試中，相較於控制組幼崽，那些先前有分離經歷的幼崽，身上都有一個非常明顯的趨勢——冒險獨自去過濾籠之前要花費的時間更長，在那裡停留的時間也更短。而且，只要二次分離幼崽的分數與一次分離幼崽的分數不同時，那麼二次分離幼崽的分數與控制組幼崽的分數差異，也有更高的一致性。下表是在第六天進行測試的結果，測試中是將一個黃色的球放在過濾籠裡。這個表格說明了一種典型的差異模式。

測試	時間的平均值（分）		
	控制組 （共6隻）	一次分離組 （共5隻）	二次分離組 （共8隻）
進入到籠子 之前的潛伏期	0.1	0.1	0.7
在籠子裡的 總時間	7.0	3.9	3.0
在籠子裡停留的 平均時間	0.5	0.3	0.2
在籠子裡玩耍的 時間	2.3	0	0

　　另一個測試是在幼崽12個月大時進行的，在這項測試中，每一個幼崽都會有研究員提供的維他命。這項測試的結果顯示，先前經歷分離的幼崽與控制組幼崽之間有顯著差異。與控制組幼崽相比，先前經歷分離的幼崽更不願意接近研究員得到維他命，甚至在自己的籠子裡進行實驗時也是如此。對此，一種可能的解釋是：提供維他命的研究員先前捕捉

過這些幼崽和母親，並且帶走了母猴。

該項實驗18個月後，當這些幼崽到了30個月大時，研究者進行了一系列對比測試。這次測試一共持續16天，幼崽被放在一個屏蔽的實驗室籠子中。研究者一共進行了多項測試，但是只有幾個有明顯組間差異。其中之一就是研究者提供維他命的測試。另一個測試是，在第二天和第六天時，將一串椰棗掛在籠子外面，且是幼崽剛好碰不到的地方：與控制組幼崽相比，先前經歷過分離的幼崽，在嘗試摘到它之前要花費更多時間，並且所做的努力更少，持續努力的時間也更短（在這項測試中，很難區分一次分離幼崽與二次分離幼崽區）。

經歷13天分離的短期影響

在牠們30～32週大時，另外六隻幼崽要經歷持續13天的分離[334]。在第二週的一整個星期裡，牠們都像第一週結束時表現的那樣，沮喪並且不活躍（這一點可以與復原後的適宜性形成對比，具體可以參見考夫曼與羅森布魯姆研究豬尾猴幼崽遭遇分離後第一週的觀察結果）。

在分離之後的一個月裡，我們發現，經歷了13天分離的幼崽，比另外兩組中經歷分離的幼崽受到的影響都大。至少在重聚的第一週裡，牠們發出更多痛苦的叫聲，並且這整個月裡，都表現得更加憂鬱。與母親分離期間，牠們呆坐在那裡的時間更久，比其他與母親分離的幼崽所用的時間更長。而且，在牠們變得活躍時，活躍持續的時間也比另外那些幼崽少。經歷13天分離的幼崽與只經歷6天分離的幼崽相比，在分離之前的活動程度差不多。然而在重聚之後的第一個月結束時，經歷13天分離的幼崽，活動程度仍舊顯著降低。此時，經歷二次分離的幼崽，活動程度介於經歷單一6天分離與經歷13天分離的幼崽之間。

從這些研究結果中，我們可以充滿自信的得出結論：6個月大的恆河猴經歷不超過6天的分離，會在兩年後產生可覺察到的影響；而且，

分離所帶來的影響與分離的時間長度呈現正相關。13天的分離要比6天的分離更糟糕；兩次6天的分離要比一次6天的分離更糟糕。從這些方面來看，與母親分離帶來的影響幾乎可以和吸菸或輻射的影響相比擬。**儘管短暫分離的影響是微乎其微的，但是可以累積。最安全的是「沒有分離」。**

研究個體的反應具有個體差異

恆河猴幼崽對分離的反應存有大量個體差異。在一定年齡範圍內研究，年齡的影響不大：無論是在21～22週、25～26週，還是在30～32週經歷一次為期6天的分離，期間差別並不大。而性別有所影響：無論是在分離期間還是在分離之後，雄性恆河猴都比雌性恆河猴受到更大的影響。在分離期間，幼崽是否會黏著另一個動物並不影響其與母親重聚之後的行為表現，儘管這種依賴行為在分離期間會顯著降低痛苦叫聲的總數。

從分析個體差異資料的結果來看，最引人注目的結果是幼崽表現出的憂鬱程度與母嬰關係某些特徵之間的重要聯繫[166]。在分離結束之後的一個月裡，那些情緒最受困擾的幼崽，往往是那些最常被母親拒絕的幼崽，也是在維繫親近母嬰關係時扮演最重要角色的幼崽。因為這些特徵對每一對母子來說，具有跨時間的一致性（透過序列相關進行測量），所以我們毫不驚奇的發現，**幼崽在分離之後表現出的悲傷程度既與分離之前母親拒絕幼崽的頻率相關，又與重聚之後母親拒絕幼崽的頻率相關。**事實上，根據研究發現，母親剛回來的那段時間裡，幼崽的悲傷程度與分離之前母親拒絕頻率的相關程度更大，比與重聚之後母親拒絕頻率的相關性更高。在這之後，平衡被打破了，悲傷程度開始與在這段時間裡，母親拒絕的頻率有更高關聯。

海因德與斯賓賽布[167]強調「這些關聯並不能證明這個結論」：母子

關係的差異必然引起幼崽對分離反應的差異。然而一些人的確深刻的相信著。

在最近的一項實驗中[163]，海因德與戴維斯（Lynda Davies）改變了分離發生的條件：他們並不是把母猴從籠子中帶走、放到一個陌生的地方，取而代之的是，他們把幼崽從籠子中帶走，把母猴留在籠子裡。在13天的分離中，五個幼崽的行為表現符合預期。儘管較大的個體差異使對比分析較為困難，但是我們還是可以看到，幼崽被帶到一個陌生的籠子裡，之後所表現出的痛苦程度還是比那些母親被帶走、自己留在原來籠子裡的幼崽更大。然而，與母親重聚之後，那些被帶到陌生籠子裡的幼崽要比那些留在原本籠子裡的幼崽，表現出的痛苦更少。

觀察母猴行為的一些結果，也許可以解釋這個意外的發現。留在原本籠子裡的母猴與那些被帶到陌生籠子裡的母猴相比，幼崽被帶走期間，牠們的悲傷程度會更低；在重聚之後更有母性也更少拒絕幼崽，恢復和諧互動的速度也更快。這些研究結果傾向於支持這個觀點：**決定分離影響恆河猴幼崽的一個重要因素，是重聚之後母猴的行為傾向。**

幼崽在經歷過一次持續一週或者更長的分離後（待在一個陌生的環境裡，沒有替代母親照料），儘管只出現一次，牠們會有一個非常普遍的回應方式，那就是疏離，也就是牠們在重聚之後不能意識到母親，也不能對母親的反應做出回應。在亞伯蘭斯（Abrams）的一項研究中[251]，二十四隻恆河猴幼崽在8～20週大的時候經歷了第一次為期兩天的分離。在重聚的時候，有四分之一的幼崽在母親靠近時跑開了；幾週之後，牠們又經歷了第二次為期兩天的分離，重聚之後，迴避母親的時間增加了一倍。儘管海因德與斯賓賽布已經注意到幼崽的疏離現象，但是從來沒有觀察到這些行為。因此，在亞伯蘭斯的研究中，幼崽的反應也許只能侷限在年齡非常小的幼崽身上。然而，我們還是不清楚亞伯蘭斯的觀察結果是否與觀察人類幼兒行為的結果一致。

我們已經詳細論述有關靈長類動物的實驗研究結果，這些結果並無嚴重、需要質疑的地方，這些研究顯示，大多數在短暫分離期間和分離之後在人類嬰兒身上觀察到的結果，也會在其他物種的幼崽身上看到。在特殊的人類標準上，用對自身反應的解釋來推測認知歷程仍需要質問。

研究人類恐懼的
動物行為學觀點

用恐懼來回應這些日常情況——有陌生人或者動物、快速靠近的物體、黑暗、很大的噪音、孤獨等——被認為是發展歷程中基因所決定的結果。事實上，這些反應是「準備面對真正的危險」。而且，這些反應不僅發生在動物身上，也存在於人類自身；不僅存在於兒童時期，而且將貫穿整個生命歷程。這樣看來，在生命的任何階段，因為不願意與依附對象分離而產生的恐懼便不再是個不解之謎，相反的，它可以歸類為對危險線索的本能反應，這些自然出現的線索和風險的增加息息相關。

第5章

焦慮與恐懼理論的
基本假定

「研究典範為科學家提供研究方向和方法，同時也為確立研究方向和
方法提供了必要的指引。在學習一種新的典範時，科學家要同時接受
與該典範相關的理論、方法和標準，而這三者不可避免的相互接引。
這也是為什麼不同研究典範會產生相互矛盾的結論。」

——湯馬士·孔恩（Thomas Kuhn）[213]

聯結恐懼的焦慮感

雖然每隔幾年，就有學者再三提出焦慮和悲傷的主要來源來自「與
深愛的個體分離，或者恐懼與其分離」，但是很多人仍然不願意接受這
種簡單的公式。他們根深柢固的反對這個概念是基於常見的假設，而我
們在這裡的一些討論，已經站不住腳了。

在本章以及接下來的章節中，將討論進一步的觀點。由於很多人對
這個觀點有諸多懷疑與反對的理由，因此接下來我們將仔細探討。首
先，會討論一些基於傳統懷疑和反對論所建立的共同假設，並會特別省
思佛洛伊德早期建構的動機理論。

在精神分析領域和心理病理學領域關於焦慮的所有討論中，人們理
所當然認為：「焦慮」與「恐懼」這兩種情緒狀態是緊密相關的。但是
它們究竟如何聯結，仍是一個謎題。佛洛伊德一再強調這兩者的關係，

並且進行比較和對比分析：具體可以參見附錄2有關《抑制、症狀與焦慮》的解釋。而其他研究者也緊隨佛洛伊德的腳步。在A‧路易斯（Aubrey Lewis）最新的一篇文獻中[225]，他系統性的回顧了整個混亂的理論，強調：「縱觀整個心理病理學系統，『焦慮』一詞通常用來指『一種主觀經驗到恐懼的情緒狀態，或是一種與之緊密相連的情緒狀態』。」我們知道，通常這兩個詞語是可以交換使用的。考慮到這兩個詞語的緊密聯繫，我們不難發現，與產生焦慮與恐懼條件的相關理論會相互影響。

然而，在這些不同、混亂，甚至彼此矛盾的理論中，大家似乎都認同一點：「雖然焦慮的本質與來源模糊不清，但是恐懼來自簡而易明的開端。」

本書提出的理論，只有一點與此不符。至今為止，「焦慮」與「恐懼」通常被視為彼此相連。此外，到目前為止，焦慮與恐懼的促發原因也密切相關。兩者間的差異，是另一個全然迥異的議題，也就是說，需要探究那些更容易引起恐懼的條件本質。如我們所討論的，在兩種狀態中，恐懼更容易理解。

有人認為，精神分析和心理病理學領域對於如何喚起恐懼及其自身，仍然有大量、嚴重，甚至錯誤的假設。這些錯誤的假設已經存在許久，並且會一直存在，同時會對我們理解病人所遭受的焦慮和恐懼，產生不利的影響。

也許在這些傳統假設中，最基本也最普遍的假設是「某種可能會傷害我們的事物之存在，是能夠準確喚起恐懼情緒的唯一條件」；進而推論出「在其他情況下，喚起的恐懼在某種程度上是不正常的情緒，或者至少特別需要解釋」。儘管這個假設看似有理，但是有兩點可以證明這個假設是錯的。

第一種類型的錯誤，是關注那些令我們感到害怕並且引起退縮反應的刺激和客體。而常見的情況是，這些刺激和客體，與現實上危險的事

物只有間接的關係。

第二種類型的錯誤和第一種相似，即讓我們感到害怕的不僅是某些特定情境或預期的出現，也有可能是某些特定情境或預期的失去。

我們接下來會探討這兩類錯誤的起源與影響。回顧上述觀點時，我們發現它們與佛洛伊德的早期假設，尤其是與他所採用的動機模型密切相關。本書認為，採用不同的動機模型，觀點都會有所變化。

佛洛伊德的動機模型及其影響

精神分析中有關恐懼與焦慮的理論，一直以來都受到佛洛伊德早期理論中採用的驅力模型影響深遠。在佛洛伊德還沒有意識到分離與失落的問題之前，這個驅力模型一直對心理病理學起著極為重要的作用。並且，佛洛伊德在其「超心理學❶理論」（metapsychological theorizing）中一直保留驅力模型。這個模型假定：「不同類型的刺激就像是要被甩掉的東西，都將被生物簡要回應，一旦有機會便會逃離，如果沒有機會，就會以其他方式反應。」

由於我們並不清楚這個模型究竟對包括分離焦慮在內，有關焦慮的精神分析理論產生了多大的影響，我們必須直接引用佛洛伊德的話語並闡述。《本能及其變遷》[118]是一套系列書籍，在這套書中，佛洛伊德闡釋了自己的基本觀點，並且再一次將驅力模型作為其基本假設，他一直堅信這個概念並且從未懷疑。在這本書中，他寫道：「神經系統是一種功能裝置，具有將我們接觸到的刺激移除或者減少到最低標準的功能；或者在可能的情況下，將自身維持在一個完全沒有刺激的條件。」佛洛

---

❶ 編注:超心理學是探討心理學的根本問題或心理哲學問題的學問,嚴格說來,並不屬於心理學 領域,卻與心理學息息相關,因此稱為超心理學。

伊德強調，外部刺激很容易被迴避。但是另一方面，「本能刺激是一種連續不斷而不可避免的刺激」。更大的問題是，因為本能刺激的根源在內部，所以我們難以抽身。佛洛伊德繼續指出，為了處理這些源源不斷湧現的內部刺激，神經系統負責「複雜而彼此聯繫的活動。藉由這些活動，外部世界發生劇變，並以此滿足自身」；佛洛伊德認為，這種滿足「只能透過消除源自本能的刺激狀態而獲得」（SE 14: 120, 122）。

根據個體作為群體中一員的生存原則，生物功能並沒有被列入我們討論的問題中。之所以有這樣的疏漏，一個原因是，提出這個理論的時候，學者並沒有考慮到因果和功能之間的差異。

佛洛伊德在每一次討論超心理學時，都是基於一個基本假設或者模型，在他「經濟學觀點」（economic viewpoint, SE 14: 181）的理論基礎之下有個推論，即：外部客體只有在能夠幫助個體消除「源源不斷」的內部刺激時，才會被找到、被個體意識到。因此，嬰兒尋求母親只是因為她能夠幫助嬰兒降低內部張力，而這些內部張力源於未滿足的生理驅力；嬰兒思念母親也只是因為嬰兒擔心這種張力無法被緩解。

這個假設對臨床思維也有深遠的影響。例如，正是因為這個假設，使佛洛伊德自信的得出結論：「懷裡的嬰兒之所以想要覺察到母親存在，只是因為他已經憑藉經驗知道母親能夠毫不遲疑的滿足他的所有要求。」並且他進一步認為，最根本的危險情境「是有能夠被意識到、被記住、可以預期的無助和無望感的情境」，這種情境也被稱作「創傷」[125]（traumatic, SE 20: 166）。

這裡所討論的這個結論，與「次級驅力理論」（secondary drive theory）一致，解釋了嬰兒為何依賴母親，但這個結論有一些負面影響，主要在於：這裡仍普遍持有一個信念，即：恐懼的主要來源是無助感，並因此認為「所渴望的愛的個體一直存在或消失會增強焦慮或沮喪，這是一種孩子氣與幼稚的表現」。這些信念不僅是錯誤的，而且不利於理解

個案。

現在，我們知道佛洛伊德的基本假設並非不證自明，並且我們也要記住，這個假設也並非來自臨床實踐❷。相反的，這項假設的地位就像科學領域中的其他假設，作用是讓科學家不斷測試與發現其可能的價值。正如孔恩所言 213，這種理論假設只是為我們提供一種典範，據此才逐漸建構理論系統，也逐漸讓研究得以開展。通常每當同一個領域的研究者採用了不同的典範，便會產生學術間的溝通困難，且此類情事會反復發生。

在《依戀理論三部曲1：依附》第1章中，我們已經提出不接受佛洛伊德驅力模型的原因，在隨後的章節中（第3～8章）也提出了為什麼認為行為學的理論與控制理論更有前景的理由。在精神分析的領域，模型不斷發展，構成一種不同於佛洛伊德的理論，也形成不同於其他精神分析理論的全新典範，比如克萊恩的理論。因此，學界中溝通遇到困難在所難免。

新舊典範之間，最主要的差別在於與演化論之間的關係。19世紀90年代，儘管那時生物演化論已經被深入討論，且其歷史現實已經被廣為接受，但是當佛洛伊德提出他的理論典範時，並沒有與生物演化論達成一致的觀點。對此，科學家一直進行激烈的爭論，而許多人支持其他理論。而達爾文的理論比較成熟，也為20世紀生物領域提供了研究典範，卻沒有引起佛洛伊德的注意。相反的，佛洛伊德更傾向於拉馬克（Jean-Baptiste Lamarck）的生機論（vitalism）❸。對於精神分析領域來說，佛洛伊德的選擇雖具有重要的影響，但他所接受的理論典範使得精神分

---

❷　有關佛洛伊德基本模型的歷史起源，以及費希納（Gustav Theodor Fechner）的影響概覽，具體可以參見《依戀理論三部曲1：依附》第1章。有關佛洛伊德根據基本假設發展出的理論變形，以及其基本概念——享樂與非享樂之間關聯的研究報告，具體可以參見舒爾（Max Schur）的文件316，對於佛洛伊德基本假設的批判文獻，參見華克（Nigel Walker）的文章363。

析與相近學科越來越疏遠。

依戀理論所採取的研究典範與其特點

本書所採用的研究典範基於演化理論，以及與之相近的現代生物學理論。它的主要特點是內在「動機模型」（model of motivation），這一點已經在《依戀理論三部曲1：依附》有所概述。它們可以概括如下：

【特點1】行為是行為系統激化又終止的結果。行為系統存在並發生在生物內部，並具有不同程度的組織複雜性。行為系統中所激化或終止某種行為類型，一直以來被稱為「本能」，因為它幾乎在同一個物種的所有個體身上，都有相似的模式。它最明顯的價值就是可以保證物種存活，並且在許多缺少正常學習機會的情況下，使個體能夠發展。

【特點2】激化或終止本能行為的因素包括激素多寡、中樞神經系統的組織和自主運動、特定種類的環境刺激，以及生物體內部產生的本體性刺激。

【特點3】本能行為系統的生物功能目的是增加生物（或人類）存活率，存在於群體中，且能夠順應組織系統的個體比不能順應組織的個體能留下更多後代。

【特點4】進化適應性的環境，是物種能夠憑藉其生存特性（包括不斷演化的行為系統）而生存的環境，也是唯一能夠保證激化系統得以使其生物功能發揮作用的環境。

【特點5】行為系統發展於個體內部，是由基因決定並有傾向性的個體發生學與個體成長環境所交互作用的結果；若養育環境

---

❸　本書附錄2，提供佛洛伊德有關近化論觀點的寫作背景。

越偏離進化適應性環境，個體越有可能發展出非典型的行為系統。

在這個概念中，我們能看到明顯的歧異，一方面是行為系統中具有能夠激化行為和終止行為的刺激原因；另一方面是行為的生物功能。上文所列出的因果因素包括激素多寡、中樞神經系統的活動、特殊方式的環境刺激，以及生物內部本體感受的回饋。相比之下，生物功能則是在具有進化適應性的生物環境中被激化時所產生的特殊結果，而同時也是行為系統被建構的結果。比如在性行為中，兩者的區別如下：生物荷爾蒙狀態與配偶的某種特質一併激發個體的性興趣，並且是激發性行為的主要原因，性滿足之後回饋的刺激終止了性行為。這些都是因果因素。而性行為的生物功能又是另一回事，在於行為的某種結果，即受精和繁衍後代。正是因為性行為的原因和性行為的功能是兩個不同的問題，因此便有可能透過避孕手段，調節行為與功能之間的關係，這是已經被逐漸發展為繁衍義務的生物功能。

一旦能夠建立區分因果關係與生物功能的動機模型，並且將它們框架在演化論之中，那麼焦慮和恐懼問題的處理，便可能存在新的因應策略。接下來，我們將比較來自佛洛伊德動機模型與當代演化理論的解決方案。

是「讓人困擾的恐懼」，還是「與生俱來的恐懼」

當1926年佛洛伊德重新審視自己有關焦慮的想法時，仍然堅持其動機模型，並且依然堅持原有假設（焦慮永遠都沒有完全明確，但是不斷在被重複的經驗中逐漸清晰），也就是只有存在某種可能會傷害或者損毀個體的事物時，才能夠喚起人類的恐懼。這個假設的主要後果是：第一，究

竟是什麼引起了恐懼情緒，以及為什麼恐懼情緒這麼容易被喚起且每次喚起時都如此強烈，並且在其他情況下也可以被喚起，佛洛伊德對此的理解非常混亂；第二，佛洛伊德及其後繼者所提及的恐懼並非簡單理論所能解釋；第三，衡量健康與病態的標準是有誤的。

在《抑制、症狀與焦慮》一書中，佛洛伊德將其論點簡略概括為：「真實的危險來自外部對象為個體所帶來的威脅。」因此，焦慮的內容是「有關已知的危險」可以被視為「現實性焦慮」（realistic anxiety）；而當焦慮的內容是「有關未知的危險」則可以被視為「神經性焦慮」（neurotic anxiety）。因此，擔心某些情況，比如在黑暗中獨自一人或者獨自與陌生人待在一起，在佛洛伊德看來，這種對未知危險的恐懼應該被判定為神經性焦慮。而且，正是因為所有幼兒都會害怕這些情況，因此所有幼兒都在面臨精神官能症問題。

讀過那本書的讀者應該能夠看到佛洛伊德努力解決幼兒「令人費解的恐懼」，其中有他所總結的「害怕獨處、害怕處在黑暗中、害怕與陌生人在一起」（SE 20: 165-7）。但是他所提出、有關其假設的例子很難理解。其總結也一直與他的基本假設一致，即對於這些司空見慣情況的恐懼，其實是與最初、擔心失去重要客體以及最終在面對大量本能刺激時，對無助感的恐懼有關。從這個角度來看，佛洛伊德所說對某些情況的恐懼不僅是幼年的，而且處於病理性的邊緣。佛洛伊德相信，假若發展是健康的，個體將不再恐懼這些情況：「非常年幼的孩子，他們通常害怕獨處、怕黑、害怕與陌生人在一起——恐懼的目標通常相當常見。他們的恐懼通常隨著年齡增長而消失，『在成長中逐漸丟掉它們』……」然而，當發展不健全時，幼兒會持續恐懼這些類似情況：「很多人在面對危險時，其行為仍然很幼稚，他們不能在成長過程中克服那些本不該擔心害怕的事情……恰恰也是這些人，被我們稱為精神官能症個案。」（pp. 147-8）

幾乎和其他精神分析師一樣,克萊恩接受了佛洛伊德的部分觀點,也就是「孩子恐懼的事物並不能在『現實意義』中被理解」,正因為如此,有必要透過其他方式來解釋這些恐懼。克萊恩對兩歲多異常兒童普遍存在的攻擊行為印象深刻,因此,她提出一個新的理論:「我認為,焦慮源自生物內部的死亡本能作用,感覺像是懼怕被毀滅(懼怕死亡),並且透過懼怕被迫害的方式呈現出來。」[204]這個理論是克萊恩學派理論的系統核心。

本書在這些問題上的立論不同於佛洛伊德、克萊恩以及其他精神分析學派的心理學家。本書認為,**一些常見情況的恐懼,既不是恐懼症也不是幼年的,只是人類的一種本能傾向。這種本能傾向從小到大一直存在於個體身上,並且在動物界的其他物種身上也有。**因此,人類童年期或者今後的生命裡,具有這種傾向並不是病態的;而當這種本能傾向明顯消失時,或者對這種恐懼異常敏感且表現異常強烈時,將預知著可能的病理性問題。雖然爭論持續存在,但是當我們從不同的動機理論和現代演化理論的視角來看待問題時,我們發現,這種對常態事物的恐懼傾向,若從生存價值的角度來看則很容易被理解。

從演化的觀點,來看焦慮與恐懼

比較人類行為與其他哺乳類動物行為的研究證實,引起害怕和退縮行為的情境與佛洛伊德的假設完全不同。我們發現,這種害怕某個普通事物,而且可能間接在實際生活中傷害我們的恐懼並不少見。這個問題已經在《依戀理論三部曲1:依附》(第15章)中提及,我們透過一些實證資料表示,包括人類在內的許多物種,引起警覺和退縮行為的主要原因是單純的陌生感,其他情況包括噪音、迅速接近的對象,當然對一些物種來說黑暗也算,而孤獨包含在內。

很明顯，上述那些刺激條件沒有一個本身就具有危險性。然而，從人類演化的視角來看，不難看出它們在促進生存方面的作用。噪音、陌生感、快速接近、孤獨以及黑暗——這些情況在統計學上都與風險增加有關。噪音可能暗示著一場自然災害——火災、洪水或者土石流。對於幼小的動物來說，捕食者是陌生的、會快速接近，有時會發出很大的聲響，並且通常會在晚上進行襲擊，加上如果潛在受害者是獨自一個時，攻擊更容易發生。正是因為這些條件與風險增加有關，因此，這些條件都可以作為危險來襲的可能性自然線索，這些線索也正好被動物所利用。而且，從長遠來看，對這些線索的敏感性可以影響動物演化的方式。因為這些行為理論上既可以促進生存，又可以促進種族延續，所以包括人類在內、存活下來的年輕物種，基因決定的傾向使得他們發展出對於潛在危險的回應方式：用退縮行為或者逃跑行為來應對那些噪音、陌生人、突然靠近的某物以及黑暗，他們的反應就好像危險真的存在。相對而言，他們透過尋找同伴來應對孤獨。這些自然的危險線索引起的恐懼反應是人類的基本行為。

在佛洛伊德後期的一些著作中，對演化並非完全不感興趣，他把玩著一些「恐懼症」（phobias）的概念，他發現恐懼症如此令人費解，也許存在生物學功能：「……對於小動物、雷聲等等恐懼，也許正是人類應對真實危險的先天準備，並且人類身上正在退化，然而這一點在其他動物身上發展良好。」然而，他很快便打消了這種可能，並且重新概括了自己的觀點：「在人類中，只有一小部分人類古老的遺產能夠適合那些涉及失去某個重要客體的情況。」（SE 20: 168）；正如我們已經看到的，即使是佛洛伊德以非演化的方式解釋的那一小部分，也可以成為該個體免於暴露在過度刺激之下的保障。

當然，這裡提出的理論將古老遺產置於重要位置。用恐懼來回應這些日常情況——有陌生人或者動物、快速靠近的物體、黑暗、很大的噪

音、孤獨等——被認為是發展歷程中基因所決定的結果。事實上，這些反應是「準備面對真正的危險」。而且，這些反應不僅發生在動物身上，也存在於人類自身；不僅存在於兒童時期，而且將貫穿整個生命歷程。這樣看來，在生命的任何階段，因為不願意與依附對象分離而產生的恐懼便不再是個不解之謎，相反的，它可以歸類為對危險線索的本能反應，這些自然出現的線索和風險的增加息息相關。

第6章

預知恐懼的行爲模式

「雖然一些動物擁有快速逃離恐懼情境的能力，但是在相同的情況下，一些移動緩慢的動物卻會保持不動，或像刺蝟和毛毛蟲一樣蜷縮起來。但是對於人類來說，當這個恐懼迫在眉睫，並且尚未使個體喪失思考各種可能的後果以及做出判斷的能力時，他們也許會選擇快速逃離，也許會選擇隱藏自己，又或許會選擇其他方式。」

——亞歷山大·尚德（Alexander Shand）[325]

從實證主義來研究恐懼與焦慮

本章和接下來一章討論的主題是：如果要理解那些引起人類恐懼和焦慮的情緒，或是讓人類感到安全的刺激條件，就必須拋開有關恐懼先入為主的「現實的」、「合理的」、「適當的」等觀念。相反的，我們必須做實證的研究，去檢驗那些已知的現實條件中所引起的個體恐懼和焦慮，或者正好相反，所引發的個體安全感（這些感覺的主體是孩子、女性和男性）。只有當我們能夠記錄並理解喚起人類恐懼情緒的自然條件，才能夠重新反思強烈而持久的恐懼和焦慮，這些恐懼和焦慮的本質和來源影響著我們的病人，並被診斷為精神官能症。

當我們不斷努力嘗試各種方法區分焦慮與恐懼時，運用的術語是個大哉問。因為必須使用一致的術語討論。在下文中，我們簡單介紹本書

所採用的一些特定術語用法。然而，有關這個主題更為詳細的討論，將放到本書第12章。在此之前，我們先呈現實證及研究的理論意義。

在日常實踐中，「恐懼」一詞以更廣泛、普遍的方式被使用。就像每一個表達情緒的詞，「恐懼」既代表著我們預測個體會如何感受，也表達著我們預測他可能會如何反應（見《依戀理論三部曲1：依附》第7章）。迄今為止人們不太關注恐懼行為，而這也正是本書開始關注與研究恐懼行為的原因。

恐懼的各種行為

讓我們檢視一下能預知恐懼的各種行為。它們包括行為的最初形式，比如姿勢、表情以及起初的動作，這些能夠引導我們推斷一個人或者一隻動物是否感到害怕。不那麼細微且更活躍的行為方式常常緊隨其後，但是並非總會出現。

無論是在日常生活中還是在系統的田野觀察中，生物都存在大量、不同、聚集呈現的行為表現形式，且都能夠預知恐懼。這些行為表現包括警惕觀察，同時伴有行動抑制；受到驚嚇的表情，可能伴隨著顫抖或者哭泣、畏縮、躲藏、逃跑；尋求與某人或某物的緊密聯繫，甚至有可能會抱住他。當我們思考為什麼這些不同的行為表現可以被放在一起觀察時，我們發現以下四個理由：

【理由1】許多行為往往都是同時或者相繼發生的，雖然不是所有行為都這樣。

【理由2】通常能夠引起一種行為表現的事件，也能夠引起另一種行為表現（儘管並不是所有生物都這樣）。

【理由3】這些行為中，大多都有明顯而共同的生物功能，即保護身體。

【理由4】當問起人們的感覺時，通常有這些行為表現的個體會描述自己感到擔心、焦慮或者驚恐。

雖然上述都是很好的理由，但是當我們真正把這些不同的行為表現放在一起時，仍然有風險。特別是，引起一種恐懼行為的條件，可能在一些情況下與引起另一種恐懼行為的條件不同。對一種形式的恐懼行為的自主反應，也可能與另一種恐懼行為的自主反應不同。在動物身上，這些行為的差異已經受到實驗證實。海因德[162]討論了霍根（Jerry A. Hogan）的研究後表示，至少在年幼的動物中，不同類型外部刺激所引起的行為分離系統，不僅會導致凍結或者退化行為，還可能相互抑制。有關這個問題進一步，要特別強調實證證據，我們將在第8章中討論。

當前爭論的基石中，在正常情況下，預知恐懼這個單一的行為時，通常可以發現至少三種不同類型並可預測的行為結果：（a）靜止不動；（b）增加與某個對象的距離；（c）親近另一個對象。最後兩個彼此相反的行為結果特別重要。這是因為，一方面，個體決定與之增加距離的個體或物體，通常被認為是具有威脅性的人或物；另一方面，個體決定與之增加親近度的個體或物體，通常是個體認為可能會提供保護的人或物。當然，這兩種類型並非每一次都會出現，但是經常同時出現，我們也自然而然的將它們聯繫在一起。當我們用水沖洗一隻兔子時，會預料到牠不僅會從我們手上逃跑，還可能會跑去尋求庇護。當我們看到一個孩子害怕一隻狂吠的狗時，不僅能預期他會躲避這隻狗，還會預期他會退回父母身邊、尋求保護。

現在看來，對於預知恐懼的行為，雖然是一個簡單的名稱，但不同的行為方式會導致相異的可預測結果，這一點很重要。然而，它也很容易混淆。這個詞經常會迷惑心理學家，例如麥獨孤（Willam McDougall）[233]及其他心理學家假設「存在一個簡單、無所不包的恐懼本能」。我們

提出的是另一種理論，更傾向於根據觀察資料所得出的結論，我們探討的不是簡單而廣泛的行為形式，而是一些彼此相關行為的多樣性組合，每一種行為都由差異微小的源起條件引起，每一種行為都會導致不同的結果。

從這個意義上來說，在《依戀理論三部曲1：依附》的第二部分所描述的每一種行為都可以被認為是本能行為的一個例子。

為了梳理這些不同形式的行為，我們首先要研究依附行為與恐懼行為如何彼此聯繫。

探討退縮行為與依附行為

我們已經注意到，我們比較熟悉上述三種可預測的行為之一的結果。這三種可預測的行為結果，通常被稱為「預測恐懼的指標」。個體縮短與認為可以提供保護的人或物的距離就是依附行為。因此，單從這個角度來看，依附行為其實是恐懼行為多樣性組合的一部分。

很明顯，為了避免混淆，恐懼行為中能夠被清晰定義的成分也需要其特定名稱。對於傾向增加與可能產生威脅的人或物之間距離的行為，通常用「退縮」、「逃跑」、「迴避」等詞。另一個主要部分，也就是靜止不動的行為，通常用「凍結」（Freezing）來表示。因為很少有研究涉及人類凍結行為，所以大部分討論都集中在依附行為與退縮行為之間的關係上。

當然，在討論中，我們發現依附與退縮行為經常同時出現。這一點我們在《依戀理論三部曲1：依附》中討論過，因為兩者具有同樣的「保護功能」。而且也正因為這一點，它們都有相同的促發條件。當它們一起出現並共同發生作用時，這兩種行為通常彼此兼容——通常這兩個行為合併在一個單一動作，既逃離一個區域又靠近另一個區域。因

此，這兩種行為如此頻繁的成對出現，我們必須一視同仁看待這兩個行為——都是恐懼行為的一部分。

然而，儘管依附行為與退縮行為有著如此多的共同點，我們仍有充分理由將它們區分開來。其中一個原因在於，它們有著許多共同但有所差異的引發條件。比如，疲勞和疾病能夠促發依附行為，以及喚起恐懼的情境也可以促發依附行為。另外一個原因是，當這兩種行為同時出現時，儘管大多數的時候彼此兼容，但是有時候也並不兼容，甚至容易產生衝突，比如，能夠同時引起退縮行為與依附行為的刺激條件，剛好位於個體與依附對象之間。一個最常見的例子就是：當一條狂吠的狗剛好在幼兒與母親之間時，幼兒的依附行為與退縮行為便會產生衝突。

在上述的衝突條件下，受到驚嚇的個體至少會有四種行為表現方式，採取哪種方式取決於退縮行為與依附行為哪個更優先，以及它們是否平衡。達到平衡的一個例子如下：受到驚嚇的個體保持靜止不動的狀態，或者繞到依附對象的身邊，並且避開任何可能傷害他的事物。優先採取兩者之一的例子如下：受到驚嚇的個體稍微直接接近依附對象，儘管這樣做使得他不得不進一步接近有威脅的物體；或者他會逃離有威脅的物體，即使這樣做可能會增加他與依附對象的距離。

儘管已經有大量關於「趨避衝突」（approach/avoidance conflict）的文獻，但是至今還沒有任何實驗能夠明確指出在面對衝突條件時，不同年齡、種族等不同條件的生物，更青睞哪一種解決方案。然而，假設個體通常會選擇退縮行為而不是採取依附行為顯然是錯誤的。大量的日常經驗證明，許多物種的幼崽更青睞依附行為而非退縮行為。舉一個例子來說，在一條嘈雜的公路上，當一輛小汽車經過時，小羊的行為表現即是如此：牠與母親分別在馬路的兩面，並且被疾馳而來的小汽車嚇到，而小羊通常會從小汽車前面衝到馬路對面到母親身邊。人類幼兒通常也會這麼做。

災難發生期間和之後，研究人類行為會發現有無數真實生動的例子：家庭成員只有在所有人都聚集到一起時才會滿足，且事實上他們無法再關注其他事情。這些研究也證明，**熟悉之人的存在能夠帶來重大的安慰，在災難發生之後的幾週裡，人們遵循的行為準則都是與依附對象保持緊密聯繫**。上述例子讓我們一次又一次看到生物對依附行為的選擇要優先於退縮行為。而這些研究的結果，也會在第10章後半部分討論。

有一種特殊但是並不罕見的依附與退縮行為相互衝突的情況，即依附對象同時也是能夠引起恐懼的對象（可能是由於威脅或暴力）。在這些情況下，年輕的生物，無論是人類還是非人類生物，可能更傾向靠近有威脅或者有敵意的對象，而不是逃離。這種傾向也許在恐懼症個案身上很常見，他們無法離開家通常是反應了父母的威脅（參見《依戀理論三部曲1：依附》第18、19章）。

這個分析表現出，依附行為與退縮行為是兩種不同的行為系統，然而（a）它們具有相同的功能；（b）這兩種行為具有相同的促發條件；（c）它們通常能夠彼此兼容；（d）但是它們很容易產生衝突，在衝突情況下，個體會考慮優先選擇其中之一。

恐懼與攻擊行為之間的關聯

如果環境稍微有一點改變，引起人類恐懼行為的刺激條件也有可能引起攻擊行為。這兩種截然不同的行為存在著緊密聯繫，有關動物的研究結果我們將在第8章進行討論，而有關人類的研究結果將在第17章討論。

感到恐懼及其變項──感到警覺與感受焦慮

依附行為與退縮行為無論是否彼此兼容或者相互衝突，通常都由一

些相同的刺激條件所引起，且通常發揮著同樣的功能——保護該生物。因此至少在一些情況下，這兩種行為必然伴隨著相似的主觀體驗。當面對讓我們想要退縮或者逃離的刺激條件時，我們很可能這樣描述自己的感覺：恐懼、害怕、擔心、焦慮。同樣的，當我們的依附行為被同一種刺激條件喚起，但是由於一些原因我們無法找到或者無法接近依附對象時，我們也傾向於用類似的詞彙來描述。例如，我們也許會說：「我害怕你會離開。」或者：「當我找不到你時，我會感到害怕。」再或者會說：「你不在那麼久的時間，這讓我感到很焦慮。」

這種矛盾的語言用法既具有啟發性，也容易混淆。一方面，它有力的證明退縮行為與依附行為可能有一些基本的共同特徵；另一方面，我們很容易由於用詞方面沒有區別，一旦兩者都被提及而真的覺得它們之間沒有區別。此外，正是由於這些矛盾的用法，使得我們很難使用特定的意義與特定的詞彙溝通。

我們先前已經強調，儘管佛洛伊德日益重視分離焦慮在精神官能症中的關鍵作用，但是有些學者還是非常不願採納這個觀點。部分原因是受到他早期理論的影響，還有一部分原因是，佛洛伊德及其後繼者難以理解分離何以存在以及分離為何會引起恐懼和焦慮。這個存在已久的困擾，在萊克勞福有關焦慮的書中有很好的闡述[299]，當中也評述了更深層次的爭論。

簡單參考本書第3、4章所列出的實證資料之後，萊克勞福指出：

「我從觀察這些動物幼崽和人類嬰兒產生了這樣的想法：所有的焦慮——或者至少是所有的精神官能症焦慮——都是在迫不得已的情況下所產生的分離焦慮，是對從一個具有保護作用、父母般的客體身邊分離的反應，而不是對一種不確定危險的反應。然而，也有人反對這個觀點。首先，有一點不合邏輯的是認為引起焦慮的原因是失去一個熟悉而具有

保護作用的客體，而不是因為存在一個陌生並具有威脅性的刺激條件。這麼做就好像是……把生了凍瘡這件事歸因於穿得不夠多，而不是由於暴露在嚴寒之中。」

　　萊克勞福的歸因方式並沒有不合邏輯。產生凍瘡的原因既包括嚴寒，也包括穿得太少。因此，將生凍瘡歸因於哪個原因都是合理的❶。

　　由於我們的目的是為了說明這兩種條件對安全感同樣重要，引入另外一個類比也許更為貼切。在作戰中，士兵的安全感不僅取決於他是否能夠保護自己免於遭受直接攻擊，也取決於是否能夠與基地保持通訊暢通。任何軍隊的指揮官如果只重視前線主力部隊，而不重視基地和通訊線路，那麼他們很快就會戰敗。因此，這裡提出的觀點是，當與安全基地的通信線路中斷時，帶給士兵的恐懼自然要多過在士兵面前早已得到了警告，並根據指導後退的具體危機。

　　儘管軍事的比喻有說服力，但還需要詳述與充實其內容。通常指揮前線軍事力量的總司令同時也指揮基地；因此對於基地和通訊線路的威脅都來自敵人。讓我們假設另一種情況，指揮前線武裝力量的司令官並不負責指揮基地，相反的由另一個同級別或者更高級別的司令員來負責。在這種情況下，負責前線武裝力量的司令員會有兩種焦慮，一種是對可能來襲的敵人的焦慮，另一種是對可能被基地戰友背叛的焦慮。只有這兩個司令員完全信任彼此，戰役才能順利進行。

　　這也提示我們，上述情況也存在於個體與依附對象之間。**每一方都**

---

❶　萊克勞福提供了另外兩個論據來證實自己的觀點。其中一個是「動物幼崽和人類嬰兒在落單時並不一定會變得焦慮。除非存在一些令人感到不安的因素，他們一般會保持冷靜和自得」。這個論據有實證資料，我們會在本書第12章討論。另一個是「將動物幼崽和人類嬰兒同時暴露在壓力與隔離環境中，是一種不自然的人為現象」。事實上並非如此，有大量證據證明，在自然條件下，人類嬰兒和動物幼崽有可能同時面對壓力情境和隔離情境，即使情況少見，但依然存在，例如在古德對黑猩猩幼崽的觀察中就出現過這些情況，詳細描述參見第4章。

是天生獨立的個體。只有基於對彼此最基本的信任，事情才能夠順利進行。而依附對象背叛的任何可能，都會為個體帶來急性焦慮。如果他同時經歷另一個來源的恐慌，那麼很明顯，他感受到的恐懼很有可能是最強烈的。

在臨床工作中，我們不僅要關注來自後面的威脅，也要關注來自前面的威脅。在本書第三部分中提供的實證資料表示，個案的急性焦慮與慢性焦慮經常源自和基地的聯繫中斷，以及當其他危險同時出現。事實上，精神分析的某些傳統有著獨特的價值，它們關注客體關係並把關注的焦點放在士兵與基地之間的聯繫。

在此，有必要強調的是，在一個很重要的點上，我們不能用軍事例子來類比。司令員更關心真實的危險，動物、幼兒、很多成年人一定程度上也是如此，但是他們往往是將一些簡單的刺激條件作為「自然線索」（natural clues）做出反應，這些線索可能預知風險增加或者預知潛在安全，而這些線索大概與現實危險或現實安全有關。這個被大大忽視的事實，已經在上一章最後一部分討論，並且在第8章、第9章和第10章中有系統性討論。

恐懼行為與感受到害怕時的術語使用

事實上，在日常生活中我們用同樣的詞語描述下述事實：我們因為被攻擊而感到恐慌，以及我們的基地受到威脅。描述在這兩種情況中的感覺時，往往運用相同的詞彙。這證明，在這兩種情況下的感受可能是相似的。然而，還有一種可能是這兩種情況下的情緒體驗也許並不完全相同。也因為如此，我們需要用不同的詞彙描述不同的情況。

在早期的文獻[49 & 51]以及《依戀理論三部曲1：依附》（第15章結尾）中提過，現在與佛洛伊德晚期著作中的詞語用法沒有什麼不同。我們在描述想要退縮或者逃離某種情境時的感受時，用「受驚嚇的」（alarmed）

可能會比較合適，而在描述一種我們想要尋找某個依附對象但是找不到他／她或者無法接近他／她時的感受，用「緊張的」（anxious）這個詞可能更合適。這些單詞的語源學依據和精神分析傳統支持這種用法。論據可參見本書附錄3。

因此在已經採用的術語中，恐懼行為和感到害怕被用作通用術語，這些術語包含了所有形式的行為，以及人類各種感受的陰暗部分。如果應用時需要更具區別性的詞語，通常會用到凍結、迴避或者逃避行為這些術語；當感到焦慮時，會用到「依附行為」這個術語。當然還有不罕見的情況是，一個人無法成功從一種情境中逃走，同時又想接近另一種情境。在這種情況下用以描述他的術語應該是「既感到恐慌又有著焦慮」。

第 7 章

喚起人類恐懼感的情境

「……某些所謂的超自然力量,當與真實情況聯繫時,會讓人產生一種特殊的恐怖感。這種恐怖感也許可以被解釋為幾種簡單恐怖感的結合。必須將很多常見的可怕元素組合起來,才能將恐怖發展到最大的程度,比如孤獨、黑暗、詭異的聲音,尤其是憂鬱的性格,時隱時現的移動形象……以及讓人預期會造成眩暈、困惑。最後一個元素與人的智能是至關重要的。」

——威廉姆・詹姆斯（Williams James）[170]

難以研究的領域——兒童的恐懼

已經有證據證明（本書第3章和第4章）,當小生命（人類或者其他物種）離開自己所依附的人物並且和陌生人在一起時,會感到痛苦和焦慮。我們知道,在這種情況下,個體的行為指向重新獲得熟悉人物的情況,至少和逃離陌生人與陌生情境的情況一樣頻繁。在之前的章節中,我們主要關注單一變項的影響,比如母親的出現或離開;因此我們只注意了一半的問題,而至今為止都忽略了另一半。現在,我們該來看看這一半,也是我們更熟悉、其他可能引發一種或其他形式恐懼行為的本質。

研究者不僅會將恐懼行為分為不同的類型,而且如你所知,也會歸

類引發恐懼行為的情境和事件，包括獨自一人被丟下、突然出現的噪音或移動的物體、陌生的物體、人或動物快速趨近、黑暗以及我們知道會造成疼痛的任何東西。這只是一個混雜的清單，不僅雜亂，而且各個情境或事件所能夠引發恐懼的程度也非常不確定——有的人害怕而有的人不怕，有的人今天害怕而明天不怕了，或者正好相反。

所有容易引發恐懼的具體情境，一定有其附加的潛在因素，這些潛在的情境是個體可能預知為不愉快的或危險的，包括我們所說的「假想的恐懼」。

由此產生的局面令人困惑，為了理解這些現象，研究者提出了很多理論假設，有的是基於經驗，有的是基於推測，有的可以被驗證而有的不行。其中一個極端的理論是華生（John B. Watson）的「簡化理論」（simplistic theory），他提出：「所有能夠引發恐懼感的刺激情境，都可以追溯為對兩種基礎刺激情境的原始恐懼，一種是巨大的聲響，另一種則是失去支持。」另一個類型的理論由佛洛伊德首先提出，之後由其追隨者發展完善，該理論將人類在外部世界體驗到恐懼的情境視為反映了內心世界所遭遇的危險情境。

但是我們不必如此大費周章，只需要列出對人類和動物研究的實證證據，不僅可以清楚看到引發恐懼的情境所具有的特點，同時，也不難看出物種的恐懼反應如何幫助他們生存。一個非常重要的發現是，當只呈現一種引發恐懼的情境時，個體只會出現微弱的恐懼反應，但是同時呈現兩種或以上的情境刺激時，恐懼反應的強度則大大增加。另一個與之相關的發現是，依附對象在場或缺席，或者其他人的陪伴，也會對個體恐懼反應的強度起重要影響。只有當這兩個發現都被考慮在內時，才能充分理解引發個體強烈恐懼感的條件。

在本章中，我們解釋了引發人類恐懼的一般性情境，下一章將解釋能夠引發動物恐懼的普遍情境。每一章前面的部分會討論能夠引發恐懼

行為的刺激情境，後面的部分則關注個體同時面臨兩種或多種可能引發恐懼的情境（比如獨自一人且同時面對可怕的事物）時，所表現出更加劇烈的恐懼反應。

令人驚訝的是，恐懼在人類生命與精神疾病中的意義重大，但嘗試系統研究普遍引起人類恐懼情境的研究者居然如此之少。近年來，實證研究開始關注兒童1歲之前會感到恐懼的情境，這是該研究領域的起始。在1歲之前的階段，實驗研究不會太困難，因為兒童的運動能力和認知發展都有其限制。然而，一旦兒童過了這個階段，實驗研究就變得困難了。極少有第一手研究被報導出來，取而代之的是，研究者傾向依賴母親在訪談中對孩子恐懼反應與恐懼情境的描述。這些描述雖然有一定價值，但是也有著自身的限制。

來自母親報告的不足之處

母親既不是專業觀察者，也難以保證其中立態度。所以研究者很難從母親的描述來研究引起恐懼的情境。首先，我們需要明確知道哪些行為可以代表個體感到恐懼，而哪些行為不能。其次，恐懼反應的出現與否既被環境也被兒童發展階段所影響。很明顯的是，如果沒有描述這些細節，我們幾乎無法合理解釋觀察到的結果。

除了描述困難，沒有任何一個媽媽會是客觀中立的，甚至會有嚴重的觀察偏差。媽媽可能誇大或者低估孩子恐懼反應的強度，也可能忽視或者虛報引發孩子恐懼的情境。出於這些原因，媽媽對孩子恐懼感的知覺，很可能只是自己的一廂情願。另一個困難是，媽媽可能不是真正了解孩子是否感到恐懼。

勒普斯（Rema Lapouse）和孟克（Mary A. Monk）[216]曾經分別獨立研究了母親和孩子，其結果發現兩者的敘述有顯著差異。受試者是一百九十三名8～12歲的兒童，研究者單獨訪談了他們所恐懼的情境，同時也

單獨問他們的母親同樣的問題。對於特定情境，孩子和母親提出孩子會感到恐懼的比率差異，最小差距7%，最多則差59%。當母親和孩子的敘述不同時，多數情況是孩子說自己害怕某個情境，而母親並未覺察到孩子的恐懼。值得注意的是，在以下情境中，母親低估了孩子的恐懼感：害怕迷路或被綁架；對陌生人的恐懼；對災難的恐懼（如火災、戰爭、洪水和謀殺）；害怕家庭成員生病、遭遇意外或死亡；恐懼自己會生病❶。在以上情境中，42%～57%的家庭，母親會漏報孩子的恐懼感。相反的，在這些情境下，只有不到10%的家庭，母親虛報孩子的恐懼感。

由於以上種種原因，我們應該謹慎對待母親提供的資料。雖然她們敘述可能引起孩子恐懼感的情境類型是有用的，但是在特定情境下，在特定樣本的孩子之中，產生恐懼反應的比率未必可靠。所以，接下來，我們主要使用直接觀察兒童或者訪談所得到的資料結果。

精神分析學派和個體生態學的研究者都相信，理解某種行為的關鍵在「進行發展性研究」對人類的恐懼行為研究是非常必要的，因此我們從嬰兒的恐懼開始談起。

出生後第一年，哪些情境會喚起孩子的恐懼

在生命之初，我們所感興趣的嬰兒反應只不過是驚嚇、哭泣和「無目的活動的綜合體」。嬰兒的這些反應是否可以用「恐懼」（fear）來描述，似乎是個好問題。出生後前三個月，嬰兒的知覺辨別能力和組織運動能力都還有限制，布朗森（Gordon Bronson）認為[61]，也許用「沮喪」

---

❶　在本研究中，受試者報告對生病的恐懼（包括家人與自己）高於對其他事件的恐懼，可能源於樣本來源的特殊性。這個研究的受試者來自兩家醫院若干門診以及幾個兒科醫生的辦公室。

（distress）來形容更恰當。之後，在4～6個月大時，知覺能力得以發展，布朗森認為[62]，可以用「小心翼翼」（wary）來形容嬰兒的狀態。

一直到半歲到1歲時，嬰兒的知覺更有辨別度，反應也更恰當的組織起來，「恐懼」這個術語才更合適。嬰兒或多或少會傾向遠離一些事物而趨近另外一些。另外，不到1歲的嬰兒，就可以學會根據他所知覺到的簡單線索，來預測即將發生且令人不愉快的事情。更特別的是，在兩歲及之後，嬰兒預測不愉快事件且採取相應預防措施的能力顯著提升。

早期情境和反應

布朗森回顧了之前的研究[61]，發現在嬰兒生命初期能夠引發其痛苦反應的情境類型。

在最初，不適、疼痛和突然的尖銳的聲音，會使嬰兒感到不安，可能會導致哭泣、肌肉緊張和無目的活動。但是，嬰兒被輕輕搖晃拍打並且進行無營養性吮吸時，會安靜下來（見《依戀理論三部曲1：依附》第14章）。儘管我們通常認為在最初幾個月裡，視覺只在引發恐懼方面扮演微小的角色，但是近期研究[42]顯示，嬰兒在出生幾週後，就會在看到有客體接近時出現退縮和哭泣反應。同時，從4個月大開始，嬰兒能夠區分陌生的東西和熟悉的東西，並小心面對任何不熟悉的東西。然後，大約7個月大時，少數嬰兒會在看到陌生人時表現出明顯的恐懼反應，多數嬰兒會在9～10個月大時開始認生。《依戀理論三部曲1：依附》第15章，有關於這個反應的更多討論。美國的布朗森、斯卡（Sandra W. Scarr）、薩拉彼得（Philip Salapatek）和英國的謝弗，正嘗試進一步探索這個恐懼反應的來源。雖然已經考慮到不同的實驗情境和不同的問卷計分方式，但是研究結果仍然非常一致。

嬰兒「恐懼陌生人」的分化反應

採用影片記錄和反應敏感性測量方法，布朗森研究了三十二個嬰兒（3～9個月大之間）在熟悉的家庭環境中，對陌生人做出的反應[62]。他還報告，通常在嬰兒4個月大的時候，多數嬰兒會偶爾用哭泣、嗚咽或者皺眉來回應陌生人，這些警覺反應出現時，還會伴隨嬰兒面對陌生人時，原先臉上無區別的微笑會消失。然而，4～5個月大的時候，嬰兒用視覺辨別陌生人，仍然是緩慢而不穩定的。這個階段的嬰兒可能會花很多時間去凝視附近的陌生人，並且遲遲不做出回應，有時候嬰兒對陌生人的反應可能是先微笑，然後又皺眉。嬰兒是否出現警覺反應，取決於以下幾個變項：陌生人的外表特點、陌生人的接近程度，以及他靠近嬰兒的方式，而相較於6個月大以後（詳見下文），嬰兒在6個月大之前是否被母親抱著或是能看見母親對他面對陌生人的反應，對恐懼反應幾乎沒有影響。另外，在這個階段，所有嬰兒的反應都是不穩定的。

當嬰兒超過6個月大後，對陌生人的反應會更加分化，同時也會變得可以預測。首先，嬰兒會表現出更清楚的厭惡感，所以「恐懼」這個術語會更貼切；其次，嬰兒在知覺上識別陌生人，也沒那麼困難了。即使如此，正如謝弗所指出[306]，嬰兒第一次表現出對陌生人的恐懼感，應該是在母親在場的情境之中，嬰兒會來來回回打量母親和陌生人並比較人的形象。自此之後，嬰兒才能直接在母親不在場的情況下，憑藉記憶區分熟人和陌生人。

當嬰兒快要1歲時，我們更能預測他的反應，而且孩子可能會對某個特定的人或者特定性別的人表現出憂慮不安的狀況。

在《依戀理論三部曲1：依附》所強調的一個重點是：任何嬰兒在不同情況下對陌生人的恐懼程度有相當大的差異。陌生人距離嬰兒多遠、是否正在靠近、是否觸摸嬰兒等，這些變項都是非常重要，孩子和母親的距離也是一個重要的影響因素。在這一章接下來的內容以及之後

的內容中，我們將會討論這些變項對於理解恐懼感的重要性。

「對陌生人的恐懼」反應發展

在嬰兒能夠表現出恐懼陌生人的同時，也會開始表現對於全新或奇異的情境與對陌生的物品的害怕。例如，梅里（R. Meili）的一個長期研究發現[247]，很多嬰兒在10個月大的時候開始害怕打開有玩偶跳出來的玩偶匣。斯卡和薩拉彼得[304]一項關於5～8個月嬰兒恐懼反應的橫斷性研究，支持了這個結論。超過三分之一的9～14個月大的嬰兒，還會害怕玩偶匣或者機器狗，在年齡更小或者更大的嬰兒中，比較少會被這些情境引發恐懼反應。

謝弗調查了幼兒對陌生物體反應的發展。在一系列的實驗中，謝弗和帕里（Meyer Parry）發現[308 & 309]，儘管6個月大的嬰兒已經能夠分辨熟悉和不熟悉物體，但是靠近兩種物體時的反應毫無區別。然而，從8個月大開始，嬰兒開始表現出明顯的區別，嬰兒會很自信的靠近熟悉的物體，而謹慎對待不熟悉的物體。在實驗中，有些嬰兒只是看著那些不熟悉的物體，另一些表現出了凍結反應，還有一部分顯得很痛苦並且退縮。而等到嬰兒熟悉物品之後，就會開始觸碰它，但是也僅僅是簡單、試探性的觸摸。

謝弗提出了一個有趣的現象[306]，12個月大的嬰兒習慣在遇到不確定的事物尋找母親，而6個月大的嬰兒卻不會。對6個月大和12個月大的兩組嬰兒呈現一系列刺激，而母親就坐在他們身後且被要求除非孩子有痛苦表現，否則什麼都不要說也不要做。小嬰兒很快會被眼前的物體吸引，不在意身後的母親，而稍大一點的嬰兒則會時不時將視線從物體移到媽媽身上再移回來，顯然他可以在沒有接收到母親訊息的情況下記住母親存在。所以，嬰兒在12個月之前就能夠做出有組織的恐懼反應，典型行為是遠離某類事物而轉向另一類事物。嬰兒在6～12個月大之

間發展出「感到害怕時轉向母親，並且因為母親存在而獲得安撫」的能力，我們會在本章最後詳細討論這一點。

在嬰兒 6 ～ 12 個月大之間，引發恐懼的其他情境還包括一系列的視覺線索。這些線索，本質上是兩種常見於野外的危險情況。而這兩種危險是「掉落」與「受到攻擊或物體迅速靠近」。

「視覺懸崖的恐懼」研究

沃克（Richard D. Walk）和吉普森（Eleanor J. Gibson）[362] 描述了 6 ～ 14 個月大的三十六名會爬嬰兒在「視覺懸崖」實驗中的表現。視覺懸崖裝置是這樣的：一張桌子的頂部覆蓋著一塊透明的厚玻璃。桌子的一半（淺灘）是紅白格子圖案組成的結實桌面，另一半（深淵）也是同樣的圖案，但是為桌面下方的地板。在淺灘邊緣，圖案垂直降到地面，雖然從上面看是直直落到地板上，但是實際上玻璃貫穿整個桌面。在淺灘和深淵的中間是一塊中間板。嬰兒被放在視覺懸崖的中間板上，先讓母親分別在深淵那側和淺灘那側呼喚孩子，讓孩子爬過玻璃覆蓋的桌子，最後到達媽媽的位置。因為媽媽會在不同的兩側呼喚孩子，所以我們很容易看出嬰兒是否害怕穿越「視覺懸崖」。

三十六個嬰兒中，只有三個穿越了視覺懸崖來到母親身邊，這三個嬰兒都是男孩。其他孩子都拒絕穿越，有一些哭泣，有一些退後、躲開了視覺懸崖，而有一些則透過玻璃看著深淵並拍打玻璃。當母親在淺灘一側呼喚孩子時，幾乎所有嬰兒都迅速爬到母親身邊。所以，大多數嬰兒對淺灘和深淵的區分非常明顯。

斯卡和薩拉彼得[304] 重複了這個實驗，發現嬰兒年齡越大，越傾向拒絕穿越視覺懸崖。有一半 7 ～ 11 個月大的嬰兒願意穿越視覺懸崖去找媽媽，而 13 個月大以上的嬰兒全都拒絕穿越。

沃克和吉普森測試了很多幼小動物在視覺懸崖上的反應也得到了相

似的結論。和人類一樣，即使沒有掉落體驗，小動物恐懼所知覺到的深度線索會在生命早期就獲得發展。嬰兒會透過「運動透視」的線索，以前景和背景的差異移動形成迴避的反應。相較於最初就對深淵表現出迴避行為的小羊，人類嬰兒區別淺灘和深淵的反應更不明顯，動作也更加笨拙。然而，除了極少數嬰兒，幾乎所有嬰兒都會避開穿越視覺懸崖。

參與情境的恐懼——迅速靠近的物體

另一個能夠在人類生命早期就引發自然恐懼反應的刺激情境是——快速放大的視覺刺激，成年人會將其解釋為「迅速靠近的物體」。

多年前，瓦倫丁（Craig W. Valentine）就指出[358]，物體靠近會讓嬰兒感到害怕。他報告：「14個月大的小女孩會害怕向她靠近的泰迪熊，但卻會對靜止的泰迪熊獻出親吻。」

近期，鮑爾（T. G. R. Bower）等人[42]發現，嬰兒在兩週大的時候就會對趨近的物體表現防衛反應（具體表現為他們會戒備的採取挺直或者接近挺直的姿勢）。針對四十多名嬰兒的研究表示，每當柔軟的物體（邊長20公分的立方體泡棉）靠近嬰兒至距離嬰兒臉旁20公分但沒有碰到他時，嬰兒會向後轉頭，把手擋在物體和臉之間，並大聲哭喊。物體離得越近，嬰兒哭得越大聲。之後的實驗則證明，當刺激僅僅是在屏幕上迅速放大的陰影時，嬰兒會做出類似的反應，但是沒有那麼強烈。相比之下，當物體逐漸遠離時嬰兒不會有任何反應。我們會在下一章提到這和恆河猴幼崽的反應非常相似。

過去很可能低估了趨近物體引發恐懼的狀況，而且在一些探究嬰兒對陌生人與新奇物品反應的實驗中，陌生人和陌生物品靠近影響嬰兒恐懼反應比實驗者之前所預估的更重要。

「黑暗」是和逐漸出現以及趨近有關的一個刺激條件。在出生後一年當中，嬰兒還沒明顯表現出怕黑的狀況，而當嬰兒大一點之後，怕黑

是非常常見的。10個月大的嬰兒更可能離開媽媽去探索一個明亮的房間而不是一個昏暗的房間[282]。

恐懼自己所預期的情況

在嬰兒1歲末時能夠觀察到但之前無法觀察到的另一個引發恐懼的情境是——嬰兒會透過線索預知到他將要面臨不愉快的情境。利維[224]描述了不同年齡的嬰兒面對要幫他打針的醫生時所做出的預期反應，醫生在幾週前幫他們打過針。不滿11個月大的嬰兒，只有一小部分出現恐懼反應；11～12個月大的嬰兒中，有四分之一表現出恐懼。這些案例顯示，嬰兒很可能從過去經驗學到了一些事情。

在1歲末的時候，嬰兒已經能夠知覺到一些可能預知潛在危險的自然線索，並且有組織的迴避。此外，嬰兒也學會了很多關於自己所知覺到的世界的知識。對於熟悉和陌生的，對於愉快和不愉快的，嬰兒已經開始表現出區別行為——靠近其中之一而遠離另一個。

兩歲以後，喚起恐懼的情境

早前研究資料

本章已經提及，只有極少數的研究者嘗試系統研究普遍能引起人類恐懼的情境。十幾年來極有限的資料已經發表來自關於兒童發展的長期性研究。例如，麥克法蘭（Jean W. Macfarlane）等人[234]在加州對大約一百名兒童的研究，以及紐森夫婦（John and Elizabeth Newson）[264]對英國某城市社區裡七百名兒童及其家長所做的調查。然而，沒有一項研究重視引發恐懼反應的情境類型，也沒有說明資料來自研究者直接觀察或訪談兒童。資料來源的限制同樣也影響了勒普斯和孟克[216]在紐約對五百名兒童

所做的橫斷研究❷。所有研究項目的訊息只來自母親的報告。

由於缺乏近期的調查資料，我們必須將目光轉向研究兒童早期發展的結果。

大約40年前，美國心理學家傑西德（A. T. Jersild）開始進行一系列的研究，嘗試描述兒童表現出恐懼的不同情境，以及在成長過程中，引發恐懼的情境變化❸。在不同的研究中使用了多種的研究法以獲取訊息。四種主要的研究方法是：（a）父母的日常記錄；（b）簡單的實驗；（c）訪談兒童，詢問目前能引起恐懼的情境；（d）對成年人進行問卷調查，讓他們回憶年幼時曾經害怕的情境。每一個研究都針對不同年齡範圍的受試者。儘管有一些不足，這系列的研究仍然顯示最廣泛的嘗試和極大的貢獻。這些研究結果不僅符合我們的經驗，某些論點還得到過去研究（如霍格曼於1932年的研究[141]）的支持並且在近期研究中擴展。

父母紀錄和自然觀察的發現

傑西德的研究目標，是詳細記錄孩子在日常生活中會表現出恐懼的場合和情境。為了達到這個目標，研究者徵集了一百多個孩子，讓家長做好準備詳細記錄孩子在生活中表現出恐懼的情境，並持續記錄21天。研究者還提供表格和指導守則。當孩子在某個情境中表現出恐懼時，家長必須記錄以下狀況：（a）孩子的真實行為（例如：驚嚇、退縮、轉向某個成人、哭泣或發出其他聲音，以及孩子所說的話）；（b）孩子做出以上行為的情境，不只明顯的原因（特定的刺激），而包含完整的設定（地點、時間、孩子當時在做什麼、誰在場）；（c）孩子當時的狀態（健康還是生病、清醒還是疲憊）。

---

❷ 相較於之前提到樣本數量較少的研究，這個研究的樣本更具代表性。
❸ 傑西德的主要研究以專題論文形式出版[178 & 176]。與此研究以及其他研究相關的摘要，全數收錄在《兒童行為與發展》[25]，以及傑西德於1947年提出的研究[175]。

被記錄下來的兒童共有一百三十六名，年齡分布在 12～59 個月大之間（其他年齡層的兒童樣本數量太少，不足以得出確切結論）。樣本的整體社經地位偏高，多數的孩子生活在大城市裡，也有部分生活在郊區、小城鎮或者農村。樣本的年齡分布如下：1～2 歲二十三人，2～3 歲四十五人，3～4 歲四十六人，4～5 歲二十二人。

家長報告中，這個年齡層裡促發孩子恐懼的情境如此之少，讓研究者相當驚訝，而在幼兒園進行、同樣針對孩子的一項觀察研究也有相同發現。在這 3 週裡，兩個低齡組的孩子平均被促發恐懼的情境只有 6 個，也就是說每週有兩個促發恐懼情境。而兩個高齡組的孩子平均被促發恐懼的情境只有 3.5 個，也就是說每週僅超過一個促發恐懼情境。而且，每個年齡層大約都有十分之一的孩子在這 3 週的時間裡沒有任何恐懼表現紀錄。

儘管這些資料表示可能有一些輕微或短暫的恐懼反應沒有被記錄，也有其他證據說明至少一部分 1～2 歲的孩子表現出恐懼反應的情況相當少。例如，堅持記錄自己孩子日常生活的瓦倫丁[358]也訝異他們的恐懼情況那麼少，並且當他看到摔倒並被劃傷的小朋友立刻爬起來繼續走的時候感到驚訝。安德森[12]在倫敦公園觀察了五十二名 12 個月大到 3 歲又兩個月之間的兒童，也提到孩子非常少的恐懼反應。他報告，恐懼是不尋常且短暫的。但值得注意的是，在上述兩項研究和傑西德的研究中，兒童都不是獨自一人被觀察的。而我們不能誇大是否因為有可信任的成年人在場所造成的區別（詳見本章最後一段）。

當我們開始測量哪種情境可以引發恐懼時，我們發現，在兩～5 歲之間，兒童恐懼的情境變化並不大。根據傑西德的研究中母親的日常紀錄，有 6 個情境很突出，至少會讓每個年齡層的大部分孩子偶爾表現出恐懼反應：

【情境1】噪音以及和噪音有關的事件

【情境2】高度

【情境3】陌生的人或者熟悉的人穿著奇怪的服裝

【情境4】陌生的事物或環境

【情境5】動物

【情境6】疼痛以及和疼痛有關的人

　　以上每種情況，都有大約40％的兒童在為期3週的紀錄中表現出恐懼行為。目前為止，隨著年齡增長，滿3歲後出現恐懼的比率減少❹。

　　其他一些情境也可能引起小部分兒童的恐懼反應，比如突然且不如預期的移動，尤其是當一個物體發出噪音並且靠近的時候，或比如明亮的燈光、閃電等。總之，這些情境能夠引起30％ 1歲或者兩歲兒童的恐懼反應，但是在較大的兒童中，只有少於10％兒童會在這些情境中出現恐懼反應。在3週的紀錄中，黑暗，尤其是獨自一人處在黑暗中，引發了10％兒童的恐懼反應（恐懼這個情境沒有出現年齡差異）。每個年齡層都有10％兒童表現出恐懼被單獨留下或被遺棄。只有滿兩歲之後的兒童表現出恐懼想像中的生物，比率大約為6％。這些恐懼的起源和本質將會在第10、11章中詳細介紹。

　　年齡小的兒童和年齡較大的兒童在感到恐懼時的行為表現基本上沒有區別。最常見的表現形式是不同方式的哭泣，從低聲抽泣到號啕尖叫，也包括哭著求助。在每個年齡組，都有三分之一以上關於恐懼的紀錄是母親根據孩子的哭泣來識別。另一種常見的恐懼反應形式是轉向或

---

❹　按照年齡分層後分析六種情境：1歲兒童中，60％表現出恐懼噪音，52％表現出恐懼疼痛或是潛在性疼痛，35％～40％表現出恐懼其他情境，其中一種是對動物的情境。4歲兒童中，23％表現出恐懼噪音，但是有40％以上的兒童表現出恐懼動物，這個比率與1歲兒童組相同。對於其他情境（包括可能的疼痛），只有大約15％兒童表現出恐懼。

者跑向成年人，而部分黏著照顧者。在每個年齡組，有六分之一讓幼兒產生恐懼的情境會引發這樣的行為表現。在這些片段之中也有大概五分之一的迴避行為。孩子在其他情況下的恐懼反應形式還包括：顫抖或跳躍、被嚇到的表情、把頭埋起來，或者僵住不動。偶爾還會有攻擊行為，或者保護其他人的表現。

上述由母親報告的兒童恐懼反應行為列表，最常見的兩種形式應該是哭泣和尋求保護對象，這個發現和安德森[12]的研究結果相似。安德森在倫敦訪談了十八位兩歲兒童的母親。母親向他描述，孩子最常表現出的恐懼行為形式為：尖叫、哭泣、轉向母親、黏著母親。而迴避恐懼對象和退縮，則沒有那麼常見。

然而，當安德森親自觀察另一組類似的兒童樣本和母親在一起時的恐懼行為時，看到了非常不同的恐懼表現形式。在觀察中，引發恐懼的對象包括靠近的動物（八例）、靠近的兒童（三例）和噪音（一例）。在這樣的情境下，兒童會立刻停下正在進行的活動，一邊注視一邊遠離他所恐懼的對象，同時退回到母親身邊，但是並未哭泣。當令他恐懼的對象離開時，兒童又開始前進但是依然會盯著它看。

恐懼反應形式的不同，來自其相異的程度。恐懼程度較深時，哭泣和黏人兩種反應比較常見；而恐懼程度較輕微時，兒童會離開恐懼對象並退回母親身邊。

父母報告以及如同安德森那樣的自然觀察，其中一個限制在於——當父母沒有報告兒童的恐懼反應時，我們無從得知兒童是真的不害怕這個情境，還是媽媽或觀察者沒有辨認出他在那段時間出現恐懼反應。儘管傑西德和福爾摩斯（Frances B. Holmes）的實驗有此限制，但是仍然幫助我們澄清了這個問題。

八種恐懼情境實驗與其發現

很明顯的是，倫理考量大大限制了各式各樣試圖探索引發人類恐懼情境的實驗，特別是針對嬰幼兒的實驗。

這個實驗是針對 2 ～ 6 歲兒童的，因此，傑西德和福爾摩斯採取了很多預防措施。首先，每個孩子都有成人陪同，陪同的成人與兒童接觸的經驗豐富，並且在實驗開始之前已經和孩子建立了友好關係。其次，每一個實驗所安排的情境都是孩子大多不會感到恐懼的。第三，孩子接觸情境的過程都是從容、溫和的。最後，如果兒童在某個階段拒絕繼續進行，實驗就此結束。

實驗共涉及八種引發恐懼的潛在情境。其中四種在第一天呈現，時間長達15分鐘；其中兩種在第二天呈現；另外兩種情境在大約4週後呈現。在兩個誘發恐懼情境之間的幾分鐘，實驗者允許孩子玩玩具。由於每個孩子所接受的情境刺激都以相同的順序出現，很可能前面的情境刺激會影響到孩子在之後情境中的反應，然而我們無法知道具體的影響趨勢。一方面，有可能孩子在這個過程中漸漸習慣，因此較少在後面的情境中表現出害怕；另一方面，隨著實驗進行，孩子可能會越來越敏感而越來越害怕。實驗發現，有較高比率的孩子在後面的情境中表現出更多恐懼，這符合第二種可能性。

研究者之所以選擇這八種情境，是因為早期研究顯示，它們至少能夠引起幼兒一定比率的恐懼反應。細節如下：

情境 1 獨處

實驗者讓孩子坐在桌子前面玩玩具，然後找藉口離開房間（孩子在進行實驗的時候並不熟悉這個房間）。實驗者在屋外停留兩分鐘，在這段期間，一位隱藏的觀察員會記錄孩子的行為。

情境2 位置突然移動或失去支撐

實驗者所使用的實驗裝置類似橋梁，由兩塊板子相連所組成，離地面大約5公分高。第一塊板子有著安穩的支撐，而第二塊板子只有中間被撐起來，孩子踩上去的時候會落到地面上。

情境3 黑暗的走廊

實驗者在和兒童玩球的時候假裝不小心把球丟進一個黑暗的走廊裡，這個走廊18英尺（約5公尺）長，由房間的一個角落進入。孩子被要求去把球撿回來。

情境4 陌生人

當孩子暫時離開房間時，一個身穿灰色長外套、頭戴黑色大帽子並用面紗擋住臉的實驗助手來到房間門口，並坐在兩張椅子中的一張上。當孩子回到房間時，觀察孩子注意到陌生人之後的反應，並要求孩子從陌生人旁邊的椅子上拿取玩具。

情境5 高臺

一個寬12英寸（約30公分）、長8英尺（約2.5公尺）、厚2英寸（約5公分）的板子被固定在兩個固定支架中間，距離地面的高度可以調整。實驗者要求孩子從板子一端走到另一端去拿一箱顏色鮮豔的玩具來玩。板子最初的高度距離地面4英尺（約1公尺），如果孩子拒絕走到另一端，就降低板子高度；如果孩子很順利走過去，就把高度調高。

情境6 巨響

一個直徑2英尺（約0.6公尺）、長2.25英寸（約6公分）的鐵製管道被掛在房間角落的天花板上，並且用螢幕擋住。當實驗者和兒童在書桌

前玩玩具時，另一個實驗者用錘子使勁敲擊一下鐵製管道並發出巨響。實驗者會觀察並記錄孩子對意料之外且來源不明的巨響產生什麼反應，並且讓兒童去看看「是什麼東西發出這麼大的聲音」。

情境 7 蛇

　　一條無害的玩具蛇，長大約2英尺（0.6公尺），被放在一個很深的盒子裡並保證不會在盒子沒有蓋蓋子的時候突然爬出來。盒子裡還有一個顏色鮮豔的玩具。盒蓋是打開的，兒童會迅速注意到玩具，實驗者允許兒童去看盒子裡的東西。如果兒童發問，實驗者會回答：「那是一條蛇。」然後指著玩具並讓兒童去拿。

情境 8 大狗

　　兒童坐在桌上玩玩具時，兒童熟悉的人用皮繩牽著一隻大牧羊犬進入房間，並走向某一個特定位置。實驗者初步介紹後，讓孩子走過去拍拍那條大狗。

　　受試者共有一百零五位兒童，由五十七位男孩和四十八位女孩組成，其中一半家庭條件較好，來自一家私立幼兒園；而另外一半家庭條件較差，來自一家公立幼兒園。兒童在身體健康、心情愉快的情況下自願完成測試，實驗並沒有結合其他類型檢查。實驗中的每一種情境，兩歲組和3歲組都具有代表性（不少於二十一位兒童接受測驗，通常是三十至四十五名），而4歲組和5歲組的兒童人數相對較少（七至十四位兒童接受測驗）。

　　除了第一個測驗，每個測驗都分四個呈現階段：首先指導孩子該做什麼；如果孩子猶豫，會鼓勵他；如果仍然不敢做，實驗者就陪孩子一起完成；如果他們始終不願意參與，則放棄這個實驗。用五點量表來記

錄兒童的表現：

類別	孩子的反應
0	毫不猶豫
1	猶豫之後謹慎為之
2	經過抗議和尋求安慰之後獨自完成
3	拒絕單獨完成，但是在陪同下還是執行
4	完全拒絕

而獨立觀察者都得到了仔細的紀錄。

呈現研究結果時，傑西德和福爾摩斯使用嚴格的標準來評估恐懼：只有「拒絕獨立完成」（第三類）和「完全拒絕完成」（第四類）代表誘發了恐懼反應。研究者還報告，如果加上「鼓勵後獨自完成的兒童」（第二類），產生恐懼反應的比率將上升大約三分之一。結果如下頁表格所示。

根據這個標準，兩歲組和3歲組兒童在實驗中表現出恐懼的比率幾乎沒有區別，然而，在4歲之後明顯下降，在5歲之後會更加明顯。

就像之前提過的，由於每個孩子經歷的情境順序相同，很難清楚比較不同情境引發恐懼的機率。在這組實驗中，對5歲之前的孩子來說，三個較為突出的情境分別是黑暗的走廊、蛇，以及大狗。每個情境都有三分之一以上的孩子拒絕獨自完成，在特定組別內，一半以上的孩子徹底拒絕獨自完成。如果加上得到鼓勵之後能夠完成的孩子（第二類），比率大概在50％～80％。如果再加上獨自完成但是會猶豫的孩子（第一類），絕大多數人會在這三種情況下表現出一定的恐懼。所以，儘管測驗結果某種程度上受到實驗順序的限制，但是這個系列的研究依然證實了普遍所支持的觀點，也就是「大多數的孩子會害怕黑暗和動物」。

在實驗情境中，兒童表現出恐懼反應的比率（第三類和第四類）

情境	年齡區間：2.0～2.11 實驗人數：21～33	年齡區間：3.0～3.11 實驗人數：28～45	年齡區間：4.0～4.11 實驗人數：7～14	年齡區間：5.0～5.11 實驗人數：12～13
1. 獨處	12%	16%	7%	0%
2. 位置突然移動或失去支撐	24%	9%	0%	0%
3. 黑暗的走廊	47%	51%	36%	0%
4. 陌生人	31%	22%	12%	0%
5. 高臺	36%	36%	7%	0%
6. 巨響	23%	20%	14%	0%
7. 蛇	35%	56%	43%	43%
8. 大狗	62%	43%	43%	未實驗

（＊資料來源：傑西德與福爾摩斯於 1935 年提出的研究[176]。）

不同年齡層面對恐懼情境時的不同反應

對於以往資料的回顧研究表示，如果將「恐懼分離」視為特殊的議題，那麼，可以喚起 5 歲以下兒童恐懼的所有混合情境可以被分為四類，其性質影響不同年齡層的兒童的程度皆有所不同：

【類型1】在 3 歲之前，吵鬧與之相關的環境、突然的亮度變化，以及突然、出乎意料的移動與靠近的物體還有高處，特別能夠引發恐懼。

【類型2】從9～12個月大開始一直到兩、3歲，「陌生」特別容易引發恐懼，像是陌生的人以及熟悉的人做出陌生打扮、陌生的物體與陌生的地點。3歲之後，對陌生的恐懼感逐漸消失。

【類型3】根據家長紀錄得知，動物能夠在各個年齡層的孩子中引發恐懼（35％的兩歲兒童，以及大於等於40％的兩歲以上兒童），而且在實驗條件下，出現動物也最能夠引發恐懼反應。其他相關研究儘管有些很簡潔，但都曾報告孩子恐懼動物的機率很高。

【類型4】黑暗，尤其是幼兒獨自處在黑暗中。根據母親的觀察紀錄，每個年齡層都有大約20％的孩子會被這樣的情境引發恐懼，同時，這種恐懼趨向隨著年齡增加而增長的趨勢。另外，在實驗的情境中，大約有一半的孩子會害怕黑暗或者害怕待在黑暗中。再次強調，就像害怕動物，其他的實驗研究也曾報告過孩子容易怕黑。

上述分類中，類型1和類型2所提到的情境都很簡單，不太需要甚至不需要學習，容易引發低齡幼兒的恐懼會隨著兒童年齡增長而減弱。而類型3和類型4所提到的情境都相對複雜，同時可能包含潛在事件的線索。誘發恐懼也不會在幼兒期下降或消失，實際上在一些情境反而還會上升。

目前關於年齡變化的結論都建立在橫斷研究的基礎上，也就是說，資料源自不同年齡層的兒童樣本。因此，如果能夠長期追蹤、研究某組樣本一年或以上，也許結論會更加可靠。

傑西德和福爾摩斯在另一個研究中[177]，根據父母給予的訊息，比較了四十七位兒童（三十三位兒童在3～4歲之間，十四位兒童在5～6歲之間）

在恐懼情境上的變化。針對不同的孩子，追蹤研究13～35個月不等的時間。很多在年幼時報告害怕吵鬧、突然的刺激變化，以及陌生事物與陌生人的兒童，隨著年齡增長不再害怕。相反的，有些孩子小時候不害怕黑暗或者潛在事件，比如意外或者強盜，長大一些就會開始害怕。這些變化隨著孩子成長而發展，但有其發展的限制，孩子評價當前事件對未來的意義會是第10章的主題。

關於孩子「怕生」的研究

我們已經討論許多幼兒害怕陌生事物與陌生人的趨勢。某個特定情境是否引發恐懼，取決於很多變項和條件，這個狀況相當複雜，有待研究者進一步探索。比如，觀察公園裡的學步兒和母親時，安德森發現孩子基本上不會注意到路過的陌生人。另一方面，與另一組學步兒的媽媽討論中（請參考前文中有關安德森的研究），發現十八個孩子中，有八個孩子被報告有時候會害怕陌生人。這個訊息由那些明顯經歷過這種刺激的母親主動告知。最常見的情況是一個和母親很熟悉，但是和孩子不熟悉的親戚或者朋友來訪。不同於完全陌生的人，親戚和朋友不會自動保持在安全距離之外，他們會熱情靠近母親和嬰兒，母親也會回應他們。在類似的情況下，一部分嬰兒會表現得非常害怕（這個現象並不罕見，尤其是當陌生人有一些奇怪之處時──眼鏡、皺紋、鬍鬚、聲響等）。安德森所發現的重點在於──嬰兒害怕的是陌生感和靠近同時出現[257]。

若結論正確，就能夠解釋海尼克和韋斯特海默的研究中[157]，育幼院孩子為什麼常常害怕觀察者（請參見第1章）。首先，孩子都沒有和媽媽在一起；其次，觀察者對他們來說還是相對陌生的人；最後，儘管觀察者行動謹慎，可是依然會靠近嬰兒並觀察其表現。

對「動物與黑暗的恐懼」研究

有許多研究針對3歲及以上的兒童恐懼黑暗的狀況。比如，在麥克法蘭的長期性研究中，對百餘名21個月大至14歲的兒童進行追蹤調查，90％以上的母親報告她們的孩子在學齡期的某個時間點對特定情境有恐懼的反應。在對11歲以上兒童的每年檢查中，大約會有三分之一到二分之一的孩子會恐懼特定情境或事物，最有可能讓他們害怕的是狗和黑暗，尤其是低年齡組的孩子[234]。類似的研究也根據母親的觀察和報告進行，勒普斯和孟克[216]對紐約州的四百八十二位具有代表性的6～12歲兒童進行了橫斷研究。

傑西德也透過兩個進一步研究，發現了類似的結論。在其中一個研究中，他和同事訪談了大約四百位5～12歲兒童（分為八個年齡層，每個年齡層有二十五個男孩，二十五個女孩）。訪談開始時，先聊一些普通的話題，之後則會談到孩子所害怕的事物。接下來，把問卷發放給大約三百位學生和上班族，他們的年齡在17～35歲之間（主要是在18～26歲之間）。研究者要求受試者描述在孩童時期所害怕的情境，並且指出若記憶越清晰，就說明當時的恐懼感越強烈、持續時間最久。每一個單一情境都要滿足這三個條件。

成年人能夠回想起來引發恐懼的情境和5～12歲兒童所報告的情境非常相似，在兩組人群中，動物都占了很大的比率。在兒童中，顯然較小的孩子最容易害怕動物，5～6歲的孩子有27％都會害怕，而7～8歲組只有22％，年齡更大的孩子只有11％會害怕動物。而在成年人中，大約有六分之一的人的回憶中，對動物有著最早、最強烈、持續最久的恐懼。

怕黑，往往是害怕在黑暗中獨處，尤其是害怕黑暗中陌生的聲音或有事情發生，比如害怕在黑暗中受到襲擊，也許是被想像中的生物襲擊，比如被鬼、故事書裡的角色、強盜、綁匪、歹徒攻擊。 5～12歲

的孩子大約有20%報告自己害怕這類場景，這個比率隨年齡增加，變化並不大，青少年回憶起恐懼這類場景的比率和孩子差不多。在青少年中，害怕黑暗差不多和害怕動物一樣強烈和持久。

關於孩子「恐懼毀滅、疾病與死亡」的研究

大約有10%的受試者報告或者回憶起恐懼在意外事件或者打架中傷亡，但是很少提及害怕疼痛。

由於死亡並不常發生，所以對於生病或死亡的恐懼感就顯得非常突出。9歲以下的兩百名兒童並沒有提到恐懼死亡，9～12歲的兩百名兒童中只有六個提到自己會害怕死亡。大概有3%的成年人回憶起對於疾病和死亡有著最強烈、持久的恐懼感。安東尼（Sylvia Antony）的研究報告《兒童發現死亡》[16]也贊同10歲以下的兒童缺乏對死亡的恐懼。安東尼透過研究，確立了「孩子會逐漸理解死亡意味著不可逆的分離過程」。她認為，死亡的情緒意義是透過分離所組成（見附錄1）。

在傑西德的研究中，兒童和成年人都很少報告恐懼父母患上疾病或死亡，每組大約有3%的人會提到。

有趣的是，在生命前兩、3年裡，能夠引發恐懼最常見的情境很少發生在年紀較大的兒童身上，且較少被青年回想起來。只有不到5%的人回憶起最強烈而持久的恐懼源於吵鬧聲、忽然的移動、跌落或者陌生的事物和人（儘管周圍是明亮的）。而在黑暗中，如同前面所提及，情況大不相同。

臨床工作者一定會懷疑訪談是否夠有技巧，或者問卷能否引發兒童或成年人對自己害怕或者曾經害怕的所有情境有準確而深入的描述。然而，5～6歲的孩子所報告的恐懼情境確實比年紀稍大的孩子較少，也許這說明了他們的報告並不充分。儘管如此，雖然引發恐懼的情境毫無疑問被低估，但是目前提出的正面訊息很可能被認為是有效的。

在這一章，我們嘗試描述普遍引發兒童恐懼的情境，並且概括說明孩子長大的過程中，恐懼情境的變化規律。後面的章節會提到如何解釋這些現象，同時對情境有更多說明。

混合處境：混合出現的恐懼情境

研究者多次發現，當情境中存有兩個或者更多潛在引發恐懼的線索會讓個體更容易感到害怕。例如，當一個陌生人忽然靠近時、一條大狗大聲叫時，或是黑暗中忽然傳來巨響時。傑西德和福爾摩斯認為[176]，家長記錄21天中引發孩子恐懼感的情境，往往會同時出現兩個或更多潛在引發恐懼的情境線索——聲響、陌生的人和環境、黑暗、意料之外的突然移動、獨處。當某個情境只有其中一個線索時，只是有點緊張，可是同時有多個線索時，恐懼反應多多少少會有點嚴重。

由於多個線索所引發的恐懼感往往比單一線索所引發的恐懼感更加劇烈，也非常不同，也許可以以通常用在化學實驗中的「混合」（compound）一詞來代表這類情境。

我們已經發現，能夠在嬰兒階段和之後的發展引發恐懼反應的情境都與黑暗或者動物有關。這些情境能夠引發恐懼，似乎是因為包含兩個因素的情境通常有兩個以上特點。我們將會在第10章結尾探討這兩個因素在人的成長過程中如何引發恐懼反應。

最能引發恐懼的情境——獨處

毫無疑問，「獨處」這個引發恐懼情境的線索令我們最感興趣。也許沒有什麼比此更讓人恐懼。如果發現自己獨自身處陌生之地，也許是在黑暗中感到突然移動的東西或神祕的聲音，幾乎沒有人不會害怕。如果此時有一個強壯的夥伴，我們應該會覺得自己更勇敢，可以很快找回

許多勇氣，孤獨感讓我們都變成了懦夫。

　　值得注意的是，成年人的陪伴會讓孩子在面對潛在而令人害怕的情境時發生巨大的變化，傑西德和福爾摩斯在修訂實驗時曾把這個現象當作理所當然的規律。實驗者在每個階段都陪伴著孩子（除了第一個實驗情境），評分孩子恐懼程度的系統也基於「孩子在完成任務所需要實驗者鼓勵與支持的程度」。顯然，如果實驗者無法陪伴孩子，在各個情境下，孩子被評為害怕的比率一定會大幅升高。因為，一些沒有表現出恐懼的孩子，例如敢於去黑暗的走廊裡拿球或者拍拍一條大狗，都是在得到了實驗者足夠的鼓勵和安慰後才完成。另外，幾乎所有被記錄為表現出害怕、無論怎麼安慰與鼓勵都拒絕完成任務的孩子，也會在實驗者陪伴下鼓起勇氣準備完成實驗。

　　這些發現不證自明，這也讓耗費這麼大的心力去研究這件事看起來似乎很荒謬。也有充足的證據證明，當心理學家和精神科醫師開始梳理關於恐懼和焦慮的理論時，這些現象的重要性會被嚴重低估。佛洛伊德之外的精神分析師同樣如此。

恐懼行為和依附關係的發展

　　早在1920年，華生和蕾納（Rosalie Rayner）[367]就報告了11個月大的小亞伯特已經對小白老鼠產生了恐懼制約，但是只要小亞伯特吸著他的大拇指，小白老鼠就不會引發他的恐懼反應。1929年，英格利許（H. B. English）[92]描述了一個14個月大的小女孩只要在熟悉的椅子上就不怕陌生物體，離開椅子被放在地上時就開始害怕。

　　以往也有其他研究者報告類似的現象。瓦倫丁曾提到[358]：「眾所周知，同伴出現是消除恐懼的方法。」佛洛伊德也表達了類似的意思，比如他在《性學三論》[114]中提到的，以及在本書第3章開頭引用的名言。

在近年的研究中，勞克林（Henry P. Laughlin）[217]提出了一個新的術語「so-teria」，是「恐懼症」（phobia）的反義詞，意思是一個人透過自己「心愛物體」的安撫而降低緊張感，這個物體可能是玩具、小飾品或者是護身符。

還需要進一步研究的是，當不同年齡層的孩子發現依附對象就在身邊時，有多大程度會影響到他面對潛在而令人恐懼的情境？摩根（G. A. Morgan）和里丘第（H. N. Ricciuti）[257]的研究可以幫助我們理解這一點。他們在恐懼陌生人的發展研究中發現，嬰兒在8個月大之前，不管是坐在媽媽腿上還是在距離媽媽幾公尺遠的位置，對陌生人的回應方式並沒有太大變化。然而在8個月大之後，尤其是12個月大以上的嬰兒，接近媽媽的程度成了最重要的變項。

摩根和里丘第研究了八十個嬰兒，分為五個年齡組（4個半月，6個半月，8個半月，10個半月，12個半月）。每個嬰兒都會被測試回應陌生人的態度，（a）坐在媽媽腿上時；（b）坐在離媽媽1公尺遠的椅子上時。進屋後，陌生人（每個孩子都會接受兩個陌生人的測驗，一個男性，一個女性。每個年齡層的孩子都表現出了對男性陌生人更不友善也更害怕的趨勢。我們還不確定這是由於性別差異還是其他因素所導致）。進入房間後，他們❺會依照慣例行動。首先，在距離嬰兒1公尺遠的地方安靜坐下並對嬰兒微笑，然後和嬰兒說話，接下來慢慢縮短和嬰兒之間的距離至0.5公尺，跪下來並繼續交談，最後，試著摸一摸嬰兒的手。在大約半分鐘的暫停後，陌生人開始退場，以倒敘方式重複靠近時的各個階段。嬰兒的行為可以透過一個單向玻璃觀察。積極的行為表現包括：微笑、咿咿呀呀聲、咕咕叫著，並且用手抓住陌生人；消極的行為表現包括：皺著眉頭、噘著嘴、

---

❺ 每位嬰兒都會接受兩個陌生人測試，一位是男性，另一位是女性。每個年齡層，比起女性陌生人，孩子對男性陌生人的反應較不友善且更害怕，然而，我們無從得知這種傾向是因為性別差異或是其他因素。

162

大驚小怪、嗚咽、哭泣、轉向母親、迴避或躲開陌生人。不理或者只是看著陌生人記錄為0分。

年齡最小的兩組嬰兒（4個半月和6個半月）中，有四分之三友善回應了陌生人，包括微笑、咿咿呀呀聲、揮手抓握。不管是坐在媽媽腿上還是坐在媽媽幾公尺外，嬰兒的反應幾乎沒有任何區別，只有一個嬰兒表現出害怕的行為。而年齡較大的三組嬰兒中，當坐在媽媽1公尺之外時會變得更容易感到害怕，也更敏感於母親是否存在。所以，年齡介於中間的兩組嬰兒（8個半月大和10個半月大）大約有四分之一有退縮反應或者表現出其他害怕的跡象，而12個半月大的嬰兒至少一半都表現出了退縮和害怕反應。母親的位置對中間年齡層的兩組嬰兒有著模糊的影響，而對12個半月的嬰兒則有顯著影響。當坐在媽媽腿上時，差不多每個1歲大的寶寶都會歡迎陌生人，而坐在媽媽1公尺外時，每個寶寶都表現出害怕。

布朗森[62]根據對3～9個月大的嬰兒較短的長期性研究得到了類似的結果。他觀察到嬰兒對陌生人的反應受到「是否被媽媽抱著」和「是否可以看到媽媽」的影響。

對於4個月大的嬰兒來說，媽媽的懷抱幾乎沒辦法降低孩子對陌生人靠近並且呼喚時的戒心。而對於6個半月大的嬰兒來說，在媽媽懷裡確實可以大大降低陌生人靠近時的戒備感，9個半月大的嬰兒也有相同的反應。

媽媽在嬰兒的視野內（大約1公尺的距離）對於降低4個月大和6個半月大的嬰兒對陌生人的恐懼作用，並沒有太大差別。而在9個月大時，寶寶和母親的眼神交流則能夠降低他的戒備。另外，9個月大的嬰兒在看到陌生人靠近時爬向媽媽是很常見的。

鑑於這些頗具意義的發現，我們有必要重新思考華生和蕾納對小亞伯特的研究，而這個50年前的研究曾經被廣泛引用。經過一系列的實

驗之後，這個11個月大的嬰兒會對白老鼠產生了恐懼制約，並且類化到對兔子、一塊海豹皮與人的頭髮也產生了恐懼。讓他產生恐懼的非制約刺激是在他腦後用錘子敲擊長鋼棒發出巨響。學習理論家認為，很多恐懼症的案例都可以追溯到類似的制約過程中。

這個實驗的推論常常受到質疑[238]。需要介紹這個研究的幾個背景。首先，亞伯特「幾乎一出生就生活在醫院裡」，並且因為看起來「冷漠又無動於衷」而被選為實驗品。其次，在制約的過程中，他被放在一張小桌子的墊子上面，周圍沒有他可以尋求的熟悉對象。然而，他的一些反應卻和普通孩子一樣，在尋找母親形象，比如：舉起雙手像要被媽媽抱起，或者把自己的頭埋到床墊裡。亞伯特習慣在不開心的時候吮吸自己的手指。對實驗者來說，這一點很不方便，因為「他的手一碰到嘴巴時，就不再害怕能夠產生恐懼的刺激了，一次又一次……我們必須在發生制約反應之前把他的手從嘴巴裡拿出來。」根據這些發現，實驗者得到了非常明顯的結論：「有機體……從出生開始，只要受到喜愛刺激的影響，就會阻斷其他東西的影響。」

所以，華生和蕾納的早期研究，摩根和里丘第以及布朗森的近期研究與《依戀理論三部曲1：依附》中闡釋的依附行為發展一致。同時也和謝弗的兩個研究所描述的現象一致：第一（第3章曾經提到），離開媽媽到醫院等陌生地方時，28週大的嬰兒並不會抗議，但是7個月大後，就會開始抗議了；第二，面對陌生客體時，12個月大的嬰兒會不斷回頭看坐在身後的母親，而6個月大的嬰兒卻表現得彷彿媽媽並不在身後。

所以，我們可以總結，**嬰兒對媽媽的依附會在半歲到1歲時發展得更穩定也更有組織，同時也在引發恐懼的情境中開始出現退縮反應**。另外，12個月大的嬰兒認知能力也得到了充分發展，他能夠發現客體和情境短暫的消失，也已經能夠組織自己的行為，可以同時將自己從一種情境中撤出並且轉向另一種情境。因此，在生命的第二年裡，嬰兒開始能

夠從兩個方面準備好做出典型、組織良好而能應對恐懼的行為。我們會在下一章描述小猴子在更快的過程中經歷相同的發展階段。

對未來偶發事件的恐懼

我們在這一章主要想了解能夠直接引發兒童恐懼行為的立即情境之性質。然而，在人的畢生發展中，能夠引發恐懼的不只那些真的會出現的情境，還可能包括一些預想中的情境。所以，成人和孩子都會常常設想他們相信即將會發生的事情，以及猜想可能會出現的物體和生物。這種恐懼是關於對未來的恐懼。

由於太多人類所害怕的情境都具有這個本質，很多臨床工作也涉入其中，所以我們有必要討論其中一些細節，這將會在第10章和第11章進行，在考慮能立即引發恐懼行為的情境之後，我們將討論行為的生物學功能。

現在，我們將轉向能夠引發動物恐懼感的情境。

第8章

引起動物恐懼的情境

「森林中的群體慢慢習慣了我的存在，我可以跟隨牠們，保持大約3
公尺距離。然而在灌木叢中若有突然的移動驚擾到牠們，牠們都會立
刻逃離，並從我的視線中消失。」

——傑伊（P. Jay）[172]

潛在威脅的自然線索

儘管能引起動物和人類恐懼的情境不盡相同，但是也有許多相同的
地方。在本章所列舉的一系列靈長類動物尤為明顯。

動物行為學家認為，大多數引起動物恐懼的情境都可以視為威脅該
物種的潛在自然線索，尤其是個體第一次遇到就會引起恐懼的情境。

「距離感受器」（distance receptors）通常被用來接收這些自然線索。
不同物種自有不同的方式：主要依靠視覺線索、聽覺、嗅覺或其中的組
合❶。只有當距離感受器未能覺察到危險時，用來感受接觸和疼痛的
「近端感受器」（proximal receptors）才會派上用場，而這對個體來說，
往往都太遲了。因此，距離感受器相當重要。

---

❶ 關於動物恐懼反應的討論，請見丁伯根的研究[353]、馬勒與漢米爾頓[241]，以及海因德的研究
[162]。

引發潛在威脅並能被距離感受器感受到的刺激當中，其中一類的刺激適用於很多物種，就是「陌生和突然接近」。在談到迴避行為時，現有的研究顯示，對幼年哺乳動物而言，還有一個威脅線索叫「視覺懸崖」。

　　相比之下，有些刺激只能引起極少數甚至一種物種的恐懼反應，例如對於某些鳥類來說，看到哺乳動物的毛髮會引發恐懼反應，而對另一種鳥類而言，天空中緊盯著牠的眼睛或者從天而降的東西會引起恐懼反應。對於某些夜行的飛蛾，捕食者的高頻率音波回聲定位可能會使其即時改變方向或者「僵直」（catalepsy）。**自然遠端的線索就如同潛在危險的藥物，可能是「廣效」（broad-spectrum）──多數物種對此相當敏感；也可能是「窄效」（narrow-spectrum）──只有一種或者少數物種對此敏感。**

　　許多鳥類和哺乳動物的示警叫聲被認為是廣效線索，因為牠們釋放的信號不僅會讓自己的族群產生恐懼，甚至能影響其他物種。其中部分原因是有些動物的示警叫聲相似，而這可能是自然天擇的過程。

　　在很多物種中，一些廣效──大多數是窄效的嗅覺刺激，能夠有效引起恐懼反應。這種「警告的氣味」有兩個來源：敵人或者朋友。一方面，捕食者的氣息（人或狼）正在接近，可以廣泛引起食草類哺乳動物的恐懼（例如斑馬、鹿和羚羊）。另一方面，受到驚嚇或者受傷動物所散發的報警氣味，可以引起其他個體的恐懼反應（就像示警叫聲），但是這種情況下，影響範圍可能僅侷限於同種動物。

　　因此，動物的基因傾向這樣發展：有些特定危險會威脅整個物種成員，當牠們感到某種情境正標識一種特定的危險自然線索時，就會表現出某種恐懼行為。因為某些危險會威脅到很多物種，所以這些線索就成為廣效線索，而其他只對少數物種構成威脅的線索，則成為窄效線索。

　　就像人類對恐懼的表現，動物的反應也相當多。一方面包括蹲下、

捲曲身體、僵直和尋找掩護，另一方面包括呼叫、逃離和尋求接近同伴。反應種類取決於個體所屬的物種、性別、年齡、生理條件以及引起恐懼的特定情況。

海因德[162]報告了霍根的發現，小雞從高度刺激下逃脫時，會因為異常強烈的刺激而僵住。羅倫茲（Konrad Lorenz）[227]和丁伯根[353]都指出許多鳥類在特定條件下會有特別的反應。緬甸叢林野雞（也是家雞）針對飛禽和陸行食肉動物危險有兩種不同反應方式。當另一個個體聽到飛禽類的警告時會尋找掩護進行逃生；相反的，聽到食肉動物類型的警告時會飛到樹上。這些動物對獨特叫聲做出的特殊應對行為可從第6章的觀點提供了進一步證據：我們處理的不只是單一和廣泛的「本能恐懼」（instinct of fear），還有各式各樣有相互關聯的行為模式之「異質性集合」（heterogeneous collection），每一種行為可能由些微不同的條件引發。

需要強調的是，**恐懼行為不僅能使動物從一些情境中逃離，而且可以引導動物趨向或進入另一些情境**。雞會根據聽到的警告叫聲類型尋找遮蔽物或者飛上樹木。文獻中讓我們特別對「緊靠同伴」的動作與行為模式感興趣。例如當天空中出現遊隼時，小辮鴴不僅會飛離，而且會相互靠近形成群體（然而，在相同的狀況下，鷸鴴傾向接近地面）。大部分群居哺乳動物在恐懼時也會靠得更近。這種移動在幼年個體中尤為明顯，除了少數例外，都會習慣跑到母親附近。

讓我們重新關注引起恐懼的情形。迄今為止，本章提到所有關於會誘發恐懼的遠距離場景，很有可能是特定物種個體第一次遇到的。在這些情況下，牠們沒有獲得特殊機會學習到潛在危險的情境。只有當情境跟某種確實可能導致危險的線索聯結時才會引發恐懼。我們已經了解疼痛會讓個體聯結危險與情境的線索，但並不是唯一的一個。

疼痛的感受器是近端的，其作用不同於遠端感受器。第一，當遠端感受器或者可能引起的恐懼反應無法確保動物撤離時，疼痛感受器通常

會在最後一刻喚起求助行為；第二，疼痛往往會導致直接和緊急的行動；第三，疼痛很可能意味著危險已經出現。因此，我們很容易假設在某方面，疼痛和危險是相同的，然而事實並非如此（請見下一章），這也讓疼痛在恐懼行為理論中的意義非常重要。

因為疼痛是潛在危險的近端線索，因此疼痛後才做出反應有點晚，動物學習到可以透過相關的遠端線索識別潛在、會引起疼痛的環境，這才具有重大的生物學優勢。長久以來，實驗心理學家對於調查這種學習相當感興趣，因此研究者很早就了解的「制約反射實驗」（conditioning experiment）之研究。在實驗中，如果一個中性刺激伴隨一個疼痛刺激，那麼許多哺乳動物就會很快對中性刺激建立恐懼反應，並且難以消除。

研究者高度關注「疼痛喚起恐懼的特性」以及「個體從疼痛中學到了什麼」；但遠端線索和遠端感受器產生恐懼作用的優先性與重要性，有時候會被研究者忽視。許多物種中，新的潛在危險線索可以很容易透過觀察同伴的反應學會並複製，成為與疼痛有關的線索。**事實上，在哺乳動物中，把新情境歸類為潛在危險用以形成恐懼反應，主要採用的方式就是複製其他動物（尤其是父母）的反應。**沒有一種動物比靈長類動物更善於這種模仿和複製。

非人靈長類動物的恐懼行為

透過長期性研究被囚禁的黑猩猩，耶基斯夫婦（Robert Yerkes & Ada Yerkes）[387] 發現，決定個體產生迴避反應的刺激特點有：視覺運動、刺激強度，以及刺激變化的突發性、急劇性、迅速性，或者刺激的複雜性。這些描述還需要更精緻化，才能讓我們了解問題的核心。

野外觀察靈長類動物的恐懼行為

靈長類動物野外觀察家很清楚，突然的噪音和動作會產生立即的示警作用讓動物迅速消失。傑伊[172]描述她在森林裡觀察葉猴時寫道：「森林中的群體慢慢習慣了我的存在，我可以跟隨牠們，保持大約3公尺距離。然而在灌木叢中若有突然的移動驚擾到牠們，牠們都會立刻逃離，並從我的視線中消失。」突然的聲響也會有同樣的作用。

對於居住在森林的物種例如葉猴來說，樹梢往往是最安全的地方。相比之下，在陸地生活的物種，最安全的地方往往是特別的地方。例如，東非狒狒種群的活動範圍至少要有一根高大樹木的樹枝用以睡覺，並且在遇到危險時可以撤退[86]。再往北一點的衣索比亞，群居的長鬃狒狒必須生活非常靠近險峻懸崖的地方，方便牠們逃離[214]。對這些動物最安全的位置，是影響這些動物行為的決定因素——在獅子等大型食肉動物繁多的地區且總體食物缺乏時，缺少樹木會讓猩猩無法靠近豐富的食物來源[86]。

目前發表有關非人靈長類動物田野調查中，系統性關注並非總是聚焦在會激起恐懼行為的情境或是恐懼行為的方式。古德[218]在坦尚尼亞的野生黑猩猩長期研究也提供了許多細節。

古德強調，恐懼行為的形式「依賴情境和個體，或個體所關心的事件」。當黑猩猩被突如其來的噪音和附近的異動驚嚇時，會立刻低頭並且摀住臉，或者向空氣揮拳。偶爾在受到驚嚇之後，會用手背朝物體揮擊然後逃跑。當令牠恐懼的是其他更強壯的黑猩猩時，逃跑會伴隨著尖叫；當遇到其他動物時，則會安靜的離去。另一種逃跑的方式是小心、謹慎的退出攻擊者視線範圍，偶爾探出頭來看看情況。

古德的報告顯示，能夠引發驚嚇反應的情境包括「突如其來的噪音和移動」，比如一隻飛得很低的鳥、很大的昆蟲或是蛇。對黑猩猩來說，一隻更強大的動物在牠面前展現威脅姿態時，很容易誘發其恐懼行

為。黑猩猩習慣觀察者之前，觀察者也是其中一個威脅。經過1年或者更久的時間之後，黑猩猩會在觀察者距離2～3公尺時依然正常活動。然而，當觀察者開始跟牠們一起活動時，黑猩猩馬上就會心神不寧，因此觀察者必須經常用別的行為來掩蓋她對黑猩猩的好奇心，通常是假裝吃樹葉或者挖洞。

由於許多動物會在受到驚嚇的時候發出警告叫聲，古德非常驚訝她所研究的黑猩猩從來不會如此（除了從同類身邊逃開時）；相反的，牠們都是安靜離開。然而，牠們很容易受到其他動物的警告叫聲影響：「牠們不可避免會被狒狒的吼叫、其他猴子的警告叫聲、叢林鹿和其他種類的鳥叫聲嚇到；在聽到這些警告之後，牠們會觀察四周探究騷動的來源。」

在其他物種身上，遠離危險情境只是恐懼表現的一部分。另一部分是轉向安全的地方，或者和同伴肢體接觸，後者可在成年動物和年輕動物發現。古德描述了成年動物在受到驚嚇之後如何轉向同伴並且互相擁抱。她相信這種行為是直接延伸了經常在嬰兒身上看到的行為：

「因此成年黑猩猩會在類似的環境擁抱、觸碰或者騎在其他黑猩猩身上，而嬰兒黑猩猩被嚇到的時候，會或多或少跑去抱著母親或是被母親抱著，伸出手去抓或者撫摸母親的頭髮，又或者是站在母親身後抓住母親的腿⋯⋯如果情勢危急，還隨時準備好爬樹。」

古德還詳細描述了受到驚嚇的動物與另一個動物接觸時會產生平靜與安心的作用。首領動物的觸碰、拍打或者擁抱，對位階較低的動物有很大的安慰效果，相反的情況偶爾也會發生。研究者曾經發現成年雄性黑猩猩抱著僅有3歲雌性黑猩猩時也能得到安撫，這種情況一次是發生在牠被鏡子裡自己的影像嚇到的時候，還有兩次發生在牠被其他雄性黑

猩猩攻擊之後。

研究者在野外觀察其他靈長類物種後也表示，受到驚嚇或者被激怒的動物都有觸碰或者依附同伴的強烈希望。比如說，庫默（Hans kummer）[214]研究野生狒狒時描述：「狒狒都居住在一個穩定的家庭單位中，在這個單位裡有一隻雄性狒狒和多達三隻的雌性狒狒及牠們的孩子。」他評論成年動物如同嬰兒動物，在面臨壓力的時候都強烈傾向依附同伴。因此一旦成年雌性動物受到驚嚇，就會躲到丈夫身後，或者由丈夫抱著。相反的，當雄性在打鬥中受到驚嚇時也會擁抱自己的妻子。離開母親卻又沒有完全成熟的動物受到驚嚇之後，會尋找群體中階級最高的個體。通常，這些動物對年幼動物的影響是矛盾的——年幼動物會跑過去依附那些引起牠們恐懼的動物。在庫默的研究之中還有許多有趣的地方：**在他研究的物種之中，雄性和雌性配偶之間相處的方式與母親和孩子之間的相處方式相似。**

靈長類生物在嬰兒時期發展出來的行為模式會一直延續到成年生活，並且成為其行為特點。這種情境提示我們，不要把人類與靈長類動物類似的行為看成是退化。

在野生動物身上，我們不可能明確知道牠們對於特定情境的恐懼究竟是天生還是後天習得。對蛇的恐懼就是很好的例子。古德報告：她觀察的黑猩猩害怕快速移動的蛇，同時也害怕死掉的巨蛇。但是在動物園成長的黑猩猩似乎沒有類似的恐懼❷。

顯然，我們很難協調這種不相容的研究發現。對於社會性物種來說，一旦學習到，就會透過傳統傳遞對特定引起恐懼的情境產生反應。

❷　包括達爾文在內，許多動物學家對於猴子和猿對蛇的極度恐懼非常感興趣，許多觀察結果都表示牠們通常會相當驚慌。莫里斯夫婦[258]回顧了這些證據，他們也記錄了這些驚人的觀察。顯然，舊世界猴子和猿對蛇恐懼很明顯，相對來說比較特別，且在沒有任何經驗的情況下也會一直存在。

在奈洛比公園的研究[366]對此有相當好的描述。約八十隻長鬃狒狒群原本很容易溫順的接近汽車。然而，當其中兩隻狒狒受到槍擊（由當地研究寄生蟲的生物學家開槍）以後，這群狒狒一看到人或者車就會逃跑，8個月之後，牠們依然不敢接近汽車，儘管在休息期間幾乎每天都能看到「無害」的汽車。這個例子和某項研究發現一致，即從簡單暴力經歷中學會的反應不會很快消退。這項研究進一步闡釋了──不需要許多動物都親身經歷恐懼事件，因為一大群動物有時候只是在聽到警告吼叫或者看到首領動物逃跑的時候，就開始逃跑了。因此，當祖先定下傳統之後，牠們會將所有驚嚇到群體的事物視為具有潛在危險。也就是說，牠們躲避蛇、人和車的規則可能只存在其中一個群體，而不會擴散到另一個群體。

近幾年來，人們傾向認為只有人類社會群體才會有代代相傳的行為模式。現在，我們已經意識到其他物種也有文化傳統，且能夠影響牠們許多行為方式，比如「如何唱歌」[351]、「吃什麼東西」[195]、「在哪裡築巢」等[385]。我們其實不驚訝鳥類或哺乳動物有「需要躲避」的文化傳統。

我們在第10章會進一步討論人類發展中文化決定線索對避免潛在危險的作用。我們在這裡將要說明的是，最近的研究表示，猴子可能僅僅在觀察到同伴恐懼某些情境之後，就能學會對該情境的恐懼。比如，班杜拉（Albert Bandura）[22]引用了庫克（J. H. Crook）的研究，表示猴子原本可以自由玩耍某些東西，但是看到另一隻猴子一碰到這些東西就害怕得大哭之後，牠再也不碰這些東西❸。

---

❸ 實際上恐懼的叫聲來自錄音帶，一旦猴子觸碰這些物體，研究者就會播放這些叫聲。

實驗研究所了解的靈長動物恐懼行為

　　許多研究被捕獲動物的資料（包括實驗室研究），都拓展了我們對非人類的靈長類動物在恐懼行為以及引起恐懼行為的情境的理解。

　　有兩種視覺情境會引起恆河猴幼崽的恐懼心理，其中一種是若隱若現的刺激，另外一種是視覺懸崖。這兩種實驗都在前一章討論嬰兒恐懼行為中有詳細描述。

　　希夫（William Schiff）等人[312] 研究了二十三隻不同年齡的恆河猴面對逼近的刺激時的行為表現，其中有八隻恆河猴幼崽，牠們的年齡在5～8週之間，剩下的都是青少年或成年猴。每一隻猴子都單獨在自己的籠子裡接受測試，距離投影的布幕3公尺遠，投影到布幕上的是逐漸擴大的陰影。除了四隻恆河猴之外，其他猴子都立刻向後縮以躲避刺激。許多動物都跳到籠子的後半部、背抵著籠子。那些活力較差的猴子很快就低頭並隱藏自己的上半身。小一點的猴子也會發出警告呼救（四隻沒有反應的恆河猴可能是因為在呈現刺激的時候看向其他地方）。實驗中並沒有表現出年齡差異。刺激的速度和形式也與實驗結果無關。當單獨給予一系列15次逼近的圖片刺激，刺激之間間隔10秒鐘時，沒有產生習慣化的現象。

　　當這群恆河猴面對不斷縮小（遠離）的陰影時，牠們的反應有很大差異。除了四隻恆河猴，所有的猴子都聚集在籠子前端，好奇的觀察陰影縮小。布幕變亮也能引起牠們的注意。變暗的布幕則不會引起特殊反應，除非當布幕變暗出現在逼近的刺激之後，牠們會表現出輕微的後退動作，這時候，牠們的動作比看到逼近的刺激時輕柔許多。

　　進行過視覺懸崖測試的幼年恆河猴數量很少，但是牠們有很明確的反應。沃克和吉普森[362] 報告了一個雄性幼崽在10天大、18天大和45天大的測試結果，以及一個雌性幼崽在12天大和35天大的測試結果。在牠們兩週大左右測試時，兩名嬰兒只是表現出迴避裂縫。在18天和35

天大時，牠們都表現出明顯的區別，並且在每次測試中都會有效迴避「更深」那一側的視覺懸崖。因此在這個種群中，個體剛開始學會運動迴避較深的那側懸崖傾向只起到部分作用，但是這種傾向會迅速提升。范茲（Robert L. Fantz）[100]對幼年恆河猴進行的類似實驗也得出了相似的結果。

針對靈長類生物的實驗，陌生人或者物體一般被用來當作引起恐懼的刺激。

哈洛和他的同事進行了許多有關幼年恆河猴恐懼行為的研究[4]。小於20天的恆河猴嬰兒不會表現恐懼陌生視覺刺激，比如，牠能夠安心的接近從來沒見過、會移動的動物玩具。但是，在出生20天之後，尤其在出生6週之後，給恆河猴嬰兒這樣的玩具會讓牠馬上逃離。而那些由布料仿製「母親」養大的恆河猴嬰兒，在面對令牠恐懼的玩具時不僅會馬上逃跑，還會急切尋找熟悉的假母親，並且緊緊依附於它。通常，對於年紀稍大的幼崽，即12週或者年紀更大的幼崽來說，遠離那個令人害怕的玩具並且依附假母親之後，牠們可以放鬆下來。之後，牠可能會離開假母親並且小心翼翼的靠近那個玩具，甚至伸手觸碰、探索。但是，當假母親不在的時候，面對同樣情境時，恆河猴的表現完全不同。牠很可能會在地板上縮成一團並且尖叫。梅森[245]對黑猩猩也進行了類似的實驗，他也使用陌生物品作為引起恐懼的刺激。這種生物之中，有同伴或獨自在場的表現完全不同。這些實驗結果讓我們不禁開始考慮非人靈長類動物在面對複雜性場景時會有什麼樣的表現，尤其是在單獨情況時的巨大影響。

---

❹ 在《依戀理論三部曲1：依附》第12章已經提過許多哈洛的研究，除此之外，也請參考哈洛與齊默爾曼（Robert R. Zimmermann）的研究[147]、哈洛於1961年的研究[145]，以及哈洛與其同事的研究[146]。

混合處境時，非人靈長類動物的恐懼表現

　　猴子、猿與人類相似的地方在於——當牠們面對超過一種令人害怕的複雜情境時，會表現出比見到其中一種場景更加強烈的恐懼。如果是獨自面對複雜情境，恐懼行為可能會更為強烈。

獨處時的表現

　　羅威（Thelma Rowell）和海因德[297]在實驗性研究中報告觀察十七隻恆河猴的資料，其中有十三隻成年恆河猴（三隻雄性，十隻雌性）和四隻亞成年恆河猴（每種性別兩隻）。這些動物各自在穩定的群體中成長，其中，每隻雄性和3～4隻雌性以及牠們的孩子住在一起。每次測試耗費3分鐘，包含一些簡單的情境。每次測試時，與這些動物熟悉的測試者會站得離籠子很近。第一次測試中，測試者給恆河猴一些香蕉；第二次測試是靜靜看著牠們但是沒有瞪視牠們；第三次測試則是戴著面具、穿著斗篷而且微微動幾下。在測試之前，每隻動物都已經被觀察半個小時，其行為也被記錄下來。之後進行測試，且三次測試之間都有5分鐘的間隔。

　　在第一次進行系列測試時，牠們和平常一起居住的恆河猴一起接受測試。測試者每次出現後，牠們都會表現出與測試前不一樣的行為。牠們會發出更多威脅性的噪音、活動更頻繁（比如拍打嘴脣、抓撓以及打哈欠），這些表現都與焦慮有關。另外，排尿也會更頻繁，毛髮會豎起來，並且有驚恐的面部表情（有時候，成年雄性會攻擊測試者，但是其他猴子不會攻擊測試者）。

　　測試者戴著面具、穿著斗篷移動而不是靜靜站著時，上述行為表現顯然更頻繁。在面具測試中，猴子的低攻擊性威脅叫聲、毛髮倒豎、撒

尿、驚恐的表情和打哈欠等行為出現的頻率都明顯增加。觀察中還發現，猴子被安靜的觀察時只是表現出「心神不寧」，而測試者戴了面具之後動物都變得「恐懼且憤怒」。

第二次進行這一系列測試時，每隻動物都是單獨進行測試的。在測試前6個小時，接受測試動物所屬群體的其他猴子都被鎖在室內籠子裡，將要接受測試的猴子則單獨留在牠所熟悉的戶外籠子中，但是可以聽到同伴的聲音並透過窗戶看到牠們，因此牠不算完全孤獨。然而，對每一隻猴子來說，單獨進行簡單的測試時，發生恐懼的頻率都比有同伴時更高。增加的分數範圍從3倍到50倍不等。接受測試的猴子在測試期間最常發生的行為就是看向窗戶，透過窗戶想看見不在場的同伴。

羅威與海因德總結了他們的發現寫道：

「因此，在所有情況下，隔離都會讓個體產生壓力，但是對於沒有受到刺激的動物，其影響很小；如果伴有其他產生壓力的因素時，影響就會增強。就好像隔離產生的效應不是加總而是被放大了。」

在哈洛的實驗中，接受測試的小恆河猴由假的布媽媽養大，他的實驗結果也支持以上結論[146]。在一系列的研究中，研究人員將四隻被布媽媽帶大的小恆河猴帶進陌生房間，這個房間有6平方公尺大，裡面有許多小猴子感興趣的物品。研究人員每週測試每隻小恆河猴兩次。其中一次實驗中，布媽媽會出現在這個房間裡；另一次實驗中，布媽媽不出現。這兩種情況下，嬰兒的表現完全不同。

當布媽媽出現在小猴子面前時，小猴子進入陌生房間後就會衝過去抱住「媽媽」，並且放鬆下來，也很少表現出憂慮，開始在「媽媽」身上爬來爬去、觸碰它。幾次之後，小猴子開始將布媽媽作為安全基地，並從這一點開始向四周探索。離開母親之後，小猴子朝玩具移動、撿起

來並且抓著玩，接著再移回布媽媽的身邊。有時候，小猴子會帶著玩具一起活動。在探索過離布媽媽很遠的玩具之後，牠們會很快返回這個安全基地。整個過程中，小猴子看起來都是放鬆且有自信的。

當布媽媽不在場的時候，小猴子的行為變化非常大，不是就縮在地板上一直晃動並且大哭，就是在四周一直奔跑，探索物體也是「簡短、行為古怪和發狂的」。從觀察者的角度來看，小猴子處於一種焦躁和迷惑的狀態中❺。

梅森[245]對小黑猩猩的研究也有類似的結果。在一個實驗中，實驗者單獨電擊十二隻在非洲出生的動物腳部。一部分動物在進行電擊時被觀察者抱著，另一部分獨自面對電擊。當動物獨自面對電擊時，每一次會有大約60％的時間在嗚咽尖叫，當牠被觀察者抱著時，基本上是安靜的。觀察動物面對新奇情境時的表現也能得到相同的結論。

在甘特（Gantt）以巴普洛夫傳統進行的另外一系列實驗中，結果表示，狗在人類陪伴的情況下，尤其是有牠熟悉的人陪伴下，可以緩解一定的焦慮。輕拍和愛撫對狗來說是非常有效，而且這種效果對於被頻繁的實驗流程弄得「神經質」的動物來說更明顯。這項發現由林奇（James J. Lynch）回顧[228]。

恐懼、攻擊以及探索行為

能夠引起人類和動物恐懼的情境刺激，同樣也可以在環境幾乎沒有改變的情況下激發另外的替代行為。而攻擊行為就是其中一個替代行為，探索行為也是如此。

---

❺ 被鐵絲母親養大的小恆河猴幾乎不受假母親是否在場影響。牠們在兩種情況下都表現出極端痛苦和焦慮，焦慮程度甚至比布媽媽養大，且假母親不在場的小猴子還要嚴重。因此，鐵絲母親根本無法作為小猴子的安全基地、讓牠們去探索這個房間。

面對有潛在危險的刺激時，動物會遠離還是攻擊取決於許多因素，有一些因素與有機體有關，另一些因素與環境有關。有機體因素中，個體的物種、年齡和性別有著主要作用。在許多物種之中，包括陸行靈長類動物，年紀大一點的（特別是雄性生物）更傾向攻擊，而未成熟生物和雌性則傾向撤退、躲避。生病和疲勞也可能是退縮的原因，而饑餓則可能是攻擊的原因。在環境因素中，處於熟悉的領地會讓動物充滿魄力和勇氣，而在其他地方時，動物則傾向退縮。但是當逃跑路線被封鎖時，通常就會攻擊。通常，兩種行為可以同時被激發：儘管攻擊時，個體可能還是會表現出恐懼。攻擊、威脅、逃跑和屈服，由於這幾種行動緊密相連，有時候會被生態學研究者混和命名為「格鬥行為」（agonistic behaviour）。這些行為之所以關係密切，是因為：引起這些行為的一些必要條件也是相同的[162]。

環境因素也能解釋退縮和探索行為之間的密切關係，這些問題在《依戀理論三部曲1：依附》第13章已經討論過。眾所周知，單一刺激情境，即陌生或者新奇的事物，可能會導致退縮或者探索行為，也可能兩者兼具。在許多物種之中，一個小小的環境變化會引起動物的探索行為，而大的變化則會引起恐懼行為。「帶著興趣接近」和「受到驚嚇退縮」通常會同時發生或者在短時間內連續發生。而由哪一種行為占據主導位置則取決於許多因素——新奇刺激的細節、所處的環境（熟悉或不熟悉的場地、有無同伴在場）、個體的年齡和性別、激素濃度以及一些其他因素。

確實，小小的環境改變可能會對行為模式產生巨大影響，但是我們不能誇大這個現象。如果一群動物的目的是在野外中生存下來，那麼當中的每一個個體都需要在年齡、性別和社會地位之間；在審慎和勇猛的行為之間尋求良好的平衡。

第 9 章

危險和安全的自然線索

「我留下了親愛的寶貝躺在這裡、躺在這裡、躺在這裡，
我留下親愛的寶貝躺在這裡、我去摘藍莓。

「我發現了一些棕色水獺的蹤跡、水獺的蹤跡、水獺的蹤跡，
我發現了一點棕色水獺的蹤跡、但是從此卻看不到寶貝的蹤影。

「我發現了湖面上天鵝的蹤跡、湖面上的天鵝、湖面上的天鵝，
我發現湖面上天鵝的蹤跡，但是從此卻看不到寶貝的蹤影。

「我發現了山霧蔓延的痕跡、山霧蔓延、山霧蔓延，
我發現了山霧蔓延的痕跡，但是從此卻看不到寶貝的蹤影。」

——蓋爾語（Gaelic）❶

自然線索讓我們寧保安全也不要抱有遺憾

目前為止，我們提到的刺激情境（陌生、刺激突然改變、快速接近、高處、獨處）都不是危險的本質。每一個情境不過有潛在危險，或更準確

---

❶ 編注：高地蘇格蘭人的傳統語言。

的說具有風險增加的指標，所以其本身只有中等的準確性。因此，許多引發恐懼的情境在之後會被證實其實沒有危險，然而，相比之下，某些真正危險的物體和事件卻沒有任何自然線索可以喚起恐懼並預知其即將來臨。實際危險與自然線索之間不完整的關聯會讓臨床工作者困惑，也為粗心的理論家設下了陷阱。

這裡所提出的理論核心，直接源自「動物行為學」（ethology），其重點是，**人類面對使其產生恐懼的刺激情境具有基因傾向，這些情境就如同路口的紅燈或空襲警報，每一個都是潛在危險的信號，而非本質上就具有危險。**相似的是，當人類處於驚恐狀態時，基因傾向趨近和貼近人或物，其地位相當於聖地裡的避難所。它們都象徵著潛在安全，但是並非本質上是安全的。然而，紅燈和聖地的信號價值是由人類習俗所賦予，並透過言語傳遞；自然線索的信號價值是由統計的關聯產生並透過基因傳遞下去。個體強烈與其基因衍生出的傾向會對自然的線索產生迴避或趨近的不同反應，因為具有生存價值，在演化過程中早已成為人類的特徵。這些傾向在童年和老年期顯而易見，成年期有時候會被偽裝而打了折扣，但是這些傾向會持續終身。從搖籃到墳墓，它們成為人性中的本能。

我們將會看到，這個理論適切的解釋了「為什麼在現代環境中，那些事實上並沒有危險的情境很容易喚起恐懼」；同時也解釋了「為什麼可以透過一些行為緩解恐懼，例如抓緊一隻泰迪熊或者猛吸一口煙，即使這些行為本身並不能有效增加安全性」。儘管在城市居民眼中，這些行為似乎並不合理且幼稚，而在生物學家眼裡，這些行為甚至會被歸納於病理性幻想。事實上研究顯示，人類最初依賴的危險和安全的自然提示線索，就是這些經過幾百萬年形成、可感知又有效的系統，因此，不太合理或魯莽的敘述並不恰當。

必須牢記的是，我們擁有且只有一次生命。儘管風險只是偶爾發

生，無論是為了潛在獲益，還是僅僅為了娛樂，在平凡的生活中，當我們感知到危險的自然線索時，也許99％的情況被證實不需要採取行動，但是採取行動好過習慣性的忽略危險線索，而導致在第一百次的時候成為受害者。如果經常無視「紅燈」的警告，我們即使暫時不會面臨死亡但生命也時日無多。

潛在危險的自然線索僅僅預知風險增加，並不能提供風險等級的確切訊息。對不同物種來說，不同年齡、性別的動物在不同環境中的絕對風險並不相同。根據預知的線索不同，風險有著高到低的不同等級。例如，與食肉動物相關的某些自然線索，在某些自然環境下可能是高風險，在另一些環境中卻是低風險。相似的，有一些自然線索例如獨處，可能因特定環境和特定個體的不同，有了不同等級的風險。然而不論風險實際有多大，自然線索通常影響著風險是否增加。這樣的增加可能是從中等增加到非常高的強度，也可能僅僅是從趨近於零增加到百分之一。如果沒有充分了解整個情境，都無法得知風險的實際程度。然而，明顯的是，每一種情況下風險等級都有可能提高。

面對預知風險增加的自然線索，反應傾向有著巨大優勢，讓自然線索這項風險指示器調高我們的預警標準，當風險與自然線索兩相結合時，就大大增加了該反應傾向的潛在價值，就如同伯德本特（Donald E. Broadbent）[56]所描述❷。無論當中有多少情境根本沒有危險，我們寧可事先謹慎有餘，遠過於事後追悔莫及。

同樣的，從潛在危險逃離到安全的避風港同樣也有好處，小動物的

---

❷ 伯德本特討論了各種方式，其中不可靠或是其他方面證據不充足的項目可被大腦有目的的用來決策和行動。當這些項目被大量接收時，個體可以透過兩種主要方式進行加工。一種方式是獨立而連續的加工這些項目，這種情況下的決策不太可能獲得最大利益。另一種方式是同時加工這些項目。在這種情況下，不僅可以獲得最大利益，而且決策效果可能與採用第一種方法時有巨大的不同。已有的資料認為，將危險的自然線索組合起來時，對個體行為影響顯著，這種組合的內容通常是同時被加工的。

避風港是地被植物，猴子的避風港是樹梢，群居動物的避風港是牠們的社會群體，而那些更弱小的動物，避風港就是比牠們更強壯的夥伴。不論這些行動是否必要，我們再次強調：「寧可事先謹慎有餘，也不要事後追悔莫及。」

說到這裡，讀者可能已經沒有耐心了。從猴子和猿，甚至年幼孩子身上概括出來的原則不管多麼正確，成人畢竟更加複雜，而不僅是注意這些自然線索。思考和想像、合理或荒謬、意識或無意識，這些都可以是人類恐懼的原料。為什麼要在這些原始機制上浪費時間呢？當然，因為大部分人對恐懼的認知有複雜的上層結構，只有建立在原始基因趨勢的基礎上才可以理解，而這種原始的基因傾向從不同環境中演化而來的底層結構，是我們與其他靈長類物種所共有的。這裡的爭論點是，不理解原始底層結構會造成嚴重誤解。這些原始過程不僅影響著每個成年人的行為，而且也影響著複雜的認知結構和感受方式。不論是突然的驚嚇還是長期的慢性焦慮，不論是臨時的安慰還是穩定的自信，一個人（不論男女）思考和感受的方式大部分是由強烈的基因傾向所決定，這些基因傾向就是不需思考並對自然線索做出的反應。

我們在接下來的章節首先呈現個體對自然線索反應的強烈傾向，這些自然線索包括使人恐懼之更為複雜的情境，以及隨後對此不斷經歷而得的評價歷程所衍生的廣闊人類情感。在往下進行之前，讓我們先進一步思考基因傾向的基礎結構。我們從身體疼痛作為自然線索的特殊之處開始談起。

用疼痛作為自然線索的限制

過去一些理論家假設：「只有一種刺激引起恐懼反應，就是『生理疼痛』，並且，所有恐懼喚起的刺激，都是從與疼痛相關的刺激衍生而出。」這個理論不僅錯誤，略加思索之後就會發現難以讓人信服。

作為潛在危險的自然線索，生理疼痛的體驗有著特殊的範疇。有些線索並非這麼直接的被關注到，也就是「遠端線索」（distal clues），遠端線索的感受是由距離感受器（如眼睛、耳朵、鼻子）接收。當潛在危險還在較遠的地方時，感受器就會示警，這些線索讓動物和人類能夠及時採取防範措施。相比之下，就像上一章提到的，如果等到事件發生、體驗到疼痛，時間可能早已過去許久。**我們可以把距離感受器當作前線瞭望台，而生理疼痛則是最後的防線。**

疼痛的特殊性質在於，這時候行動已經太遲了，它會引發立刻且緊迫的行動。許多動物在首次感知到遠端線索之後的典型反應是警覺小心，而這個階段在疼痛來臨時已經沒有存在的必要。取而代之的是立即、不假思索的撤退，或者攻擊。

當然，疼痛的另一個特性在於它是促進學習的力量。無數實驗證明，動物可以迅速而堅定的學會識別那些曾經體驗過疼痛的情境，並做出反應以迴避。透過這種學習，動物不再依靠疼痛這種危險的近端線索，轉而利用一些遠端線索。這些遠端線索可以提供時間和空間，以便採取預防措施。這些前線瞭望台能讓動物保持警覺、識別與注意新線索。

相對於其他自然線索，生理疼痛可能與潛在危險更相關，但是並不是絕對可靠。比如，醫療照顧雖然可能造成疼痛，但是通常並不危險；而一些真正危險的情況（例如內出血），卻沒有疼痛感。以上僅僅是一些例子，嚴重的危險可能沒有自然線索，或者只有微弱線索可供預警。

沒有自然線索的危險

前面我們提過，恐懼反應的單一或合併的自然線索，指引著可能陷入的危險情境。不過，某些危險情境並沒有線索，因此我們無法利用自然傾向來逃脫；而我們的感覺器官也無法偵測這些情境發出的訊號。

184

在自然發生的危險中，傳染疾病就屬於這個類型。當傳染病透過空氣傳播，通常不會有自然發生的線索讓我們可以感知到，也無法利用基因傾向撤離（與此相反的是，如果產生腐敗氣味，就可以讓我們察覺透過食物和水傳播的疾病）。此外，在現代，環境中已經增加了大量的危險，這些危險同樣不會顯露讓人類感知的線索。例如一氧化碳和X光。在這樣的情況中，還沒有時間也沒有機會演化出讓我們可以偵測到的自然方法，我們不得不轉而依靠人工方法。

雖然我們可以利用識別危險和安全的自然線索，我們遺傳而來的天賦提供了我們敏感而有效的自衛方式，但卻無法萬無一失。我們在許多情境透過線索而迴避的一些情境不但不需要而且完全無害；而在其他場合，卻有可能讓自己誤入真正的危險。

「獨處」的潛在危險

預知危險增加的自然線索很大一部分與「獨處」有關。從統計學上來說，獨處相較於有人陪伴的安全性要低。我們不難理解在童年期、生病以及老年期的情況如此。普通、健康長大的男性和女性，獨處也有潛在的風險。尤其在一些特定情境中獨處確實比有人陪伴時風險更高（即使這種情況可能在西方國家極少，且絕對風險也不高）。因此，這個章節論點在——無論早期或現在的情況，避免獨處是如同避開其他具有潛在危險的自然線索的一般做法。陪伴讓我們感受到並尋求舒適，當我們獨處時體驗到或多或少的焦慮並不奇怪。

在之前的章節（第4章）我們已經論證過，如果想要理解人類行為，有必要了解關於人類環境的進化適應性。沿著這個思考模式（第12章）向前推進這個理論，**在具有進化適應性的人類環境中，依附行為會促使個體與特定陪伴者保持親密，而這些依附行為的功能是保護自己免受捕**

食者危害，這對人類、哺乳動物和鳥類等其他物種來說都是如此。所有生活在陸地上的靈長類動物，與族群待在一起更安全。從族群中分離很容易成為潛伏的豹❸或一群獵犬的食物。而對更弱小的成員來說，尤其是雌性和幼崽、年老的和生病的成員，落單經常意味著快速死亡。

這個理論有時候被視為實務工作者的學術興趣。是的，也許我們可以說，在人類歷史中，分離的確會引發捕食者的威脅，但是那已經是遠古的事了。這些反應持續到現代反而是一種不必要的麻煩，並且該去除這些古老的迷信了。

上述推論有以下幾個缺陷：首先，即使我們希望如此，幾百萬年建構起來的基因傾向也不可能在一夜之間抹滅；其次，反射機制告訴我們「試圖抹滅它們可能非常不明智」。如今，在許多地區，獨處的絕對風險仍然相當高；在西方社會，這種風險甚至比想像中的還要高。

確實，在如今的西方國家，食肉動物不再是帶來傷害和死亡的原因，但是還有其他的危險。摩托車和家用電器取代了食肉動物帶來新的危險和傷亡，而剛學會走路的幼兒和老年人是主要的受害者。然而，儘管一般經驗強烈顯示，大多數處於危險中的孩子和老人是獨自一人，可是那些強調事故預防的研究者卻很少關注這一點。倫敦某一個行政區以及瑞典的交通事故統計就揭示了這一點。

兒童交通事故與獨處的統計資料

在倫敦薩瑟克區❹，1968年間行人受傷人數達到九百零一人，其中二十七人是致命重傷。總傷者中的四百一十一人是15歲以下的兒童，

---

❸ 自《依戀理論三部曲1：依附》出版以來，進一步證據證明豹對早期人類的危險性眾所周知。根據布萊恩（C. K. Brain）54在南非一個洞穴中發現的「粗壯傍人」（Paranthropus Robustus）骨頭化石碎裂的方式是典型豹捕食的形狀。保存更好的（青少年的）頭骨中，其中一個有兩個洞，尺寸大小和間距剛好與豹犬齒相符。

❹ 我非常感激該地區道路安全官員哥德先生（V. E. Golds）所提供的資料。

接近一半的數量（46%）。這表示，兒童受傷的比率大約是成人的3倍。

年齡	受傷人數
0歲～兩歲11個月	14人
3歲～5歲11個月	125人
6歲～8歲11個月	124人
9歲～11歲11個月	81人
12歲～14歲11個月	67人
總數	411人

　　所有受傷兒童中，幾乎有三分之二（62%）的孩子是獨自一人。即使是幼兒，也有超過一半是獨自一人。其餘大部分是與其他兒童在一起，且那些兒童的年齡通常沒有比受傷兒童大。只有八分之一的受傷兒童有一個成人陪同。

　　瑞典也出現了類似的現象[301]。行人受傷的案例中，3～10歲間的兒童特別多。一項專門研究一百七十七例11歲以下兒童在人行道受傷的事故顯示，44%兒童是獨自一人；34%是與同齡人在一起，只有約20%的兒童有成人陪同。

　　儘管仍然缺乏是否有成人陪同的決定性資料，解釋兒童事故發生率有顯著差異，但是似乎也可以得出這樣的結論：相比有成人陪同，獨自一人在街上或是只有同齡人陪同時，發生兒童交通事故的比率更高❺。曾經在市區照顧過孩子的人一點也不意外這個結論。

---

❺　調查那些在交通事故中受傷的兒童家庭背景[20 & 67]，讓這些兒童沒有家長照顧的原因真相大白。與控制組兒童相比，我們發現更多受傷兒童不被需要和不被愛，而且通常有焦慮、全身貫注於其他事情的母親（比如自己、其他家人、弟弟妹妹、年長親戚生病了，或是媽媽又懷孕了）。馬丁（Helen L. Martin）[243]報告在燒燙傷兒童中也有類似的發現。

獨處對成人的風險

對我們來說，獨處對兒童和老人來說是一種風險也許很容易理解。但是，在成人身上可能較不容易被接受。對於強健的成年人，獨處幾乎被認為是沒有風險的。然而，進一步的研究強有力的證實，確實有風險。

透過比較相關資料我們發現，在西方國家，即使是強健的成年男性和女性，在許多情境中，獨處在受傷和死亡風險上，也比有人陪伴時更高。在城市街上走夜路就是一個例子。在某些地區，警察會兩人一組進行巡邏並不是沒有原因。此外，運動愛好者也意識到，獨處會增加風險。不論是爬山、游泳、洞穴探險還是航海，有時候則是在監測危險方面「三個臭皮匠，勝過一個諸葛亮」；有時則是某些傷害對兩個人在一起時並不構成問題，但是獨處時就可能會致命。

獨處的另一個危險發生在非常疲憊的時候。一旦睡著，他無法在危險來臨時保護自己。相反的，如果他有夥伴陪同，每個人都能輪流守衛。確實，在航行的船隻上，會有組織的輪流守衛，這種睡眠模式的人類版本，和群居而眠的鳥類和靈長類動物相同。每個動物在夜裡的某些時刻是醒著的，任何時刻，當大多數動物都在睡覺時，一些動物很可能醒著，準備發出警報[365]。

近幾年，的確有人完成獨自航海的偉大壯舉。公眾對他們的成功產生如此大的興趣也預知著這樣的認知：獨自航海不僅征服了困難，也冒了巨大的風險。和許多人待在一起更安全，尤其是有熟悉的人陪伴。

熟悉的陪伴和環境所帶來的潛在安全

在這幾章，我們強調的是「引起恐懼的情境不僅是在場、確切或即將到來的，也包括不在場、不確切或即將發生的」。我們的一生總是趨

向被某些有生命或無生命的環境吸引（主要是那些熟悉的人或地方），而排斥另一些環境（尤其是顯示出潛在危險自然線索的環境）。因為我們趨向迴避陌生與獨處這兩種自然線索，所以如同其他物種的動物，人類有一種明顯趨向，一直待在一個特定而熟悉的地方，並且和熟悉特定的人相伴。

顯然，長久以來，任何動物都趨向限制自己的活動以便待在生理狀態所允許的地球表面。這些部分可以用不同的物理指標來表示，例如：土壤、空氣、水、溫度梯度、降雨量，也有一些可以用生物指標來表示，例如：具有或缺乏某些特定食物。只有透過這些方式調節活動，物種成員才可以在生命處於某些臨界極限的情況下維持生理指標。促發和終止這些類型的行為系統可以使動物停留在其「生態棲位」（ecological niche），這種行為系統在傳統上被稱之為「本能」。

然而，雖然生態的限制可能很重要，但是與在自然中不斷蘊生的限制相比，就不值得一提了。仍然只有少數人意識到，一個物種的個體在其整個生態適應地表上隨機漫遊開始，終其一生都生活在極其受限制的活動範圍內❻。例如，野鼠生活在不過幾百平方公尺的灌木叢裡，狒狒生活在幾十平方公里的熱帶草原上，獵人和採集者生活在幾百平方公里的森林或平原中。候鳥可能在鳥巢和過冬地點之間飛行了幾千公尺，只在每個地方使用特殊的地點，很多鳥類每年都在其出生地或離出生地非常近的地方築巢。

鳥類和動物類似的是，牠們都會和其他同類混雜在一起、並沒有加以區別。個體識別是通行的規則。牠們與某些個體的緊密聯結可能會持續很長一段時間。與另外一些成員可能沒有那麼親近，但是依然會維持

---

❻　領地的概念包括地域性，但是也可以更廣泛。雖然很多鳥類和哺乳動物表現出顯著偏好某個特別的領地[179]，但是極少展現出維持或是保衛一片獨有領地的行為。關於動物占有領地的可能功能討論，可以參考庫客的研究[79]，而不同物種間可能有所差異。

著關係。然而，對其他個體不是幾乎沒有興趣，就是小心迴避。因此，每個個體都有自己依附、相對較小，但非常與眾不同的環境。

動物傾向於生活在一個生態適應的環境之內，其生存價值毋庸置疑，但是維持其特定、熟悉環境的巨大傾向性，其生存價值值得商榷。然而檢驗這個問題證明，這樣做很可能帶來明顯的優勢，尤其是當情境變得不利時。透過停留在熟悉的環境，動物或者人類馬上就知道去哪裡可以找到食物和水，不僅僅在平常的季節裡，在那些不時出現異常的糟糕年份也是如此；牠也知道，哪裡有躲避惡劣天氣的地方，哪裡有樹木、懸崖峭壁或者洞穴可以提供安全的庇護，面對的危險是什麼以及危險可能會從哪裡來。與熟悉的同伴待在一起，牠能夠從已經建立、相對成功的習慣中獲益，比如食物偏好，還有在受到捕食者威脅時透過協調的社會行動獲益。因此，停留在熟悉的環境，個體可以待在相對安全的地方、避開許多會危及自身的危險。

據此推測，個體停留在牠所熟悉的環境是促發和終止行為系統的結果，這種行為系統敏感於這些刺激情境，比如陌生還是熟悉、獨處還是有人陪伴。一方面，調節恐懼行為的行為系統趨向個體離開那些具有潛在危險的情境；另一方面，調節依附行為的行為系統傾向個體趨近或待在那些潛在安全的情境中。

這把討論帶回到了依附行為。行為系統支持更弱、更幼小的個體接近另一個更強壯的個體，現在可以將此看作是更大系統的一部分，這個系統的影響在於調節整個生物活動，使個體待在自己熟悉的環境中。在大多數物種中，依附父母角色是個體行為發展的第一種形式。

在下一章以及第18、19章，我們將討論很多研究所遇到的困難，這些困難一直存在於有關焦慮的心理病理學和精神分析理論中，源自缺乏了解對個體熟悉的環境、同伴，以及其情緒狀態的影響。只有了解每個人的環境對他來說都是獨特的，才能理解他是怎麼感覺的。

與熟悉的環境保持穩定關係──生物性恆定的一種形式

那些受過生理學方面訓練的人可能會發現──在恆定狀態下觀察行為相當具有啟發性。生理學家研究的系統維持著某些生理化學指標──在器官內部，在一定的限度內；而調節依附行為和恐懼行為的系統，則維持個體在環境中的特定部分。一種情況下，有機體保持內在穩定狀態，而在另一些情況下，有機體與環境之間的關係則保持穩定的狀態。

提出恐懼與焦慮理論時一個主要優勢在運用「恆定」這個概念──這樣做可以與這個理論的其他兩個部分聯結，它們通常都會借助守恆定律。一方面，這個理論與壓力和壓力性疾病有關，多數會引出生理學體內平衡的概念；另一方面，它與「防衛過程」（defensive processes）理論有關，傳統上也被構想為促成維持某些恆定形式的原因。佛洛伊德假定防衛過程幫助個體將精神結構中的刺激標準降到穩定的低標準，這個理論的進步在於它把防衛機制設想為維持我們稱之為穩定的「代表性」（representational）狀態❼。

我們在這裡提出的觀點是，相較於維持生理穩定，個體幾乎是無意識且不假思索的和熟悉環境保持穩定關係。在恆定的每種狀態中，個體被認為生來便具有發展生物系統且具有強烈的基因偏好，透過對某類型刺激更加敏感，每當一些特別的標準偏離一定範圍時，個體就會採取行動，而一旦恢復到那些範圍內則停止行動。因此，這個理論將「維持有機體和熟悉環境之間的穩定關係」放在與「生理狀態」同樣重要的等級。

進而，系統將維持這兩種形式的恆定看成是互補的作用。顯而易見的是，只要個體維持在其熟悉的環境之中，就是成功的，在負載增加的

---

❼ 整合了這些觀點的理論將在《依戀理論三部曲3：失落》闡述。

情況下，也可以輕鬆維持生理恆定。這是因為，只要個體待在熟悉的物理環境中並與熟悉的同伴在一起，就更有可能找到飲食，並獲得可靠、持續的保護，免於自然的傷害包括來自捕食者、有毒的食物、從高處落下、溺水以及暴露和寒冷等。相反的，只要系統可以成功維持生理恆定，個體將會更健康，而且更容易有效待在熟悉的環境。有鑒於此，維持個體和其熟悉環境穩定關係的調節系統，可以當作是維持生命系統的「外環」，而與此相互補的是維持生理恆定則是系統「內環」。

　　當然，必須強調的是，無論如何界定恆定的種類，在整個生命週期中，其狀態從來不會持續超過相對穩定的範圍。的確，只要研究的單位是個體，成長的過程就是內穩狀態發展過程的對立面。內穩狀態不僅有助於理解恐懼和焦慮，也是理解悲痛和哀悼的關鍵概念。

　　雖然研究更常關注維持個體與其熟悉環境之間的穩定關係，但是，與之相對的探索行為和研究行為的重要作用也從未被忽略（見《依戀理論三部曲1：依附》第13章）。當然，我們也並沒有忽略那些生命週期的常規序列所產生發展變化的內容。

第 10 章

自然線索、文化線索，
以及對危險的評量

「兒童似乎與生俱來就很少有真正的現實焦慮……他們會在水邊奔
跑、爬到窗臺上、玩尖銳的物品、玩火——簡而言之，他們會做必然
會讓他們受傷的一切事情，並且讓照顧者感到擔心。最後，完全是出
於教育的結果，他們的現實焦慮才被喚醒。對兒童來說，他們無法透
過自己獲得這些有教育意義的經驗。」

——西格蒙德・佛洛伊德[121]

預知風險的三類線索

最初，在嬰兒時期，自然線索是唯一會讓嬰兒做出恐懼反應的刺激
情境。在之後的第二年和第三年，其他一些刺激情境也加入這個行列，
尤其是動物的出現以及黑暗（與之關聯的意外事件），這兩種情境都很容
易習得，是自然線索的衍生物。此外，嬰兒從出生第二年開始觀察和模
仿重要成人的行為。**當嬰兒透過這種方式習得一系列行為後，會以恐懼
回應迄今為止以中性態度對待的刺激情境，甚至是感興趣的刺激情境，
這些都是由文化決定的。這些新的刺激情境可以被稱作「文化線索」**
（cultural clues）。在許多案例中，我們可以明顯看到這類透過模仿習得
的恐懼行為可以避開危險，但是並不能了解危險的本質。正因此，由文
化線索引起的恐懼和由自然線索引起的恐懼有很多共同之處。在佛洛伊

193

德的術語定義中，這兩種恐懼都不能被稱作「現實的恐懼」。

隨著認知能力緩慢發展，兒童開始從真實的危險中辨別自然及文化線索，並且學習掌握評估風險的方法。在成長的同一個階段，依據兒童目標校正計畫，所有行為開始變得越來越有組織性，他們的恐懼行為也隨之發展。因此，嬰兒這些相互聯繫的發展，使嬰兒的恐懼行為變得更加「理性」和「現實」。此後，在童年晚期、青春期以及進入成年期生活之後，個體評價真正危險的能力和對危險做出適當反應的能力，可能會穩定提升。

然而，在恐懼行為這個組織中，儘管這些恐懼行為的組織性新的發展可能相當重要，但是仍然存在個體對文化線索和自然線索的反應傾向。的確，不只在整個兒童期，甚至在整個青春期和成年期，自然線索和其衍生物依然是引起恐懼的情境中最有效的。看到一些離奇的幻影或是突然而快速靠近的東西，或是聽到一些極具穿透力的尖叫聲，或是發現自己獨自處在黑暗陌生的地方，在這些情況下，個體即使有再大的勇氣也無法對恐懼免疫。

學術界經常忽視這種對自然線索做出反應時的持久傾向和其價值。因此，人們的許多恐懼被研究者從錯誤的角度來看待。例如阿諾德（Magda B. Arnold）的研究[18]，因其對行為規則作用的評價給人們留下深刻印象，他甚至斷言：「真正的恐懼只有在兒童成長到夠大，有能力去評價傷害的可能時才會發展。」探討人類恐懼的其他研究中，我們通常會發現有這種假設：對真實危險的恐懼是一種健康並可取的反應，而對其他任何刺激產生恐懼都是幼稚或精神官能症的。在精神官能症研究中，這個假設一直以來都很強大且有說服力。它不只存在佛洛伊德傳統精神分析療法中（見第5章），也存在其他傳統的精神官能症研究中[225]。這就是為什麼與愛的對象分離所產生的恐懼，仍舊經常被錯誤的認為既是精神官能症又是幼稚的主要原因。

194

本書主要想反駁：「成熟的成年人只對真正的危險感到害怕」這個假設，儘管看起來似乎可信，但卻完全錯誤。成年的男性或女性會盡最大的努力評價真正的危險，並採取相應的預防措施，認為這樣就足夠了。然而，要做出那些評價經常並非易事，在一些情況下，花太長時間來評價是危險的。相反的，對自然和文化線索的反應則是快速而簡單的。此外，就如之前章節中所描述，尤其是在兩個或更多的人在一起的時候，一個原始但是有效的系統會在個體對自然線索做出反應時，將危險最小化並且讓安全最大化。因此毫無疑問的，在評價危險時，即使要使用很複雜的方法，成年人也會對每個自然線索反復的試探反應，而當面對複雜的情境時，會做出相當強烈的反應。

因此，形成成人恐懼行為至少由三種來源及其衍生的線索引起：

【來源1】自然線索及其衍生物。

【來源2】透過觀察習得的文化線索。

【來源3】透過學習習得用以評價、避免危險，且使用上更加複雜或簡單的線索。

基於第一類型線索的恐懼行為發展得很早，容易被認為是「幼稚」和「非理性的」。而第三類型線索的行為發展得很晚，通常被認為是「成熟」、「現實的」。第二類型線索的行為處於這兩者之間，不論被認為是幼稚的還是成熟的，理性的還是非理性的，都取決於旁觀者是否擁有與行為者相同的文化標準，例如，「恐懼鬼魂」可能在某種文化的觀察者看來是現實的，而對另一種文化的觀察者來說是幼稚的。

這三種不同線索的行為有著真正的評價，並具有與相當流行的描述非常不同的圖像。而第一種線索和第二種線索所表現出的行為符合正常發展和精神健康，並不遜色於基於第三種線索的行為。的確，對功能健

康的個體來說，都具有這三種類型線索所導致的反應，這些反應既可同時出現也可相繼發生，既可以彼此相容也可互相矛盾。

本章，我們會探究這三種類型線索引起的行為其功能。我們已經相當關注自然線索，因此我們將思考個體評價和避免危險等更為複雜的方式。

評估「真正的危險」的困難性

精神科醫師經常表示：「個體要評估真正的危險是相當簡單的事。」但是事實上並非如此。

在日常生活和臨床實踐中存有兩種類型的困難。其中一個困難是：每一個人對什麼是真正的危險以及什麼不是真正的危險，都是根據自己的利益而評價；另一個困難是：我們每一個人都會評價對另一個人而言什麼是真正的危險以及什麼不是真正的危險。

一旦嘗試定義什麼是「真正的危險」，無論是對自己還是對他人，都會遇到困難。這裡有許多問題，其中一個問題涉及我們劃分自我利益的邊界有多寬；第二個問題涉及我們如何理解什麼會引起傷害而什麼不會引起；第三個問題涉及個體在保護自己和自己的利益上能力非常不同——強壯的人在危險的情境中可以好好保護自己；反之，在同樣的情境中，虛弱的人或是婦女與兒童或許就不能好好保護自己。

我們先從每個個體所劃定的利益邊界開始討論。顯而易見的，可能導致受傷或死亡的任何情境都被我們劃分為危險的。同樣達成一致的是，會造成家人和親密朋友受傷或死亡的任何情境也都被我們歸類為危險的。除此之外，我們對危險的定義就變得更困難了。我們關心其安危的朋友和熟識的人，這個圈子要延伸到多大的範圍？在工作機構或社交團體中，我們確定自己是安全、健康的範圍有多大？我們如何評價某些

線索是否威脅到個人財產、房屋和喜歡且常去的地方？

經驗告訴我們，人類會不斷擔心、焦慮那些會威脅、損害到某個範圍內的人、財產和地方，且在一定程度上超出了他對自身的擔憂。出於這個原因，我們有必要認為「真正的危險」的概念中，不僅包括可能損害、破壞個體本人的威脅，也包括可能損傷和破壞個人整體環境的威脅，如同前面章節中所定義的一樣'。

我們經常無法意識到「將個體的整個私人環境都包含在這個界限內」的這個需求，或者即使意識到了這個原則，也很難正確明瞭特定個體的個人環境本質和範圍。結果就是，旁觀者可能會忽視對個體而言真正的危險。

而且，不只涉及個體安危的威脅本質，保護自己的方式也與此相關。強壯、有能力的人可以在某些情境中保護自己，而在同樣的情境中，虛弱的人及能力不足的人則無法保護自己。

即使統一定義「真正的危險」，然而，對每個人來說，如何評價依然有很多困難。例如，對個體來說，要準確評價自身與其利益在什麼時候和什麼程度益是受到威脅的，需要更深入了解自己的世界，並能夠有效預測結果。我們當中有多少人在這些方面是合格的？「真正的危險」說起來容易，但是卻難以評價。

我們很容易遺忘那些大眾而永久的真實危險，從不比歷史中被某個特定群體在特定時間所偏愛的圖示表徵還要危險。對一些人而言，在某些時期擔憂鬼魂是現實的。對另一些人而言，在某些時期擔心細菌是現實的。在現實方面，我們都因為自大而處於危險中。

但是那並不表示每件事情都是主觀、不具現實的。利用現實作為標準界限的困難並不在於沒有現實情境，而在於我們的理解能力並不完善。兒童沒有完善的能力理解什麼是或可能是真正的危險，而這些危險通常看起來理所當然。而成年人理解真正的危險的能力僅僅在很小的範

圍內比兒童強一些，但我們卻很容易忽視這一點。

　　準確評價危險的風險程度，需要同時考慮多種因素。例如，需要考慮如何評價被特定的狗襲擊的風險。我們一般認為，普通的狗是無害、溫和的生物。但是，某些狗在某些時候對某些人來說是危險的。那麼，我們運用什麼標準來評價呢？再三思考後，我們意識到這些標準是多樣並複雜的。準確預測部分取決於狗的種類，部分取決於遇到牠的情境，部分取決於牠的行為，還有部分取決於我們如何評價自己的力量。這樣，我們就需要考慮到狗的年齡和性別，牠的飼養情況，可能也需考慮牠的訓練情況。同時，我們應該考慮狗是在自己家還是在其他地方、主人是否在旁；如果是母狗還要考慮牠是否有了小狗。同時，我們還應該考慮到，狗是否熟悉我們及歡迎我們的程度，當我們判斷自己遭受牠的威脅時，如何有效回應並保護自己。事實上，這是複雜的評價歷程，需要很多關於狗的知識和對目前情況的準確知覺。毫無疑問，很多成年人和兒童對於做出評價都很絕望，他們表現得就像所有的狗都是危險的，直到被證實是安全的。另一些人從相反方向簡化了情況，可能會做出相反的假設。

　　我們再思考一下準確評價食物中毒的危險的困難性。要做出這個評價，需要了解很多詳細的知識，包括食品來源、誰處理過它、是否被烹飪過，以及多種微生物在不同加熱溫度下的存活情況。普通家庭主婦的行為就是基於有限的文化衍生線索和實踐活動來迴避危險。

　　評價和預測真正的危險的能力，兒童顯然比成人更糟糕。這並不僅僅因為兒童可能所知不多，而且也如皮亞傑曾經證實的──兒童還在緩慢發展在同一時間內考慮多於一種簡單因素的能力。幸運的是，兒童對於自然線索和文化線索做出反應相當容易。如果兒童不能這樣做，可能很快就會死掉。

「想像的」危險在心理病理學上的意義

　　個體經常用預測的方式評價危險。有時候個體預見的危險情境被判斷為緊急的，有時候則被判斷為遙遠的。在每一種案例中，每個人對其情境所造成的危險評判不同。對於一些危險情境，幾乎社會上的每個成年人都會預測它可能沒有問題。而正是被成年人認為不可能或是完全不可能存在危險的情境，恰好成為了挑戰。可笑的是，由這種預測引起的恐懼大多被認為是「誇張的」或是「想像中的」，在更多理性的人看來這是「不合適的」。長久以來，對這種可能性展現出的恐懼，成為了心理病理學的基礎謎題。

　　然而，一旦理解準確評價危險的歷程中有許多困難，一旦意識到如果人們想要從中存活下來，就沒有犯錯的餘地，那麼那些被稱為是「想像中的」恐懼就能以不同、更加同理的觀點來看待。這種觀點就是——兒童關於世界的認知模型仍然有很大的缺陷，這一點使他們有時可能會嚴重低估危險，有時無視風險的行為可能會嚇到我們，不過這並不奇怪。兒童也有可能經常在相反的方向做出錯誤預測，在我們預測沒有危險時，他們會預測到危險。當我們從這種視角看待問題時，同樣不會感到奇怪。因此，當洗澡水從水孔中流出而落下時，蹣跚學步的孩子怎麼知道自己不會一起流走呢？當他們聽說關於強盜和紅臉印第安人攔截馬車或搶劫郵政列車的故事時，他要如何知道他和家人不會成為下一個受害者呢？有人認為，兒童在精準評價危險等級時有非常大的困難，即他大部分依據的是我們稱為兒童期的「想像中的」恐懼，比我們通常假設的恐懼要大得多。

　　有時，「想像中的」恐懼可能會由簡單的誤解引起，例如6歲半的男孩擔任相片模特兒時，當攝影師要按下快門的時候，就著急的跑下臺階。直到第二天他才透露，每次聽到「射擊」（shoot）（「shoot」在攝影

的情境下是「拍攝」的意思）時，他都為了保命而逃走。另一個相似的誤解是，12歲的男孩因為盜竊被轉診到諮詢診所，每當他來到診所時，都堅持裝6塊錢在口袋裡。這個祕密在幾星期後被揭開了，他透露自己認為診所是執行懲罰的地方，如果他被監禁，逃出去時就需要錢購買回家的公車車票。

在其他時候，「想像中的」恐懼是個體從非常小的樣本中概括出來的結果。如果奶奶今天死去了，也許媽媽或爸爸明天也會死去。如果母親的第一個嬰兒死亡了，那麼她擔心第二個孩子也會死亡會令人感到驚訝嗎？

我們目前為止列舉的例子是不精準或不充分的資料所引起，而錯誤預測危險的實例。當我們還不了解個體做出錯誤預測的原因時，他傾向恐懼特殊情境，在別人看來很滑稽，而這種狀況也將持續不變。然而，一旦了解這種恐懼傾向的原因，其他人看待這種恐懼傾向時就不再認為其不合情理。然後就有機會修正或改進這種傾向。

在其他案例中，人們恐懼某個情境在外人看起來可能相當荒謬，也不值得，但是這種恐懼可以用其他方式來解釋。在臨床文獻中，有一種恐懼來源被大大低估，它基於事實預測了風險，但對外人來說依舊難以理解，因為它源自最隱祕的訊息。在兒童和青少年中我們可以看到這樣的案例：父母情緒爆發的時候會向孩子發出可怕的威脅，如自殺、離家出走，甚至是謀殺，儘管這種情緒爆發在當下看起來相當真實，但實際上可能相當罕見且通常與性格不符。自然的，兒童或青少年通常會將這種威脅當真，而父母會將這些威脅說得不那麼嚴重甚至否認。這種家庭情境在解釋一些病人強烈的分離焦慮時相當關鍵，之後的章節會說明。

另一個明顯的非理性恐懼源於「有意識或無意識的出於本人需要，並基於個體知識背景形成對危險的預測」。例如，敵意指向他所愛的某個人。這裡再次強調，一旦了解事實，這種恐懼就不再是非理性的。

然而，恐懼的另一個來源是基於投射和合理化的過程，這一點我們在接下來的章節會簡要介紹。

在第18、19章，我們會更關注焦慮的兒童和那些被認為不合理的成人恐懼。而這幾個段落想要闡明的是——只有採取理論研究方法，才可以毫不費力涵蓋各類臨床心理學家所關注的臨床問題；同時，我們也想要闡明「每一種生物學觀點都不能否定佛洛伊德富有深遠意義的重要發現」，那就是：**恐懼不僅可以由外部世界和身處外部世界的人們所預測而喚起，也可能由我們預測自己可能如何行動而喚起。**

也許，對於希望理解讓他人感到恐懼的情境的人來說，需要學習的基本課程是——預測未來的危險並不是嚴格的限制於個人。即使個體預測一些事件是公開、可以和他人分享的，但是預測其他種類的事情，本質上是私人的。特別是，預測我們的人際關係可能會如何進展，不僅關係到的是我們自身而非他人，且是基於自身過去的經驗和現在的訊息。因此，關於未來可能會發生什麼好事或者壞事，我們都有自己的預測。這存在於每一個人的心中，預期未來屬我們的私人世界。這個主題我們在第14章將會進行簡要介紹，其中將主要介紹個體預測依附對象可能會如何表現，以及這些預測如何大大影響個體是傾向於焦慮還是自信的傾向。

透過觀察從他人身上習得的文化線索

長久以來我們都有這種假設，認為兒童傾向從父母那裡「獲得」恐懼。然而，我們對於能引起孩子恐懼的事物，以及能引起家長恐懼的事物之間的關聯所知之甚少。只有在過去10年左右，「透過觀察學習」這種基本傾向才逐漸受到系統關注。

根據一些研究結果，研究者普遍認為「觀察學習在多種類的鳥類和

哺乳動物行為發展中扮演著重要的角色」[162]。關於人類的研究中，班杜拉[22]是「社會學習理論」（social learning theory）的代表人物。他認為：實際上，透過任何直接經驗可以學習的事情都可以透過間接觀察他人在特定情境下的行為表現而習得，尤其是觀察他們的行為所帶來的結果。透過這種間接的學習方式，個體可以獲得無數技能。觀察學習為文化傳播中哪些情境需要避免，以及哪些情境可以被認為是安全的提供了一條有力的途徑。

關心兒童的人們有時候會認為，兒童恐懼的內容如果可以不受父母影響會更好❶。然而，只要片刻思考就會發現情況正好相反，這恰恰是自然的明智安排。正如一些非人靈長類動物透過模仿其他動物的行為（見第8章）擴大要迴避的刺激情境範圍，同樣的人類也是如此。不可否認，結果有時候可能是一些沒有傷害性的情境經過幾代人之後會被當作是危險的情境。但是，在更多的情況下，我們可以假設：模仿傾向導致年輕個體迅速獲得所在社會群體的傳統智慧，從而避免已經被證明是致命的危險。

此外，**個體透過模仿學習遠多於直接從恐怖情境中學習。因而，對兒童和成人來說，透過目睹另一個人不帶恐懼的處理這種情境而且沒有造成危害，大大減少甚至消滅了這種情境喚起恐懼的特性**。而我們將在第13章討論「由於環境限制會引起個體的恐懼」這一點。

喚起兒童恐懼的情境和喚起父母恐懼的情境之間具有一定的關聯，然而相關的研究報告卻很少，僅有四項研究的結果可以被引用。一項研究七十位學齡前兒童的資料顯示，霍格曼（E. Hagman）[141]從2～6歲兒童及他們的父母中發現，兒童恐懼狗和他們的母親恐懼狗之間具有顯著

---

❶ 科學文獻中有一種趨勢，限制術語「模仿」（imitation）在「一個新的運動模式正在發展」的情況下使用。但是在接下來，「模仿」這個術語被使用在日常生活中，表示個體觀察到其他人對某個特定刺激的反應，然後做出相同的反應，也就是當中沒有涉及新的運動模式。

關聯，同樣的，與他們恐懼昆蟲也明顯相關。還有儘管聯結度較低，那些害怕雷雨的兒童和他們的母親之間也具有關聯性。果不其然，比起他們的母親並不害怕某種情境的兒童，與母親一樣恐懼某個情境的兒童更可能保有這樣的恐懼。一項可與之相比但控制更加嚴格的研究中，班杜拉和曼拉（Frances L. Menlove）同樣也發現[23]：那些恐懼狗的學齡前兒童和他們同樣恐懼狗的父母（父母當中有一人害怕狗或兩個人都害怕）之間也具有顯著關聯。第三項研究是關於害怕看牙科。肖本（E. J. Shoben）和伯蘭（L. Borland）發現[328]，決定個體是否會對預期中的牙科治療產生恐懼反應最重要的因素，是家庭成員對此的態度和經驗。第四項研究的對象是一百名在第二次世界大戰中從爆炸區域與母親一起撤離的學齡前兒童。約翰（E. John）報告[181]，這些兒童報告在轟炸襲擊過程中他們表現出的恐懼強度與他們的母親所報告在轟炸襲擊中自己表現出的恐懼強度之間的相關係數為 0.59（儘管在大部分案例中，訊息主要來源是母親，但是在少數案例中具有的獨立證據使研究者相信其結果是可靠的）。

　　儘管那些能引起恐懼的情境究竟能在家庭和社區中有多大影響仍需進一步研究，但是對先前的中性刺激恐懼可以很容易透過間接方式獲得，這目前可以成為良好證明。例如，在伯格（Seymour M. Berger）報告的一項實驗中[37]，當實驗對象看到另一個人在蜂鳴聲過後被電擊且明顯產生疼痛感，蜂鳴聲就可以引起他的恐懼❷，班杜拉和羅森塔爾（Theodore L. Rosenthal）也報告過這個研究[24]。顯然，無論蜂鳴聲何時響起，觀看另一個人遭受電擊都是極為不愉快的經歷。在班杜拉的實驗中，一些觀察者試圖透過將注意力集中在其他事情上來減少不適感。一個觀察者表述：「當我注意到那個電擊對他來說有多麼疼痛時，我會將視線集中

---

❷　在這些實驗中，被觀察的對象實際上並沒有暴露在電擊之下，但表現出自己受到電擊的狀態，例如：透過突然收縮手臂、抖掉鉛筆並做出齜牙咧嘴的動作。

在一個點上，這樣可以不讓我的視線直接落在他的臉或手上。」然而這個觀察者依舊對這些刺激表現出恐懼（研究者透過測量其膚電反應得知），這個結果並不令人驚訝。

在剛剛描述的實驗情境中，實驗對象被要求觀察正在發生的情況。在真實的生活中，我們可以依據自己的意願自由選擇觀察或是不觀察。儘管可以使用的系統紀錄很少，但是情況似乎是：**無論什麼時候，當我們處於陌生或有潛在危險的其他情境中時，我們通常會特別注意與觀察其他人會如何反應，以便從他們那裡提取線索，尤其是當我們認為他們更有經驗時**。而孩子也確實是這樣做的。在前面提到的研究中，霍格曼[141]運用學齡前兒童樣本進行了一系列簡單的實驗。他的研究顯示，當呈現可以引起恐懼的刺激時，將近一半的兒童抬頭看向和他們在一起的成年人。我們記得，謝弗[306]的研究結果顯示，12個月大的孩子身上就出現了同樣的行為。

顯然，這是一個巨大的研究領域，而且沒有被完全探索過。它同時也很複雜。眾所周知，那些喚起兒童恐懼的情境與喚起成年人恐懼的情境並沒有完美的關聯。例如，害怕狗和馬的母親可能會有一個當這些動物迎面過來時依舊很大膽的女兒。相反的，明顯不害怕動物的父親可能會有一個膽小的兒子。很明顯的，當中有許多其他因素起了作用。

我們在這裡所闡述而很少受到關注的觀點是：個體學習恐懼情境比學習其他情境更容易。這又將我們帶回到了自然線索。

自然線索的連續角色

我們已經在本章與前一章強調過，在我們的一生中，都傾向對某些自然線索做出恐懼反應，這些自然線索包括陌生的事物、刺激的突然改變、突然接近的事物、高度、獨處，而當同時呈現兩種或三種自然刺激

時，我們對這種複雜情境的反應特別強烈。恐懼黑暗和動物都很常見，很可能是因為事實上動物和黑暗常常是由兩種或兩種以上的自然線索構成。

對動物的恐懼

出生後頭18個月裡，很少有嬰兒會表現出恐懼動物。但是，此後，變得很容易喚起兒童對動物的恐懼，以至於當兒童在3～5歲大時，大部分兒童都很可能會表現出恐懼，至少在某些情況下是這樣。此後，儘管動物喚起他們恐懼的傾向有所減少，但是在年齡大一點的兒童和成年人身上，這種恐懼仍然持續也很常見（此研究已經在第7章描述過）。

當然，兒童有時候會受到動物的威脅甚至被動物襲擊，但是這樣的事件似乎並不能解釋這麼多兒童發展出恐懼動物的狀況。所有證據都表示，兒童容易發展出這類恐懼的原因，很大程度上可以由以下事實解釋，即：動物經常是引起恐懼的源頭，且動物通常同時具備至少三種可以引起恐懼的自然線索，也就是快速靠近、突然移動、突然發出叫聲。瓦倫丁[358]的一項觀察良好證明了這個觀點，該研究是研究人類恐懼反應個體發生學的先例。

瓦倫丁報告其中一個兒子在20個月大時首次表現出對狗的恐懼。在這次事件中，一隻小狗被男孩的玩具馬韁繩絆倒並發出叫聲。這個情境呈現了線索的組合：接近、由被絆倒而引起的突然移動、突然的狗吠聲。在這種情況下，小男孩哭了，並在此後表現出對狗的恐懼。

在這個事件中，這隻狗是鄰居家的，所以對兒童來說可能是熟悉的客體。然而，在其他事件中，對兒童來說，表現出這種行為的動物可能是陌生的，當出現這種情況時，還有另一種自然線索被加入組合中。因此，對動物的恐懼如此廣泛並不令人感到奇怪。

而且，我們有理由相信，動物不僅僅經常同時呈現出幾種自然線

索，還呈現一些額外的刺激特質，這些特質增加了兒童習得恐懼動物的可能性。動物毛茸茸的外表可能是其中一個原因，蠕動式的移動可能是另一個原因，某些視覺樣貌可能是另一些原因。

與恐懼其他事物相比，年齡較小的兒童似乎更容易發展出對動物的恐懼。瓦倫丁對這種現象感到困惑，因此他在其中一個女兒Y身上進行了一個小實驗——Y是一個格外健康、強壯、活潑的小孩，當時她12個半月大[358]。在第一項測試中，Y坐在母親的大腿上，瓦倫丁先給她一個小雙筒望遠鏡，之後將望遠鏡放在她面前的桌子上。每一次她伸手去拿望遠鏡時，瓦倫丁就在她身後將盡可能的大聲吹響木質哨子。每一次她都安靜的轉過身，就好像在看聲音從何處傳來。在這些條件下，哨聲並沒有引起任何恐懼。然而，在同一天下午，瓦倫丁進行了相同的實驗，這一次，他在放望遠鏡的地方放了一隻毛茸茸的毛毛蟲：「Y立刻發出高聲的尖叫，並轉過身躲開了毛毛蟲。這個實驗重複了四次，每一次都呈現相同的效果。」在同一天稍晚，當Y坐在母親的大腿上時，這一次並沒有伴隨著哨聲，Y在對毛毛蟲表示興趣及避開牠之間舉棋不定。當她的兄弟拿起一片上面有蟲在爬行的葉子後，這個小女孩似乎又有了信心，並且去拿葉子（這很可能是觀察學習的一個例子）。

從這些個實驗瓦倫丁得出了三個結論，在上述描述的那些情境中：

【結論1】望遠鏡和哨聲同時呈現時並不能讓人感到驚恐，我們有理由認為望遠鏡和哨聲中任意、單獨的刺激可能也無法讓人產生恐懼。

【結論2】看到毛毛蟲既可以引起興趣同時也可以喚起恐懼。

【結論3】看到毛毛蟲和聽到哨聲兩個刺激一起出現時會令人感到恐懼。

從類似的實驗觀察研究中，瓦倫丁提出，發展出恐懼毛毛蟲要比發展恐懼望遠鏡更容易❸。

正如之前所講的，猴子和類人猿很容易發展出對蛇的恐懼。對人類來說也是如此（見第8章）。就像我們在第7章已經提到過的，傑西德和福爾摩斯[176]進行的實驗顯示，在2～6歲的兒童中，有三分之一到一半的兒童表現出了對蛇的顯著恐懼。莫里斯夫婦（Ramona Morris & Desmond Morris）[258]的一項研究，報告了相似的研究結果。在英國的一齣兒童電視節目中，邀請兒童提出自己的未來計畫，從而贏取獎勵。然而，要想獲得獎勵，兒童必須指出他們最喜歡的動物和最不喜歡的動物。共有近一萬兩千名4歲以上的兒童回答了這個問題。在他們最不喜歡的動物中，蛇輕易的就成為首要答案（有27％的兒童提出了這個答案）；接下來是蜘蛛（有不到10％的兒童提出了這個答案）；之後是獅子和老虎（共有大約7％的兒童提出這個答案）。在9歲年齡組兒童中，至少有三分之一的兒童表達他們不喜歡蛇。在所有的年齡層中，女孩表現出恐懼蛇的比率比男孩稍微高一些。

發展對動物的一般性恐懼和對蛇的特別恐懼過程中，似乎有幾個特別因素的貢獻環環相扣。首先是幾種常見的自然線索，包括往往是陌生的刺激物。其次，也許還有某些特定的自然線索，例如爬行或是蠕動。最後，還有其他人的行為表現。動物的表現和行為，包括發出的聲音，會同時喚起人們的興趣和恐懼等。在這種情況下，同伴的行為似乎可以發揮最大的影響並打破這個平衡，不是有助於個體減少恐懼並趨近刺激物，就是有助於個體增加恐懼而採取迴避行為。

---

❸ 這個實驗的缺點在於：在第二個測試期間，當呈現毛毛蟲和吹響哨子時，Y坐在父親的大腿上而不是母親的。因此，有可能照顧者變化是造成實驗結果的原因。

對黑暗的恐懼

每一項研究都表示，每個年齡層個體對黑暗的恐懼與對動物的恐懼一樣普遍，在個體發育過程中，這兩種恐懼大致上是平行發展。解釋恐懼黑暗的方式極有可能與解釋恐懼動物的方式類似，雖然其涉及的自然線索通常不同。

在黑暗的情況下，有兩個自然線索傾向一起呈現，這兩個自然線索就是「陌生」和「獨處」。白天，那些在日光下看到、我們可能會認為是熟悉的視覺刺激，在黑暗中經常模糊不清和難以辨認。這樣的無數例子可以湧進我們腦海：光線穿過臥室窗簾照進來的移動模式；夜晚樹林裡樹木的形狀；光線模糊的地下室裡深處的陰影。在每一個例子中，有效的視覺刺激幾乎都不足以使個體準確知覺，因此個體易於將熟悉的事物知覺為不尋常的事物。此外，如果沒有視覺線索，個體就更難以精準解釋聲音線索。因此，黑暗情境大多是不確定或陌生的，因此顯得讓人驚恐。

但是，如果陌生環境並不是常常與「獨處」搭配出現，僅僅是陌生的環境，其所引起的恐懼可能要相對較小。有時候，個體事實上是獨處；有時候，個體只是看不到他的同伴，僅僅在感覺上覺得自己是獨自一人。在其他情況下，情境更加複雜：伴有無法被輕易解析的視覺和聽覺訊息，並且獨處。

令人感興趣的是，佛洛伊德對此有深入的了解，他觀察了小男孩在黑暗中的行為加上推理，成了他焦慮理論的核心部分。因此，將佛洛伊德的理論與這裡呈現的理論互相比較，是很好的切入點。

在《性學三論》（S.E. 7: 224n）[114]和《精神分析概要》（S.E. 16: 407）[121]中，佛洛伊德講述了3歲男孩的故事：

男孩在黑暗的房間裡大聲呼喚：「姑姑，跟我說話！我覺得好害怕，因為這裡太黑了！」姑姑回答：「這樣做有比較好嗎？你又看不到我。」孩子回答：「沒關係，如果有人說話，就會有光。」

因此，他害怕的並不是黑暗，而是他所愛的人不在身邊……

佛洛伊德告訴我們，透過反思這個片段，他得出這樣的觀點：引起兒童焦慮的情境原型僅與母親分離。佛洛伊德認為，精神官能性焦慮可以被理解為延續個體童年期獨處時所感到的焦慮傾向，這種焦慮延續的時間超越了童年期，儘管個體焦慮於獨處經常會偽裝成焦慮於其他事物，例如對黑暗的焦慮。在這些方面，我們提出的理論與佛洛伊德的理論相似。兩者的不同在於，佛洛伊德不認為「陌生」在本質上就可以讓人恐懼，或者，陌生和獨處可以被看作是同一類自然線索中的其中兩種，而這兩種線索都預知著危險發生的風險增加。因此，佛洛伊德認為：當個體獨處的時候（也在面對其他任何自然線索的時候），感到害怕是非理性的和病態的；然而，我們在這裡提出的理論認為：個體在這種條件下感到恐懼，一般而言具有適應性。

對獨處的恐懼

我們在這些章節中反復強調，獨處是其中一種自然線索，預知著危險增加的風險，其作為複雜情境中的一個成分出現是很常見的。而且，它不僅可以與其他自然線索結合呈現，同樣可以良好的與文化線索結合，並且同樣出現在被評價為危險的情境中。因此，在整個生活中，獨處作為一種情境，不僅可以引發恐懼，還可以大大加強因別的線索引起的恐懼。同時，有他人陪伴可以很大程度減輕個體的恐懼。陪伴者存在起到令人安心的作用，在災難中或災難後的情境中最為明顯。

遭遇危險的行為反應

陪伴在減輕兒童恐懼中有非常明顯的作用，且也容易被兒童接受。相反的，成年人似乎不太可能承認這一點。然而，在災難中或是災難後，人們就不那麼有所保留了[21]。

當災難來臨時，家庭成員通常會依附在一起：

> 「當災難來臨的警報聲響起時，人們腦子裡想到的是他們所愛的人。如果孩子離得夠近，母親會跑去保護自己的孩子，男人會尋找他們的家庭。他們相擁在一起彼此支持、度過危機，當災難過去，他們會重新開始生活，並且照顧那些他們愛的人。」[161]

沃芬斯坦（Martha Wolfenstein）[381]描述了一位婦女如何敘述她的經歷。當龍捲風襲來時，這個婦女正與15歲的女兒在一起：

> 女兒說：「媽媽，龍捲風刮過來了。」我說，「瑪麗，恐怕龍捲風真的要刮過來了，但是，我們在一起。」然後她接著說：「媽媽，我愛妳，我們在一起。」我永遠也無法忘記這些話。我們伸出手臂擁抱著彼此，然後我說：「不論發生什麼，瑪麗，讓我們依偎在一起。」

受到災難衝擊的那一刻，若家庭成員是分開的，當他們找到彼此之前不會停下來休息；然後，再一次的，身體的擁抱成了不變的規則。**即使是鬆散的家庭，衝擊過後就這樣待在一起也很重要**[161]。

倖存者表示，獨自遭遇災難讓人非常恐懼。然而，儘管陪伴者出現似乎沒有太大用處，卻還是有可能扭轉局面。沃芬斯坦提到了另一件事，在這個事件中，一場爆炸之後，兩個受傷的男人試圖爬出正在燃燒

的工廠。其中斷腿的男人描述了他的經歷，他說：

「強尼和克萊德一起過來。我說：『強尼，幫幫我們，我們不能走路了。』他的手臂斷了，他說：『我無法幫你們，但是我會和你們待在一起，如果你可以用爬的，我可以引導你。』我們交談著、互相鼓勵！當他說『我會和你們在一起』時，這對我的幫助勝過了其他事情。」

家庭成員或是其他社會群體傾向待在一起不僅在大災難期間會相當強烈，且在災難結束後，這種傾向也可能會持續幾天或幾個星期。許多報告都曾經提及依附行為的這種高度傾向。

例如，布勒奇（Donald A. Bloch）等人[40]研究了美國密西西比州一個小鎮遭龍捲風襲擊對兒童的影響，特別是在當時參加某個電影院週六下午活動的孩子。在隨後的幾個星期中，研究人員總共訪談了一百八十五位兒童的家長，由此獲得訊息。這些兒童的年齡介於2～12歲之間。

在這些兒童中，大約有三分之一的兒童父母曾經報告孩子出現焦慮增加的訊號，典型的表現是黏著父母或是維持和父母近距離接觸，以及希望可以睡在父母旁邊。噪音會引發他們的焦慮，孩子也傾向迴避與龍捲風相關的情境。6～12歲兒童的困擾比那些更年幼的兒童要多，其中一個可能的原因是，這些6～12歲的兒童中有較多人當時處在衝擊區；另一個沒有被研究者提及的可能是兒童年齡越大，遭遇龍捲風時與父母的距離可能越遠。男孩受到的影響與女孩受到的影響相同。

與兒童焦慮增加有重要相關的經歷包括：兒童處在衝擊區、兒童受傷的情況、其家庭成員死亡或受傷的情況等。我們並不意外兒童的反應鏡映出了父母的狀態。在九個案例中，父母形容自己當時是「精神崩潰的」，他們從孩子那裡尋求幫助，而不是支持孩子。這些孩子中有八個孩子遭受這種情況的困擾，至於第九個孩子，他的母親不願意進行談

話。父母對於引起孩子焦慮的作用，我們將會在第18、19章更進一步討論，這些父母需要孩子來照顧他們，透過這種方式倒置了他們與孩子之間的關係。許多案例被診斷為「懼學」（School phobia）和「懼曠症」（agoraphobia），可以理解為親子關係倒置所引起。

　　1953年發生在密西西比州的龍捲風研究[40]和1971年3月8日發生在洛杉磯的地震研究都清楚表示──災難過後，父母渴望孩子與自己保持緊密聯繫，這與兒童渴望和父母保持緊密聯繫幾乎相同。雖然這些反應是適應性的，但不幸的是，一些研究者經常引用「退化」（regression）這個概念來解釋。調查顯示，一般案例和災難後的案例一樣，那些被臨床工作者貼上退化標籤的行為，一旦了解其背景狀況，就可以馬上解釋「為什麼兒童或成人會緊緊的黏著家庭中的另一個成員」。

第 11 章

合理化、錯誤歸因和投射與恐懼之間的關聯

「籠罩在房子周圍的是漆黑的夜晚，它透過窗玻璃注視著，

它在角落裡爬行、躲避光亮，它隨著移動的火焰一起移動。

「現在，我的小心臟像擊鼓一樣跳動著，伴隨著耳中妖怪的呼吸聲，

以及籠罩在蠟燭周圍、歪曲的影子悄然而來，

沿著臺階一步一步向上走來。

「欄杆的影子、燈的影子、孩子走向床鋪的影子，

所有邪惡的影子都來了，伴隨著籠罩在頭頂的漆黑夜色。」

——羅伯特・路易斯・史蒂文森（Robert Louis Stevenson）❶

指認喚起恐懼情境的困難之處

　　當一個人感到害怕，並聲稱某些特殊事物（例如雷聲或狗）讓他感到害怕時，經常感到懷疑，懷疑他是否已經識別出真正的刺激情境。當表現出恐懼或報告恐懼的人越是兒童和受到情緒困擾的成人時，越有可能產生這種懷疑。精神分析存有一種歷史悠久的傳統認識——認為個體真

---

❶　選自《一個孩子的詩園》（*A Child's Garden of Verses*）。

正恐懼的事物與個體聲稱自己恐懼的事物有很大的不同。的確，精神分析理論化焦慮和恐懼，反映出研究者長期探索一些原始危險情境，這些情境被認為喚起了原始的焦慮或恐懼❷。我們基於傳統觀點而提出的新看法是——每當恐懼與當時的情境不對稱時，就會喚起「投射過程」（process of projection）。

我們在這裡所採納的觀點和傳統觀點沒有太大不同，也就是認為錯誤歸因很普遍。目前觀點的不同在於，它解釋了為什麼會發生錯誤歸因。原始危險情境的概念可以省略，投射作為解釋的方法被賦予的作用更小。我們發現答案在於預知危險的自然線索與安全之間的關係。

事實上，喚起人類恐懼的不是理性評估危險，而是刺激情境，這些刺激情境僅僅只是危險增加的線索，這些線索可能導致個體錯誤理解和錯誤歸因。我們已經很清楚，自然線索本質上不危險。然而，出於這樣的原因，也因為在西方文化中（可能在其他文化中也是這樣）人們被期望只恐懼真正的危險，受到驚嚇的主體和旁觀者中，對於恐懼的歸因都存在強烈的傾向，即把引起恐懼的原因歸於其他線索而非自然線索。例如，任何人都會認為因為打雷就感到恐懼很荒謬，這種恐懼會被「解釋」為：因為怕被閃電擊中而感到恐懼。類似的，由於一個人害怕狗就被認為這是荒謬的，這種恐懼就被「解釋」為：真正的恐懼是怕被狗咬傷。

毫無疑問，這類型的合理化很普遍。曾經研究恐懼的學者都會這樣評論，不論他們是什麼理論取向。例如，馬克思（Isaac M. Marks）[238]提出：「兒童恐懼黑暗中的怪物可能只是合理化對黑暗的恐懼。」「將不合理的恐懼合理化，和催眠後的暗示相同，都是合理化」。紐森夫婦指出[264]，這類合理化經常很容易受到其他兒童甚至成人激發，那些成人會戲弄兒童暗示一個人在黑暗中時可能會遇到什麼東西。傑西德[174]將大家

---

❷　請參見第5章以及附錄1。

的注意力引向了這樣的事實——當孩子已經感到恐懼時，無論這種恐懼是由什麼引起，他都「可能會依據想像的或是預期的危險建構他的恐懼」，例如依據那些曾經遇到或者更可能是聽到的或讀到關於罪犯、妖怪或者一些其他凶險的情形。

儘管這類簡單的合理化可能相當普遍，實際上更普遍的可能是：源於複雜情境的一些特殊特性所導致錯誤或是有偏差的歸因。在複雜的情境中，共同呈現兩種或兩種以上的刺激條件，比起其中一個刺激單獨出現時，能夠喚起更加強烈的恐懼。在這種案例所存有的顯著傾向就是：從複雜情境中挑出一個元素作為喚起恐懼的唯一因素而忽略掉其他因素。例如，獨自一人在黑暗中聽到了奇怪的聲音。雖然實際上，這三個條件——獨處、處在黑暗中和聽到奇怪的聲音，或許都能恰當解釋被引起的恐懼，但是在所有可能性中，注意力都被集中在單一因素「奇怪的聲音」上，其他成分幾乎都被忽略了。進而，上述過程只是人們將恐懼合理化的一小步，將由兩個或三個自然線索組合刺激引起的恐懼，斷言為由於竊賊或是幽靈引起的恐懼。

一個複雜情境所呈現的幾個元素中，我們需要更多檢驗來了解：哪一個元素會被集中關注，作為喚起恐懼的刺激，而哪些元素會被忽視？我們可以假定，被選擇的元素通常最容易被解釋為真正危險的象徵元素。如果是這樣，「獨處」將會被習慣性忽視，或者至少被放在次要位置。事實上，這與佛洛伊德的假設很相似，儘管他是以原欲理論表達了他的觀點，而不是依戀理論。

1917年，在心理病理學快要結束關於恐懼症的討論時，佛洛伊德總結了自己的立場：

「嬰兒的焦慮與現實焦慮的關聯微乎其微，但是，另一方面，嬰兒的焦慮與成人的精神官能症焦慮密切相關。正如成人的精神官能症焦慮，

嬰兒的焦慮由未被釋放的原欲引起，並用外部客體或情境代替了失去的愛的客體。」[121]

佛洛伊德認為未被釋放的原欲組成了一種內在的危險。他的構想是，對內部危險的恐懼被對外部危險的恐懼所代替。他的立場被描述為：當兒童或成年人恐懼一些外部客體或情境時，他真正害怕的是失去他所愛的人。

在第18、19章，我們會進一步討論「錯誤歸因」這個議題，其中提出了許多理由來支持這個觀點，即：**那些被歸因於各式各樣普通情境並被命名為恐懼症的恐懼，完全可以被理解為是在混合性的情境下所喚起，這種情境的核心部分在於預期自己會和主要依附對象分離。**著名且在理論上有很大影響力的「小漢斯案例」似乎就是很好的例子[115]。在這個案例中，小漢斯很害怕自己會被馬咬。我們在第18章中呈現的證據也證實害怕分離在該案例的作用遠比佛洛伊德當初意識到的要大。

錯誤歸因以及投射作用的角色

在一些精神分析傳統中，投射的概念廣泛的被用於解釋那些沒有直接清晰指向、真實而又危險的恐懼。這個術語本身運用方式相當多，而相關理論卻令人困惑。

「投射」（projection）這個詞的一種使用方式是：根據預知的概念用我們的傾向去感知一個客體。換句話說，就是儘管對感覺器官來說並不明顯或者實際上並不存在，而將我們假定客體該有的一些特性「投」（project）到客體身上。在這個過程的所有感知範圍，都是正常的。儘管是感知結果通常有效且合理，但是在某些狀況下，也會出現嚴重感知錯誤的情況。

第二種使用方式是一個人（男性或女性）將自己的一些特點歸到另一個人（男性或女性）身上，尤其是某些自己不喜歡或者害怕的特點。這個過程幾乎無法避免會導致個體對他人與其動機錯誤或是不利的歸因。

有兩個理由讓我們把「投射」這個詞限定在這第二種用法。其中一個理由是，另一個多年前由皮亞傑所介紹、早已廣泛運用的術語「同化」（assimilation），表達我們傾向根據已知模型感知某些物體，即使這些模型可能和該物體不完全相符，而全新、被感知的物體就被認為是同化至已有模型中。第二個理由是，在許多精神分析傳統觀念中，最常使用「投射」的情況是我們將自己的缺陷歸因到別人身上，並且視而不見自己的缺陷，只能看到他人眼中的刺而看不到自己眼中的梁木。

用第二種方式使用這個術語時，我們發現精神分析師頻繁用投射過程解釋兒童和成年人為何對很多場景產生恐懼，而實際上，正如我們所知，這些場景並不危險。這個理論化傾向由克萊恩向前推進了一步，她假定「個體將自己不期待、令人恐懼的特點歸因於他人的過程大多發生在早年的正常發展中，並深遠影響著往後的人格」。在克萊恩流派的觀念中，嬰兒出生後第一年的生活不斷將自己的衝動歸因到父母角色身上，並且向內投射（即創建相關的運作模式）由於錯誤歸因而扭曲的父母角色。在這個觀點中，之所以發展出敵對、拒絕或是無反應父母（不良的內射客體）的運作模式，不是因為曾親身經歷被冷漠無情或是殘酷對待，主要是因為幾乎從一開始，他對父母的知覺就被自己先前的投射嚴重扭曲。由於死亡本能是一部分特殊自我，克萊恩相信在生命早期，自我的這個部分經常被投射出去，她也因此用下列句子總結有關焦慮的理論：「我認為焦慮來自有機體內部運作死亡本能，焦慮被感知為對毀滅（死亡）的恐懼，且以恐懼被迫害的形式表現。」[204]

很明顯的，如此全面運用投射概念在現今的觀念來看是種異類。不僅克萊恩流派的思維系統深植於非演化典範、與現代生物沒有任何關

聯，而且在臨床工作中，投射概念也對良好實踐有著不良影響，它將注意力從個人過去和現在的真實經歷中移開，把個案看得如同處在幾乎不受環境影響的封閉系統中。以這種不加鑑別的方式使用投射概念還有另一種不良影響，即可能會將有用概念變得聲名狼藉。因此，我們要重新考慮這個問題。

通常，一個人害怕他人想要傷害他，但是在另一個人的眼中，這種預期看起來是錯位的。正如我們所見，在這種環境中，精神分析師很容易推測那個害怕的人正將身上的攻擊意圖投射到別人身上，但是他不承認自己身上有攻擊意圖。儘管我們可以確定會發生這種情況，但是實際上發生的比率比想像得要少。

實際上，上面描述的情境至少在四個方面是可解釋的，且我們必須在決定哪方面甚至多個方面能夠最完整解釋案例之前，檢驗每個案例的證據：

【方面1】個體已經正確探測到他人的傷害意圖，這種情況下變得比旁觀者更加敏感。

【方面2】個體在兒童時期習得「重要他人聲稱自己很友好時經常懷有敵意」，因此就算經歷同化過程，也會認為他之後遇到的對象都充滿敵意，儘管他們當時並沒有敵意。

【方面3】個體意識到他不是另一個人的朋友，且甚至傾向於傷害對方，他很自然的會預期這種敵意是相互的。

【方面4】個體沒有意識到自己的敵意，堅稱他對其他人很友善，而其他人對他有敵意。

在這四種可能的解釋中，當術語「投射」表達的意思僅僅是將自我不受歡迎的特性歸因到別人身上時，只有第四種可以被正確的認為是投

射。毫無疑問，這個過程可以是錯誤歸因的來源。有多少比率的錯誤歸因有著這種來源呢？這也是個問題。

重新檢驗偏執妄想經典案例——史瑞伯案例

心理病理學領域非常需要新奇的想法體現在尼德蘭（W. G. Niederland）[265 & 266] 案例被重新檢驗的結果，而所有關於「偏執狂」（paranoia）和「偏執症狀」（paranoia syptoms）的精神分析理論都源於此案例。佛洛伊德對於史瑞伯案例的原始研究僅僅以個案在 1911 年出版的回憶錄為基礎。儘管佛洛伊德之後又出版了其他關於偏執狂的文章，但是根據史崔屈的說法[344]，他從來沒有實際修改過之前的觀點。

史瑞伯（Daniel P. Schreber）出生於 1842 年，是傑出的物理學家和一名教師的第二個兒子。到了 1884 年他擔任了法官一職。之後他患有精神疾病，在幾個月之後他康復了。於是他繼續從事他的工作，但是 8 年之後他再一次生病了。這一次，他在精神病院住了 9 年（1893～1902年），在住院的最後日子裡他寫下自己的回憶錄。到 1903 年，在他出院後不久就公開發表這些回憶錄，並且迅速成為精神科醫師關注的對象。其中，最主要的主題是一系列極度痛苦和羞辱的身體經歷，他將這些經歷解釋為上帝用「射線」（miracles）操縱的「聖跡」（rays）：

「開始接觸上帝到現在，我的身體一直是聖跡的客體……身體裡幾乎沒有肢體或者器官暫時逃脫聖跡的損傷，也沒有一塊肌肉不被聖跡拉扯……甚至到現在，我時時刻刻經歷的聖跡，幾乎嚇死每一個人。」❸

佛洛伊德在分析史瑞伯的被害妄想時，除了他的回憶錄沒有參考其他的重要資料。佛洛伊德認為史瑞伯對於上帝的感覺非常矛盾，一方面

帶有批判和反叛，另一方面又相當尊敬。佛洛伊德也關注史瑞伯有時候直白的對上帝帶有同性戀態度，包括史瑞伯相信自己有責任扮演女性以取悅上帝。從這個類型的資料中，佛洛伊德推斷被害妄想症挑戰了以下議題：「我（一個男人）愛他（一個男人）」，被替換為「我不愛他——我恨他」，最後轉化為「我恨他，因為他迫害我」。

「一種內在知覺被壓抑了，取而代之的是，其內容經歷了特定曲解後，以外部知覺的形式進入了意識中。在被害妄想，這種曲解存在情感的轉換中，那些應該已經被內在感覺為愛的，被外部知覺為恨。」

從史瑞伯童年與父親的相處經歷，重新看待成年的病理性恐懼

佛洛伊德將這個過程命名 為「投射」（projection, SE 12: 63-6）。在他重新檢驗尼德蘭案例時[265 & 266]，佛洛伊德將注意力集中在這個事實：史瑞伯的父親對孩子身體和道德方面的教育有超出常理的看法，而且還出版了一些書來描述。在這些書中，他主張從嬰兒期開始制定管理制度非常重要，他再三聲稱他在自己的孩子身上使用了這種方法。因此，我們可以保守推斷，史瑞伯從早年就受到其父親教育方法的影響。

史瑞伯的父親建議，身體上的方法應該使用在整個童年期和青春期，包括一些練習和裝備器具，藉此可以控制兒童的身體姿態。例如，其中一個器具的設計是為了防止兒童頭向前傾或向某側歪斜，皮帶一端綁在兒童的頭髮上，另一端綁在他的內衣上，如果兒童沒有挺直頭部，

---

❸　除了佛洛伊德的文章和史崔屈在標準版中的編輯注解之外，這份回憶錄還有一份英文翻譯可供查詢，還有鮑梅爾（Franz Baumeyer）[27]發表的文章，在文章中，他總結並且引述了史瑞伯疾病的原始案例紀錄。尼德蘭的書目對上述文章以及史瑞伯父親的出版物提供了參考。

皮帶就會拉扯他的頭髮。因為這種裝置容易造成身體僵硬，因此建議每天使用1或2個小時。關於練習的一個例子是，兩張椅子面對面放置，中間有幾十公分的縫隙。兒童受到指示將頭部放在其中一張椅子上，將腳放在另一張椅子上，保持背部挺直成一座橋的樣子，且必須保持這種姿勢。史瑞伯的父親設計這個裝置確保兒童坐姿筆挺，他認為除了生理上的益處，還提供有效的道德矯正作用。

　　史瑞伯的父親對於道德原則相當嚴格。他將內心的壞元素看成是「野草」，需要被「剷除」，他描述從孩子5～6個月大時實施的威脅和懲罰，他認為父母應該確保自己可以成為「孩子永遠的主人」。人們強烈感受到史瑞伯的父親有精神官能症的性格特點，這個印象獲得了精神科醫生支持，甚至有醫生描述病人的父親「有衝動殺人的強迫觀念」。

　　尼德蘭比較了史瑞伯描述他在上帝手中收到可怕的「射線」和他父親為了讓他有健康身體和精神的規則。逐一比較這些相關之處可以發現，史瑞伯的症狀其實有跡可尋：史瑞伯抱怨關於熱和冷的「射線」，因為父親為了使嬰兒變得堅韌規定從3個月大時用冷水洗澡，並且局部冷敷；史瑞伯抱怨眼睛和眼瞼是那些不間斷「射線」的目標，其實是因為父親規定他要進行重複的視覺練習，如果在刺激過後眼睛過度疲勞與刺激，父親還建議他用冷水噴眼睛。史瑞伯描述了一個「聖跡」，在這個事件中他的整個胸腔壁遭受擠壓。父親規定如果他的坐姿不筆直，會用鐵棍組成模具擠壓鎖骨。

　　鑒於這些值得注意的相似之處，尼德蘭的案例假設與上文列出的四項可能解釋中的第二項一致，即：上帝如何對待史瑞伯這項妄想中的信念，來自他記憶中父親如何對待幼時的自己。信念的妄想性質之後被認為是由於個案將自己遭遇的根源歸於上帝對待他的方式，而不是父親過去對待他的方式，他將自己遭遇的機制歸因於「射線」和「聖跡」，而

不是歸因於父母實際上操縱他。如同尼德蘭[265]所表示，這個假設與佛洛伊德在生命最後所持的觀點一致（但是這個觀點依舊很少使用）。關於幻覺，佛洛伊德認為是「嬰兒時期經歷過的事情，被遺忘之後又再度回歸……」[129]

如果這種理解偏執型妄想的方式被採用了，我們仍然有許多需要解決的問題。為什麼病人對於童年時父母是如何對待他的沒有記憶？為什麼童年期的經歷反而在時間上錯位了？為什麼該為此負責的對象被錯認了？對這些問題的可能的答案引起了一些假設，即這類強制令是父母以明示或暗示的方式傳遞給孩子的。例如，解釋對孩子的一個強制令為「不論什麼事情發生在他身上都是有益的，要將他的父母視作不可批評的，不去感覺也不去記憶他們持續目擊或經歷的某些事件」。這些假設在近期的一篇論文中由沙茨曼[311]提出，許多證據證明它們適用於史瑞伯的案例。然而，一個更加深遠的假設是孩子希望以一種讚賞的眼光來看待他們的父母，並且經常據此歪曲他們的知覺。

這些問題在第20章將更深入研究。同時，我們已提過夠多事實表示，**若童年時期的真實經歷可以被感知並納入思考時，我們經常可以以全新的觀點看待成年病人的病理性恐懼。**曾經被看作是自發的和想像的偏執症狀，現在可以被視為可理解與對過去事件的反映。

第12章

對分離的恐懼

「那些在母親不在場時有過強烈痛苦和恐懼經驗的孩子，傾向較高敏感度的恐懼反應，尤其是害怕再次與母親分離。」

——約翰・鮑比

分離的恐懼如何發展之假設

是時候整合關於分離恐懼以及這種恐懼如何發展的各種觀點。

在第1章末尾，我們指出「在場」和「失去（不在場）」會引起誤解的相關術語。在場意味著「準備好接近」，不在場意味著「難以接近」。詞語「分離」和「失落」在本書中經常意味著難以接近主體依附對象，不論是暫時分離還是永久失去。因此，在接下來我們會討論這個發展過程，這個過程會導致年幼兒童發現或認為難以接近其依附對象時，以恐懼來反應。

許多提出的問題中，還未被解決的問題如下：

【問題1】「難以接近母親」這個情境本身就會引起兒童的恐懼嗎？不需要透過必要學習，兒童就會產生恐懼嗎？

【問題2】或是只有個體在將母親難以接近與痛苦或令人害怕的情境聯結後，才會引起這種恐懼？

【問題3】如果是後者，什麼是這些痛苦或是令人害怕的情境之本質，兒童透過何種類型的學習將之與分離聯結？

不論答案是什麼，因為獨處會導致危險風險性的增加，尤其是對那些年幼個體和虛弱的人來說，母親不在場的恐懼反應可以被認為是基本的適應性反應，換句話說，因為可以幫助種族延續，所以在演化過程中這種反應成為人類行為系統的本能。

如果沒有事前的原因，普遍作出的假設只能依據與母親分離期間，個體所經歷的痛苦或是恐懼來解釋。相反的，與母親分離的反應在個體成長過程中發展，同時沒有發生任何學習，這一點是完全有可能的。讓我們稱之為「假設A」。

假設A是否適用於人類依舊是待解決的問題。如同我們在《依戀理論三部曲1：依附》中反復強調，上述行為中，許多種類的行為可以被劃分為本能，但是只在環境提供特定學習機會時，才發展其功能。換言之，我們支持「在某種情境下，兒童對於與母親分離情境的恐懼行為是本能的反應」這個假設，但也絕不排除某些種類的學習可能對其發展相當必要。那麼，這種觀點所需要的是，個體必要的學習機會經常呈現在種族演化的適應環境中。

對此的反思表示，至少有三種假設符合附加條件且值得注意。我們稱之為「假設B1」、「假設B2」、「假設B3」。

首先來談假設B1，佛洛伊德於1926年提出這個假設，假定「嬰兒對母親不在場的恐懼源於學習」，嬰兒學習到當母親不在時，便不能滿足其生理需求，且更進一步學習到，這（不能滿足生理需求）會導致體內積累危險的「刺激量」，除非「得到處理」，否則會帶來一種「創傷的情況」。此外，一旦嬰兒發現自己被獨自留下時，他沒有能力解決這些積累的刺激，那麼本質上害怕的危險情境是「可識別、可記憶、可預期

的無助情境」❶。

　　我們不採用佛洛伊德假設的原因顯而易見。首先，他的假設基於的典範與我們這裡所採用的典範非常不同（見第5章）。另一個原因是，佛洛伊德的假設要求個體對原因和結果有一定程度的洞察，這對1歲左右的嬰兒來說不可能，而且我們現在知道沒有必要解釋這些發現。人類嬰兒與母親分離時表現出如此多反應，不可否認的事實是我們也會在非人靈長類物種嬰兒中看到，代表這些反應很可能是原始本能。

　　我們也可以用類似的理由拒絕克萊恩進一步發展的理論，克萊恩的理論假定中甚至包含更多的認知功能（見附錄1）。

　　第二個假設，即假設B2，與佛洛伊德的理論沒有很大的差異，但是更簡單且無須洞察式學習，與我們在《依戀理論三部曲1：依附》中提到的依附行為理論相容。在《依戀理論三部曲1：依附》第14章，我們解釋了在生命前幾個月期間使嬰兒停止哭泣的條件：

　　「……當嬰兒沒有感到饑餓、寒冷或疼痛時，按照效果由低到高排列，終止哭泣的因素分別是噪音、非營養性吮吸和搖晃。這些發現充分解釋了為什麼人們說嬰兒會因為孤獨而哭泣、會渴望被抱起來。雖然不能想當然的替這些剛出生幾個月的嬰兒貼上多愁善感的標籤，但是這種說法確實有道理。沒有被搖晃，也沒人對他說話時，嬰兒確實有哭泣的傾向；當有人搖晃，並對他說話時，嬰兒會停止哭泣，顯得心滿意足。到現在為止，最可能搖晃嬰兒、對嬰兒說話的人，必然是母親。」

　　考慮到這一點，我們可以這樣認為：嬰兒開始學習將母親的在場與舒服聯結起來，同時將母親的不在場與痛苦聯結。這樣，透過簡單的學

---

❶　摘自《抑制、症狀與焦慮》¹²⁵，佛洛伊德的理論在附錄1中有更詳細的描述。

習過程，嬰兒將母親不在場與痛苦聯結，從而恐懼母親不在場。這與凱森（William Kessen）和曼德勒（George Mandler）[198]提出的假設很接近。

第三個假設，即假設B3，來自這個事實：比起母親在場，母親不在場的時候嬰兒會更害怕引起恐懼的這些情境，例如陌生、突然靠近，或強烈的噪音。有了這樣的經驗之後，我們可以假設母親不在場本身就會引起恐懼，這也是透過學習的過程習得。這個假設與萊克勞福[299]提出的觀點相似（參考第6章）。

基於現有證據，我們無法在假設A、B2、B3之間做出選擇，每一個似乎都可信。

我們難以解釋假設A所認為的「兒童對母親不在場的焦慮伴隨個體發生學而發展，且沒有任何形式的學習」。此外，即使假設A是真的，也不會使假設B2和假設B3變得不相關，因為由這兩種假設提出的這些學習類型依舊會發生，它們可能會在解釋高於最低標準或者對分離不同程度的恐懼時有很重要的意義。

不論假設A有效還是無效，目前來看，它沒有太大臨床價值。這是因為，如果會發生由假設B2和假設B3提出的這些類型的學習，這些學習出現的時間將會在生命第一年的後半年和第二年，最終仍無法避免這種過程，除了沒有母親這個客體的孩子。因此，與依附對象分離作為會引起恐懼的情境相當普遍。

假設B2和假設B3提出的這種相關學習確實存在，可從來自探討不同個體恐懼反應敏感度的研究提供的證據支持，尤其是分離的研究。這些研究證實，**若孩子得到母親良好照顧，他們很可能受到保護而遠離強烈的痛苦和恐懼，在所有的情況之中，他們以恐懼反應分離的敏感度最小**。然而，那些在母親不在場時有過強烈痛苦和恐懼經驗的孩子，傾向較高敏感度的恐懼反應，尤其是害怕再次與母親分離。

因此，這些類型的所有相關學習，很可能發生在嬰兒期或童年早

期，且對人格發展的影響可能不同。例如，孩子因為特殊經歷，將母親的不在場與高度不舒服與痛苦聯結，不論這些分離和失去是真實的還是預測的，長大後都可能會以心身問題和緊張來反應分離和失去。然而，孩子因為特殊經歷將母親不在場與他處於強烈恐懼狀態聯結，那麼引起恐懼的任何情況，長大後都傾向表現出比其他個體更顯著的恐懼反應。事實上，是否存有這些種類的不同需要更進一步研究。

對兩個術語的需要──「感到安全」與「安全情境」

透過梳理最近幾個章節，我們發現在「引起恐懼的情境」和「本質上是危險的情境」這兩個概念之間有很明顯的區別。然而，引起恐懼的情境由自然或文化線索組成、代表危險增加的風險，它們不是絕對可靠的實際危險警示器。在一個情境中具有的感受，只是與該情境風險等級間接相關。

「反映」在感受中的世界與它所來自的真實世界相異，但是兩世界卻相互關聯，因此必須有兩個術語來說明。

在第6章結尾，我們介紹了「焦慮的」（anxious）、「驚恐的」（alarmed）、「恐懼的」（afraid）這三個術語，並描述了它們在本書的使用方式，這三個術語都屬於感受，相反的，真實的世界存在「危險的」（dangerous）。

在這一點，我們在描述時必須選定具有差異的術語，一方面是與感到恐懼相反的感覺狀態，另一方面是與危險情境相反的情境。語源學學者建議，其中一個術語是「感到安全」（feeling secure），另一個術語是「安全情境」（situation of safety）。

英語的形容詞「安全的」（secure）的原始含義是「擺脫憂慮、恐懼、焦慮或者驚恐」。因此，從歷史觀點上來說，「安全的」適用於反

映在感覺，而不是真實的世界。相反的，「安全」（safe）的原始含義是「免於傷害或損害」，因此應用於真實世界而非反映在感覺上。牛津英語詞典的一個諺語恰巧可以描述出這種區別：「真正的安全（safe）就是永遠不要以為『覺得安全』（feeling secure）僅僅只是『覺得』安全（secure）而已。」

透過在原始感覺中使用這些術語，可以清楚做出這樣的表述：

「雖然情境是足夠安全的，但他依然覺得很害怕。」
「我可以看到情境很危險，但是船長的行動使我們覺得安全。」

我們並不常區別這裡敘述的「覺得安全」和「處在安全中」之間的不同，所以，目前文獻中的一些術語與我們建議的使用方式並不一致。哈洛的「安全的天堂」（haven of safety）在此處的術語為「安全基地」（secure base），山德勒（Joseph Sandler）[302]的「安全的感覺」（feeling of safety）在這裡的術語為「感到安全的感覺」（feeling of security）。

當然，很長一段時間，「安全」（secure）使用在此處的含義在臨床實踐中成為了一種習慣。比如說，關於感覺狀態的參考文獻，兒童和成年人被習慣描述為是處在安全中或是不安全的。此外，對另一個人來說是依附對象的人通常為對方提供安全感，為了方便，我們經常將依附對象描述為安全對象或者提供安全基地的人。同時，我們必須重點強調，**安全基地儘管可能可以讓一些人感覺安全，但是並不能確保安全，僅僅是一個自然線索。**作為嚮導導向了解什麼是安全、什麼是危險的角色，我們被情境喚起的僅僅是原始而粗略的感覺。

恐懼敏感性的
個別差異

焦慮型依附

一段時間的分離（也可以是分離的威脅）以及其他形式的拒絕
都會引起兒童或成年人的焦慮和憤怒行為。每一種行為都指向
他們的依附對象：焦慮型依附是為了維持與依附對象最大程度
的可接觸性；憤怒既是責備所發生的事情，也是阻止事情再次
發生的手段。因此，愛、焦慮和憤怒，有時還包括憎恨，可能
被同一個人引起。因此不可避免痛苦的矛盾。

第13章

導致個別差異的一些變項

「我們不會僅將恐懼偽裝成是由無法接觸依附對象和依附對象沒有反應所引起，因為我們不想遺漏任何引起恐懼的情境。」

——約翰·鮑比

構成個別差異的變項

不同個體在面對恐怖場景時有非常不同的恐懼敏感性。直到現在，我們仍然不知道為什麼會產生如此巨大的差異。我們將在本章以及之後的章節試圖確定導致這些差異的變項。當然，最重要的因素在於當事人與依附對象之間的關係。這一點滲透在日常生活中，但幾乎無人了解。因此，我們先考慮其他變項。

我們假設「基因」在恐懼的敏感性有一定的影響。儘管其對人類的作用仍未知，但是對其他哺乳動物（例如對狗的影響），已經有了相關研究支持這項假設[317 & 261]。

然而基因在人類的性別上，對恐懼敏感性有影響差異。

性別差異

人們普遍認為，男性與女性的恐懼敏感性有所區別，雖然女權主義者並不支持這個觀點。然而這個觀點似乎可信，且已經有一些證據支

持。另外，我們也明白在敏感性方面，人群中任何一位男性和女性都有許多相同的地方。更進一步的說，文化可能會擴大這種潛在的區別，比如某些文化鼓勵其中一種性別的人表達恐懼而不鼓勵甚至試圖減少另一種性別的人表達恐懼。

目前有四個方面的證據能夠支持恐懼敏感性具有性別差異：

【方面1】我們在第7章介紹過傑西德與福爾摩斯對托嬰中心兒童進行的實驗[176]，研究結果顯示女孩表現恐懼的比率遠高於男孩。差異最大的場景是黑暗的走廊以及接觸蛇或狗。在這三種場景中，男孩表現出恐懼的比率分別是36%、40%和46%，而相對應的女孩樣本表現出恐懼的比率分別是48%、50%和59%。

【方面2】勒普斯和孟克[216]的研究訪談了6～12歲孩子的母親，訪談結果表示，女孩害怕陌生人和動物（尤其是蛇）所占的比率比男孩高。另外兩項研究同齡兒童的資料表示，與男孩相比，女孩會定義更多的恐懼情境[178 & 78]。

【方面3】一些研究者在學生問卷調查中發現，比起男性，女性會將更多情境定義為恐怖的（引用和評論見馬克思的研究[238]）。

【方面4】精神疾病病因流行病學調查表示，女性會更容易遭遇焦慮狀態的困擾，大約是男性的兩倍之多[222 & 144]。心理病理學家見過的懼曠症個案之中，有三分之二是女性[238]。

女性比男性表現出較少恐懼的相反論點，在目前並沒有獲得研究支持。

從演化角度來看，目前的發現似乎並不令人驚訝。在大部分人類以及其他陸行靈長類生物之中，雄性的體型總是比雌性更巨大和強壯[72]。

雄性需要承受捕食者的撞擊，並且在必要的時候攻擊捕食者，而雌性則負責保護孩子，更傾向於撤離危險的情境而非與之搏鬥。如果這種長期的身體構造和社會角色差異不能被反映到行為之上才令人奇怪。

微細腦損傷

我們在《依戀理論三部曲1：依附》第16章中描述了追蹤二十九對男性的實驗研究[357]，研究表示在出生時經歷過窒息的孩子對環境的敏感度高於對照組孩子。當一家人出去旅遊或者搬家的時候，遭遇過新生兒窒息的男孩會比對照組男孩更沮喪、難過。同樣，當家庭成員（父親、母親或者兄弟姊妹）某個時刻不在他們身邊時，他們也會表現出比對照組男孩更多的不安。這種差異在他們出生後前三年的生活中非常明顯（儘管在第三年期間差異並不顯著）。當一些孩子開始在托嬰中心生活後也會出現類似的差異。

孩子5歲生日之後都開始上幼兒園了，對他們來說這是唯一普遍的差異（儘管他們去的學校並不相同）。此時兩組兒童的差異又變得更顯著且令人驚訝。在一個三點量表（由五點量表修改而來）中，孩子的情況分布如下所示：

	出生經歷過窒息組	對照組
從一開始就很享受校園生活或至少能夠接受	8	17
有些不安，但在一週內減少抗議	8	10
不安或者明顯適應不良持續一週以上	13	2
總計	29	29

兒童自閉症

自閉症兒童表現出缺乏依附並伴有慢性恐懼的一些跡象。丁伯根持有的行為學觀念認為[352]，這種狀況可能表達出了一種長期、瀰散的恐懼，它不能與依附對象結合，因為孩子同樣也害怕人類。如果真是如此，這個綜合症產生的原因可以被認為是由於持續降低恐懼刺激的閾限，同時合併延遲或抑制依附發展。因此，以下因素可能會引發自閉症：（a）基因；（b）腦損傷；（c）不當的育兒方式。也有可能是其中兩種或多種因素結合而產生效果。克蘭西（Helen Clancy）和麥克布萊德（Glen McBride）[70]根據這個理論發展出治療方式。

失明

納格拉（Humberto Nagera）和科隆（Alice B. Colonna）的[263]的研究表示，失明的孩子更容易害怕一些常見的恐怖場景，比如動物、機械噪音、雷電和雲，他們生活在永久的警覺之中。其原因可能是和視力正常的兒童相比，因為失明，他們經常無法與依附對象接觸，在面對恐怖的事情時經常處於實際的孤獨之中。在某些場景，他們傾向維持僵化不動，在另一些情境又向成年人尋求非常親密的肢體接觸，這些表現都與我們的解釋一致。

對這些孩子來說，經歷短暫分離也是巨大的傷害，因為在這種情況下失明的孩子不能像視力正常的孩子那樣用視線追蹤母親、不能與母親待在一起。弗雷貝（Selma Fraiberg）[104]描述了14個月大失明男孩在母親離開3天之中的激烈反應，這3天他交給許多親戚朋友照顧。在母親回家後的兩週內，他用最尖利的嗓音尖叫，這是「介於恐懼和憤怒之間的表現」，或者不斷叫喊和嘟囔。只有當母親觸碰到他的時候才能停歇，而且他會一直黏著、蹭著母親。因為孩子的叫聲對母親來說相當痛苦，

有人建議母親給孩子水壺和平底鍋讓他敲擊。這樣做之後，孩子玩得津津有味，也停止尖叫了。

弗雷貝還描述了其他失明兒童的表現：這個孩子年紀更大，當母親懷上另一個孩子的期間，他交由祖父母照顧。當他與母親重逢之後，一開始他對母親表現出矛盾的情感，但是當充滿愛意的母親給了他許多擁抱，他馬上對母親做出了回應。在上面那個例子中，年紀較小的孩子的反應更激烈，其主要原因在於母親有些失常，在她缺席前後都採取了不良的親職；另一個原因在於他與母親分離期間是由許多不同的人照顧。

兒童的恐懼敏感性在發展過程的變化

每個嬰兒來到這個世界之後都有自己偏愛的反應方式，而發展出這種反應方式的過程來自和環境相互交流的結果。至於在大部分個體身上都能看到對恐懼的敏感性其發展的趨勢也是緩衝環境變項。比如說，與第7章相關，所有描述性研究都表示孩子前兩年的生命中廣泛接觸了恐懼的場景，包括陌生人、動物、黑暗和分離，從5歲生日起（通常在那之前），他們就能辨認出讓他們恐懼的場景，並且更有信心與能力去應對之前嚇到他們的場景。由於能夠辨認和有信心這些改變代表著形成規範，也代表我們能思考和恐懼有關的經驗和過程的本質。結果我們發現經驗和過程會產生截然不同的影響，比如，經驗和過程與敏感性相互作用會減少或者增加敏感性，也可能會擴大恐懼情境範圍。

減少恐懼敏感性的經驗和過程

能夠減少恐懼敏感性的經驗和過程有很多種。而在過程中增強個體對依附對象可得性的自信是核心原則，這一點將在下章詳細描述。其他主要過程用日常語言描述的話就是適應那些讓人一開始感覺害怕的場

景，個體發現其他人並不害怕許多類似的場景，從而學會積極應對並發現不好的事情不會發生。研究者這麼用學習理論術語描述這些過程：

【過程1】習慣化

【過程2】觀察學習導致替代性消失

【過程3】觀察學習和指導性參與互相結合

其他過程可能也參與其中，但是我們並不明瞭它們在正常發展之中占有的比率。比如行為治療師可能會發展出一些自然發生的過程，如「交互抑制」（reciprocal inhibition）、「反制約」（counter-conditioning）和「減敏療法」（desensitization），在這些過程中，個體逐漸將引起恐懼的刺激情境和令人愉快的情境聯結在一起❶。

然而，另外一種容易被遺忘的過程是當個體不斷成長，變得更強大、更有能力的時候，那些曾經看起來危險的情境會變得不那麼危險。

這些過程的知識在近幾年得到了學習理論和行為治療師極大的發展。正如馬克思238不遺餘力所強調：大部分研究建立在健康的個體身上，他們碰巧非常恐懼某些特定物品或者場景（比如蛇或者狗），而並不是建立在精神官能症個案身上。精神官能症個案不僅普遍有著廣泛性的焦慮，通常還在人際關係上有很大的問題，而且還有憂鬱傾向。正因為如此，許多臨床工作者認為，學習理論學者的發現在精神官能症治療的實踐中的幫助不大。也正是這個原因，這些發現很有可能能夠幫助我們理解為什麼在普通人的健康發展中，他對恐懼場景的反應會逐漸消退。

讓我們進一步思考已經列出的三個過程。

---

❶　關於減敏的完整描述以及相關技術，請參見馬克思的研究238。

過程1　習慣化

　　這個學習的過程教會我們當某個場景不會帶來什麼後果時，不需要對該場景進行反應。這個過程可能在限制嬰兒對許多強烈、突然的刺激進行恐懼反應時形成主要作用。之後，習慣化變得更複雜，同樣限制了恐懼情境的範圍，這些情境僅僅是因為不熟悉，就令人感到恐懼；因為今天還覺得奇怪的東西可能明天就熟悉了，接著個體又會發現不良的後果不會出現。因此習慣化大大限制了引起恐懼的場景範圍。但是我們應該明瞭習慣化並不能影響人們反應恐懼反應的基本傾向，也不能影響人們對於其知覺為奇怪的事物都持有好奇心。

過程2　觀察性學習導致替代性消失

　　我們已經討論過，觀察學習可以從兩方面造成影響：觀察者可以學著害怕一些他以前不害怕的場景，或學習不害怕一些以前他害怕的場景。在學習不害怕那些以前害怕的場景之中，班杜拉[22] 發現重點在於觀察者應該發現他「可以接近和處理令人恐懼的情境，而且沒有不良的後果」。而觀察對象的身分和觀察者和觀察對象的聯結程度並沒有那麼重要。如果觀察對象的行為後果可以被看透，那麼即使是觀看影片的一個片段，都令人感到安心。

　　從直接觀察別人學習到某些事物是無害的，對每個人來說過程迥異。我們必須了解，這個過程有時候僅僅只是聽其他人說：「這是無害的。」所有對此進行系統性研究的研究者報告都證實，只有簡單的解釋和保證其效果非常有限，這對臨床工作者更是意料之中。

　　幸運的是，在家庭中成長的孩子有無數機會透過觀察學習，讓他在許多害怕的場景不受迫害。父母、哥哥姊姊、鄰居和學校內的玩伴都不斷的在不知不覺中提供孩子不可或缺的訊息。

過程 3 觀察學習與指導性參與互相結合

　　這種方法對模仿對象有更高的要求，不是簡單的給予個體進行簡單觀察學習的機會。顯然每個通情達理的家長都會不斷提供孩子學習機會。在這個過程中，被觀察的模仿對象一開始保證那些令人恐懼的場景實際上並不危險，接著要鼓勵其他人（兒童或者成年人）和自己去處理這些場景。這個過程的重要部分是，學習者應該自己發現接近和處理這個場景並不會引起不良後果。這種方法的效果已經得到一些研究兒童恐懼行為的學者的證實[189 & 176]。班杜拉[22]提出的一項實驗研究了一群對蛇有急性恐懼的青少年及成年人。受試者被分為四組，施以四種不同的治療方法：

【方法1】標準的減敏過程，即想像與蛇有關的情境、不斷增加強度，並同時進行深度放鬆訓練。

【方法2】觀看影片，影片中兒童、青少年和成年人與一群無害的蛇進行一系列越來越令人感到恐懼的接觸。

【方法3】觀察治療師與蛇逐漸進行一系列越來越令人恐懼的接觸，並且在治療師的幫助下進行相同的步驟，受試者自己開始觸碰並且輕撫蛇，在治療師抓住蛇的頭和尾時受試者抓住蛇的中間部分，接著一步一步推進，直到受試者能夠接受自己和蛇待在同一個房間內，最後讓蛇在自己身上自由爬行。只有當受試者能夠不害怕的完成一個步驟之後，治療師才會鼓勵他進行下一個步驟。

【方法4】不接受治療，但就像其他組的受試者，在實驗最初和最後接受對蛇的恐懼測驗，這組受試者即為對照組。

　　四組受試者在治療結束後接受了測試，要求他們和蛇一起進行活

動，那些觀察過治療師和蛇接觸且自己參與逐步訓練的受試者表現最少的恐懼。第一組和第二組的受試者表現出的恐懼感比之前更少，但是沒有第三組表現得那麼明顯。最後，控制組的受試者在實驗最後表現出來的恐懼和實驗最初表現出來的恐懼相同。

班杜拉在評價自己的實驗結果時表示，觀察學習和指導性參與的巨大功效端賴兩個特點：第一，受試者的恐懼可以有效減少，這讓他能夠開始與恐懼物品互動；第二，在他們開始互動之後，自己發現當時的場景不會產生不良後果。班杜拉強調循序漸進非常重要，這樣就不會在某個階段引發受試者過度強烈的恐懼。

在這個研究的發現中，最重要的部分可能是在治療師的技巧，值得信賴的陪伴者起到了關鍵性作用。治療師在實驗之中不僅演示了會導致恐懼的行為，並且在受試者嘗試同樣行為時一直陪伴在側，對於每一次進步都給予鼓勵，並在失敗之後給予安慰。只有值得信賴的同伴存在，受試者才有可能擁有足夠信心處理問題，並且自己發現處理的後果。

從行為治療師的工作中我們能學到第二個有價值的經驗是，微幅的進步很重要，這樣引起的恐懼永遠不會太大。一旦在過程中引起的恐懼過度強烈，受試者很可能會退回之前的狀態。有趣的是，男性太空人似乎也是用類似的方法成長，從一個小的成功到另一個成功完備的循序漸進[208]。在第21章將再次提及這個發現。

幸運的是，大部分父母在直覺上都認為讓孩子處於強烈恐懼的狀態之中並不好。他們也明白自己的存在比其他東西更能緩解孩子的恐懼。正如紐森夫婦對4歲孩子及其母親的評價：

「在她的三個孩子中，她能夠意識到兩個孩子有特定、經常出現的恐懼。一旦她意識到孩子的恐懼，她會採取一系列補救措施，直到她發現一項真正有用的措施為止：對大部分母親來說找到那項有效的措施是

最主要的目的，就算這樣會讓全家人憂慮不安，因為家人感同身受。但是並不存在特定的方法，有些恐懼還對無窮無盡的應急方法免疫，此時父母只能希望孩子最終能『從中成長』。總體來說，母親傾向提供結合了解釋和簡單擁抱的方法，通常這些方法至少能安撫人心，即使並非每一次都能驅逐孩子的恐懼。」[264]

提高恐懼敏感性的經驗和過程

在第6章中，我們討論過「當基本溝通發生困難，帶來的恐懼會大於某些警告我們逃避的事件」。因此，個體傾向恐懼某些場景，可能來自兩種經驗。其中一種讓人傾向迴避或退縮的情境，另一種經驗來自不穩定的依附對象。通常，特別令人恐懼的經驗僅僅會在特定情境下才會讓人更加恐懼；然而不穩定的依附對象對恐懼敏感性的影響非常大，讓當事人承受著「瀰散性的焦慮」。

由於本卷剩下的部分將討論個體對於不穩定依附對象的焦慮，在本章我們先集中在討論使個體更加恐懼的特定場景經驗。

恐懼的經驗

傑西德和其同事以及紐森夫婦提供的證據證實了，在許多案例中，當個體對某些特定場景表現出不尋常的強烈恐懼時，其源頭往往來自與該場景相關的特定經驗。

紐森夫婦在描述4歲大的研究對象時說到，儘管孩子現在的恐懼看起來可能太誇張，但是當我們已知孩子的過去經驗時，就往往了解他的恐懼是「合理的」。舉例來說：孩子強烈恐懼泥巴，是因為某個暑假時他的腳陷進溼潤的沙子裡，而當朋友都跑遠了，他卻不能跟上；孩子跌進河裡之後因此再也不願意靠近水邊；孩子在照X光的時候被人大吼且

被強行按住，之後就十分害怕穿白袍的人 [264]。

傑西德和福爾摩斯也報告了來自兩個軸向的類似證據：（a）源於父母報告中，導致孩子對某些特定場景發展出不正常恐懼的因素 [177]；（b）源於成年早期的個體，他們自認是什麼因素引發自己對某些特定場景不正常的恐懼 [176]。儘管這兩種來源的證據並不充分，還需要進一步的一系列研究調查。

就像紐森夫婦，傑西德和福爾摩斯的研究，他們描述孩子恐懼特定場景來自父母的報告，並且以可理解的方式發展。舉例來說：孩子害怕所有像氣球的物體，無論其是在地面上的還是在天空中的，這是因為他曾經歷過一場手術，醫生在手術中使用了某種氣球作為麻醉；另一個孩子在動物園中被突然的貓頭鷹叫聲嚇到了，從此開始害怕自己熟悉的金絲雀寵物。這些案例都可以看成孩子從一個小例子將恐懼一般化的結果。

同樣的，一群年輕成年女性報告自己對特定場景的恐懼源於孩童期間令人害怕的經驗，包括：目睹事故、回家時發現家裡被偷了，以及母親生病等。

並不是所有經歷過令人害怕事件的孩子都會發展出持續的恐懼，因此在恐懼發展的過程中，有特定條件起了作用。獨處或許是可能的因素。值得注意的是，我們在以上引用的所有例子中，都沒有明確說明孩子是單獨面對恐懼，還是有值得信賴的人陪伴。在未來回溯研究災難情境時，必須蒐集清楚所有狀況的準確細節。

當然，有很多文獻表示經驗也讓動物持續的恐懼某些特定場景 [154]。但是動物並不像人類那樣，會因為聽故事和受到威脅而產生恐懼。

聽故事

傑西德和福爾摩斯 [176] 研究過成年早期受試者產生持續、強烈恐懼的

主要原因，其中之一是曾經聽過可怕的傳說，這些傳說有的是真實的而有些是虛構的。其他一些證據說明，某些人害怕特定情境的原因是因為聽說了可怕的傳言。傑西德和福爾摩斯提供了一個例子[177]：當大家傳唱歌曲〈誰怕大野狼〉的時候，反而出現了前所未有的情況，許多孩子表示自己非常害怕大野狼。由於孩子在區別事實和虛構事件並對潛在危險做出現實的評價的確具有困難（這一點我們在第10章已經有所提及），由此看來，研究人員的發現就顯得不那麼令人驚訝了。恐懼很有可能是從這樣的誤解中發展出來的，而且儘管個體在當時的恐懼會非常強烈，但當更深入了解這個世界之後，這些恐懼通常會得到緩解。

　　有一些情境只會被某些兒童和成年人恐懼，這樣的現象可以被認為是文化所導致。比如有一些研究建議，恐懼某些場景的發生率與個體的社經地位有關。對四百個居住在紐約市5～12歲孩子的調查中發現，就讀於公立學校的孩子比就讀於私立學校的孩子更容易害怕搶匪、綁架犯，以及超自然事件[176]。在勒普斯和孟克[216]研究了美國布法羅地區的四百八十二位6～12歲孩子（資料源於與母親的訪談），發現在白人之中，來自社經地位較低的孩子會更害怕戰爭、洪水、颶風、謀殺、火災和被綁架。克洛客（J. W. Croake）[78]也發現了相同的結果，他訪談了來自美國南達科他州和內布拉斯加州兩百一十三位 兒童，他們的年齡為8～12歲不等。

　　許多其他研究體現出來的組間差異也似乎是由文化影響所導致。

威脅

　　在回答傑西德和福爾摩斯制定的問卷時，許多青少年無法明確解釋自己為什麼會對某些情境有著持續強烈的恐懼。然而，分析他們所提出的解釋時，研究人員相當震驚「威脅」在許多案例中的影響。有一些威脅是從比他們大一點的孩子口中說出來的，有時候只是嘲笑，而有的時

候確實是故意的。有些威脅甚至來自家長，偶爾來自學校老師，而這些威脅一般被作為懲罰手段。通常，這會導致孩子對一些自然線索產生恐懼，尤其是黑暗、孤獨或是被遺棄。

　　不幸的是，傑西德和福爾摩斯發現他們不可能統計出「故意嚇唬」的具體數量，但是他們記錄了一些極端的例子。這是一個令人不安的列表。比如，如果問卷上的答案是可信的，那麼兒童恐懼黑暗可能是因為曾經受懲罰而被關在黑暗的屋子或地下室，或者被以這樣的方式恐嚇過。在一些案例中，孩子會因為聽說黑暗的房間裡有毒老鼠和可怕的怪物而加深了恐懼。

　　另一種威脅也被當作懲罰手段使用過，傑西德和福爾摩斯[176]和紐森夫婦[264]都關注了這項威脅——與父母分離。這種威脅可以有許多形式，可以威脅孩子說要把他送走、有人要把他帶走，或是母親會離開只留下他一個人。我們有理由相信許多孩子都承受過如此威脅，而這樣的威脅影響分離焦慮的敏感度遠遠超出精神科醫師的預料。證明這種觀點的證據將會在之後的章節中呈現（第15、18、19章），我們也將在第20章討論這些威脅的作用會被低估的原因。

經驗在恐懼反應中的關鍵角色

　　在臨床研究中，研究人員經常關注無法用當事人的經驗所解釋，對某些情境的恐懼。一般的解決的方法是尋求更複雜的解釋，通常是訴諸恐懼的「內部危險」（internal dangers）。本文認為這樣的解釋太隨意了。在一些案例中，個案和親人都沒有意識到那些高度相關的經驗；而在另一些案例中，他們意識到了相關經驗，但是因許多原因而故意隱瞞；還有一些案例中，個案和親人知道某些經歷，而沒有報告的原因是他們認為這些經歷無關緊要，或是因為臨床工作者似乎對此並不感興趣、無法同理；在另一些案例中，相關經驗得以陳述，但是臨床工作者由於受到

理論引導而忽視了這些經驗。最後，由某個情境引發的恐懼很容易形成個案或者治療師錯誤的歸因。

　本書最主要的主題是我們不會僅將恐懼偽裝成是由無法接觸依附對象和依附對象沒有反應所引起，因為我們不想遺漏任何引起恐懼的情境。

第14章

恐懼的敏感性以及
依附對象的可得性

「在他經歷過的所有痛苦之中，他的恐懼來源於孤獨，語言無法形容
孤獨和擁有夥伴之間的那道鴻溝。」

——切斯頓特（G.K. Ckesterto）

預測依附對象的可得性

在前面我們已經詳細敘述引起人們恐懼感的條件，也闡述了擁有可
信任的同伴在當中的重要作用。當有可信任的同伴陪在身邊的時候，所
有類型的場景都不那麼恐怖了；相反的，當一個人獨處的時候，對每種
場景的恐懼感都會增加。對大部分人來說，最信任的同伴是我們的依附
對象，因此我們對恐懼的敏感度很大程度上取決於依附對象是否在身
邊。

但是人並不是完全活在當下的，在兒童不斷發展認知能力的同時，
孩子逐漸能夠預測各種情境將會帶來的後果，包括他們認為會讓自己害
怕的情境所帶來的後果。在眾多兒童能預測的場景中，最可怕的就是依
附對象在他們有需要的時候不能出現在身邊。

我們已經在第1章提過，依附對象「在場」應該被理解為「個體相
信在需要的時候依附對象能隨時提供依靠，而不是立即出現身邊」。而
「不在場」（缺席）則意味著「不能隨時依靠依附對象」。但是，光有

可以隨時依靠的依附對象是不夠的，還需要以正確的方式回應個體，對於處於恐懼狀態的人來說，這意味著依附對象願意成為安慰者或者保護者。**只有當依附對象既可接觸到並能夠回應個體時，才能真正形成依附對象的「可得性」。**

本章，我們會介紹三個不同的議題，這三個議題都是本書的立論基礎。

【議題1】當一個人深信在他需要的時候都能得到依附對象的支持，會比那些沒有信心得到依附對象支持的個體更不容易緊張也更不容易陷入慢性恐懼中。

【議題2】關注發展依附對象可得性之敏感期。我們推測，關於依附對象可得性的信心，發展於兒童未成熟的時期，逐漸的從嬰兒期到兒童期再到青少年時期。然後在之後的生活趨向恆定。

【議題3】關注個人經驗的真實影響。我們認為，不同個體在幼年發展出對依附對象可得性和其回應性的期望差異，其實相當精確的反映了個體真實的親身經歷 。

每個議題都有其爭議，甚至比其他廣泛的議題更具爭議性。對於精神分析學派的學者來說，接受人格客體關係理論較容易理解第一個議題：根據這個理論，個體對依附對象的可得性是否具有信心取決於是否成功內化了好的客體。相比之下，那些對客體關係理論或者個體生態學不熟悉的人則會認為這個議題十分新奇且令人驚訝。

第二個議題則介於兩種看法之間，一種看法認為一個人的人格結構在成熟了之後還有很大的可塑性，第二個議題則介於兩種觀點之間，觀點一認為一個人的人格結構在成熟了之後還有很大的可塑性；觀點二源

於克萊恩的研究，認為人格可塑性在嬰兒出生後的最初幾個月就迅速減少，且在出生一、兩年之後就退減到了很低的程度。然而本議題認為依附行為發展最關鍵的時段是在孩子6個月大到5歲之間，這段時間也是發展依附對象可得性期望的敏感期。儘管如此，在5歲生日之後的10年內，依附行為還是會不斷發展，只不過敏感程度逐漸下降直到未成年時期過去。

第三個議題考量了個體真實經歷的影響，許多人會認為真實經歷的影響重大不言而喻，但是在精神分析學家的圈子裡，這個議題依然具有很大的爭議。這是一個很重要的問題，會影響到相關預防設定和治療技術的使用。在本章和之後的章節之中會討論這個問題的爭議。

這三個議題為接下來的章節提供了理論框架，每個議題都可以在原則上得到檢驗，並看起來都有其道理，同時也沒有顯著的反證，且結合這三個議題能夠讓現有證據都獲得合理解釋。

依附對象和自我的運作模式

我們的運作狀態可以被簡單描述為代表性的模式或者運作模式。《依戀理論三部曲1：依附》中提過我們假設每個人都會建構關於世界和自我的運作模式，這個模式可以幫助他感知世界、預測未來和制定計畫。在任何人建構有關世界的運作模式中，他對於依附對象的概念會是關鍵，包括依附對象是哪些人、在哪裡可以找到他們、預期他們會有什麼樣的反應等。同樣的，在自我運作模式中，關鍵在於個體認為自己是否是能被依附對象所接受。這些互補模式建立在這樣的基礎結構之上，即：當個體向依附對象尋求幫助時，個體所預測依附對象的可觸性和其反應。而且，根據當前發展出來的理論，互補模式結構同樣依賴於個體是否有信心得到他的依附對象，或是否擔心得不到其依附對象。

個體預測依附對象的可得性與他在日常生活中對於潛在危險敏感程度密切相關。

這個理論有兩個重要因子：在個體早年以及之後的生命中，依附對象的在場是個重要因子，它決定了個人對於潛在危險的警覺程度；另一個重要因子是，同樣在個體早年以及之後的生命中，當個體有需要而依附對象並不在場時，個體是否對依附對象的可得性具有信心。而信心程度是指可獲得依附對象的程度，依附對象的可接近性和回應性都是個體應該期待的。年紀越小的個體受第一個因子（依附對象在場）影響越大，到個體3歲生日之前都具有最重要的位置。在個體3歲生日之後，對依附對象是否可得的預測將逐漸占據重要地位，到了青春期之後，這個因子就成了最重要的變項。

儘管我們並不熟悉從運作模式中衍生出來的預測概念，但是此處使用的概念僅僅是一種描述方法，與系統理論使用的詞彙一致，在傳統上是用這樣的詞彙概念化的——「內攝客體」（不論好壞）以及「自我概念」。目前概念可以讓描述更精確，並且提供研究框架使計畫與實證研究得以順利執行。

從現實的回饋可以證實，依附對象以及自我的運作模式會在許多層面產生差別，其中之一就是「簡單化」（simplicity）對「複雜化」（sophistication）（參見《依戀理論三部曲1：依附》第17章）。另外一個層面是「效度」（validity），這個概念我們會在之後的章節（第20章）簡短討論。還有一個層次在於依附對象在一端，而自我在另一端的分化程度，本章將先考慮最後一點。

個體是否對依附對象有信心，除了可接觸性之外還有對方是否會回應自己，而依附對象是否會回應自己的信心至少與兩個變項有關，即：是否認為向依附對象尋求支持和保護時會伸出援手，以及是否認為向他人求助，特別是尋求依附對象的幫助時，能夠得到有效的回應。從邏輯

上來看，這兩個變項是相互獨立的，但是在現實之中是有關聯的。因此，依附對象的運作模式以及自我的運作模式傾向互補發展，並且互相印證。因此，不被期待的孩子不僅僅會感到自己不被父母期待，而且會相信自己不被所有人期待。相反的，成長在充滿愛的家庭裡的孩子，不僅確信父母是愛自己的，也相信其他人也都能發現他是可被愛的。儘管這種想法在邏輯上站不住腳，但是這些簡單的概括依然成了一種規則。一旦採用了這種觀念，並與運作模式交織在一起，人們就不會嚴苛的質疑這種想法。

即使一般認為個體只會擁有一個依附對象和自我的運作模式，但是從佛洛伊德開始的精神分析學派研究者提供了許多證據，這些證據證實個體很有可能同時使用兩個或多個與依附對象及自我有關的運作模式。當多個運作模式共同運作時，由於其起源與支配性不同，以及對運作模式的自我了解程度不同，都會導致運作的差異。當一個人受到情緒困擾時，我們會很容易發現影響最大的是他的感受和預期，也因此對他的個人體驗和行為有著最大影響的運作模式。這個模式是從他的早期經驗中發展，有著較為原始的結構。但是個體本身可能完全沒有意識到這個運作模式的作用，反而會關注同時作用的其他模式，而這個模式或許與之前的模式極度不相容並較晚發展，且更加複雜，個體不但更容易意識到這個模式，也可能會錯誤認為這就是主導的運作模式。

防衛過程中所出現的問題是：「是怎麼發展出來那麼多種模式並持續存在的？」關於這一點，我們會在《依戀理論三部曲 3：失落》繼續探討。對於多種模式的假設，其中之一就是其具有高度影響力卻部分或完全在無意識運作，佛洛伊德對「動態無意識」（dynamic unconscious）的不同假設，就有不止一個版本。

關於現在正在討論的理論，治療情緒受挫的人首先要不斷偵測那些具有影響力的模式，這些模式是個案可能完全沒有意識到的。其次應該

讓個案檢驗這個模式所揭示的東西，並且思考這種模式是否持續的影響他。分析師使用這項策略發現，個案如何理解分析師以及個案如何預測自己可能的行為，對於揭示個案理解自身的運作模式特別有價值。從分析師的角度來說，個體的感知和預期，顯然是基於自身的直覺以及早期和他人相處的經驗所衍生的運作模式，而非基於當下的經驗。而個案如何知覺和想像分析師，常常被定義為「移情」（transference）。當分析師向個案解釋移情的狀況時，是在喚起個案關注這些模式的本質和影響，並且引導個案檢查運用此模式解釋現在生活中的效度，同時修訂這些模式。

從皮亞傑的理論角度來看，移情的概念意味著個案在腦海中形成了一些已經存在的（可能是無意識的）模式，個案把治療中的分析師吸納到這個模式中，運作照顧者和個案所期待的關係；其次，若個案已有的照顧者模式與分析師不相容，或者沒有進行修正，是因為他還沒有考慮分析師實際上如何行動，依然只與分析師保持普通關係。

一些分析師認為，運作模式的各項特點之中，只有在當下呈現不恰當的才能被視為移情。但實際上，複雜的運作模式很難辨認投射於分析師身上的哪些部分是錯誤或可以應用的。因此，傳統上「個案對分析師所投射的所有概念和態度都是移情的概念」，在定義上或許沒有問題，因為分析師腦海中都有這樣的概念：「模式中的哪些部分不該投射到分析師身上，哪些部分在某種程度卻可以投射。」

個案的個人預測中，經常出現而最引人注目的片段是他強烈預期自己會被分析師拋棄，個案無法自己完全察覺這種念頭。在週末或節假日，尤其是個案不期待由生病或其他緊急情況下的分離，由個案的行動方式以及表現出來的思維和情緒體驗只有在假設被滿足時才能夠被理解，個案會預測分析師不再出現，或者假設分析師再也不想見到他。在很多時候，這些預測可能被個體意識到並認為是恐懼情緒，或根本沒有

被個體意識而以某些扭曲的形式表現，而且儘管確定是錯的，還會持續下去。更重要的是，個案會堅持相信生活中不斷被證明是虛假的這種想法❶。

　　當分析師試圖轉移個案的注意力到他預測事件的本質時，分析師和個案正共同努力了解個案的運作模式。在探究的過程中，分析師透過探究個案早年不成熟時和依附對象的日常生活，讓原本效度飽受爭議的模式，逐漸合理而被理解。這個發現再次引發我們思考這個充滿爭議的問題，即：「究竟會如何影響個體發展自我和他人的運作模式？」

「決定運作模式」的經驗所具有的角色

　　曾經有那麼一個時期，精神分析師如同「克雷培林學派」（Kraepelinian）的精神科醫師，不願意將個案與依附對象間不合時宜的運作模式歸因於個案的實際經歷，並認為這樣的歸因相當幼稚的低估了投射作用，也因此未能適度關注個案自身經驗影響，而將焦點放在個案的不幸。而現在，多虧了費爾本、溫尼考特以及其他心理學家的努力，已經有越來越少精神分析學家有如此觀念。這種觀點只有建立在以下情境下才是合理的，即：臨床工作者將自己限制於治療相對孤立的個案（通常為成年人），也沒有興趣去系統性的考慮個案的日常生活經歷，忽略了個案從嬰幼兒時期（通常該時期的訊息相當不確定或是完全靠推測）到成年期與依附對象交流的方式與依附程度的深度。

　　過去認為實際經驗對結果沒有影響，這是長期在家庭診所工作、治療問題少年和家長的治療師都持有的觀念。而事實上，治療師反而不斷

---

❶　儘管許多報告都出現過個案對於治療師的這種反應，但是我並沒有發現任何系統性的實證紀錄，記錄個案在分析過程中如何應對有計畫或者無計畫的分離。

發現當獲取有關兒童和父母、父母人物互動的資料之後——這些資料通常部分來自訪談家庭的第一手的觀察，部分來自拼湊出來的家庭事件史，蒐集過程通常很緩慢，而且來源非常多樣——兒童會從過去依附對象對待自己的行為方式推測到他們可能對待他的行為方式。因此，儘管基因傾向和身體創傷影響人格甚劇，家庭環境依然在重要的位置上。

我們所持的觀點認為成年人的人格是在發展成熟的過程中，與關鍵人物（尤其是依附對象）互動所產生的結果。因此，一個人有幸成長在平凡的好家庭，擁有平凡、有愛心的父母，總是知道可以從那些人身上尋求幫助、尋求舒適和保護，並知道可以在哪裡找到他們。他的期望深植於童年時期良好的依附關係，這些期待又如此反復的被驗證。這幾乎讓個體可以無意識的確信——無論何時何地，只要處於困難之中，身邊都會有可信賴的人能給予幫助。因此他會滿懷信心的接近這個世界，在面對具有潛在危險時，能夠有效處理問題或尋求幫助。

而那些成長於其他環境下的個體可能就沒有那麼幸運了。有些人或許失去了照顧者和支持對象，有些人的照顧者和支持對象可能總是不在身邊。對於他們來說，照顧者大多不一定會以支持和保護的方式回應他，而這樣的可能性是危險的。生長在這類環境的少年，長大成人之後很可能會對照顧者的可得性和可依賴性沒有信心。在他們的眼裡，他們認為這個世界是不舒適、不可預測的，他們對世界的反應不是退縮，就是與之戰鬥。

多數人介於極好和極壞的人群之間，他們帶有處於兩極之中的各種經歷，產生的期望也是與世界現狀互相匹配的。比如說，有些人從他的經歷中學到——只有被好話哄騙的情況下，依附對象才會用安撫的方式回應自己。長大之後，他們就假設這樣的對象都是必須哄騙。還有一些人可能會從童年經歷明白，只有遵守某些規則，才能得到自己期望的反應。假如需要遵守的規則不那麼嚴苛，違反規則的懲罰就較輕且可預

測，個體依舊可以相信當自己需要的時候能夠得到支持。但是，當需要遵守的規則太過嚴苛而難以達成，或無法遵守時的懲罰太過嚴厲，尤其是懲罰中有對方威脅要撤除對自己的支持時，個體則可能減少面對世界的自信心。

許多家長都會使用具有破壞性的懲罰方式，包括拒絕靠近孩子的反應，例如：生悶氣、威脅孩子自己要離開家或者把孩子送走等。如果反復使用這些策略，即使只是偶爾使用但是強度很大，如此的懲罰或者威脅都會對孩子的人格發展產生災難性的影響。尤其會讓他們非常懷疑「在自己需要的時候，是否可以得到依附對象」，而這樣的懷疑會大大增加個體被拋棄的恐懼，也會提高他對其他情境的恐懼敏感性。

不可否認的是，此類經驗是如何影響人格發展，尤其有關影響恐懼和焦慮的敏感性依舊有其爭議。在《依戀理論三部曲1：依附》第16章中已提出一些支持此觀點的證據，在下一章會有更詳細的說明。然而，我們也希望持不同觀點的人，比如認為個人經歷在人格發展中僅有次要作用的學者，能夠受到我們的刺激，進而提供證據支持他們的觀點，唯有如此才能促進知識的進步、發展。

對於「成熟」和「不成熟」這兩個概念的註記

在許多臨床診斷中，治療師會使用「成熟」（mature）和「不成熟」（immature）來描述人格。帶著信心接觸這個世界，並且在面對困難時能夠轉向信賴的對象並尋求幫助，通常被認為是成熟的。相反的，長期處於焦慮狀態、永遠需要他人支持並總是無法信任他人的人，都被認為是不成熟的。

在使用「不成熟」這個詞時潛藏著一個理論，即：用這個詞與描述的人格結構，是發展受阻的結果，並且會在兒童早期狀態持續，也就是

儘管在兒童早期這種狀態是正常的，但是個體在成長過程中應跨越兒童早期，並將其遠遠甩在後面，才會是健康的過程。

我們在這裡提出的理論與在最後一章討論的理論不同。爭論點在於個體的精神狀態無論是慢性焦慮或持久的不信任，都是健康發展階段的特點。我們認為發聲異常的主要原因是——在兒童時期，依附對象用了不充分或者不恰當的方法回應，因此個體在之後的生活基於「不可能獲得依附對象」來預測依附對象的反應。

一些成人特定的人格類型與兒童特有的人格有著相似之處，尤其兩類個體都常常要求依附對象持續存在並且提供支持，但是這種相似之處僅僅是表面。在孩子的心中，除非有短暫的人生經驗，否則無法預測事件。在「不成熟」的人心中，他不光只是做出預測，而且深深確信自己的預測，他預測的內容是：「依附對象是不可獲得的，除非自己一直保持警覺不讓依附對象離開，或是不斷用幽默討好依附對象。」

因此，我們日常中所使用的成熟和不成熟的用法並不準確，且容易令人誤解。使用「不成熟」帶來的不良後果就是——有時候會讓治療師用一種高高在上而似乎是嘲諷的態度對待個案所關注的事情，而沒有理解到個案的行為其實是苦澀經歷的合理產物。

第15章

焦慮型依附以及
促成焦慮型依附的條件

「父母之間爭吵以及婚姻不幸福會導致孩子性發展障礙或精神官能症疾病。」

——西格蒙德·佛洛伊德[114]

是「過度依賴」還是「焦慮型依附」

在本書第一章，我們看到一些2～4歲居住在漢普斯特德托兒所的兒童對某個或某幾個護士表現出強烈占有行為（引自博靈漢和安娜·佛洛伊德的研究[65]）。舉個例子，從17個月大開始就住在這裡的吉姆，先對一個年輕護士產生了強烈依附，後來又依附了之後照顧他的護士。他對於每一個所依附的護士，都表現得非常黏人且占有欲很強，而且幾乎一刻也不願意讓護士離開。其他觀察者，包括我的同事羅伯遜和海尼克都發現，在托兒所裡，只要孩子有機會和工作人員建立依附關係，都會表現出如上所述的行為。而且，這些孩子回家之後，也會和母親如此相處。

我們在每一個年齡層都可以觀察到有形或是無形的依附行為，從童年期、青少年時期一直到成年時期。許多詞語可以描述這種依附行為，用來形容他們的詞有「嫉妒」、「占有欲」、「貪婪」、「不成熟」、「過度依賴」以及「很強的」或「強烈的」依附。從科學和臨床目的來說，這些用詞都有問題，因為它們源於逐漸被人放棄的理論，或是這些詞都使用模糊的描述，但是最重要的是這些詞都帶有「負面價值判斷」

254

（adverse value judgement），並不恰當且沒有幫助。

儘管「嫉妒」和「占有欲」兩個詞描述精確，但是帶有一點輕蔑的意味。同樣的詞還有「貪婪」，這個詞常常意味著使用者的思維受到認為「源自被餵養的依附關係」這種假設影響。

「很強的」依附和「強烈的」依附，意思也是模糊的。這兩個詞，尤其是前一個詞甚至暗示這令人滿意的關係。

「不成熟」這個詞源於退化理論，這個理論在前一章最後已經有所提及，但是該理論與現有證據相悖。

在《依戀理論三部曲1：依附》的第12章中❶，我們已經提過「依賴」和「過度依賴」這兩個詞的模糊之處和錯誤的價值取向。我們將持續關注用詞的缺陷並且提出替代術語。

在臨床文獻中，或許沒有其他術語比「依賴」和「過度依賴」所使用得更加頻繁。黏人的孩子、不願意離開家的青少年、結婚後還和母親保持密切關係的妻子或者丈夫、需要他人陪伴的病人，以上這些或許遲早會被描述為「依賴」或者「過度依賴」。但是在使用這兩個詞時，隱含著不贊同、輕蔑的語氣。接下來，讓我們更仔細的考量使用這些詞時的個體行為，以及我們如何評價個體。

以本文的視角來看，大部分被治療師描述為依賴或者過度依賴的人是如此——他們所展示出的依附行為，在頻繁程度和緊迫性上超過治療師認為是正常的範疇。因此，觀察者使用這些詞語時包含了自己的價值和標準。這樣就造成了許多問題。其中一個問題就是，規範和價值不僅在個體和個體之間具有巨大差異，在文化和文化、次文化和次文化之間也存有巨大差異。舉一個簡單的例子，在一些東方國家，有些行為不會

---

❶ 關於「依賴」與「依附」的概念是如何被聯繫起來，詳見安斯沃思的研究3。這兩個概念並不完全重合。

獲得人們關注，甚至是其文化所提倡的；但是這些行為在西方文化下卻會受到懲罰，被認為是幼稚的依賴行為。另一個問題在於，即使是在同一個文化之下，在沒有了解其狀況、有機體功能和環境時，也不能有效評價其行為。如果不考慮兒童的年齡、他是否正在生病、是否最近經歷過度驚嚇，觀察者的判斷會有很大的誤差。那些容易被錯誤判斷為過度依賴的孩子，都是那些看起來比實際年紀大、處於疲勞或者生病狀態，最近有弟妹出生或者最近家裡有成年人去世的孩子。另一個典型例子是懷孕中或是正在照顧孩子的年輕女子。在以上所有例子中，依附行為的表現都比其他情況下更頻繁、更強烈。換句話說，在某些特定環境中，這些行為也在正常範圍之內，並不能說明個體的人格發展具有什麼樣的問題。

但是，所有年齡層都有人表現出不尋常、頻繁而急迫的依附行為，在所有年齡層中也會有人在無法解釋的情況下持續做出這些行為。當這種傾向超過一定的程度，個體就會被認為其出現了精神官能症的特徵。

當我們開始了解這些人時會發現──這個人很明顯在他有需要的時候對自己的依附對象可得性與反應沒有信心，因此他會不斷採取和依附對象保持接近的策略，以保證能夠隨時接觸到依附對象。但是將他們描述為「過度依賴」反而模糊了實際上的問題。甚至連「分離焦慮」（separation anxiety）這個術語也不是十分恰當。**更好的方法是使用「焦慮型依附」（anxious attachment）或者「不安全依附」（insecure attachment）來形容這樣的情況。**這樣的描述指出了行為核心，那就是「擔心依附對象不可及或者不對自己做出反應」。正是因為這些原因，加上這個詞可以幫助我們同理，我們通常會使用「焦慮型依附」這個術語。這個術語尊重一個人與依附對象保持親密關係的自然需求，並且暗示被描述的個體很害怕這段關係終結。

目前的研究理論是──儘管其他因果因素會對焦慮型依附發展產生

一些影響，但是目前最明顯的影響是關於個人在依附對象可得性的經驗，這些經驗動搖了個體能不能在需要的時候是可以得到依附對象的信心。在下一章，我們將會仔細思考其他長久以來根深柢固於人們心中的替代性理論。

接下來的資料來自兩位工人階層的母親，她們分別描述了自己的孩子「過度依賴」時的情況，這些描述揭示了過度依賴的真實狀態。這些描述來自紐森夫婦[264]的研究，該研究調查了七百名來自英國諾丁漢的4歲兒童。

一位礦工的妻子被詢問女兒是否有時候想要被母親摟抱時，她這麼回答：

「自從我在她兩歲時候因為住院離開她兩次（每次17天）之後，她就再也不信任我了。我完全不能去任何地方，即使去鄰居家串門子或是去購物，都要帶她一起去。她也從不離開我。今天，她從學校回來的時候像瘋了一樣跑進家裡，說：『哦，媽媽，我以為妳走了！』她無法忘記我之前曾經離開她，並無時無刻都要跟在我身邊。」

詢問一位卡車司機妻子同樣的問題時（她3個月前被丈夫拋棄過），她的回答如下：

「是的，最近開始，所有時間裡──自從丈夫離開之後。（研究者詢問：『那麼妳做了什麼呢？』）如果不忙的話，我會坐下來安撫女兒，因為，你知道的，她一直黏著我，不斷問：『妳愛我嗎？妳不會離開我的，對吧？媽媽。』因此我會停下來試圖和她談談這個話題。但是我的意思是，在她這個年齡（大約4歲），有些事情確實沒辦法解釋清楚。她以前可以自己穿衣服，但是自從丈夫走了之後，她就開始依賴我了，我

得幫她做所有瑣碎的事情。現在，我大多讓她去做自己愛做的事情。我覺得她在某些方面已經很不安了，我也不想讓她更不安。我確實在丈夫走了之後把她丟進了托兒所，我覺得這樣做能轉移她的注意力、讓她不再去想這件事，但是保母勸我無論如何都要把孩子帶回家，她說孩子整天都坐著哭。孩子肯定以為我也要拋棄她，因為父親離開了，而我又把她放進托兒所一整天。因此她只在托兒所待了兩週我就把她帶回家了。但是她現在很害怕被單獨留下來，如果我去廁所也要帶著她，她甚至不敢一個人待在房間裡。她很害怕被拋棄。」

　　總結這些表現出過度依賴和分離恐懼的孩子的表現之後，紐森夫婦寫道：「大部分孩子對於分離的恐懼是有現實基礎的，孩子或者他們的媽媽曾經住過院或者他們身上發生過其他分離事件。」然而，還有一些具有相同經歷的孩子並沒有明顯表現出分離焦慮，也有一些孩子並沒有類似的經歷卻恐懼分離。儘管個人經歷在產生分離焦慮中十分重要，但是顯然還有其他因素影響著。

　　影響最大的有以下幾種因素：第一種是父母威脅要遺棄孩子，這經常被父母用來當作訓練或懲罰孩子的手段；第二種是孩子認為父母吵架會產生風險，導致父母分開。就目前的證據來看，如同薩蒂[348]和費爾本[96]很早以前的猜測──父母威脅要遺棄孩子，很可能是最有影響力的因素。我們也必須牢記，**這種威脅之所以能對孩子有如此巨大的傷害在於「對孩子來說，分離是令人痛苦且令人恐懼的經歷」**。

　　正因為如此，我們再一次回到我們的主題「分離」討論和母親分開對孩子來說有什麼樣的影響。

　　我們將在下面考慮兩種不同的影響狀況，第一種情況是兒童居住的環境中長期沒有母親角色；第二種情況是兒童主要在家中成長，但是母親因為種種原因曾經長期或短期與孩子分開。

失去恆存的母親角色時，兒童的焦慮型依附

　　關於成長環境中長期失去母親角色時兒童的依附和恐懼行為，蒂澤德夫婦（Jack Tizard & Barbara Tizard）[355]的研究提供了最有系統的資料。他們分別比較了成長在英國托兒所和普通家庭的兩歲兒童在「群性發展」（socail development）和「認知發展」（cognitive development）的情況。

　　近幾年來，英國托兒所的結構有很大的變化。不僅開始鼓勵孩子與家庭聯繫，還嘗試在托兒所內部營造出與普通家庭環境更相似的居住條件。除了12個月大以下的孩子被分在隔離空間撫養，其他年齡在5～6歲的孩子以六個人為一組、擁有私人空間，且在那裡能得到自己的護士和護士助理照顧。另外，一些托兒所鼓勵護士特別關注其他組一到兩個孩子，這些孩子通常不在該護士平時工作的小組中，但是她可以在休息時候帶這些孩子出去玩、買小禮物給他、有時抱他們去睡覺，或者在週末帶他們回她的家。

　　儘管相較於之前沒有人情味的制度，這樣的制度已經有了很大進步，但是調查結果顯示，一旦這種母親般的關懷消失了，這些孩子的生活狀況依然不如那些生長在倫敦普通工人階層家庭中的孩子。

　　在他們的研究中，蒂澤德夫婦選擇了十五個兩歲男孩和十五個兩歲女孩（每組中有十個白人孩子和五個有色人種的孩子），他們都是足月生的健康寶寶，一直都很健康，且都在4個月大之前進到托兒所，之後都待在這裡。除了一個孩子之外，其他都是非婚生。其中一半的孩子他們的母親會前來探望，依然能期待這些母親以後能夠照顧他們；其他人已經被收養了，但是由於許多原因收養時間延後。

　　對照組選用了在年齡、性別、健康狀況方面相似的英國白人兒童，他們都來自工人階層家庭，和親人一起住在自己家裡。出於方便，該研究剔除了有全職工作母親以及學齡前哥哥的兒童。

該研究的目的是比較這兩組兒童在認知發展和群性發展之間的差異。因此在研究中對兒童進行了很多認知測試❷，研究者還觀察了兒童在陌生人出現且接下來照顧者離開房間時的一系列反應。另外，為了獲得有關依附行為更詳細的訊息，研究者詢問了照顧者一系列相關的細節問題，以及兒童與潛在依附對象或其他人之間的一些經歷。參與項目的研究者都是女性。

呈現研究結果時，我們將從每組孩子的依附行為特點開始介紹，兩組兒童呈現出巨大差異。

三十位成長在家中的兩歲兒童，其中二十個孩子認為母親是主要依附對象，四個孩子的主要依附對象是爸爸，五個孩子對爸爸和媽媽的依附程度相同。在剩下的一個案例中，爸爸離開了家庭，孩子的依附對象是舅舅。依附對象的數量很有限，每個孩子平均有四個依附對象。除了四個孩子以外，對其他孩子來說，和依附對象一起在家周圍轉來轉去是經常性活動。

不同於成長在家中的兒童有集中的依附行為，成長在托兒所的兒童，其依附行為被引導得十分零散。大部分孩子的依附行為在某種程度上指向大量、無確定性的人身上，經常包括「任何他了解的人」。除此之外，每個孩子還是有偏好的對象。如果親生母親每週來看他一次或者更頻繁，母親常常是被偏愛的對象：「孩子會很高興看見她，而在她離開時會難過不安。」相似的，當有一個「特殊的護士」經常帶孩子出去玩，同時親生母親沒有經常來看望時，儘管這個護士大部分的日子都只能看到孩子幾分鐘，但她依然是孩子的偏愛對象。由此可見，成長在家中的孩子能夠和偏愛的依附對象持續接觸，而成長在托兒所的孩子很少

---

❷　認知測試的結果表示，在育嬰中心成長的兒童，其認知程度均落後標準兩個月，且落後在自己家中成長的兒童3個月。托兒所兒童落後的能力，主要是詞彙測試354。

看見他們的依附對象，還不能跟著他人離開房間。

　　儘管托兒所所長做了很多努力來穩定兒童的社會關係，結果卻不盡人意。自從這些孩子在12個月前進入托兒所之後，大部分的孩子接受了至少二十個不同護士的照顧，而她們的照顧一般持續1週或者更長，相較之下，成長在家中的兒童平均接受兩個人的照顧。而在實驗進行的一週之內，托兒所中照顧兒童的護士甚至可以達到六個，並且工作人員的去留並不規律，他們有時候會消失幾天或者幾週，有一些消失了就再也不會出現。

　　比較兩組兒童的依附行為和恐懼行為資料之後，發現托兒所兒童在依附行為明顯更焦慮❸，且更害怕陌生人。

　　護士提出的資料表示，無論是對偏愛對象還是對其他工作人員，托兒所兒童都表現出比家中兒童更焦慮的依附行為（家中兒童的狀況由母親提供）。舉個例子：在三十個托兒所兒童中，有二十四個會在最愛的照顧者離開房間時哭泣，而家中兒童中只有十三個兒童會如此；而經常哭泣的兒童人數分別是十個和兩個。當照顧者返回房間之後，三十個托兒所兒童除了兩個之外，都會跑過去要求照顧者抱他們（大部分兒童經常出現這樣的行為），而家中兒童中只有四個出現這樣的表現（沒有一個兒童經常出現這樣的行為）。因此，大約三分之二的家中兒童並不把母親進出房間當作一件大事，而基本上所有托兒所兒童都在依附對象離開時感到不安，並在她回來時想要被她抱著。

　　研究還採用了標準化的實驗過程來測量每一組兒童對陌生人的恐懼。每個孩子由照顧者（護士或母親）陪伴，並在自己的房間進行測試。剛開始的5分鐘，孩子坐在照顧者的大腿上，研究人員此時和照顧者聊

---

❸ 在蒂澤德夫婦355的報告中，比起在家中成長的兒童，托兒所兒童表現出的依附行為更為強烈。

天。接著，研究人員對孩子表現出一系列標準化的友善行為：她先和孩子打招呼，然後邀請孩子跟她一起去看一本圖畫書，最後邀請孩子坐在她的腿上。研究人員使用了七點量表評分孩子的每一次行為。

　　友善行為的第二步時（研究人員邀請孩子過來），三十位托兒所兒童中只有十五位照做了，而三十位家中兒童中有二十六位照做了。當研究人員邀請孩子坐到她的腿上時，托兒所兒童中只有八位接受了邀請，還有六位哭著跑開了，而十六位家中兒童接受了邀請，且沒有人跑開。

　　研究人員對孩子表現完友好行為之後，又與照顧者進行了幾分鐘的談話，並要求照顧者短暫離開房間幾分鐘並保持房門半開。研究者用四點量表評分孩子對於照顧者離開的反應。測試後期，照顧者再一次被要求離開房間，研究人員會再次評分孩子的反應。第一次被留下來和研究人員單獨相處時，六位托兒所兒童跑出了房間，甚至到了第二次單獨相處的時候，還有五位兒童不願意和研究人員待在一起。但是家中成長的兒童在這兩次單獨相處中，都很樂意和研究人員待在一起。

　　測試最後，研究人員再次邀請孩子坐在她的腿上。儘管大部分托兒所兒童此時已經更大膽了，但還是比家中成長的兒童更小心。有兩個托兒所兒童還是哭著跑走了，家中成長的兒童中有十一個坐在研究人員腿上時還能笑著和研究人員聊天，而托兒所的兒童卻沒有任何一人能達到。

　　目前為止的實驗結果基本上支持了我們的假設。不支持假設的例子有：護士和母親報告了孩子的恐懼情況，比如對狗的恐懼有著相同的頻率。但是考慮到兩組孩子對陌生研究人員反應的巨大差別，或許有理由質疑這個訊息的真實性，或許母親和護士對恐懼的標準不同。

　　在這方面，斯諾爾曼恩（Anneliese Schnurmann）[313]報告的一個案例能說明一些問題。這個案例講述了一個成長在英國漢普斯特德托兒所的兩歲半小女孩如何發展出對上床睡覺和狗的恐懼。儘管她的症狀被描述為

「恐懼症」，研究者還試圖用「閹割焦慮」（castration anxiety）來解釋孩子的恐懼，因為孩子在之前發現了性別差異。從托兒所紀錄能夠明顯發現，症狀出現的時間與母親停止每晚探望有密切關聯，而在母親恢復探望之後，孩子的症狀便有所緩解。恐懼症的症狀與焦慮型依附的關係將會在第18、19章中詳細描述。

成長在托兒所的孩子與依附對象之間的經歷與成長在普通家庭裡的孩子差別非常大，前者的依附行為會更焦慮、更害怕陌生人，產生這樣的結果並不令人驚訝。也正因為如此，我們不難推測出兩組兒童在依附對象的運作模式也有巨大差異，他們還將運作模式作為預測依附對象是否可接觸、是否會對自己有所反應的基礎。家中兒童成長在穩定、可預測的世界，有著可接觸到且會對他們反應的依附對象；而托兒所兒童，即使處於現代化的托兒所，也成長在高度不可預測的環境之中，在他們的世界中，孩子通常不能時時刻刻接觸偏愛的依附對象，而替代者通常隨機出現或消失。

與依附對象分離一段時間或者交由替代者照顧之後，孩子的焦慮型依附

成長在家庭中的孩子若與依附對象分離，尤其是這段時間還是與陌生人一起度過，通常會變得更焦慮也更黏人。這個發現組成了當前理論基礎資料的一部分，在這一章前半段提到的兩個例子（引用自紐森夫婦在1968年的研究[264]）已經有良好闡釋。但是這種現象還具有爭議，其爭議之處在於某些因素能夠讓某一類兒童恢復自信，但卻對另一類兒童沒有相同效果❹。

短期住院的影響

費金（Claire M. Fagin）[95]研究了兩組兒童經歷短暫住院（1～7天）後回到家的行為表現。每組有三十位兒童，其中一組兒童在住院期間有媽媽陪伴，另一組兒童則沒有媽媽陪伴，但是媽媽每天會來探望。兩組兒童的年齡匹配，從18個月大到48個月大，但是性別上並沒有匹配。在住院開始之前，研究人員會與母親會談，因此兩組兒童在撫養態度上並沒有差異，且在陪孩子住院的意願也沒有差異。

母親會觀察並報告孩子從醫院回家之後1週和1個月時的行為表現，這些表現會被拿來和對比孩子住院前母親報告的行為。

在回家1週後和回家1個月後，沒有母親陪伴的孩子比住院之前更不安，所有日常行為都表現出顯著的差異。最值得注意的是，這些孩子在面對短暫分離時比在住院之前更不安，而且表現得更為「依賴」。相比之下，那些有母親陪伴住院的孩子並沒有表現出這些不良的改變。實際上，母親報告孩子在各方面都發展良好。這個研究結果表示，正如麥卡錫（Dermod MacCarthy）等人[229]發現的——**當孩子處於令人不安的情境下時，母親陪伴會讓孩子更相信在緊急情況下母親會與他同在❺**。

以上發現和其他類似的研究結果一致。費金的研究最有趣的一點在於，在研究中被研究者評價為「急躁的」母親，這些母親對兩組兒童的

---

❹ 學者有時候會懷疑，住院或者在托兒所的居住經歷是否會造成如同短期影響般對孩子有長期影響。關於這一點，道格拉斯（J. W. B. Douglas）[87]在追蹤四千多位兒童並分析時研究了該問題。當孩子在青少年時期時，那些在5歲前曾經住院過，無論是超過一星期還是只有兩次或更多次，都與沒有住院過的孩子在以下四個方面有差異：（a）更容易在13歲和15歲時被老師評價為「難以管教」；（b）男生更容易在8～17歲之間被警察警告或是被判刑；（c）在閱讀測試中更容易得低分；（d）退學的孩子更容易在15～18歲之間換四次或更多次工作。

在5～15歲之間住院過的孩子，犯罪傾向更高以及工作更不穩定。考慮孩子的生活背景差異後（比如健康因素，以及是否成長在大家庭中），與沒住院過的孩子，這些差異依然成立。此發現支持了第4章的觀點，即：兒童在早年時期與母親分離產生的效果會累積，最安全的分離程度就是0。

影響不同。

陪伴住院孩子的急躁母親，在孩子出院後並沒有任何不良影響；而沒有陪伴孩子住院的急躁母親，在孩子在出院後，對孩子的不良影響比那些平和但卻沒有陪伴孩子的母親更嚴重。

其他研究也指出，分離對某些孩子會有特別大的負面影響：這些孩子的家庭生活不穩定，也可能父母會表現出敵意或是以分離作為手段威脅孩子。不斷有證據顯示，在事件發生前後，父母與孩子的關係會大大影響分離的後果。

替代性居家照顧一段時間的影響

莫爾（T. W. Moore）[253 & 254 & 255] 報告過一些與本文有關的發現。莫爾對兩百二十三個剛出生的倫敦兒童進行追蹤研究，到他們6歲時只剩下一百六十七個兒童仍然參與研究。莫爾在這6年內調查了分離和不連續照顧對於兒童的短期影響，以及在早年有著不同經歷的孩子在6～7歲時的行為差異。孩子行為的訊息來自：（a）訪談母親（在孩子出生之前訪談兩次、孩子1歲以內訪談五次，接下來兩年內訪談四次，之後每年訪談一次）；（b）研究中心定期對孩子進行心理測試以及觀察；（c）訪談孩子所在的日托中心或幼兒園校長或工作人員。大部分結果用以下的方式來表達，即：孩子因之前的經歷不同而造成一系列不同的行為頻率。

某些孩子曾因為假期而有1～2週時間和親戚住在一起。3歲以下的兒童和母親重聚之後最常見的行為就是黏在母親身邊，儘管這種黏人

---

❺ 費金[95]的研究也有其侷限，他的缺陷在於所有資料都來自母親的報告，而且在兒童的疾病和住院時間長短這兩方面，兩組並不匹配。沒有母親陪伴的孩子之中，有二十一個孩子是到醫院進行疝氣手術或扁桃腺切除手術，住院兩天後就出院了。沒有母親陪伴的兒童，只有九個孩子的住院經歷是類似的，還有十三個孩子以前有呼吸道或消化道感染，住院過3～5天。因此，孩子出院後有不同的行為，很可能是由於之前經驗不同，儘管麥卡錫等人[229]的研究並不支持這個解釋。

的情況在2～3天就會消退，但還是有30%的兒童持續黏人數週。莫爾在他的研究中總結：「很顯然，對大部分孩子來說，與母親分離是一件令人焦慮的事情。在他們2～3歲時特別脆弱。」[255]

莫爾報告的大多數證據顯示，生活中的困擾持續存在或消退大多取決於家庭穩定程度和家長的態度。他的三組比較細節如下：

【細節1】 六位孩子在出生後9～30個月大之間住過一次或多次托兒所，除了一名兒童，其他兒童都在回家後表現出了不安情緒——出現攻擊行為、撞頭、害怕陌生人或更依賴母親。還有另外四個孩子在出生後9個月內就有過類似的經歷，在這四個孩子中，有兩個孩子有類似的不安表現。當這十個孩子都到8歲的時候，其中兩個能夠良好適應社會，而剩下八個則不能適應。紀錄顯示，這兩個能夠良好適應生活的孩子都來自關係和諧的家庭，剩下八個表現出困難的孩子來自離異家庭（兩個）或關係不好的家庭。

【細節2】 十五個來自穩定家庭的孩子，在出生後前4年曾經與母親分離一段時間，時間長度和環境因素各不相同。許多孩子在分離期間和親戚一起居住，有的孩子在分離期間是住在醫院或者托兒所。研究人員將每個孩子與母親分離的時間匯總相加之後表示，分離時間從5～23週不等。所有孩子都來自穩定的家庭，且除了分離時間之外，母親都好好照顧了他們。在他們6歲時，研究者將他們與其他兩組孩子進行比較：一組是受到媽媽良好照顧且沒有經歷過分離的孩子；一組是不僅家庭生活不穩定（學齡前頻繁更換照顧者），而且還有一連串分離經驗的孩子。結果如下：

【結果1】根據母親的報告，成長在穩定家庭且一直由母親照顧的孩子在經歷長時間的分離之後，需要被關注的程度並不比沒有分離經驗的孩子多。這表示在穩定家庭成長的孩子經歷了時間長度不同以及類型不同的分離後，儘管報告表示許多案例在當時表現出不安、難過，但是之後的依附行為並沒有出現明顯的不良後果。然而在下結論之前，我們必須更加謹慎，因為我們並不知道這些孩子在面對新的恐懼情境時的反應。比如海因德和斯賓賽布就研究過小恆河猴與母猴分離一週對兩年之後面對恐懼情境時的反應有什麼樣的影響（詳見第4章），這警告我們下結論時不要過於自信。

【結果2】來自穩定家庭的孩子在經歷一段時間的分離之後似乎也能良好成長，但是那些來自不穩定家庭的孩子則沒有那麼幸運。在他們6歲時會明顯表現出沒有安全感的典型特徵：過度依賴、焦慮、睡眠問題和咬指甲。

日間托育的影響

莫爾[254]的研究探究了在5歲之前經歷不同類型日間托育的孩子，在他們6歲時所產生的影響。在他的研究對象中，有一半的母親在孩子5歲之前外出工作過至少3個月，但是研究對象中，母親的工作類型和工作時孩子得到的照顧有非常大的差異。一個極端是媽媽在孩子4～5歲之間讓孩子去幼兒園，自己兼職；另一個極端是媽媽有全職或者近似全職的工作，因此在孩子很小的時候就送到日托學校或者交由保母照顧，這樣就不可避免研究中存有混淆因素。在大部分案例中，孩子很小就開始接受日間托育，照顧通常不穩定，孩子一開始由一批人照顧，不久之後又換了另一批人照顧。相比之下，在孩子3歲之後的照顧者通常來自

幼兒園，這種照顧比較穩定。然而，照顧穩定與否的另一層含義在於
——不穩定的照顧安排可能與父母有不穩定人格有關，這也不足以為令
人吃驚的因素。

儘管具有這些問題，莫爾還是對照了兩組兒童，每組十五位在性別
和其他方面互相匹配的兒童，所有的兒童都在5歲之前接受過一些日間
托育，但其中一組接受的照顧是穩定的，另一組是不穩定的。每個孩子
第一次接受日間托育的年齡從幾個星期大到3歲不等。

【組別1】十五位經歷不穩定及不斷變化日間托育的孩子，大部分是
在兩歲之前開始交由他人照顧。我們根據母親在他們6歲
時候的報告可以發現——孩子明顯在之後的生活中表現得
焦慮、沒有安全感。他們會表現出：

「更加依賴又黏人的行為——想要坐在母親腿上、憎恨她
要離開，如果母親生氣會非常不安，在該睡覺的時候需要
得到母親關注……這些行為在高度依賴、高度緊張、難以
適應環境的孩子身上非常常見。他們更容易感到害怕，尤
其是在面對醫生和黑暗時。」[254]

而且，這些接受不穩定日間托育的孩子，還比其他孩子有
更多住院或者住在其他地方的經歷。更多孩子的某些焦慮
型依附（儘管不是全部），可能歸因於父母對待他們的方
式，許多孩子的父母被評估為具有「不穩定的人格」。

【組別2】在少數案例中，孩子在兩歲之前就開始接受穩定的日間托
育。這些孩子到6～7歲的時候還會傾向向母親尋求額外
關注，有些母親還沒辦法和孩子建立起親密關係。

相比之下，那些在3歲之後才接受穩定日間托育的孩子，在6歲時並沒有表現出明顯的情緒問題。這個發現也與我們的日常經驗一致。在這些3～4歲孩子離開母親的這段日子裡，他們不是去幼兒園（不會超過6個小時），就是住在親戚家。一般來說，這兩種安排在該年齡層的孩子相當普遍，而且孩子都很享受，似乎不會有太大困難。

莫爾的這些發現大大支持了「焦慮型依附的發展並不是如大眾所認知的是因為孩子被寵壞了」這個理論（見下一章），而是因為經驗引導他建立起關於依附對象的模式，在這個模式裡，當他有需要的時候，他們接觸不到依附對象或者依附對象不會對他做出反應。**孩子的生活越穩定越可預測依附對象的行動反應，他們的依附也越安全；然而若生活越沒有連續性、越不可預測，依附會越焦慮。**

我們下結論之前還需要考慮一個重要的附帶條件。一些遭受無法預測事件的孩子已經到了絕望的地步，此時他們不會發展出焦慮型依附，而是會或多或少變得疏離，最明顯的表現就是既不相信也不在乎別人。他們經常會表現出攻擊行為、不遵守規則，並且很容易做出報復性行為。男生比女生更有可能朝這個方向發展，而女生則更容易發展出焦慮型的黏人行為。

分離和不穩定的母親可能會引發兩種截然不同的照顧後果，即：焦慮型依附和攻擊性疏離，且讓人費解的是有的情況還會同時引起這兩種狀況。我們在解釋這個問題時可以考慮性別差異。這個解釋也與成人人格障礙的性別差異一致──女性比男性更常見焦慮這個精神官能症，而男性則更容易出現犯罪行為。

追蹤研究11歲和15歲孩子顯示，孩子在生命前5年發展出來的依附類型基本維持不變，無論是安全型依附還是焦慮型依附，或是某種程度

上的疏離。

莫爾[256]的研究並沒有對「孩子3歲開始上全日托的影響」下任何結論，因為還具有爭議。有些孩子在出生後第3年末會很樂意每週參與幾次小團體活動，但還是更謹慎的參與全天的活動，孩子越接近兩歲時，對團體活動越感到興趣。從兩歲3個月開始上幼兒園的洛蒂，每週只去兩個半天（詳見第3章），這顯示了過早上幼兒園的缺點。在同一章中，馮列文和圖馬[221]的研究也表達了同樣的意見。

布萊賀（Mary C. Blehar）[39]進行了一項有關日托中心兒童的研究，她使用了安斯沃思的陌生情境研究法（詳情請見第3章）研究了四組幼兒園中班的兒童。其中兩組兒童曾在研究之前接受4個月的私立日托服務❻，日托時間是一天8～10小時，1週5天。其中一組兒童從26個月大開始日托，在30個月大時進行測試；另一組兒童在35個月大時開始日托，39個月大時進行測試。剩下的兩組家庭養育兒童則作為控制組，與前兩組兒童在年齡、性別方面互相匹配。

在進行測試的前1個月，研究人員拜訪了每個孩子的家，進行了「卡德威爾家庭刺激評量表」（Caldwell's inventory of home stimulation），在這個過程中也蒐集到一些觀察孩子和母親交流互動的第一手資料。分析資料後發現，日托中心兒童和家庭養育兒童所接收的刺激形式和數量並沒有差別。

然而，這兩組兒童在安斯沃思陌生情境實驗中的表現卻有明顯的差異，差別最大的地方在於當母親離開房間和回來時孩子的表現。母親不在房間的這段時間，四組兒童在房間內的探索行為平均更少，探索減少。最明顯的是年紀稍大的日托中心兒童哭得也最多，遠多於在家庭養

---

❻ 布萊賀將其描述為「巴爾的摩的私人日托中心」。日托中心沿襲了傳統托兒所的規則，並且維持了高品質，工作人員也參與了研究，主要服務中產階級家庭。該機構中，兒童與成人比例從6：1到8：1不等，開放時間為上午7點至下午5點半。

育的兒童（他們基本上不會哭），甚至比組別年齡較小的孩子還哭得多。當母親回到房間時，組別年齡小和組別年齡大的日托中心兒童，都比在家庭養育的兒童迴避母親的程度更大。布萊賀指出，這種行為模式與安斯沃思研究中發現的某種孩子特徵一致，這些孩子的母親在孩子出生的第一年內被評估為——不敏感且對孩子的行為沒有反應，無法讓孩子隨時接觸到（細節以及參考文獻見本書第21章）。

日托中心兒童和家庭養育的兒童在面對陌生人時的表現也非常不同。兩個不同年齡層的日托中心兒童都比家庭養育的對照組兒童更抗拒接觸陌生人。而且隨著測試進行，日托中心的兒童越來越抗拒陌生人，而家庭養育的兒童越來越能接受陌生人。這樣的發現與我們日常期待的「日托能夠讓孩子更適應社會、更獨立」截然相反。

但是，莫爾在接下來的研究提出了相反的觀點[256]。在他的研究中，有一些孩子直到5歲都和媽媽待在一起、從來沒有去過幼兒園，這些孩子在之後的生活變得對批評過分敏感而且在面對同伴時顯得膽小。這項研究發現如果得到證實，就支持了被大家廣泛認可的一個觀念，也就是「孩子從3歲開始在有秩序的環境中和同伴玩耍，會有利於他們的成長」。在許多案例中，若母親監管控制太多或者占有欲太強，這種情況下孩子和同伴玩耍就特別重要。

因遺棄或者自殺威脅所引發的焦慮型依附

在前面章節中已經提過，有的父母會嚇孩子，如果他做得不夠好，父母就不愛他或者就要拋棄他了，這樣做會產生嚴重的影響。臨床研究表示，這樣的威脅，尤其是拋棄孩子的威脅（包括威脅要自殺），對發展出焦慮型依附的影響遠比研究者之前認為強烈。

父母威脅孩子「如果他不好就不再愛他」，這種方式通常在引發焦

慮起到了非常重要的作用。在《抑制、症狀與焦慮》[125]中，佛洛伊德也討論了該主題。儘管「威脅失去關愛」不能再被忽略，但是實際上的遺棄，顯然造成更大的傷害。這些威脅的紀錄很少出現在案例報告中，在文獻中也很少見或是零散的指出被拋棄對於引發兒童焦慮有相當重要的作用，且幾乎沒有關於該主題的系統性調查或研究。大家會忽視這一點，可能是這些父母不願意提及這個話題。

威脅孩子要拋棄他的表達方式有很多種。其中之一就是「如果孩子不夠好，他就會被送走」，例如大家會威脅少年感化院或者學校裡的壞男孩被警察抓走。第二種方式也是常用的懲罰手段，也就是「威脅孩子父母會離開，只留下他一個人」。第三種會讓孩子產生相同焦慮的方式是「如果孩子不好，父母就會生病甚至死亡」。第四種可能也是最重要的一種方式是「父母在衝動性憤怒之下威脅要放棄家庭」，通常這個時候父母已經處於絕望狀態，常常還會威脅要自殺。最後，父母吵架時孩子常常聽到父母要因此離開他，這時孩子就會產生焦慮。

有證據表示類似的威脅不管是出於懲罰目的還是偶然，在日常生活中都很常見，這些威脅對孩子的影響都極度令人害怕、不安。

我們從那些懲罰性威脅開始說起。父母使用類似威脅的比率在不同文化和不同次文化中無疑有很大的差別。調查英國諾丁漢區的七百個家庭時，紐森夫婦在1968年發現[264]至少有27％的家長在訪談中承認會使用這種威脅要拋棄孩子的方法來教訓他。使用最少的是社會階層較高的兩組家長，他們是專業人士和管理人員，其報告資料是10％；其他組的家長資料都處於30％左右。最令紐森夫婦驚訝的是，商店白領工人和牧師使用威脅的機率達到34％，這和技工、半技工甚至是非技術工人一致，甚至更高。

當然，這些威脅的嚴重性也不同，影響程度取決於怎麼樣發出威脅以及孩子是否相信這些威脅。有些威脅僅僅是玩笑，但是對於紐森夫婦

這樣的訪談者來說，當他詢問父母教訓或者懲罰孩子的方式，父母很難提及這些威脅，除非家長很嚴肅的使用過並且相信這些威脅的效果。本研究中的孩子都只有4歲，對於年齡這麼小的孩子來說，這些威脅很直接的被認真吸收了。但有些父母為了給孩子教訓，用非常具體的表演來表達威脅。下面是紐森夫婦紀錄中展示的例子。

詢問一個包裝工人的妻子是如何懲罰4歲大的兒子時，她給了以下回答：

「我以前常用哈特利路少年觀護所來嚇他，當然現在那裡已經不是觀護所了，自從觀護所拆了之後我就沒辦法用來嚇他，但是我會說我進城就能看見觀護所。伊恩會說：『好吧，如果我和史都華（7歲）一起去那裡沒關係。』我接著說：『好吧，你們會去不同的觀護所——你去這個，他去那個。』這樣說真的讓他開始擔心了。有一天，我準備帶他到附近走一走，彷彿要帶他去觀護所，他似乎真的嚇到了。最後我只好帶他回家，因為他開始哭。他以為我是認真的——他認為我真的要把他送去觀護所。現在我只能這樣嚇唬他：『不用多久，你就要去觀護所了。』」

面對同樣的問題時，一位礦工妻子先是否認威脅過自己的小女兒，隨後又改口：

「哦，不，我撒謊了。我曾經這樣做，這讓她太不安了，所以我之後再也沒有這麼說過。（研究者：「妳說了什麼？」）那個時候她正在跟我吵架，她對我說：『妳不准住在這裡！走開！』所以我回答：『哦，好吧，可以啊！我的大衣在哪裡？我現在就走！』然後我拿了大衣就離開家。我只是站在門口，聽見她哭得很慘，我一進門她就抱住我的腿不讓

我走。我以後再也不會說這樣的話了。」

另一個礦工妻子也對4歲兒子用過這樣的威脅，她感到非常後悔：

「我曾經跟他說，如果他調皮讓我心情不好，我就會離開，他會沒有媽媽照顧，還得和別人住在一起。我知道這樣說不好，但我還是說了。他的爸爸會讓他收拾好書包，把書包和玩具拿出去，說讓他離開這裡。而且他爸爸真的曾經把他的衣服和玩具放到書包裡，這讓孩子很不安，也讓我很不安，但當時我不好干涉。事後我跟爸爸說：『別再這樣做了，我不喜歡這種方法，這樣會讓他沒有安全感，他和我們一樣屬於這裡。用別的方法來懲罰他吧。我不喜歡讓他想到自己會被拋棄。』我認為這麼做的確太過分了。」

上面這個案例中，儘管媽媽在爸爸嚇孩子時將「打包孩子的東西」當作底線，但是她也確實用自己會生病、會離開來嚇了孩子。

關於「威脅要拋棄孩子」會帶來什麼樣的後果，紐森夫婦在英國進行的研究提供了最完整的訊息，而其他文化下的人民或許會對這些發現不屑一顧。任何對這種「威脅拋棄孩子」沾沾自喜的傾向，都不會得到英國地區研究父母的發現支持。

採訪了上百位母親的育兒方法之後，希爾斯（Robert R. Sears）等人[322]發現在資料不充分的情況下，有一半的母親不情願的承認曾經威脅過收回愛或拋棄孩子。剩下一半的母親中，當資料比較充分時，十位母親中有兩個會傾向大量用收回愛和拋棄孩子來嚇唬他們；十位母親中有三個在使用該方法的程度上較輕。在所有案例中，有一半被測量出使用了這種教育方式。該研究中的一個案例是，當5歲孩子被媽媽嚇唬說要把他趕出家門（比如說把他送回出生的醫院）時，媽媽形容他表現得「歇斯底

里」、「淚如雨下」，這與紐森夫婦報告的案例情況相同。

　　實際上，在現今英國中部地區，中下經濟狀況和工薪階層家庭的代表性樣本之中，有30％母親承認曾經用拋棄孩子來嚇唬他們，12％曾經對孩子說過：「如果調皮就再也不愛你了。」（新英格蘭的研究也有類似表現），而在那些專業人士階層家庭，這種威脅較不常見，而且在他們看來很奇怪。另外，當考慮到這些威脅的頻率和其影響，過去看起來無法解釋的分離焦慮和焦慮型依附就能夠被理解了，因為我們就能很容易理解為什麼那麼多去醫院和托兒所的孩子覺得他們是被送去接受懲罰的。

　　當然，大部分父母並沒有威脅孩子要拋棄他們，紐森夫婦發現一些父母會將避免這麼做當成準則。正如一位出版商的妻子所說：「這麼做會剝奪孩子的安全感。你是他們安全感的全部來源，你不能把安全感拿走。」但是紐森夫婦也遇過這樣的母親，她們明白這樣的威脅並不好，但是也承認會在自己心煩的時候偶爾會這樣對待孩子。

　　父母可能還會羞愧的承認曾經對孩子進行過更嚴重的威脅。少部分家長在憤怒和激動下說了一些最恐怖的事情，而在說完之後又會非常後悔。他們可能說要拋棄整個家或者是要自殺，也可能很少說這些話，但是說的時候一定是處於非常憤怒的狀態，其影響遠高於發生的頻率。更進一步，如果父親或母親在之後對自己做出的威脅感到羞愧，以至於無法承認他說了什麼，或是承認對孩子來說會多害怕，那麼對孩子造成的傷害將會被放大。在這樣的家庭裡，孩子沒有機會分辨恐懼所真實對應的風險。

　　更嚴重的是，當這樣的家庭到精神科診所就診的時候，真相被揭露的可能性很小，治療師很容易將孩子的恐懼歸因為他幻想出來的罪惡，或是將自己罪惡的願望投射到別人身上。我們很熟悉這樣的情況，即使是經驗豐富的治療師也會誤判，這一點提醒我們，當孩子或者成年人感

受到無法解釋的恐懼時，最好相信一句俗語：「無風不起浪。」

　　父母對孩子的教育方式常常是透過模仿自己的父母而來，因此使用的威脅也很可能是從整個家族裡所流傳下來的。這一點在治療一位急性焦慮憂鬱的母親Q女士和她的小兒子時也得到了印證。

一個清楚的個案：童年期遭受父母強烈威脅的Q女士

　　Q女士和兒子史蒂芬最早轉診過來的時候，孩子才8個月大，求助原因是孩子不吃東西，體重遠遠低於正常標準。我們很快就發現，Q女士自從兒子出生之後就長期處於焦慮和憂鬱的狀態。她每週參與一次分析治療，並且有很好的效果。當Q女士不逼史蒂芬吃東西之後，史蒂芬開始吃東西了，並在1～2個月後恢復了正常的體重。

　　鑑於Q女士的情況比較嚴重，她在之後幾年依然繼續接受每週一次的治療。她的父親是一位技術出眾的工匠，現在已經退休，丈夫是鐵路驗票員。她自己是一位聰明的女性，很早就離開學校養活自己，之後成為一名成功的技工。她描述童年時清晰連貫，但是很難講述出後續幾年內那些令人焦慮、恐懼的部分。

　　之後的畫面被拼湊出來。Q女士的爸爸參與過1914～1918年的戰爭，他因為「彈震症」（shell shock）而殘疾。他的精神官能症似乎從部隊在橋上被轟炸、只剩他一個人活下來之後就開始了。因此在很長一段時間裡，他陷入了憂鬱、脾氣很差，這段期間對家人也很不好。Q女士的媽媽是一個有想法、有能力又活躍的女性，但她的外婆常年沉浸在酒精之中。在Q女士還小的時候，父母有激烈的爭吵，不僅吵架還摔東西、打架、摔碗筷、動刀子、點燃家具。Q女士回憶起那些難以入眠的夜晚，她聽著父母的爭吵、害怕會出事。但是到第二天早餐時一切又平靜下來，她會將前一天晚上的所有恐怖事情都拋到腦後。Q女士的媽媽

繼續出門工作，畫面一片祥和。他們家裡的問題絕不能洩露給外人知道，這也深深影響了Q女士：她絕對不會和任何人說家裡的事情，包括鄰居、老師或是同學。這也解釋了為什麼她向治療師隱藏自己的恐懼這麼久。

Q女士的媽媽曾經多次試圖自殺，很多時候Q女士也被母親以自殺威脅過。有兩次，Q女士回到家之後發現母親把頭伸進煤氣爐裡，有一次發現她喝了家裡的消毒水而倒下。母親經常在威脅她要拋棄家庭或要自殺之後消失，有時候是離開家直到凌晨才回來，有時候是躲在櫃子裡。總之，由於成長在這樣的環境裡，Q女士成了非常焦慮的女孩、非常害怕離家很遠，且會突然陷入暴怒之中❼。

顯然，她的憤怒是由父母的暴力行為所引起，主要是由母親引起。但是Q女士在治療中很難接受這種可能性。相反的，她在很長一段時間內不僅表示她對母親的感情是愛，這種愛是真實的，因為她母親有著很多很好的德性，而且她對母親的感情必須排除恨意。但是，當她獲得信心、開始回憶當她還小的時候，與母親激烈爭吵過後會時不時回到房間對娃娃使用暴力，將它們摔在牆上或是踩在腳下。

在這種情況下，Q女士與史蒂芬的問題變得清晰了。在史蒂芬出生之後，Q女士有過強烈衝動想要把孩子從窗戶扔出去，她也非常焦慮，害怕她會殺死史蒂芬。因此她瘋狂而又無效的努力想讓史蒂芬進食。顯然Q女士還是經常因為母親感到憤怒、充滿敵意，但是她卻將這種情緒轉移到史蒂芬身上。甚至在接受治療的那段時間裡，Q女士羞愧的承認自己還會突然出現暴力行為——摔瓦罐、敲打燉鍋、弄壞史蒂芬的嬰兒車。治療師在治療過程中常常無法了解究竟是什麼讓Q女士情緒爆發，

---

❼ Q女士與媽媽，以及自己兒子的特徵與梅爾格思（F. T. Melges）[248]研究產後憂鬱症的典型特徵一致。她們和自己的母親都有嚴重的衝突，且在行為上與自己的母親表現類似，卻否認自己在模仿母親。

因為她很希望儘快忘掉這些，在很長一段時間裡她也不願意在治療中提及。

史蒂芬7歲半的時候，Q女士說孩子有時候會表達出怕她死掉的念頭，而且還害怕去學校。幾個月來這種恐懼的來源依舊不為人知，但是解決方法她很清楚——因為自己成長在非常不幸的環境中，Q女士決定讓兒子過得更好，因此她做了最大的努力讓史蒂芬的生活安全快樂，在許多方面她也確實做得很好。但是，在她的暴力行為突然發作時，所做的一切都是徒勞無功。她現在承認，在她情緒失控的時候，她對孩子說了那些讓人非常害怕的話，那些話正是她小時候媽媽對她說過的。史蒂芬害怕媽媽會死掉也是因為媽媽在情緒失控時曾經威脅說要自殺，她情緒爆發的次數雖然相對很少，但是情感強烈，足以讓所有人驚恐。

事實明確之後，治療者安排了一些親子共同參與的會談，在對話過程中，Q女士承認曾經威脅史蒂芬，並對此感到非常後悔，史蒂芬也表示他對此感到非常害怕。Q女士向史蒂芬保證以後再也不會這麼做了，雖然之後並沒有做得很好，但是大家了解史蒂芬的恐懼其來有自，母親和兒子之間的交流也緩和了過去情緒爆發帶來的傷害。

很多父母不願意向專業人士承認自己會威脅孩子。許多人知道這是一件不好的事情並對此感到羞愧；其他人可能對此有著複雜的情感，但很明白專業人員不贊同這麼做。因此，家長很可能不願意提供相關訊息，除非有足夠的自信，否則被問到的時候通常會否認。而孩子習慣從父母那裡獲得線索，也不情願透露事情的真相。Q女士甚至在35歲的時候仍然想要保護媽媽的聲譽。**作為孩子，他們不僅害怕父母發現自己「揭發」他們之後的反應，而且也不願意承認父母會有這麼可怕的行為，因此孩子經常對這類問題保持沉默，儘管他們同時也非常渴望有人能幫助他們。**

家長「試圖自殺」的發生率

孩子小於18歲的家長身上，真正自殺成功的發生率很低，因為自殺成功的案例大部分發生在老年人口。相比之下，家長「試圖自殺」的發生率會更高，因為該行為最容易發生在20～30歲的人身上，兩性之間的比率沒有差別。大部分試圖自殺的人並不是想要結束自己的生命，而是想要嚇唬別人或者強迫別人。因此我們在標題上使用了引號來注明這個術語❽。

在過去10年裡，我們接觸了愛丁堡地區試圖自殺的人之後，從他們身上可以得出一些粗略的推斷。對於所有15～34歲的女人來說，每年試圖自殺的發生率是0.3％，這個資料適用於有孩子的和沒有孩子的女人。自己的孩子出生到成熟的20年時間裡，估計有大約4％的母親會嘗試自殺，當然其中的三分之一會嘗試不止一次。對男人來說，這些事件較少出現，在20年中大約只有2％～2.5％的男人會嘗試自殺。考慮到父母均嘗試自殺的情況，在愛丁堡，有不少於5％的孩子在近幾年來經歷過父母嘗試自殺的事件。對大部分孩子來說，事件發生的時候他們還不到10歲。

嘗試自殺在不同人群中的比率不同，因此在性別和年齡相同的情況下，某些地區嘗試自殺的比率可能達到其他地區的數倍之多。然而在愛丁堡中，社會經濟水準處於前三個階級的人，其自殺率低於平均值，處於第五階級的人自殺率高於平均值。成長在這些次文化下的兒童，也因此有很大的可能經歷父母嘗試自殺的事件。顯然，在特定社會網絡中，某種可識別的社會交流模式可能會導致較高的自殺嘗試率。35歲以下的女人似乎特別容易受到家庭模式的影響[210]。

---

❽　為了更容易理解，克萊特曼（Norman Kreitman）[209]與同事提出過使用「自殺企圖」這個詞，但是沃克[361]在詞源學上反對這個用法。

由於沒有證據表示威脅與自殺發生率之間的關係，我們也只能對此進行推測。或許有很多父母會以嘗試自殺威脅孩子。還有很多像史蒂芬那樣的孩子，只受到父母的威脅，但是父母並沒有嘗試自殺。總而言之，受到父母威脅，或者父母嘗試自殺，又或者兩者兼有的孩子比率應該很大。臨床經驗和常識都證實了，這些人不僅在孩童時期對依附對象的可得性顯得更焦慮，而且在長大之後也會如此。

令人驚訝的是，作為巨大焦慮的來源，父母威脅性的話語和嘗試自殺並沒有引起精神分析師、精神科醫生或是兒童心理病理學研究者很大的關注。

父母吵架後所引發的遺棄恐懼

當父母吵架很嚴重時，風險之一就是其中之一或兩個人都會離開這個家，而通常這種可能性很明確。在這樣的情況下，兒童聽到的常常會超過父母預期。因此，儘管這種狀況不同於害怕被拋棄，也不同於以拋棄孩子作為威脅的懲罰手段，但是依舊讓孩子非常不安。

經常有家長諮詢專業人士為什麼孩子會有某些行為，但是卻隱瞞家裡發生的事情，在面對這個問題時，臨床工作者可能就會忽略真實的情境，而關注於深層的解釋、投射和內心世界並以此來解釋兒童的症狀。了解兒童與家庭，以及青少年、成年人的研究中，治療師通常要花費幾個月的時間，包括聯合訪談所有家庭成員，才能了解一個家庭大致準確的模樣，包括某個家庭成員如何對待其他家庭成員、他們說了些什麼話等等。當耐心了解事實的全貌之後，通常能夠更容易理解孩子為什麼變得焦慮不安，以及為什麼感到恐懼。

本章前半段已經指出分離帶來的影響，在過去，治療師很難發現那些能影響一些孩子卻不能影響另一些孩子的因素。然而從已有的證據進行追蹤後發現，研究已經更接近解決方法了。我們能確定，**當家長威脅**

要拋棄孩子的時候，不論是出於懲罰目的還是因為婚姻不和諧，分離帶來的影響確實會被放大，而且持續時間很長。

　　當這種威脅有很高的發生率時，威脅就會根植於孩子的思考中，加上真實的分離經歷、威脅與不穩定的替代照顧和不穩定的家庭生活，這些因素積累起來就能夠說明孩子會發展出焦慮型依附的原因。正是由於以上的研究發現，許多臨床症狀也能夠被更準確的理解（詳見第18、19章）。

第16章

「過度依賴」和「溺愛」的 相關理論

「越黏人的孩子,在內心深處越相信分離會重複上演。」

——博靈漢與安娜·佛洛伊德[65]

五大有關分離焦慮的系列假設

這裡所採用的理論,是建立在之後列舉的證據基礎之上,我們最好先簡要回顧一下整個系列的假設,這些假設已經說明為什麼特殊個體會有過分依賴或分離焦慮的傾向,這兩個術語通常被用來描述焦慮型依附。精神分析師和其他依據精神分析傳統理論工作的學者將焦慮型依附歸因於不同比重的「構成因素」(constituttional factor)和「環境因素」(environmental factor)。其中五個主要假設,都各有其追隨者,簡要如下。

有兩個假設強調構成因素如下:

【假設1】有些孩子一生下來就比別的孩子有更高的原欲(libidinal)需求,因此不滿足他們的需求時,他們會更敏感[121]。

【假設2】有些孩子生來就比別的孩子有更強的死亡本能,因此會呈現出異常強烈被迫害、憂鬱性焦慮[201]。

有三個假設強調環境因素如下：

【假設3】生產過程中的許多因素以及產後幾週內發生的嚴重創傷性
　　　　 事件會增強孩子生理上的焦慮反應以及焦慮的潛在影響，
　　　　 之後面對危險時會有更嚴重的心理反應[137 & 138]。

【假設4】一些兒童在小的時候因原欲被過度滿足而被溺愛，因此在
　　　　 長大後往往需要更多關愛才能滿足，無法滿足時會更渴望
　　　　 關愛[114 & 121 & 125]。

【假設5】一些孩子因為經歷過真實的分離[89 & 45]或是曾經被威脅要拋
　　　　 棄他[348 & 96]，從而異常敏感分離和失去關愛。

　　需要注意的是，假設1、4、5解釋了個體為什麼無法處理因分離帶
來的高度焦慮，而假設2、3解釋的是個體為什麼無法反應所有的高度
焦慮。

　　關於前兩項假設，目前並沒有能夠支持或是反對的證據，因為目前
的研究技術並不能辨認個體先天在原欲和死亡本能之間的差異。遺傳差
異或許能夠部分解釋為什麼有的孩子長大後比另一些孩子更可能陷入焦
慮狀態，但是佛洛伊德或克萊恩的概念是否有用依舊需要質疑。

　　烏克（L. E. Ucko）[357]的研究明確支持第3項假設。她發現，剛出生時
經歷過窒息的孩子更容易對分離和其他與焦慮有關的環境變化做出反
應，我們在第13章也詳細介紹了她的研究。這些證據與其他假設並不
衝突。

　　第4、5項假設由於提出了「應該怎麼樣對待孩子」的實踐話題，是
較有爭議的假設，尤其顛覆了許多人對教養的看法。

　　假設4認為「父母過度關愛會寵壞孩子，導致孩子非常需要關愛並
且無法容忍挫折」。這個理論在20世紀前半葉就得到許多人支持，直

到現在依然有很多人深信不疑。佛洛伊德不僅在早期研究中就投身於這個理論，研究後期依然堅持這個觀念。由於佛洛伊德對精神分析理論和實務工作的影響巨大而深遠，他的觀點或許有助於理解分離焦慮。

佛洛伊德第一次提到「溺愛」是在《性學三論》[114]中，這本書於1905年出版。在書中，佛洛伊德提倡母親用輕拍、搖晃、親吻孩子來教導孩子愛，但他同時提醒人們愛不能過度：「父母過度的愛對孩子是有害的，它會讓孩子性早熟，而且由於被溺愛，未來無法容忍暫時缺少愛、無法滿足於較少的愛。」（S.E. 7: 223）同樣的主題也貫穿佛洛伊德對「小漢斯案例」[115]的解釋。他在討論中提及小男孩的分離焦慮這與本章有最接近的觀點。他將小男孩的焦慮歸因於妹妹出生時，他和母親分離的事件（S.E. 10: 114 & 132）。然而，在《精神分析引論》[121]和之後的作品《抑制、症狀與焦慮》[125]之中，佛洛伊德都沒有採取最初的看法，而明顯採納了溺愛理論：

「『溺愛』的害處在於，會讓孩子在面對失去客體的危險時放大這種危險的影響（客體在這裡指的是能夠保護孩子對抗無助情境的保護體），也鼓勵了孩子待在兒童狀態之中……」（S.E. 20: 167）

第5章介紹了佛洛伊德這些觀點的理論背景，我們在附錄1有詳細、完整的介紹。

儘管焦慮依附是由父母過度的愛所引起的這個觀點已經廣為人知，但苦於沒有實質證據。就像本文之前所提到，所有證據都指向另一個方向，麥柯畢和麥斯特（John Masters）[231]在綜述中也得出和佛洛伊德相反的

---

❶ 安娜・佛洛伊德在一項研究探究了孩子長大後出現分離焦慮的起因[110]，她把更多重點放在嬰兒不安於母親作為一個穩定依附對象，包括和母親實際分離的經驗。但是安娜・佛洛伊德也表示了她一貫的信念：「『在依附期過度滿足』，會導致個體產生類似的結果。」

結論，研究靈長類動物的資料也支持同樣的結論[183]。那麼問題就來了，為什麼佛洛伊德（以及部分研究者❶）如此偏愛他們的理論。本章最後將會提出一些可能的答案。在此之前，讓我們深入討論我們支持的第5項假設。

儘管很多有說服力的證據表示，某些焦慮型依附是由於分離、被拋棄的威脅和父母吵架時有失去父母的危險所造成，但是還有一些案例不能用這種方法解釋。那麼有沒有辦法用別的原因來解釋這些案例呢？要回答這個問題，必須思考目前所有研究結論。

關於「過度依賴」的研究，以及這些研究的前因討論

儘管在臨床文獻中研究者頻繁提到「過度依賴」的概念，但是幾乎沒有治療師將符合過度依賴標準的成年病人挑出來作為樣本，並將他們的童年家庭經歷與正常對照組比較。但是有一些懼曠症的研究與此相關（詳見第19章），雖然從表面來看選擇個案的標準（害怕在沒有人陪伴的情況下離開家）與我們的主題很不同。

研究過度依賴兒童家庭背景的資料也很少。關於這個問題，我們必須清楚「過度依賴」是模糊的術語，因為它包括了兩種不同的狀況：一種是孩子表現出典型焦慮型依附，另一種是孩子不能像同齡孩子那樣自己完成一些簡單作業而需要母親幫忙完成（比如吃飯或者穿衣服）。

史坦德（Celia B. Stendler）[342]負責的研究也明確顯示如上所述的差異。二十個被老師認為嚴重過度依賴的6歲兒童被分為兩組，一組是六個讓母親幫忙做所有事情的孩子；另一組是十四個可以自己完成很多事情的孩子，母親不在的時候他們都非常焦慮不安，而當母親離開時，他們害怕會被母親拋棄。意料之中的是，這兩組孩子的家庭經歷非常不同。

六個一直向母親求助的孩子來自穩定的家庭，但是他們都擁有過度

保護而不鼓勵自己嘗試的母親。

　　十四個焦慮型依附的孩子中，有十一個孩子家庭狀況非常不穩定
——照顧者經常改變，母親、祖母交替著照顧或父親來去不定、經常更
換居住地、家庭規則也不穩定。這十四個焦慮依附兒童，在他們9個月
大到3歲的時間裡，類似不穩定的時間階段總共有五十二段。而對於二
十位從同一個學校挑選出來的對照組兒童，不穩定時間段總數是二十六
段。

　　這個小研究的結果和其他大部分有關焦慮型依附的研究結果一致，
即「大部分兒童的焦慮型依附都是由連續的分離和類似經歷導致」。麥
考德（William McCord）和其同事[232]進行的一項較大型的研究同樣強烈支
持了該假設。

　　麥考德和其同事的研究詳細探究了兩百五十五個9～17歲男孩（劍
橋薩莫維爾計畫的實驗組）的情況。所有孩子都生活在人口密度很高的工
業地區，基本上都來自工人階級。這些孩子中有一半在9～13歲時被
老師或者社區人員認為是潛在少年犯；另外一半孩子的成長經歷相對在
中等的位置。男孩們和家人都透過社區安排得到相關支持，並以此探究
是否能夠透過相關支持阻止犯罪行為的發展。支持工作進行了5年，研
究者因此蒐集到大量有關男孩和其家庭的資料❷。幾年以後，沒有參與
該研究的獨立研究者評測這部分資料。其中，四十三個男孩被認為表現
出「過度依賴行為」，而其他一百零五個男孩表現出在文化允許的適應
行為。

　　而被認定為過度依賴的男孩之中，有四分之三表現出明顯依賴成人
的行為，並幾乎可以確認為焦慮型依附。有一小部分男孩（十一人）表

---

❷　該研究還包括一組沒有得到支持的對照組。關於對照組孩子和其家庭的訊息太少，以至於這
　　些案例無法用於本分析之中。

現出依賴同伴的行為，且很疏遠成人；雖然這樣的行為是否可以被認定為焦慮型依附仍有爭議。但是，這兩類孩子並沒有差異出現在焦慮行為的研究結果。

相較於對照組的孩子，過度依賴的男孩更傾向傳達出自卑情緒（對照組男孩12%，過度依賴組男孩51%），而且更容易有「不正常的恐懼」，雖然可惜的是恐懼的細節並不具有獨特的顯著力。

當對比這兩組男孩的家庭背景以及父母對他們的態度之後，研究者得出了一連串高度一致的發現。在過度依賴的男孩之中，被父親拒絕的比率幾乎是正常對照組的兩倍（51%對28%），被母親拒絕的情況基本上相同（39.5%對20%）。至少有56%的過度依賴男孩經常被拿來和兄弟進行不愉快的比較；而有同樣經歷的對照組男孩只有17%。該研究沒有提供關於分離和失落的相應資料。過度依賴的孩子幾乎都有父母吵架和相互貶抑的經驗；但是必須承認的是，工人階級的對照組小孩也有很多人有類似經歷。意料之中的是，一些過度依賴男孩與母親的感情並不好；其中三分之一表現出明顯不喜歡、恐懼，以及輕蔑母親的狀況。

有關於過度依賴或者焦慮型依附的其他證據，也與我們現在所討論的發現一致。比如，前一章提到了兩個研究，都是有關於4～5歲時父母的一些行為，其中描述了某個社區中父母教育孩子方式的差異。這兩個研究分別是紐森夫婦和希爾斯等人在1968年對英國中部地區家庭的調查[322]對新英格蘭家庭的研究。儘管這兩個研究中，研究者的重心並不是放在不同家庭經歷對孩子的影響，但這兩個研究依然提供了我們目前討論的相關資料。

希爾斯等人的研究在新英格蘭一個大城市郊區，採訪了進入幼兒園的三百七十九位5歲兒童的母親。詢問的問題之中，有四個問題是研究者為了了解「過度依賴」所設計。研究者根據母親的回答進行分析，並沒有發現分離影響這些被評價為「依賴」的孩子的成長；但是作者也在

結論中指出，這批樣本本身就具有很低的分離事件發生率。

關於依賴，希爾斯的研究中最主要的發現是——當孩子黏人或者渴望關注的時候，如果母親越急躁、越愛責罵孩子、越不耐煩，孩子越有可能表現得更為「依賴人」。研究者同樣發現，孩子高度依賴和父母用撤回愛作為懲罰手段有顯著相關，「威脅要拋棄孩子」就包括在其中。這些發現都和現在討論的假設一致。

但是另一個研究結論可以用來支持溺愛理論。有一小部分母親被評價為「特別喜歡表達愛」，她們孩子比其他孩子更容易被評價為「非常依賴人」，這兩者之間的相關係數雖然低，但是達到了顯著水準。

對於這個發現可能的解釋是：就像史坦德的研究所說，那些被研究者評價為過度依賴的孩子，實際上可以被分成兩組，一組表現出焦慮依附，另一組指望母親為他們做所有事情。如果能證實史坦德的發現，那麼被希爾斯和其同事評價為「特別喜歡表達愛」的母親，可能不僅是情感豐富，還可能成為孩子自己完成日常作業的阻礙。

進一步的實質證據強烈支持本章假設也同時挑戰著溺愛理論，這些證據來自於對自信而獨立的兒童、青少年和年輕成人的家庭背景研究，在第21章將會詳細介紹。

那麼為什麼佛洛伊德會接受溺愛理論呢？除了他比自己意識到的更被自己的經驗影響，有一些證據認為他受到了家長情感表達和過度保護行為所誤導，這兩種行為經常因家長在無意識的敵意下而以對孩子的補償作用，以及以家長想要黏著孩子的形式表現出來。《性學三論》[114]中的一篇文章解釋了這個說法。佛洛伊德將之前引用的案例稱為「精神官能症家長傾向表現過度的愛，更準確的說法是，他們對孩子的愛容易造成孩子的精神疾病」（S.E. 7: 223）。實際上，當這樣的案例出現在以精神分析為導向的家庭治療時，研究者經常發現兒童對於分離和失去愛的強烈焦慮並不是反應了現實上的「父母過度關愛」，而是因幾乎相反的

經歷做出的反應。一方面是父母威脅撤除對孩子的關愛或拋棄他（正如之前討論過，這些威脅非常隱祕）；另一方面是父母公開或者私下讓孩子以照顧者的身分出現並照顧家長，這顛倒了正常的父母與兒童之間的角色。在這些案例中，反而是父母過度依賴或者焦慮型依附而非孩子，在父母身上使用焦慮型依附這個術語也更合適。在第18、19章中，也將討論這些案例。

依附對象的可得性所導致的不安也導致了焦慮型依附，在某些人看來卻相當荒謬。但是現實是，「過度依賴」和「被溺愛」兩個詞來形容個體的困境不足以得到大眾的同情和理解。這些困境是對依附對象可接觸性和反應的焦慮，發展於惡劣的經歷情境，世人需要知道如何幫助這些在不安全狀況下成長的人，還要思索怎樣保護其他孩子，並避免類似的狀況再度發生。

第17章

憤怒、焦慮和依附的關聯

「不論分離是暫時性的還是人們希望這只是暫時的，對於失去對象的憤怒都很常見。憤怒的功能在於表達責備以及懲罰不在身邊的人，目的在於幫助自己與親人重逢並且阻止更進一步的分離。」

——約翰·鮑比

孩子面對分離的憤怒與行為

之前章節我們提過——兒童由於分離或者被威脅分離會對父母角色產生憤怒。本章將以更系統的方式探討這種反應，尤其要探討它與依附和恐懼之間的關係。

我們在第 1 章提到海尼克和韋斯特海默[157]的研究提供了一種解釋，該研究在 1966 年系統調查了十個 13～32 個月大孩子生活在托兒所兩週以上以及回到家之後的表現。當研究者將經歷過分離的兒童與一直成長在家中的對照組兒童進行對比之後，發現分離兒童更傾向表現明顯的攻擊反應。比如，待在托兒所的時間裡，研究者對分離兒童進行了至少兩種場景、為期 8 天的玩偶表演測試，同時在家中的對照組兒童也進行了相同測試。在兩種場景中，分離兒童在玩偶表演過程中表現出的攻擊行為是對照組兒童的四倍。被攻擊的玩偶基本上都是代表父母的玩偶。分離兒童之中有八個攻擊了代表父母的玩偶，但是家庭兒童組則沒有孩子

這麼做。

在這些分離兒童回家6週之後，研究者再次對兩組兒童進行玩偶表演測試；10週之後又再次進行測試。但是，在這兩次測試中都沒有發現兩組兒童在敵意行為方面的顯著差異。產生這樣結果的原因是——親子重逢6週或者更久之後，有分離經驗的兒童不再表現出攻擊行為，這個改變本身相當顯著。

但是，從母親的報告中明顯看到，有一些經歷過分離的孩子在回家後一段時間內依然出現尤其是對母親的攻擊行為。在回家2～20週時間內，十個孩子中有六個對母親表現出敵意，而家庭兒童組沒有類似的表現。

博靈漢和安娜・佛洛伊德[65]的研究，羅伯遜[288]、鮑比[46]，以及安斯沃思和波士頓（Mary Boston）[8]的研究都發現，經歷一段時間的分離，孩子都會表現出明顯的攻擊和破壞行為。海尼克在早期的研究中比較了一小部分經常住在托兒所的孩子，以及剛開始日托中心托育孩子的行為，也支持同樣的說法[155]。

許多研究也指出，孩子回家之後會表現出強烈的矛盾行為，包括羅伯遜的研究[288]，羅伯遜夫婦的研究[291]，以及莫爾的研究[255 & 256]等。

具有功能性的憤怒和失去功能的憤怒

儘管有時候孩子經歷分離之後所表現出的攻擊行為看起來既雜亂且指向所有人，但是通常（正如上文提到的玩偶表演研究），他們的攻擊行為明顯是指向家長或者家長的替代者，為了表達他們對自己所受對待的憤怒——有時候是對希望的憤怒，有時候是對絕望的憤怒。

有時候，孩子對家長的敵意以「責備家長在自己需要的時候缺席」來表達。舉個例子，羅伯遜[285]描述了兩歲4個月大的女孩蘿菈的憤怒，

羅伯遜記錄蘿菈為了進行一個小手術而在醫院住院 8 天的狀況。當她回家幾個月之後，羅伯遜將他拍的影片給父母觀看、尋求他們的意見，而這時蘿菈正躺在床上睡覺。影片開始播放之後她就醒了，跑到房間裡看了最後幾分鐘的影片，她看到自己從醫院回到家的那天，一開始很不安一直叫著媽媽，之後就因為可以離開醫院、回到家感到非常開心。影片結束後，房間的燈亮起來，蘿菈轉身離開母親，要父親把她抱起來。之後，她責備的看著母親，問：「妳那時候在哪裡，媽媽？妳在哪裡？」相似的，沃芬斯坦[381]在有關災害反應的研究中也發現，小女孩在龍捲風中和父親失散，當他們會合之後，小女孩生氣的打了父親並且責備他離開自己。

這兩個小女孩的表現似乎都印證了我們的假設，即「父母不應該在孩子害怕和需要他們的時候缺席，孩子希望用強力的提醒來確保父母不再犯同樣的錯誤」。

其他案例中，孩子是對絕望的憤怒。比如，第 1 章引用了博靈漢和安娜‧佛洛伊德[65]報告的案例，案例描述了一個在漢普斯特德托兒所長大的孩子雷吉，他兩歲半的時候已經擁有一系列的母親角色。但是兩個月之後，他依附的護士離開他去結婚了。雷吉不僅在她離開後感到「失落和絕望」，更在兩週之後，那名護士回來看他時拒絕見她。護士離開的那天晚上，有人聽見雷吉說：「瑪麗安是屬我的！但是我不喜歡她了。」

在雷吉的案例中我們面對的不是單次、暫時性的分離，而是重複、長期性的分離，幾乎等同於失去。儘管「失去」是《依戀理論三部曲 3：失落》的主題，但是現在將主題稍微擴展一下，對我們也會有所幫助。

一些文獻[50 & 52 & 53]將注意力放在孩子和成年人在經歷了失落所表達憤怒的頻率，並且提出了這樣的問題：「這種憤怒的生物學功能是什

麼？」可能的解釋是——若像大部分案例所描述，是短暫分離的時候，憤怒有以下兩個功能：第一，憤怒會幫助我們在有機會和親人重聚的時候克服困難；第二，憤怒會阻止我們所愛的人再次離開。

永久失去時（比如親人去世），憤怒和攻擊行為沒有什麼功能。但是這種行為發生得如此頻繁的原因是——剛剛失去親人的時候，大家都不相信這樣的失去是永久的，因此他們不僅會表現得好像可以找回親人，還會責備親人離開他們。對於離去的親人，孩子也會認為自己應該對發生的事情負一部分責任。因此，憤怒會直接指向離去的親人、造成該件事的人，以及那些阻止他們團聚的人。

研究者對喪親之痛的進一步研究支持了這種解釋。沃芬斯坦在1969年的研究中探究了兒童和青少年在面對家長去世時會有什麼反應，她的研究證明[382]：憤怒在不安的兒童中非常常見，她認為這與強烈希望失去的親人能回來相關。帕克斯[273]同樣在研究婦女失去丈夫的反應中發現——儘管憤怒情緒不普遍，但是也非常常見。他同樣認為憤怒是剛剛失去親人的人嘗試找回親人的一種方法。

因此，不論分離是暫時性的還是人們希望這只是暫時的，對於失去對象的憤怒都很常見。**憤怒的功能在於表達責備以及懲罰不在身邊的人，目的在於幫助自己與親人重逢並且阻止更進一步的分離。**因此，儘管是向陪伴者表達憤怒，目的卻是在促進之間的聯繫，而不是破壞。

因為情感聯結而產生的憤怒行為也很常見。舉個例子，母親會因為孩子冒失的穿過馬路而罵他或者懲罰他，她的行為就是掩蓋在憤怒之下的恐懼。當情侶或者夫妻中的一方因為對方不忠誠而斥責對方時，表達出來的也是因愛而產生的憤怒。另外，在一些家庭中，家庭成員會因為其他家庭成員沉默、對他沒有反應而生氣[151]。同樣的情況還會出現在非人靈長類動物身上，比如當群體裡的雄性首領狒狒觀察到捕食者後，會對隊伍裡有危險的成員表現得十分兇狠。成員在受到驚嚇之後，會表現

出依附行為並很快聚集在首領身邊，以此獲得保護[142]。

失去功能的憤怒反應

有強制性功能的憤怒行為和為了維持緊密關係的憤怒行為通常會被臨床工作者忽視。這些行為很可能會變成功能失調的憤怒，而通常臨床工作者會更關注憤怒的功能失調形式。

功能失調的憤怒發生時是一個人（孩子或者成人）對同伴的憤怒過於強烈、持續時間太久，以至於他們之間的感情聯繫沒有變強反而變弱，最後同伴之間疏遠了。對同伴的憤怒變得功能失調時，也可以是攻擊性的想法或者行為越過防衛和報復這兩者間的狹窄邊界。在這個時候，已經不是由「強烈的不滿」（hot displeasure）產生的憤怒，而變成了仇恨的「惡意」（malice）❶。

臨床經驗顯示，本文討論的分離和失去特別容易導致個體對依附對象產生憤怒，如果憤怒超過強度閾限，就會功能失調。**分離（尤其是長期的或是重複性的分離）有雙重效應：一方面引起了憤怒情緒，另一方面減弱了愛。**因此憤怒不滿的行為會使個體和依附對象之間疏離，還會改變雙方在依附之中的情緒平衡。在體會到強烈感情的情況之中，比如由充滿愛意的家長養大的孩子，只是偶爾會表現出「強烈的不滿」，而在焦慮與不確定的環境中，成長的個體就會發展出很深的怨恨。

在所有極度憤怒和功能失調的反應中，最嚴重的情況可能發生在那些重複經歷分離事件、同時還不斷遭受拋棄威脅的孩子和青少年身上。我們在第15章已經描述過當孩子受到這種威脅時會產生嚴重的不安，尤其是威脅以很真實的情境上演時，影響會更嚴重。在治療Q女士的過程中，沒有什麼比她母親真實威脅要拋棄這個家庭、威脅要自殺造成的

---

❶ 請參考《牛津英語辭典》（*Oxford English Dictionary*）解釋。

傷害更嚴重、更令她不安。在經歷了這樣強烈的痛苦之後，Q女士對造成這一切的人感到瘋狂的憤怒。因此，我們也能夠理解為什麼Q女士偶爾會對母親產生強烈的憤怒。

史托特（Denis H. Stott）[343]在幾年前的研究中就得出了類似的結論，他是一名英國心理學家，在一家少年感化院住了4年，以研究一百零二位年齡在15～18歲的青少年其人格與家庭背景，這些青少年都是因為重複犯罪而被送進這所學校。他蒐集到的訊息來自這些男孩及其家長的長期採訪，也來自待在學校的那段時間和這些男孩的非正式接觸。他發現這些男孩都非常沒有安全感，他們在許多案例中的犯罪行為看起來都像是虛張聲勢。而他們的父母通常對他們持有負面態度，關係破裂也很常見，這也能部分解釋男孩們的不安全感。然而，在研究中最讓史托特印象深刻的是——最重要的證據顯示，許多案例中的母親以及一些案例中的父親會將「威脅要拋棄孩子」作為懲罰孩子的手段，這些威脅使男孩變得非常焦慮且憤怒。儘管史托特詳細介紹了一些典型案例，但是他不願意給予案例的數量，部分原因在於當他意識到這種威脅有多重要時已經到了調查後期了，部分原因在於他非常確定威脅在某些案例中的作用，但是這些案例中的威脅行為遭到男孩父母的強烈否認。

史托特將注意力轉向強烈焦慮和由類似威脅引起的強烈矛盾的混合體。一方面孩子因為父母威脅要拋棄自己而變得異常憤怒，另一方面孩子不敢表現出這種憤怒，害怕父母真的會付諸行動。史托特認為這就是孩子壓抑對父母的憤怒並轉向其他目標的原因。這也說明了為什麼害怕被拋棄的兒童或青少年反而會說自己害怕的是其他東西，比如：夜晚、雷電和事故。在接下來的兩章，我們會轉而討論這種恐懼的情況，來解釋當前很大一部分個案被診斷為恐懼症的症狀學原因。

一些個體會對父母表現出兇殘的一面，他們的行為或許可以被理解為「對父母多年來無情、重複被拋棄的威脅做出的反應」。比如，凱騰

伯格（Judith S. Kestenberg）在早期的文章[199]中就呼籲大家關注分離帶來的創傷影響，她的文章中描述了一個被父母拋棄，之後又被很多人不斷接替照顧過的13歲女孩。她不相信任何人，且對生活中的不如意也都採取報復行為。治療這個女孩的過程中，她把自己描繪成已經長大、可以靠自己的能力殺了母親的人。許多分析師治療過相同家庭背景的個案，也都能提供類似的案例。

一些文章中，憤怒和分離也被聯結在一起。伯納姆（Donald L. Burnham）[66]在自己的研究中簡單介紹了兩個謀殺母親的個案。其中一個少年在殺了母親之後說：「我不能忍受她離開我。」另一個年輕人在母親上飛機的時候在其行李裡放了炸彈，他事後解釋：「我決定讓她永遠不能離開我。」本章提出的假設會讓這些陳述看起來不那麼荒謬。

這些案例僅僅都是臨床案例，我們沒有夠多資料了解他們以前的家庭關係史。而且正如我們所看到的，除了史托特以外，沒有研究者系統性探究過對依附對象的強烈憤怒具有和反復受到拋棄與威脅經驗之間的因果關係。因此，目前我們僅僅只是猜測如此的關聯，但是深化這些研究顯然非常具有價值。

檢視分離的自我評估

精神分析師和其他主張客體關係理論的學者，在很長一段時間內將個人對依附對象的愛、憤怒和憎恨之間的平衡作為臨床評估的主要標準。最近幾年，漢斯堡（Henry G. Hansburg）[143]以測量個體如何應對分離作為研究起點，致力於將其發展為更系統性的測試。

漢斯堡研究的臨床測驗包括十二張圖片，除了三張以外描述的都是孩子離開家長或者家長離開孩子的情境。一些場景（比如孩子要離開母親去上學，或是母親在孩子睡覺的時候離開）是6歲以上的孩子都要接受測驗的。其他的場景包含一些更令人不安的元素。其中包括母親被救護車送

去醫院，孩子要去和祖母永遠住在一起。每張圖片都有標題以清楚表達圖片代表的意思。

目前，測驗只適合10～15歲的兒童及青少年。漢斯堡的報告聲稱，儘管一些場景會引起受試者不適，但是進行測驗時並沒有任何困難。如果該測驗能夠如他預期的那樣有效，也將陸續開發適合幼年兒童和青少年晚期以及成年人的測驗。

測驗每個孩子時，每當呈現一張圖片的同時，測驗者都會問孩子：「你身上發生過這種事情嗎？」如果回答是否定的就接著問：「你能想像一下，如果發生這件事情，你會有什麼感受？」接著呈現兒童一系列，包括十七種描述孩子在該情境下反應的陳述句，邀請孩子選出他認為適合他的反應項目。儘管每張圖片對應的十七種描述有些許不同，但是其中包含的情緒類似。下面有其中八種陳述，描述了測驗之中包含的一部分情緒：

「覺得孤單和悲慘。」
「對父母感到遺憾。」
「覺得他不在意發生了什麼。」
「覺得他會盡全力去處理。」
「對某個人感到憤怒。」
「如果他是個好孩子的話，這一切都不會發生。」
「覺得他住的房間現在是個可怕的地方。」
「覺得這些事情並沒有真正發生，只是一個夢。」

初步研究結果表示，成長在穩定家庭的兒童在面對這類事件時表達痛苦和關心的數量是表達憤怒和責備的2～3倍。相比之下，經歷過長期或者多次分離的兒童，在面對問題時表達憤怒和尋找錯誤的反應至少

是和表達痛苦和關心一樣多。這種在反應的平衡存有顯著差異，在那些非常傷害孩子和家長情感聯結的圖片出現時更明顯；表達固定短暫分離的圖片中，反應平衡的差異較不明顯。

反應平衡另一個有趣的差異是——孩子會盡全力解決事件而焦慮，還是保留事件而變得更興奮開心，這個差異同樣在圖片中具有巨大打擊時更加明顯。來自穩定家庭的孩子中，只有很小一部分會有後者的反應，而經歷過長期、多次分離的兒童，明顯會更常使用後者。我們有理由相信這種反應是強迫和早熟的努力獲得自主性，這種自主是脆弱的，溫尼考特將這種情況描述為「虛假的自我」（false self）[377]。相比之下，表現出穩定自主性的人，其特點和這些自主性發展出來的條件都會在第21章討論。

憤怒、矛盾行為和焦慮反應

根據我們提出的理論綱要，一段時間的分離（也可以是分離的威脅）以及其他形式的拒絕都會引起兒童或成年人的焦慮和憤怒行為。每一種行為都指向他們的依附對象：焦慮型依附是為了維持與依附對象最大程度的可接觸性；憤怒既是責備所發生的事情，也是阻止事情再次發生的手段。因此，愛、焦慮和憤怒，有時還包括憎恨，可能被同一個人引起。因此不可避免會痛苦的矛盾著。

能夠同時引起焦慮和憤怒的經歷並不少見。在第8章的最後，我們曾經提到過：動物行為學研究者曾經觀察到，在特定情境下，哪種行為會讓動物做出攻擊、退縮或是兩者兼具的反應取決於很多因素，這些因素能夠從不同方面影響反應的平衡。個體在焦慮型依附和憤怒依附之間似乎可以達到類似的平衡。某個時刻對父母非常憤怒的孩子，可能在下一刻就向他們尋求安心與舒適的保證。情人吵架中也有類似的結果。

「焦慮」和「憤怒」並不是機緣巧合，而是來自同一個根源 225 ❷。

　　精神分析師多年來都對愛、恐懼和憎恨之間的聯繫非常感興趣，因為在臨床工作中常常發現個案的情緒問題來自這三種對依附對象的混亂情感：強烈的占有欲、強烈的焦慮和強烈的憤怒。有時候，這些情緒會發展成惡性循環。分離和遭到拒絕會引起個體的敵意，導致有敵意的想法和行為；然而，指向依附對象的敵意和行為讓個體更害怕被拒絕、害怕失去深愛的對象。

　　為了解釋依附、焦慮和憤怒之間密切的聯繫，人們提出了很多假設。有一些對攻擊行為假設的理論基礎是對挫折的反應，另一些假設的基礎是攻擊衝動早已扎根體內。有些著名的分析師將個體對深愛對象的矛盾心態作為心理病理學的關鍵問題，還據此提出了一些解決方案，費爾本 98 提出了「挫折—攻擊」的模型假設；克萊恩 201 & 206 則認為所有攻擊性情緒和行為都是自身的死亡本能——深置於內心，必須指向外界進行表達。

　　由於克萊恩對許多精神分析學家和兒童心理治療師有重大影響，我們先考慮她的觀點。

　　在20世紀20～30年代之間，克萊恩特別關注一種臨床現象，即：一些異常強烈依附母親的兒童，會同時在潛意識對母親抱有強烈的敵意。他們的遊戲會對母親角色表現出許多暴力行為，然後又會擔心、焦慮，害怕自己傷害或者疏遠了母親。孩子在分析室情緒爆發之後，不僅

---

❷ 有趣的是，有研究表示被人類養大的黑猩猩也會在面對分離威脅的時候表現出焦慮和憤怒的混和情緒196。該篇研究的作者收養了一隻7個月大的母黑猩猩古亞（Gua），用來研究「發脾氣」的本質，以及引發的情境。報告顯示：「到目前為止，牠最容易發脾氣的情況是被單獨留下的時候，或是當牠不能接觸到實驗者的手臂時……牠最生氣的是我們跑太快牠追不上，那個時候的牠看起來就像『被恐懼蒙蔽了雙眼』，會發出一連串刺耳、響亮的尖叫。」之後，古亞會亂跑，有時候還會一頭撞進灌木叢中或是其他障礙物。最後牠會倒在地上、趴在沙子上。在討論中，凱洛格（Winthrop Kellogg）不確定地發脾氣是在表達憤怒還是恐懼。之後，他們解釋或許兩種情感皆有。

害怕分析師的反應，還要分析師保證母親仍然活著並仍然愛他。觀察者已經充分證實了這一點，也有許多其他證據毫無疑問的表示存有這種敵意衝動，無論是有意識或是無意識的，指向深愛對象的衝動也很可能會增加自己的焦慮（參見第15章所描述，Q女士在產生把兒子從窗戶扔出去的衝動之後對兒子的安全感到非常焦慮）。因此，不論是否接受克萊恩關於憤怒和攻擊性起源的觀念，她的許多觀察依舊是有價值的。

但是，我們需要記住的是，如同將敵意指向深愛對象會提升焦慮，當個體需要的時候無法接觸到依附對象或是依附對象不做出反應也會增加敵意。無論在理論上還是在實踐上，確定這個惡性循環是如何開始都非常重要。究竟焦慮是在敵意之前出現還是正好相反？又或是它們來自同一個誘因？正如瓊斯（Ernest Jones）在許多年前提到：「回顧個案在分析中提供的資料時，研究者很難闡明事件的先後順序；對年紀小的個案來說，闡明事件順序的難度比年紀稍大的個案更高。」[185] 忽視方法論的難度以及不夠重視家庭關係，都導致克萊恩做出了片面結論。

從邏輯上來說，強烈的焦慮發生在強烈的敵意之前、之後或兩者來自同一個源頭都有可能。但是在克萊恩的理論中，這些可能並不成立。她的基本信念是敵意加劇之後才會提升焦慮，焦慮是敵意提升的結果；而焦慮有時候是獨立存在，有時候是自己激發，若增加的敵意不被承認，經常是由同樣的場景所引起。

費爾本遇到了和克萊恩一樣的臨床問題，但是他提出了一個不同的解決方法。在沒有挫折的情況下，他認為嬰兒不會直接將敵意指向所愛的對象。會這麼做的原因是「原欲關係之中的剝奪和挫折，尤其是來自與母親分離的創傷」[98]。

這些文章（如鮑比的研究 [44 & 45 & 47]）一致採納了這種觀點，這已經非常明顯，本書所持有的觀點都很接近費爾本的觀點❸，即：無論是兒童還是成年人，他們指向依附對象的憤怒和敵意都可以被理解為對挫折的

反應。挫折真的可以影響所有的「激動系統」（motivational system）。但是我們有理由相信，本書考慮的激動系統（也就是能夠調節依附行為的系統），在很大程度上受到嚴重、持續的挫折影響，尤其是由於依附對象所產生的挫折，不管有意還是無意。

個體對依附對象的焦慮和敵意常常被同時發現，我們由此推斷出其原因是因為兩種反應都被同一類情境引發；並且在程度較小情況上，當情緒被強烈喚起時，每種反應都會加重另一種反應的發展。因此，在重複經歷分離或者受到分離的威脅之後，個體會發展出強烈的焦慮和占有式依附行為，同時會產生指向依附對象的強烈憤怒，且經常兩者結合，伴有擔憂依附對象的安全❹。

由於人們具有將對所愛的人的憤怒和敵意壓抑和轉向其他地方（轉移的防衛機轉）的傾向，而且傾向將憤怒歸因於他人而非自己（投射的防衛機轉），同樣還有一些其他原因導致個體對依附對象反應的模式和平衡可能被大大扭曲而混亂。更進一步的說，由於童年期會建立依附模式以及對依附對象行為的期待，且在之後傾向於保持恆定，所以一個人現在的行為可能在當前場景中無法解釋，但在考慮了他多年前的經歷之後就可以理解。這對我們來說確實很複雜，因為我們對情緒和行為的本質和起源的理解還如此模糊，這種複雜性不僅針對其他人，也指向我們自己。這些問題會在《依戀理論三部曲3：失落》進一步討論。

---

❸　費爾本的研究與本研究的主要差別在於：費爾本在他的研究中傾向使用餵養和口欲來定義依附，因此他更重視兒童出生前兩年的經歷，這和本研究是不同的。

❹　另一種能夠引起個體憤怒父母的狀況是——父母要求孩子扮演照顧者的角色。就像之前提到的，父母將正常家長角色與兒童角色互換了。

第 18 章

焦慮型依附和兒童時期的「恐懼症」

「我深愛的阿姨經常在事情發生之後問我：為什麼從來不告訴別人我被怎麼樣對待。孩子敘述的不比動物多，因為他們會接受發生在身上的事情，並當作永恆。」

——魯德亞德・吉卜林（Rudyard Kipling）

恐懼症、假性恐懼症和焦慮狀態

在第14章中，我們討論了當個體遇到潛在危險情境時，恐懼的敏感性大多會由他們預測依附對象的可得性而決定，而這些預測又源於個體針對依附對象和自我的關係所建構的運作模式。在同一章，我們還認為這些運作模式很有可能是個體在兒童期和青少年時期所建立，並且在之後的日子裡基本上維持相對穩定的狀態；最後，運作模式的特殊形式也反映出個體在那些年或是在之後與依附對象相處的經歷。我們在第15、16章中，已經詳細討論過提升恐懼敏感性的經歷。

在本章和下一章，我們會將理論應用到某些以外顯的焦慮和恐懼為主要特點的臨床症狀，來說明理論的潛在效果。這些案例通常都被貼上了「恐懼症」的標籤，該標籤在現代精神科醫師和心理學家的使用下，廣泛的包括以焦慮和恐懼為主要症狀的情況 [238 & 15]，我們在本文中主要討論的是「懼學」和「懼曠症」。

儘管最近被貼上這些標籤的一些個案都接受了簡單的治療[132 & 197]，但是一些個案卻出現了更嚴重的問題。現今學者的觀點一致認為：「那些慢性症狀個案之中，大部分也會有一連串的情緒問題。大部分膽小的個案不僅非常恐懼許多場景，還會情緒低落，也容易發展出心身症狀。」所有應用「恐懼症」這個術語的案例中，包括對學校產生恐懼（懼學）和對擁擠的地方產生恐懼（懼曠症），而這些問題只占那些慢性個案根深柢固的人格缺陷中的一小部分，甚至微乎其微。

　　但是，有一小部分恐懼症的案例看起來非常不一樣。馬克思[238]關注的那些案例中，個體雖然表現出非常害怕特定動物，但也擁有不會造成心理困擾的穩定人格。馬克思提供的證據顯示，在人格功能和「心理物理」（psychophysical）反應上，這些個體和心理健康的人表現並無差異，且與被診斷為懼曠症的個案相當不同。他們首次發病的年齡也和懼曠症個案不同。懼曠症個案的症狀通常在10歲之後出現，而對特定動物的恐懼症通常在7歲之前出現。孩子小的時候對動物的恐懼比較常見，而這種恐懼持續多年之後似乎就成了特殊恐懼症，但是正常情況下，這種恐懼通常會在個體進入青少年時期之前或當中得到緩解，或可以忽略。

　　我們將在本章討論大部分個案的處境，即：因根深柢固的人格所導致的恐懼症。而小部分個案（包括那些恐懼特定動物的恐懼症個案），其問題和之前所提到的問題不同，我們只會簡要提及。

　　使用恐懼症這個診斷因為我們關注的許多描述資料都是以該診斷為主題。在本章標題上我們使用了引號強調這個概念——當這個詞被用在個案身上時，大部分卻是誤用。

　　其他研究者也認為，很多恐懼症的案例誤用了恐懼症的標籤。布隆（Rudolf Brun）[63]區分出被稱為是「假性恐懼症」（pseudophobic）的個案，所有懼曠症的案例都在這個範圍之內。史奈斯（R. P. Snaith）[331]同樣認為懼曠症應該被定義為「假性恐懼症」（儘管他使用的術語和布隆不同）。而

本章的觀點是，不僅懼曠症應該被歸為假性恐懼症，懼學也應該如此。相比之下，擁有健康人格且對特定動物或其他具體場景產生強烈恐懼的個體，有時候可以被認為是真正的恐懼症個案。

現有的理論可決定這兩種情況的區別。在恐懼症個案的案例中，他們害怕的某些情境是別人不怎麼害怕，而他們盡力迴避這些場景或者當身處這些場景時想要盡快離開。一個假性恐懼症個案最害怕的是自己的依附對象或者最喜歡依靠的安全基地消失。在恐懼症個案的案例中，治療師經常無法意識到個案恐懼的場景之本質，而錯誤診斷為恐懼症。

儘管假性恐懼症的診斷能夠幫助我們關注問題本身，也讓我們關注到很多文章中出現的對其深層心理病理學的混亂誤解，但是假性恐懼症的診斷本身並不適合經常使用。處理假性恐懼症更好的方法是簡單將它歸類為「焦慮狀態」，並且與那些焦慮「擴散」的案例結合。因為假性恐懼症的案例和焦慮的案例不僅初發年齡相同，臨床特徵上也部分重疊[238]。實際上，**一旦考慮這些案例的焦慮型依附之作用就能明白，不僅是假性恐懼症的個案，那些受到擴散性焦慮折磨的個案，實際上處於急性或長期無法得到依附對象的焦慮狀態。**

因此我們可以得出此結論——只要個案的情緒反應和產生反應的情境分離，依舊令人費解，這時就會被貼上症狀標籤。

為了支持我們的理論，我們將用本章大部分篇幅來檢驗大量懼學之具啟示意義的文獻；隨後，我們將重新討論兩個個案童年時期的恐懼症案例，這兩個案例在精神分析以及學習理論相關文獻中都是經典。我們將特別關注能夠表現出兒童家庭特徵的家庭互動模式。在下一章將比照討論懼曠症。

「上學恐懼症」還是「拒學」？

　　過去15年出現了許多有關「懼學」[182]和「拒學」[364]的研究。被該術語形容的孩子不僅拒絕去學校，被強迫去學校的時候還表達出強烈焦慮。他們的父母都知道孩子不去學校，當其他孩子在上學時，他們都待在家裡。很多時候，這種狀況被單一或多種心身症狀所掩蓋──比如：厭食症、嘔吐、腹痛或昏厥。拒學的孩子在很多狀況下都會表達出恐懼──動物、黑暗、被欺負、母親的傷害或被拋棄。偶爾孩子會表現出驚恐發作，經常看到孩子淚流滿面和痛苦不堪。一般來說孩子都表現良好，焦慮且拘謹。大部分孩子都有完整的家庭，沒有長期或者頻繁與家庭分離的經歷，且家長非常關心孩子及孩子拒學的狀況。孩子和家長之間的關係也很親密，有時候甚至過於親密。

　　懼學在各方面都與逃學不同。逃學的兒童並沒有表現出對上學的焦慮，不會在上學期間回家，他們會對父母假裝自己去上學了，且通常會偷竊或是犯罪。一般來說，他們來自不穩定或是破碎家庭，經歷過長期或頻繁的分離或是母親角色改變。逃學孩子和父母之間經常爭吵或者關係冷淡。

　　已有研究證明懼學和逃學之間確實具有差異，尤其是赫索夫（L. A. Hersov）[159]的研究，他比較了五十個拒學的孩子和五十個經過匹配的逃學孩子以及對照組。儘管其他幾個研究也來自臨床案例，但是那些研究並沒有對結果進行統計學分析。這些研究者透過描述觀察受試者，並且混雜著理論解釋。在這些研究中，包括塔伯特（M. Talbot）的研究[349]，庫利奇（J. C. Coolidge）和同事的研究[74 & 75]、艾森伯格（L. Eisenberg）的研究[91]，以及戴維森（S. Davidson）的研究[82]，每個研究都有著二十到三十個案例。在史珀林（Melitta Sperling）[336 & 337]的兩篇文章中描述了她接觸五十八個兒童的經歷，部分孩子正接受長期分析治療。甘迺迪（Wallace A.

Kenndey）[197] 報告了五十個急性發病案例，並且用簡單、明確且快速的方法處理了這些案例。M・韋斯（Morris Weiss）報告了十四個兒童期或青少年期的住院病人，並追蹤了他們幾年之後的情況[371 & 370]。一些以實證為基礎、關於拒學孩子的家庭背景文章在《史密斯大學社會工作研究》（*Smith College Studies in Social Work*）上發表，且馬姆奎斯（C. P. Malmquist）[237] 對此進行了綜述。克萊因（Max B. Clyne）[71] 編寫的書以五十五個臨床案例為基礎，該書生動的描述了作者遇到的各式各樣臨床狀況。其他出版物還包括伯德溫（Isra T. Broadwin）[57] 和 E. 克萊恩（Emanuel Klein）[200] 的早期文章、卡恩（Jack H. Kahn）與其同事的著作[191]、佛瑞克（Willard B. Frick）等人的評論[131 & 15 & 35]，以及一些報告了對少數案例進行不同方法治療的文章，包括描述了行為治療的文章等[219 & 252]。

從實證角度看，這些作者有著對兒童與家長的人格、行為和症狀之間關聯的共識。研究者普遍認同——孩子並不是害怕在學校會發生什麼事情，而是害怕離開家。除了佛瑞克[131] 對此表示懷疑，他的研究指出，有問題的學生都可以描述出學校令人不愉快的特點，比如：嚴格的老師、其他孩子的嘲笑和欺負，這些都與「合理化」（rationalization，一種防衛方式）沒有差異。與大部分人觀點一致的是，赫索夫[160] 發現，在他的研究中，五十個拒學的孩子之中只有很小一部分抱怨老師和同學，許多孩子甚至表示一旦進入學校，他們會感到相當安全。因此，不同於真正的恐懼症，懼學個案處於所謂的「恐怖情境」時恐懼不會增加。其他研究者也證實了這個發現，同時他們發現個案在剛要離開家的時候或是在上學路上，恐懼感最為嚴重。M・韋斯和伯克（Autheta Burke）[370] 的追蹤研究也證實了這種恐懼源於家庭關係問題。

---

❶ 20世紀20年代早期，伯特（Burt）開始使用「懼學」這個術語，並且適當的應用到許多不同情況中，比如：孩子害怕去學校，因為空襲來臨時他曾經到學校避難[356]。

由於恐懼情境是離開家，懼學這個術語明顯不恰當❶。為了強調個案的家庭動力，強森（Adelaide Johnson）用「分離焦慮」取代了她在1941年提出的「懼學」93。但是在臨床症候使用「分離焦慮」這個名詞不合適，使用「拒學」可能是最好的用法，因為這個詞曾經最具有描述性，且最少涉及理論的詮釋。

目前我們主要有三種具有影響力的理論：

【理論1】第一種理論來自佛洛伊德分析經典案例——5歲小男孩小漢斯的恐懼症115。佛洛伊德根據兒童個體心理病理學進行分析，將恐懼症的形成主要歸因為「投射」（projection）。在這一派傳統之下，其概念通常包括依賴和過度依賴、過度滿足和溺愛等，並將其聯結到「固著理論」（theory of fixation）、退化以及不同程度的心理發展。例如，史珀林337曾提到「肛門性慾」（anal erotic，特別是肛門施虐）階段這個性衝動發展，克萊因71提到溫尼考特所提出客體關係發展中「嬰兒過度階段」（infantile transitional stage）的概念。

【理論2】第二個有影響力的理論來自強森和同事的研討論文182，其觀點基於兒童和家庭精神官能症的臨床工作。他們特別關注家庭互動以及家長之一或兩個都試圖激起或者維持現有狀況之中的功能。可能因為他們在情感上需要黏著孩子、阻止孩子去上學。

【理論3】第三個是學習理論，如同傳統精神分析，也是根據個體心理病理學推測。但正如安德魯斯（J. W. D. Andrews）15指出——行為治療工作者的理論無法引導我們人際關係和家庭動力的經驗以及其重要性。

四種家庭互動模式

臨床文獻證實，儘管治療師會從不同理論角度理解孩子拒學的問題，但是當他們評估真實案例時有一致的關注點。我們也因此可以認為這些臨床發現是真實可靠的，並且進一步考慮如何延伸焦慮型依戀理論來解釋這些案例。

大部分拒學的案例可以被理解為以下四種家庭互動模式中的一種或者多種產物：

【模式A】母親，或者少數情況下是父親，有著依附的長期慢性焦慮，因此將孩子留在家裡陪伴他。

【模式B】孩子害怕在學校的時候，父親或母親可能會發生可怕的事情，所以他要待在家裡阻止不好的事情發生。

【模式C】孩子害怕離開家的時候自己身上會發生可怕的事情，所以他要待在家裡避免不好的事情發生。

【模式D】母親，或者少數情況下也可能是父親，害怕孩子在學校的時候會發生可怕的事情，因此讓孩子待在家裡。

儘管大部分案例中，這四種互動模式只有一種占據主導地位，但是這些模式之間並非不相容，可能會有混合模式。模式A最常見，可以和其他三個模式任意結合。

模式A的家庭互動

在模式A中，母親或父親對其依附對象產生強烈的焦慮，並因此將孩子留在身邊陪伴自己，這種模式廣為人知。在大部分案例中，有這種狀況的都是母親，因此為了簡化我們的闡述，以下的描述都認定是母親

使用了這種模式。但是我們不能忘記父親有時候也會出現同樣的狀況：
艾森伯格[91]、喬伊（Elizabeth H. Choi）[69]、克萊因[71]和史珀林[337]的研究都有
類似的例子。

　　母親可能故意讓孩子留在家裡陪自己，但也有可能沒有意識到自己
的作為以及為什麼要這麼做。

　　前一種情況發生在10歲男孩的母親身上，當整個家庭來到診所時，
孩子已經在家中待超過一年了。儘管一開始母親表示自己曾經強迫孩子
去上學，但是當整個家庭接受治療幾個月之後，她坦承自己不希望孩子
離開家。之後她坦率的講述自己兒時曾待在一個機構多年、也沒有辦法
愛任何人，兒子是她這一生第一個愛的人，她怎麼也不希望現在就放開
他。孩子的父親意識到了母親的行為，但是他為了避免讓妻子不愉快，
寧願維持現狀什麼都不做。小男孩同樣也知道母親的狀況❷。

　　但是通常的情況是母親並沒有意識到或是只有部分意識到自己對孩
子施加的壓力，並且真誠相信自己已經用盡全力爭取孩子的利益。在一
些案例中，問題始於兒童生了一些小病，母親將孩子的病看得比實際情
況更嚴重。因此，表現上來看，將孩子留在家裡是為了讓孩子靜養，但
是逐漸呈現給孩子的畫面就是——孩子不適合這個殘酷的學校世界，因
此讓他認為自己需要母親不斷的照顧。拒學可以歸咎於不友善的老師、
欺負人的男孩和長期的疾病。母親利用了孩子暫時的痛苦或焦慮的這種
模式以及其衍生，在與本章話題相關的文章中也有所描述。艾森伯格[91]
的研究就描繪了母親的表現：當孩子到達學校的時候她們不願意放開孩
子，並表現出似乎是孩子對學校很焦慮，且孩子因為沒有陪伴母親，自
己又享受著他人的陪伴而感到內疚。M·韋斯和該隱（Barbara Cain）[371]認
為，當母親說要保護孩子遠離恐怖的世界時，不僅將自己的個人焦慮和

---

❷　感謝我的同事麥肯齊博士提供了這個家庭的資料。

婚姻焦慮放在孩子身上，同時尋求孩子完全的支持。克萊因[71]則描述了一些案例，母親在孩子返回學校後出現了心身疾病症狀。其他研究者[93]注意到，當孩子脫離父母的掌握之後，家庭中的另一個孩子會被盯住並抓緊。

無論家庭在什麼時候呈現出這種模式，案例中的家長都對其依附對象的可得性非常焦慮，並且在無意間顛倒了正常的父母與兒童關係，讓孩子扮演父母的形象，而自己卻以孩子的形象出現。甚至期望孩子能夠照顧自己，自己也尋求孩子的照顧與安撫。通常，這種角色倒置很隱諱。母親會表示是孩子需要特殊照顧和保護，孩子也會接受這種說法；在家庭工作中，經驗不足的臨床工作者可能會逐漸相信孩子的問題是因為每個想法都被滿足、被「寵壞了」。但是實際上，事實真相卻截然不同且令人難過。母親（或父親）在不自知的情況下尋求遲來的滿足，希望得到自己在兒童時期缺少或失去的愛和關懷，同時阻止了孩子和同伴玩耍及參與學校活動的機會。這些孩子並非被「過度寵愛」，而是長期受挫，當父母信誓旦旦說為他們做了所有事，但是實際上，孩子甚至不能自由的為自己辯駁。治療師治療一個9歲小男孩時，他透過重複將窗簾線繞在身上來表示自己的感受，並解釋：「看，我陷在一個蜘蛛網裡而且出不去了。」[349]另一個11歲男孩畫了一幅畫，這幅畫上有一個女士用皮帶緊緊牽著一條狗，他明顯感覺自己就是那條狗，被母親束縛著，而且很憤怒[73]。❸

以上的畫面雖然看起來有些片面、對家長不公平，但是一旦考量家長自身的問題並且將這些問題的根源追溯到他們自己所經歷過且痛苦不

---

❸ 有時候「共生」（symbiosis）這個詞也可以用來描述母親與孩子之間這種令人窒息的親密關係。但是，這個詞並不那麼令人愉快。在生物學上，這個詞用來代表兩種生物之間適應性夥伴關係，在這種夥伴關係中，每種生物都有益於另一種生物的生存。然而，我們在本文所講的這種關係，對父母與孩子都沒有好處。

堪的童年後，我們不僅能夠更完整理解家長的行為，還能更好的同理他們。**我們一次又一次發現家長病態的行為是他們在對抗自己父母，他們和父母曾經有深深困擾著他們的關係，這種關係可能延續到現在。**認識到這點之後，我們很快可以打消將父母視為壞人的看法，儘管他對孩子做出的行為明顯相當詭異。取而代之的是，我們會將他視為不幸家庭的不幸產物，是被害者而非加害者。

　　充分了解了父母透過要求孩子照顧他們來倒置親子關係的家庭動力學因素和歷史來源，我們需要更多系統性資料，而非僅僅了解父母或是祖父母的人格和兒童經歷。在祖父母方面，除非口耳相傳，幾乎不會有資料留下。在父母方面，拒學的兒童家長，其代表案例不僅幾乎沒有系統性資料，現存的資料也無法區分上述四種家庭交流模式。因此只有在設定了四種模式之後，才能獲得有系統的資料。

　　然而，鑑於已列出的理論，確認交流模式A的家長所隱含的心理病理學主要特點並不困難。我們必須再次記住，儘管一直提及問題出在母親和外祖母身上，父親或是祖母也可能是關鍵人物，同樣，我們也不能忽視祖父和外祖父。

　　與孩子關係倒置的母親，通常和自己的母親也曾經有過（或持續到現在）親密但充滿強烈焦慮和矛盾的關係。在這種案例中，母親通常有充分理由相信自己不被需要，至少不如兄弟姊妹那樣被母親需要。因此，她會覺得自己一直在爭取她想獲得的關愛和認同。但是在模式A的家庭中，只有很少的孩子完全被拒絕。通常外祖母對女兒的情感是矛盾的，有著強烈、持續的不公平要求。因此，母親從來沒有給過孩子他們需要的自發關心和情感，而是一味索取；另一方面，孩子又迫於壓力要愛自己獨裁而苛求的母親。面對這些壓力，孩子會滿足自己母親的要求，但是會痛苦的壓抑對母親的怨恨。

　　你們或許已經注意到，親子關係倒置的母親與其母親之間強烈矛盾

的關係，本身就像是關係倒置的例子。因為在許多案例中，外祖母對女兒的索取，以及這種類型的關心和情感，就和母親與拒學的孩子之間的情感如出一轍。每個被研究的序列中，都有案例是母親（或父親）本身就拒學。比如，在戈伯（Thelma B. Goldberg）研究的十七個案例中[135]，大約有一半的家長報告自己在兒童時期有和孩子一樣的症狀。在戴維森研究的三十個案例中[82]，有三位母親自己就曾經拒學，另外三位母親不得不留在家裡照顧患病的母親或者弟弟妹妹。史珀林[337]報告了一個案例，在該案例中，孩子開始拒絕上課的時候，父親正接受恐懼症焦慮分析治療。儘管一開始看起來似乎是約翰非常依附父親，但是大家很快就發現——其實是父親要求兒子陪著他。在分析過程中，父親開始意識到自己的父親對待自己的方式，和現在的他對待孩子的方式一樣——試圖用孩子緩解自己的焦慮。因此，如果可能，未來的研究最好能夠探索清楚祖父母輩的兒童心理和心理病理史。

意料之中的是，孩子拒學的父母也有夫妻關係的問題。問題的形式很多，由於篇幅受限我們無法討論所有問題。一種常見的形式是：妻子受困於與她的母親以及拒學孩子之間的矛盾關係中，而她有一個消極、被動的丈夫，無法執行丈夫和父親的功能。產生這種關係並非偶然，除了消極的人，男人也難以和她維持婚姻關係——她不僅持續偏好滿足她那有著無限要求的母親，還想要用母親支配她的方法來支配丈夫。在Q女士的案例中，當她還是個女孩時擁有很多愛慕者，但是只有她丈夫願意忍受她和糾纏不清的母親，以及她因為母親而產生的歇斯底里情緒，以前，Q女士習慣對每個男朋友發洩自己的情緒。

毫無疑問，這種關係也會鏡像在丈夫身上，他可能有一個糾纏不清的母親，而妻子消極被動。在這兩種案例中，可能極少或缺乏性關係。

回到我們的主題：拒學的孩子與父母其中一人（通常是母親）之間的可能關係，研究一次又一次發現有些母親對待孩子的樣子，就好比孩子

是她母親，也就是外祖母的複製品。母親不僅向孩子索求曾經在她的母親身上索求未果的關愛和安撫，還表現得好像孩子才是支配角色。在某個時刻，她可能會因為被孩子斷然拒絕而累積怨恨，就像她母親曾經的作風使她產生了怨恨；而在下一刻，她又可能用同樣、焦慮的逆來順受來對待孩子，如同年老母親利用受傷與病痛弱勢控制整個家庭。

　　文獻中也有許多家長表現出模式A的單一或其他延伸方式。塔伯特[349]關注了一個案例：母親允許孩子支配自己，就如同她曾經讓自己的母親用同樣的方法支配她。強森[182]等人在解釋9歲男孩的案例時，提到他的外祖母患有「歇斯底里症」（hysterical disorder）並且臥病在床好多年，同時她還持續要求自己的女兒要關心她。孩子的母親則經常懷疑孩子生病了，一方面堅持要孩子進行無止境的醫療檢查，另一方面，在相信自己的孩子比其他孩子更需要她的愛掩飾下，她對孩子有極端的需求。但是，這位母親接受治療的後期，她終於能夠描述自己如何期待愛、如何認為自己不能給予愛，甚至為了獲得關注是如何的與兒子競爭。在描述該模式的另外一個可能時，戴維森[82]報告了一位母親如何將拒學的孩子看作「像祖母一樣嬌小、一樣白」。M・韋斯和該隱[371]觀察到：有位母親傾向將孩子視為知己，傾訴自己糟糕的家庭關係，孩子則因此在面對父母和陌生人時，採取了不合適的成人行為模式來做出反應。

　　儘管在這些案例中，大家一開始可能會認為母親對於拒學孩子的態度是純粹的愛和關懷，但是了解更多家庭訊息之後，我們可能需要看到另一面。克萊因[71]根據臨床經驗而寫的文章表示：母親「依賴的需要」，基本上一直存在，孩子對此的應對方式有很多種——有的孩子很黏母親，其他的就是明顯想要爭取獨立。對於後者，母親的反應也有很多方式——可以更強烈的黏著孩子、可以引發孩子的內疚情緒或者對孩子感到憤怒甚至是拒絕他。當事實更清晰之後，我們有時候會發現，不僅母親和孩子的關係非常矛盾，母親對孩子的殘酷程度也超過了我們的想

像。塔伯特[349]描述了一個母親對待孩子的方式如何從一個極端走向另一個極端——這一刻還在親吻他，下一刻就開始打他。實際上，正如我們所看到，當我們考慮家庭模式B和模式C時，通常都是與模式A共存，許多拒學的兒童其實面臨著嚴重威脅。

考慮其他模式之前，必須先列出一些過程說明拒學的孩子接受了有情緒問題的父母多少惡意對待。

母親對拒學的孩子的惡意行為，可以被理解為是以下單一或多個相關過程的產物：

【過程1】 將自己對母親的憤怒轉嫁（倒置）到了孩子身上。

【過程2】 將自己母親的拒絕和苛求錯誤歸因到孩子身上，並因此對孩子產生憤怒。

【過程3】 模仿自己母親表現出的憤怒行為，並反應到孩子身上。

讓我們依次來考慮這些過程：

【過程1】 成長在混亂家庭中的母親不可避免會憎恨自己的母親帶給她貧瘠的愛和強烈的苛求。但同時她感到自己無法公開表達自己的憤怒，因為她害怕父母的反應或是害怕她會讓媽媽生病。不管怎麼樣，她心中沸騰而無法表達的憎恨，遲早都會找到發洩對象。通常，拒學的孩子會成為她發洩的目標。

【過程2】 在一些案例中，母親控訴自己孩子顯然與她公開或者私下指向自己母親的控訴一樣。比如，母親會先將非常不合理的要求加注在孩子身上，再抨擊他做出這些事情；對於外人來說，這個孩子的行為和在類似情況下其他同齡孩子的

行為稍有不同。類似的，母親會將拒絕和忘恩負義這種特質錯誤的歸因到孩子身上。這種錯誤的歸因可以看作是父母將孩子視為依附對象的結果，這樣一來，將孩子同化進母親的樣板中，並期待這個樣板有著依附對象的行為表現，如同精神分析的「移情」（transference）過程（詳見第14章）。

【過程3】我們在第15章已經提過，這個過程就是母親會在不知不覺中模仿自己的母親對待她的方式來對待孩子。Q女士的案例就是極好的例子，她在自己爆發歇斯底里症的時候會威脅兒子史蒂芬，就和當年她母親威脅她一樣。一些有關拒學的孩子文章中，很多研究者──最著名的是埃斯特（Hubert R. Estes）等人[93]，提出這個過程能夠良好解釋：「為什麼母親採用特定的方式表達憤怒行為？」

在拒學兒童的家庭中，經常看到父母威脅孩子或其他家庭成員。事實上，充分了解威脅的頻率和效果之後，它會成為理解大部分表現出模式B和模式C問題的關鍵。

模式B的家庭互動

表現出模式B的家庭中，孩子害怕當自己在學校的時候母親（或父親）會發生可怕的事情，因此他要待在家裡阻止事件發生。這種模式可能是這四種模式中第二常見的，而且經常和模式A同時出現。

研究顯示，許多拒學的兒童表示：不去學校的原因是因為害怕當他們不在家的時候，母親會出事。塔伯特[349]在二十四個孩子的研究中寫道：「我們研究的每一個兒童，無論是5歲還是15歲，都反復告訴我們『他害怕有什麼可怕的事情會發生在母親或是其他近親身上，比如祖母

或父親』。」赫索夫[160]在對7～16歲孩子進行的詳細研究中顯示，害怕傷害會降臨到母親身上是不去上學的孩子最普遍的解釋（五十個孩子中，有十七個這樣表示）。其他人的研究案例也涉及了這樣的描述，如：E.克萊恩[200]、拉薩路（A. A. Lazarus）[219]、甘迺迪[197]、克萊因[71]，以及史珀林[336 & 337]。

　　儘管對此結果已經沒有疑慮，但是「孩子為什麼會害怕這些事情」上依然存在分歧，對此有兩種主要解釋，儘管其作用過程不同，它們也並非不相容，在一些案例中可能同時適用兩種解釋。

【解釋1】第一種解釋同時也是精神分析師習慣提出的解釋，即：孩子害怕傷害會降臨到母親的身上，因為他本身無意識的懷有對母親的敵意，且唯恐自己的願望成真。這個解釋的確受到一些學者以及贊成克萊恩觀點的人的贊同。

【解釋2】第二種解釋則更為平常，它將孩子的恐懼歸因為孩子真實的經歷。比如，孩子可能在看到或聽到親戚病重或是死亡，會害怕母親生嚴重的疾病或者死亡，尤其是當母親身體不好的時候。又或者在特定環境下，孩子聽到母親威脅說自己會發生某些壞事之後，會害怕災難發生。比如，若孩子不照著她的要求去做，她就會生病；或者，因為家裡一切都太糟糕了，她（母親）要拋棄這個家庭或者自殺。

　　在現有、為數不多的證據中，許多證據都支持上述第一種解釋，但是治療師在沒有完全探究清楚真實經歷之前就只採納第一種解釋，顯然非常不明智。實際上，有證據顯示在很大多案例中，考慮了孩子的真實經歷之後，我們可以完全或部分理解孩子對於災難的恐懼。而無意識的攻擊欲望是否在其中作用，就需要更多探究了。

讓孩子害怕母親會遭遇不測的經歷主要分為兩種：第一是真實的事件，比如疾病或死亡；第二則是威脅。通常兩者的作用是互相交織的。

關於真實事件，許多研究者表示，拒學通常始於一些事件之後，一般是母親生病或親戚朋友去世。塔伯特[349]的研究中引用了一個青年女孩的案例：去學校之前、正要和祖母吻別的時候，她突然意識到祖母已經去世了。史珀林[336]也報告過一個非常類似的案例。拉薩路[219]從行為治療師的角度描述了一個9歲女孩的典型案例，她「最核心的恐懼是母親可能會死」，在她拒學之前曾經歷過身邊至少三個人死亡，一個學校裡的朋友溺水、鄰里朋友腦膜炎，以及目睹了一個男人死於車禍。赫索夫[160]表示：死亡、離別或者家長（通常是母親）的疾病，是他五十個案例中九個案例的誘發因素。戴維森[82]特別研究了這個因素，她的研究報告宣稱：三十個案例中，有六個案例的母親曾處於病危狀態，另外還有九個孩子在開始拒學前後幾個月內有親近的親人或朋友去世。在她研究的案例中，有一半的孩子在出現問題之前曾經經歷過類似的事件❹。

戴維森是以「願望實現理論」（wish-fulfilment theory）解釋孩子恐懼的研究者之一，而且有著自己的研究支持此一論點。她認為母親的疾病或者朋友死亡增強並實現了孩子對自己無意識的攻擊欲望，或即將出現的恐懼。但是這個事實更適合用第二種理論解釋。比如，當母親生病時，孩子自然會害怕她的病情惡化。當祖母或者鄰居突然去世的時候，孩子自然會害怕母親也會突然死去。因此影響孩子的外部因素也應該如內部因素一樣被慎重考慮。

儘管母親生病或是親戚突然死亡的時候，孩子的恐懼再自然不過，尤其是這兩種情況同時發生的時候。但是我們必須明白，並不是暴露於

---

❹ 戴維森強調，臨床經驗不足的治療師多麼容易忽視重要的訊息。父母不僅不常主動告知關於疾病與死亡的訊息，甚至有可能在第一次被問到的時候否認有這些事件。但是之後，這些訊息似乎和孩子的問題有高度關聯。

該情況的孩子都會發展出強烈且持久的恐懼，也不是所有孩子都會待在家裡確保母親不會受傷害。很明顯，有一些更深層的因素正在作用。儘管在一些案例中，它作用於孩子內心，但有證據證實，讓孩子發展出強烈且持久對母親受到傷害的恐懼，其深層因素也源於孩子的真實經歷。

其中一個因素就是家長對孩子隱瞞父母疾病的嚴重性，或對孩子隱瞞親戚朋友去世的事實。當隱瞞得越多，孩子越擔心。塔伯特[349]和M·韋斯和該隱[371]都注意到，拒學的孩子的家長傾向掩飾和逃避事實。正如其中一個個案在研究中說的：「我從來都不知道在家裡可以相信誰，善意的謊言太多了。我只能在他們不知道我在的時候偷看、偷聽。」

另一個可能會增強孩子害怕傷害會降臨在母親身上的焦慮感因素，是她曾經如此威脅：如果他做得不夠好，母親會生病或者死亡。在這樣的案例中，母親的疾病讓孩子認為她經常說的事情會發生，而且現在正一步步實現；而朋友的死是一個教訓，讓孩子認為母親的預言並不是沒有根據——疾病和死亡是真實存在的，可能隨時都會發生在母親身上。

我們在第15章已經討論過父母的高頻率威脅和其嚴重影響，但是到目前為止，威脅的舉動一直被人們忽視，而這可能可以解釋兒童的恐懼。在史蒂芬的案例中，他曾經一度拒學，他的案例說明家長和孩子很容易向臨床工作者隱瞞一些最相關的資料。而塔伯特[349]和M·韋斯與該隱[371]在這個問題上持有與本文最相近的觀點，這些研究者是少數在探究拒學因素時考慮父母威脅作用的人。塔伯特還特別描述了一些孩子遭受許多不同的威脅——母親要打他、要殺了他、要拋棄他，或指責孩子會因為不顧他人感受的邪惡方式導致母親死亡。一個小女孩如此描述她的困境：「媽媽想讓我待在家裡，但是她告訴我，我正在殺死她。」

一個長期拒學的孩子受到了幾種不同的威脅，包括母親威脅要拋棄她的孩子，這個案例發生在塔維斯托克（Tavistock），由我的同事亞格萊斯（Paul Argles）和麥肯齊（Marion Mackenzie）[17]報告。當意識到問題出在

混亂的家庭關係，並按此方向進行治療之後，治療師不僅能夠開始幫助這個家庭認識到他們生活的方式，還得到了病理學與現今的家庭關係相互作用的重要資料。

【個案】拒學的13歲女孩蘇珊

醫療機構和社會機構關注這類問題家庭已經好多年了。當系統性治療開始時，當時13歲的蘇珊已經拒學18個月了。她和47歲的母親以及11歲的弟弟亞瑟住在一起。母親曾經是個女傭，但是因為腿部潰爛臥病在床。蘇珊的父親患有長期生理疾病，去年已經在家中死於癌症。母親在第一次婚姻中有兩個兒子，現在他們已經20多歲了。在蘇珊開始拒學之前不久，母親剛剛把大兒子和大兒媳以及他們的兩個小孩趕出家門。

就在調查開始前不久，蘇珊的父親去世了，在他去世之前，他所有幫助蘇珊上學的手段都被拒絕了。但是在父親去世的時候，眾人決定對孩子進行「危機安置」（crisis intervention）[68]，這獲得了所有人的贊同。當時負責蘇珊案件的兒童福利官員安排了治療師隊伍到家中評估，而家中三個成員必須在場，如果可以的話再制定治療計畫。

在評估訪談中，母親一開始就責怪蘇珊不去上學，還不斷威脅蘇珊如果不去學校就會讓自己的病更加嚴重，蘇珊要對她（母親）的生理疾病負責。接下來還有許多相互蔑視的評論，直到訪談最後，透過治療團隊大量技巧性的幫助，家庭成員才開始描述他們的孤單和焦慮，以及對彼此的擔憂。他們同意研究人員3個月內每週一次的固定來訪，也答應了每次來訪時，三個人都會在場。在這個過程中，研究人員有非常正向的作用。

在前六次訪談中，研究人員談起由蘇珊父親的疾病和離世帶來的一連串問題，因此逐漸釐清其家庭互動模式。在這種模式中，最明顯的就是威脅話語，這些威脅能夠解釋為什麼蘇珊不願意去學校。通常，母親

想要懲罰孩子時會用父親的死來責備孩子，並且暗示如果他們不聽話，同樣的事情也會發生在母親身上。她還承認曾經威脅過要拋棄他們，並且真的兌現了她的威脅——穿上大衣離開了家。面對這些威脅，兩個孩子變得更加挑釁、更不順從母親的意思。訪談中，家庭中的三個人都表達出對其他兩個人強烈的敵意，且有時候會三個人聯合起來對研究人員動怒。

在第四次訪談中，蘇珊也第一次缺席。研究人員發現：蘇珊那天在學校，但是亞瑟因為不舒服而待在家裡。研究人員開始逐漸明白在這一年或是更長的時間裡，這兩個孩子是輪流待在家裡守護著母親，這樣能保證她不會拋棄他們。蘇珊白天待在家裡，晚上和朋友見面；而亞瑟白天去學校，回家以後就一直待在家裡。母親曾經厭煩的抱怨孩子之間的爭吵，而他們爭吵的內容是誰應該留守在家。

當研究人員確認蘇珊拒學是因為母親威脅要拋棄他們而做出的反應之後，接下來繼續探討這樣的威脅如何影響兩個孩子，以及應該如何改變。在第八次訪談中，母親表示18個月以來，兩個孩子終於開始同時上學，在訪談期間亞瑟從學校回到了家，他非常關心當他們把媽媽單獨留下的時候，她的飲食和休息；而這時候母親也能安撫他了。

1個月之後，到了共同訪談最後一刻，蘇珊已經能夠每週去學校3～4天了。6個月之後的暑假，研究人員再次拜訪了這家人，他們的狀態已經變得更好了。母親的潰瘍已經痊癒，並且重新和已經結婚的兒子聯繫。亞瑟正忙著幫母親裝飾公寓，蘇珊正和親戚一起度假。再次開學之後，兩個孩子上學的時間也大致規律了。

該案例以及其他一些案例證明，一旦將家庭訪談變成固定治療，就能了解許多難以處理的童年問題究竟有著什麼樣的家庭根源。然而，只要家中每個成員被分開觀察，最有病理意義的互動模式可能依舊被隱

藏。不合適的臨床技術以及研究者強烈抱著現有的理論，而不給家庭病理的影響一席之地，可以解釋兒童心理病理學和兒童精神分析學的實踐者，為什麼那麼晚才意識到大部分被轉診的孩子曾經遭受（通常到現在也正遭受著）家庭強烈病態的影響。

知道父母的威脅在拒學的孩子身上有著重要作用之後，我們可以用新的觀點來看待許多已經出版的案例報告。比如，在 E. 克萊恩[200] 的報告中，父母之一會威脅孩子他會離開家，或者孩子不好的行為會讓他們生病或死亡；儘管證據已經如此明顯，但是透過心理病理學角度討論孩子的個人狀況之後，這種威脅的地位也就微不足道了。在其他報告中，研究者討論案例還在於，孩子拒學最有可能的解釋是「孩子害怕有什麼不測會降臨到母親身上」，而真正害怕的原因則是他聽到母親威脅要拋棄家庭或者要自殺。但是很明顯，即使孩子做出最明顯的暗示，這種可能性都不會被治療師考慮。舉個例子，我的同事接觸過一個10歲的小孩，這個小孩「非常祕密的」告訴他，自己偶爾不願意去學校的原因之一是他不喜歡將母親獨自一人留下，因為「她有可能會跑掉」，等他回來的時候可能就找不到她了。但是這位同事似乎從來沒有想到男孩很有可能曾經受到過母親類似的威脅。另一個同事講述了一個男孩彼得在聽到一首音樂的時候回想起了鄰居的葬禮，這個鄰居是自殺身亡的，鄰居死的時候他還在學校；他當時突然覺得這很滑稽並且非常悲傷，不可抑制的想要見自己的母親。這位同事自信的使用願望實現理論解釋孩子的恐懼之後，又補充：「很可能彼得感受到母親情緒低落，他突然的恐懼也是對她的現實保護。」直接一點的說，看起來更可能是彼得聽到母親的自殺威脅。

到目前為止，我們對模式B案例的討論中，現有證據和爭論都強烈支持一個觀點，即：拒學實際上是孩子對家庭事件的反應。這是否意味著願望實現理論被完全拋棄了呢？或者說這個理論有沒有可能解釋一部

分狀況呢？

　　那些支持願望實現理論的人，自然會指出這樣的證據——許多拒學的孩子確實對他們的家長懷有敵意。並且我們可以正當的認為，孩子對父母安全的焦慮，會因這些願望而增強。因此在一些案例中，願望實現理論可能可以解釋部分狀況。然而即使在這些案例，也有必要進一步探索，因為孩子不會無緣無故對父母產生敵意。

　　在一些孩子拒學的案例中，孩子很擔憂父母的安全。而認同願望實現理論的研究者不僅容易忽視母親威脅的影響，還容易忽視那些孩子經常遭受威脅所累積的挫折和刺激。對任何孩子來說，需要每天留在家裡陪伴母親、確保她不會拋棄自己或是自殺，是壓力最大的事情，而且因此產生幾乎無法避免的憤怒。強森已經反復驗證過這個觀點，在她的一篇文章中[182]，她描述了治療9歲男孩及其母親的情況。在治療過程中，傑克對母親表達了許多憤怒情緒——因為母親苛求他，以及當傑克想要獨立的時候，母親卻憎恨他。幾乎同時，在治療母親時，母親開始意識到傑克對她的憤怒幾乎就是她對自己母親態度的翻版，她的母親不斷苛求她，而且不願意讓她獨立為自己負責。

　　因此，我們得出的結論是，當拒學的孩子擔憂父母的安全和存在時，其行為很可能是對家中發生事件的直接反應；這些反應成為無意識的攻擊欲望，也成為噩夢成真的恐懼。正是由於這些原因，治療師需要關注家庭事件。

　　剩下的兩種家庭互動的模式發生率比模式A和模式B更少，因此我們會簡單介紹。

模式C的家庭互動

　　模式C的家庭中，孩子害怕自己離開家之後自己會發生不好的事情。在這種情況下，父母明示或暗示的威脅通常也能解釋為何孩子有如

此行為。

沃芬斯坦[380]描述了一個案例，在這個案例中，母親確實威脅要拋棄孩子。她的觀點生動的解釋了孩子的症狀。

6歲的湯米拒絕待在托兒所或者以任何方式離開母親。大概在他出生的時候，媽媽的雙親就去世了，而幾個月之後丈夫也拋棄了她。從那之後，母親和孩子便一起孤獨的生活著。母親自始至終都在思考兩種選擇——究竟是讓湯米留在身邊，還是將他寄養到別人家去：「當她不斷想著要拋棄湯米的時候，她還絕望的黏著他。正如她說，孩子是她的所有、是她全部的生命。」這位母親和她母親的關係明顯極度混亂，有證據顯示，她自己可能也面對過被拋棄的威脅。

媽媽威脅說要拋棄湯米已經不是一個祕密了：「湯米經常無意中聽到母親和鄰居討論把他送走的可能性，在他做錯事情的時候，母親也經常以此威脅他。」湯米的反應是強烈的焦慮，並有過度反應的行為以及緊張的笑聲。在治療過程中，他深深擔憂自己會被送走，並且經常玩一個遊戲——他在遊戲中會遺棄治療師。老師認為湯米有時候很暴力，他會對老師大喊：「滾出去！」他對待治療師的方式和對待老師的行為，很明顯都是在模仿母親對待他的行為。沃芬斯坦毫不懷疑，在湯米的生命中，「令人無法忍受的焦慮核心，實際上是懷疑母親要拋棄他的合理恐懼」。湯米拒學只是一個簡單而可以被理解的反應。

韋斯（Robert S. Weiss）❺致力於研究沒有配偶協助而努力養育小孩的母親，她的報告稱，大部分母親承認她們在很焦慮和憂鬱時，會萌發出拋棄孩子的念頭。這種情況更可能發生在她們深陷絕望之時，在她們之中的許多人還在孩子能聽見的地方表達這種念頭，因此讓孩子產生了深深的焦慮。但是，除非母親非常信任訪談者，否則她不可能承認這一

---

❺　與韋斯的私人交流。

點。

我們實際上也有理由懷疑：在模式B的案例中，許多孩子在遭到威脅的時候將威脅當作祕密隱藏起來，不讓那些可能幫助他的人知道這些威脅。在泰爾曼（Maurice J. Tyerman）[356]報告的一個案例中，孩子在服藥之後才洩露了這個祕密：

「埃里克是一個13歲、認真負責的學生，就讀一所技術學校，在同學和老師間很受歡迎。他按時和父母去教堂，是青年俱樂部裡受歡迎的成員。但是他突然拒學，他說他很害怕上學路上心臟會停止跳動，然後會死……他說他曾經在報紙上看過有些人在街上猝死，他害怕這會發生在自己身上。母親的報告顯示，埃里克的飲食和睡眠都很正常，但是他好像對什麼都不感興趣，而且想法被死亡這個念頭占據……他的父母看起來互相關愛也愛孩子，似乎是個快樂的家庭，也沒有發現什麼壓力來源。學校和家庭中也沒有跡象對埃里克有敵意，他的行為依舊是個謎。服用『苯巴比妥』（phenobabitone）藥物治療、和精神科醫生談話，以及和我談話都不能改善他的症狀，因此精神科顧問讓他使用了『硫噴妥納』（sodium pentothal）發洩情緒。

「在發洩過程中，埃里克描述了一件令人痛苦不堪的事件，這件事情發生在他出現害怕死亡表現前大約1週的時候。父親指控他偷了自己口袋裡的錢。埃里克否認時，父親說要懲罰他，不是因為偷竊而是因為撒謊。埃里克告訴精神科醫生他並沒有偷錢，但是他之後為了逃避被打承認自己偷了錢。當他承認之後——實際上他只是說了個謊——父親說必須懲罰他。他草擬了一個文件，上面寫著他和妻子放棄埃里克的撫養權，他們希望兒童辦公室能將他收進地方政府收容處。然後他們帶埃里克上車、開車去見兒童辦公室負責人。當時是午飯時間，辦公室的大門是關著。他們就把孩子帶離辦公室回到車裡，又從車裡到辦公室，來來

回回直到孩子淚流滿面接近歇斯底里才把孩子帶回家。父親說他看起來已經知道錯了，可以留在家裡。」

自此之後，這對家長再也沒有接受過後續訪談，也無法考證這個故事的真實性。然而，有經驗的臨床工作者可能會相信這個故事的真實性，至少這個故事觸及了小男孩的實質問題。

泰爾曼表示在之前的訪談中，家長和孩子均沒有提到這個事件，可能是因為家長對該舉動很羞愧，而孩子也很害怕而不敢提及這件事。如果小男孩的故事是真的，這個案例就能再一次說明，即使對經驗豐富的臨床工作者來說，也很容易被誤導而相信孩子的恐懼沒有現實基礎。這也提醒我們注意：為什麼臨床工作者都如此直接依賴無意識欲望、幻想和投射理論，而意識到無論是現在或過去情境因素的作用的探索卻如此緩慢。

模式 D 的家庭互動

表現出這種模式的家庭中，母親（少數會是父親）害怕孩子會發生可怕的事情，而將他留在家裡。許多這種案例中，父母的恐懼會因為孩子的疾病而加劇，孩子的疾病通常是輕微的，只有在個別例子孩子的疾病比較嚴重。

為什麼家長會害怕孩子出事呢？關於這個問題也有兩種解釋。第一種觀點為傳統精神分析學家持有——「願望實現理論」，即父母害怕他對孩子無意識的敵意願望會成真。另外一種是由於他想起過去發生的一些悲劇，導致對孩子不尋常的憂慮而害怕危險會降臨在孩子身上。

當考慮與此相反的案例（孩子會害怕父母遭遇不測）時，這兩個理論並不相容。正如任何案例中，都可能只適用其中兩種理論之一或者兼具。

許多公開發表的模式 D 案例中，父母的焦慮源於過去的事件。比

如，艾森伯格[91]描述了一個案例，在該案例中，父親對兒子的安全焦慮與他的弟弟在17歲時突然死亡密切相關，他覺得自己應該對弟弟的死負責。另一個例子由戴維森[82]提出，11歲的女孩經過10個月治療之後，研究人員發現她母親的妹妹也在11歲的時候去世。女孩認為這就是外婆突然大驚小怪、過度保護她的原因。塔伯特[349]提到一對父母依然對家人去世而心事重重，儘管這件事已經過去好幾年了。幾乎所有接觸過這個領域的家庭精神科醫生都遇過類似的案例。

但是，也有一些案例能用願望滿足理論解釋。在我的經驗中有一個例子，即「Q女士的案例」，她深深擔憂史蒂芬會死去，而這個擔憂又源於她自己想要把孩子丟出窗外的衝動，她很清醒意識到了這個衝動並且對此感到十分害怕。而Q女士沒有意識到的是，她對史蒂芬的敵意幾乎是由於她轉移了對自己母親的憤怒。

拒學孩子的家長精神分析之結果

縱觀之前的分析，我們不難發現當我們將拒學孩子的家長作為研究樣本進行精神分析後，發現他們有精神問題的比率很高。在最輕微的案例中，夫妻關係不和諧是很普遍的現象。

赫索夫[160]研究了五十位母親，其中八位之前接受過心理治療（五位因為憂鬱症，三位因為歇斯底里狀況），另外還有十七位母親的焦慮、憂鬱標準達到需要關注的程度。戴維森[82]調查了三十位母親，而十二位表現出憂鬱症的症狀，其中有兩人住過院。在十八位兒童對分離產生強烈焦慮的案例中，布里頓（R. S. Britton）[55]的報告稱有十個孩子的母親正接受精神治療，還有六位母親出現精神疾病症狀。

相較之下，父親身上的異常比較不明顯，但是也絕不可以忽略。赫索夫同樣研究了五十個父親的狀況，有八位表現出精神疾病症狀：其中兩位有嚴重的憂鬱症並且企圖自殺，另外兩位的憂鬱症狀較輕，剩下四

位有焦慮症狀。戴維森的調查也表示三十位父親中有十一位有精神官能症症狀。

馬姆奎斯[237]在有價值的文獻回顧中提出許多類似的證據。他堅稱這個問題是整個家庭的問題，並認為人們輕視父親的影響力。

這些證據使我們對於拒學兒童的家庭狀況有了更完整的了解。**當我們從四種家庭互動模式的角度來考慮案例時，我們會發現一旦了解事實且分辨清楚家庭模式時，通常就能理解孩子在當時的情境之下所發展的行為**；其次，迄今為止，很多臨床工作者對這些孩子的評估，如他們被寵壞了、他們害怕成長、他們非常貪婪、他們希望能永遠和母親綁在一起、他們固著並且退化了等等，都是錯誤且不公平的。

重新評估兩個兒童恐懼症經典案例 —— 小漢斯與彼得

由於我們幾乎在了解了每個校園恐懼症的案例之後，都回顧了他們的家庭模式，這時分析兩個兒童恐懼症案例就會顯得非常有趣，這兩個案例都是在20世紀前25年所提出，且形塑了之後的理論。在傳統精神分析學派中，最經典的案例是佛洛伊德[115]（S.E. 20: 108）報告的5歲男孩小漢斯的故事。在經典學習理論中，華生的學生M·瓊斯（Mary Cover Jones）[190]報告的經典案例是兩歲10個月大男孩彼得的故事。

根據目前為止討論的結果，我們不難知道焦慮型依附在所有兒童恐懼症案例中的關鍵影響，那麼我們不禁要問：「是否有證據能說明它在這兩個經典案例中的作用呢？」下面的討論將提出明確證據說明焦慮型依附確實影響了這兩個案例，但卻被研究者忽視或是擺在了次要位置上。

兩個孩子表現出來的症狀都是動物恐懼症。第一個案例的家庭互動模式可能是模式B，第二個案例的家庭互動模式則是模式C。

小漢斯的案例：從伊底帕斯情節到焦慮型依附

發展精神分析理論過程有一篇關鍵文章，是佛洛伊德研究了一位5歲男孩對馬的恐懼[115]。在這篇文章中，佛洛伊德提出的理論是：「小漢斯對被馬咬的恐懼來自壓抑與投射自己的攻擊性衝動，包括對父親的敵意和對母親的施虐欲望。」他總結：「壓抑的原動力是『對閹割的恐懼』（fear of castration）[125]。」儘管敵意來源——伊底帕斯情節（Oedipus complex，又稱「戀母情結」）或前伊底帕斯情結（pre-Oedipus complex）——已經被許多分析師詬病，但是其理論要點延續下來，並且成為往後精神分析學派解釋恐懼症的理論基礎。

我們現在不禁要問：「如果在小漢斯案例中，對依附對象可得性的焦慮其作用比佛洛伊德意識到的更大，是否有證據支持呢？」

當我們依照對拒學孩子的討論去重新閱讀這份報告時，我們發現焦慮型依附確實對小漢斯的問題有重要的影響。報告指出，小漢斯的焦慮源於母親威脅說要拋棄這個家。有兩個因素支持這個觀點：

【因素1】由小漢斯的症狀發展和自我陳述總結出的事件順序（S.E. 10: 22-4）。

【因素2】來自父親的證詞解釋「母親有以威脅警示懲罰男孩的習慣」，其中自然也包括威脅要拋棄孩子（S.E. 10: 44-5）。

儘管這篇文章的標題是「分析一個5歲男孩的恐懼症」，但佛洛伊德只見過孩子一次，這篇「分析」是在小漢斯的爸爸引導下完成。出版的文章包括父親速記的草稿，以及佛洛伊德所寫的一連串註解與一篇長篇討論。

這對父母本身也是佛洛伊德的長期支持者，事實上更是他的第一批

支持者[187]，佛洛伊德在這位母親結婚之前曾經治療過她的精神官能症。在他們家還有比小漢斯小3歲半的妹妹漢娜，漢斯非常嫉妒她。

當小漢斯4歲9個月大的時候，父親相當擔憂小漢斯的狀況且為此諮詢了佛洛伊德。父親擔憂的問題是漢斯害怕街上的馬會咬他。父親詳細描述了幾天前，小漢斯和母親一起去他原本很喜歡去的維也納美泉宮的狀況。但是，他這次不想去，他害怕通往美泉宮的街道並且大哭。在回來的路上「經過內心掙扎之後他對媽媽說：『我怕馬會咬我。』當晚睡覺之前他也表現得非常擔憂：『馬會進到房間裡來。』」

正如我們所預料，這些症狀並非是突如其來。根據父親的回憶，小漢斯在前1週就非常不安，一開始是某個早晨，小漢斯帶著眼淚醒了過來。當問他為什麼哭時，他對媽媽說：「我睡著的時候以為妳走了，然後就沒有媽媽哄我了。」（「哄」是小漢斯要求抱抱的時候用的詞）幾天之後，保母像往常一樣帶著小漢斯去當地公園。但是到大街上的時候，他開始哭並且要求回家，他說他想要媽媽「哄」（抱）。當天稍晚，大家問他為什麼不願意到比較遠的地方時，他不願意說。當那天晚上，他又開始出現非常驚恐的狀態並且大哭，他要求和媽媽待在一起。第二天，母親很想知道到底哪裡出了問題，因此帶他去美泉宮，這個時候大家才第一次注意到他的馬匹恐懼症。

回頭看小漢斯的發病過程，我們發現在恐懼症出現前1週，孩子並不是第一次表現出害怕母親消失。在6個月之前的暑假，他就曾經說過：「假如我沒有媽媽。」或：「假如妳走了。」再向前推進，小漢斯的父親回憶，當漢娜出生的時候，小漢斯已經3歲半了，那個時候他被帶離母親身邊。在父親的觀念裡，「雖然小漢斯現在能面對離開家的焦慮，實際上他也渴望和媽媽在一起」。佛洛伊德也支持這種觀點並且認為小漢斯對母親有「非常強烈的情感」且是「他產生現狀的基礎」（S.E. 10: 24-5; 96; 114）。

因此，從恐懼症事件的前後順序和小漢斯自己的陳述讓我們明白──在對馬產生恐懼之前，小漢斯就非常害怕母親會離開並丟下他一個人。基於我們目前所了解的知識，這樣的恐懼提醒我們「母親可能明示或暗示的曾經威脅過孩子要離開家」，因此，了解是否有證據顯示母親曾經這樣做過，是很有趣的事情。

紀錄的前面部分說明母親喜歡使用警告性的威脅。舉個例子，當小漢斯3歲的時候，母親就這樣威脅過小漢斯：如果他觸碰自己的生殖器，她會把他送去醫生那裡割掉它（S.E. 10: 7-8）。1年之後，大家第一次發現了小漢斯的恐懼症，這時候母親還在嘗試戒掉他的壞習慣。據說她「警告」過小漢斯不要碰自己的生殖器，然而我們並不知道她的警告本質上是什麼以及她到底說了什麼。

但是，3個月之後小漢斯揭開了謎底，這件事在分析紀錄上被隱藏得很深。某個早晨小漢斯來到父親床上，和父親談話的過程中他告訴父親：「當你走的時候，我很害怕你再也不會回來了。」父親就問：「我曾經嚇過你，說我不會再回家了嗎？」小漢斯回答：「不是你，是媽媽。媽媽告訴我她再也不會回來了。」父親承認了這一點：「她的確說過，因為你很淘氣。」「是啊。」小漢斯贊同他的說法（S.E. 10: 44-5）。

在之後的文章中，父親反映的事情有足夠的合理性：「他有興趣到房子外面探險，但是不會走向更遠的地方，當他第一次焦慮發作的時候，走到半路就轉回來了，他這麼做是因為害怕父母離開家，怕他在家找不到爸爸媽媽了。」但很快的，父親又轉而認為伊底帕斯情結才能解釋孩子的問題。

小漢斯「害怕馬會咬他」以及其焦慮來源在於「害怕母親離開」並不衝突。這一點表現在前一年暑假發生的一件事情，小漢斯提到這件事的時候曾經反駁：當時父親正試著安撫他，讓他相信馬不會咬他。一個

住在附近的小女孩莉芝要離開時，她的行李由一匹白馬拉的馬車運送到車站。莉芝的父親這樣告誡過莉芝：「別把手放到白馬面前，牠會咬妳。」（S.E. 10: 29）因此我們發現，在小漢斯的觀念中，害怕被馬咬和某人要離開是有聯結的。還有一些其他證據顯示馬就意味著分離。

在這些話題中，佛洛伊德的想法顯然和我們現在提到的完全不同——小漢斯堅持要留在母親身邊的行為並沒有被看作是焦慮型依附的表現，而被看作是他對母親愛的表達，當中更含有性成分性質且強度已經「非常高」（S.E. 10: 110-11）。他夢到母親離開、留下他一個人，並不是因為害怕母親會實現她的威脅拋棄家庭，而是害怕自己亂倫的願望被懲罰（S.E. 10: 118）。當小漢斯聽到鄰居警告白馬會咬人時，他將這件事和他希望父親離開的願望聯結在一起，而不是恐懼母親離開。母親對小漢斯表達出來的愛——讓他躺在她的床上，並不是簡單表達母愛的自然安撫表現，而可能是以更為不恰當的方式來鼓勵小漢斯伊底帕斯願望的行為。

最後，支持我們當前假設的補充資訊是：在這個系列事件發生之後，小漢斯的父母分居然後離婚了。小漢斯和妹妹分開這個事實暗示著母親可能留下了小女孩，而小漢斯則和父親生活。

由於我們已經無從得知哪個替代性的建構故事更接近真相，因此這個問題也不得不被擱置。而結合從該案例得到的證據以及之前提到的其他兒童恐懼症案例的證據，我們在此處提出的假設似乎比佛洛伊德提出的更有可信度。我們有理由相信，模式B這種家庭互動模式能讓我們更好的理解小漢斯所出現的症狀。

彼得的案例：從家庭威脅看待動物恐懼症

在行為治療文獻中，有另一個案例——兩歲10個月大的彼得非常害怕動物。這個案例很有名，因為這是第一個「去制約」（deconditioned）

治療恐懼的案例。彼得的治療師是華生的學生，他認為孩子在我們不知道的時候恐懼被制約了，但是有證據顯示——母親對他的威脅可能是最主要的原因。

「當我們開始研究他的案例時，」M·瓊斯[190]寫道，「他很害怕白老鼠，這種恐懼延伸到了兔子、毛皮大衣、羽毛、羊毛等物體，但是並沒有延伸到積木或其他類似的玩具。」當他在自己的嬰兒床上看到小白鼠的時候，「彼得尖叫著倒下，並且非常非常恐懼」。他甚至更害怕兔子。由於同齡孩子都不會特別害怕這些動物，研究者決定試試幫助彼得，讓他不要那麼害怕。

使用「去制約」方法治療彼得恐懼的主要方法是：選擇三個完全不害怕兔子的孩子，讓彼得每天和他們一起玩，並在他們玩耍期間將兔子帶進來。在大約九次治療之後加入第二道程序：每次兔子出現之前都給彼得和那三個小孩糖果。治療總共進行了四十五次，一共經歷了將近6個月的時間，其中有2個月，彼得因為猩紅熱住院而中斷了治療。在這個過程中，我們不時會在彼得單獨一人的時候拿出兔子來測試他是否進步。在治療最後，彼得已經不再害怕兔子或羽毛了，他也更少害怕老鼠和毛皮大衣。

然而從本書的角度來說，該案例有兩個方面值得注意：

【方面1】彼得來自一個貧窮的混亂家庭。整個實驗中，他似乎都待在托兒所❻或者醫院。他的母親被描述為「非常情緒化的人，每次訪談都會掉眼淚」。彼得的姊姊已經去世了，從那以後，父母就對彼得傾注了「不理智的愛」。他們的懲

---

❻ 儘管文獻中並沒有明確說明彼得是在托兒所減緩恐懼，但是文章最後一段話談到：「他已經回到環境艱困的家中了。」暗示他之前確實住在托兒所。

罰是「不規則的、古怪的」，而且為了控制他，母親使用過威脅的話語，比如：「彼得，快進來，有人想要把你偷走。」根據這些有限的訊息，我們判斷彼得家的家庭互動是模式C。

【方面2】第二點值得注意的是，在去制約過程中，學生助理存在與否產生的影響。彼得很喜歡這個學生助理並且堅稱這是他的父親。學生助理陪伴的兩次治療中，儘管助理並沒有明顯給予建議，彼得的恐懼依然明顯減少。面對這種現象，瓊斯評論：「他的存在可能讓彼得感覺很舒適，從而間接影響了他的反應。」

童年期的動物恐懼症

我們並不傾向認為每個兒童時期及之後的動物恐懼症案例都只是冰山一角，而冰山的大部分是強烈害怕失去依附對象。毫無疑問，對某些個體來說，動物恐懼症源於小時候被同種類動物襲擊過的恐怖經歷。在其他案例中，看到或者聽到動物襲擊事件，同時處於戲劇化環境以及處於容易誤解、「過度概化」（over-generalization）的年紀也是常見的原因。另外，與害怕某種動物的父母或者成年人長期接觸，也會對孩子產生影響。無論原因是什麼，馬克思[238]提供的證據顯示：有個體非常害怕特定種類的動物，但是他並沒有其他情緒障礙。

雖然對特定動物的恐懼症確實存在，但是那些不正常害怕動物的兒童和一些青少年，我們幾乎可以確信他們的焦慮源於家庭內部而非外部。我們已經分析說明從這個角度能夠適切解釋小漢斯和彼得的案例。正如描述過的那樣，拒學的孩子中有很多有同樣害怕動物的症狀。此外，一旦治療師意識到混亂的家庭狀況並且妥善處理之後，孩子對學校

的恐懼就被遺忘了，對動物的恐懼也是如此。正因為如此，加上家庭內的問題通常被隱藏得很深，治療師在面對動物恐懼症的個案時最好仔細檢查他們家庭中的互動模式。

莫斯（C. S. Moss）[259] 報告的一例成人動物恐懼症案例，就良好的詮釋了本文理論的優勢。個案是一位45歲婦女，從兒童時期就非常害怕狗。由於電影《三面夏娃》（*The three faces of Eve*）中有使用催眠治療一個女人恐懼症的劇情，個案在看完電影之後就開始尋求催眠治療。

治療過程中，個案回憶了4歲時發生的一件災難性事件。當時她正在家中後院和妹妹一起玩耍，他們家的狗——羅弗，將妹妹撞倒了。有一塊碎片刺進了妹妹的臉，傷口潰爛之後過沒幾天妹妹就死了。個案回憶起母親指責她撞倒妹妹、害妹妹去世的情境，以及從那時候起，她就非常討厭羅弗並且害怕所有狗。幾年之後，又有小妹妹出世了，她變得更怕狗了，生怕小狗會再攻擊小妹妹。

當個案回想起母親如何指責她害死了妹妹之後，她的病症似乎變得清楚。這段回憶至少部分解釋了為什麼她總覺得自己被母親誤解，為什麼她長期忍受著罪惡感以及強迫性的討好他人，為什麼她和母親的關係有如此深的矛盾。

當個案回憶起很多年前發生的事件時，我們很難確定這份回憶的真實性。但是在這個案例中，我們還能獲得關於個案回憶的有限佐證。個案的哥哥證實了羅弗的存在，也證實了事發時的兩個妹妹是單獨在一起的，他和弟弟本該留下負責照看妹妹，卻跑去圍觀火災。個案的小妹妹則回憶起在後來的日子裡，個案總是非常緊張的保護著她，讓她遠離任何狗。但是並沒有任何佐證能顯示母親曾經因為那場事故責怪過個案，並且還活著的母親也否認曾經這麼做。

然而，家庭精神科醫師的經驗顯示，當一個小孩去世後，家長通常會因此心煩意亂，對自己沒有做好預防措施而感到內疚，同時急躁的責

怪大一點的孩子。於是在一些家庭中，大孩子就成了代罪羔羊，而一些家長從巨大的悲傷中恢復之後，可能會忘記並否定他們曾經控訴過大孩子。但是在這種情況下，對大孩子的控訴都會造成很深的傷害，即使這段記憶被壓抑了，傷害依舊存在。

以上就是本案例中可能發生的事情。如果真的如此，毫無疑問被控訴的孩子會非常憎恨且害怕動物，她會認為這些動物應該為自己恥辱的行為負責。而且她從此會認為母親以及她可以尋求溫暖和支持的其他對象都會與她斷絕關係並且從此輕視她。

我們充分的討論顯示前幾章所建構的焦慮型依附能夠解釋兒童對某些情境強烈且持續的恐懼，孩子身邊的人抑或是孩子本人，可能都無法理解這些恐懼。我們在下一章將用同樣的理論討論成人身上的懼曠症。

第 19 章

焦慮型依附和
「懼曠症」

「這遵循著自然事實⋯⋯也就是關注個案的過往史時，我們不得不將對心理障礙的身體資料和症狀本身的注意力，從個案身上轉移到單純人類與其社會環境的角度。總結來說，我們的興趣直接指向他們的家庭環境。」

——西格蒙德・佛洛伊德 113

「症狀學」與「懼曠症」理論

一位常常處理兒童與家庭問題的精神科醫師，在面對「懼曠症」 ❶ 的問題時，也會遇到類似「懼學」的困惑。在這兩種類型的案例中，個案都被認為害怕處於擠滿人的場所；這兩類個案都傾向恐懼其他多種多樣的情境；這兩類個案也都容易焦慮發作、憂鬱並產生心身症狀；這兩類個案的情況都常常由一場疾病或是死亡突然降臨所引起；這兩類個案也都被發現有「過度依賴」的情況，父母其中之一或者兩個都遭受長期精神官能症困擾，以及常常也處於「過度保護」的母親統治下。最後，

---

❶ 在文獻中討論的這類情形會以相當多名稱出現，包括：「焦慮型歇斯底里」（anxiety hysteria）、「精神官能症焦慮」（anxiety neurosis）、「焦慮狀態」（anxiety state），以及「恐懼症焦慮」（phobia anxiety）——「失自我感症狀」（depersonalization syndrome） 294。目前為止，最廣泛使用的名稱是「懼曠症」238。由於每個研究選擇案例的標準不同，那些研究在何種程度上具有比較性，仍然具有問題。

大部分個案，在兒童期通常也有拒學的狀況。

　　儘管有輕微懼曠症可能很普遍，開始出現症狀後，也有很高的機率緩解[239]，而那些被精神科醫師注意的個案，通常長期處於某種嚴重的慢性症狀或是急性發作。個案通常極度焦慮，若不能夠迅速趕回家則會恐慌發作，並對廣泛的場所感到恐懼（比較典型的有擁擠的場所、街道、旅行），或是獨自外出時會崩潰甚至有瀕死的感受。雖然我們蒐集到的恐懼情境相當多樣，但我們依然可以歸納為兩類最恐懼的情境：第一，離開熟悉的環境；第二，獨自一人，尤其是當獨自一人離家之時。藉由指出這個論點，我們認為個案對這些情境的恐懼是症狀的核心，接下來，我們來探討相關證據。

　　在過去10年裡，英國精神科醫師對這個症狀已經有非常濃烈的興趣。羅斯（Martin Roth）和他的同事描述了兩大類數量都超過一百個樣本的案例[294 & 295 & 148 & 296 & 310]。他們注意到的這種情境的特殊面有：突發創傷性事件發生率高，尤其是實際的或具有威脅性的身體疾病、喪親以及家人生病；「去人格化」（depersonalization）發生率高；這種症狀與焦慮和憂鬱狀態之間有緊密關聯。在倫敦莫斯利醫院，馬克思和格爾德（M. G. Gelder）進行有關此症狀的研究時，特別提到不同治療方法的效果[238 & 239]。第三個有價值的研究來自史奈斯[331]，他報告了四十八例成人恐懼症，其中二十七個案例都是懼曠症。羅勃茲（A. H. Roberts）[284]也描述了三十八個已婚女性個案的追蹤結果。

　　儘管這些研究者處理這個問題的立場和我們不同，但是他們都共同認可「這種症狀的主要特徵就是恐懼離開家」的觀念。羅斯[294]談到「對離開熟悉的環境帶有恐懼的厭惡」；馬克思[238]認為「害怕出門是最常見的症狀，而其他症狀可能由此產生」；史奈斯[331]在他的四十八個案例中發現，有二十七個案例的恐懼源於害怕離開家以及離家之後的情境。此外他還指出：第一，懼曠症個案越焦慮，害怕離家的恐懼也會越強

烈；第二，當個案焦慮時，恐懼離開家的強度就被放大，比他所恐懼的任何事物要高出數倍。這些發現讓史奈斯認為這種症狀並不是真正的恐懼症，更適合這種症狀的標籤應該是「非特定性不安全恐懼」（non-specific insecurity fear）。羅勃茲[284]在他的系列叢書所下的結論準則與史奈斯的觀點一致，認為「個案沒有能力在缺少陪伴的情況下離開房子」。

這些研究者不僅都發現懼曠症的主要特徵是在沒有人陪伴而離家的恐懼，他們也都報告了這種現象——大多數懼曠症個案終其一生都是焦慮的：有一些在數十年來都對獨自外出感到不舒服[238]。50%～70%個案被報告在他們的兒童時期曾有恐懼和恐懼症的困擾[295 & 284 & 331]。最近以問卷蒐集的七百八十六個個案訊息研究中，22%的受試者描述自己曾經「懼學」[36]。

此外，儘管在傳統上古典精神分析領域職業的諮商師，對於問題的看法與目前我們所引證的任何一位研究者的態度截然不同，也與我們這個研究採用不同的取向，但是他們幾乎報告了相同的發現。比如，一份很早的研究報告提到了一個小男孩的案例[1]：「小男孩沒有提到恐懼，但是他很渴望和媽媽待在一起。」這使得亞伯拉罕得出一個結論——個案受到懼曠症困擾的基本問題在於「他們的潛意識不允許自己離開原欲所固著的個體」。

德伊奇（Helene Deutsch）[84]和 E. 韋斯[369]都採納了亞伯拉罕的觀點。E.韋斯特別指出個案離家越遠，焦慮就越容易增加，而這使他將懼曠症定義為「離開固定支撐點所引起的焦慮反應」。

因此，儘管許多研究者在研究方法和觀點上有很大的差異，但是他們的報告發現大多一致。只有當這些研究者嘗試將所有發現都納入理論框架時，困難和差異才開始浮現。

理論化的三種類型

就像其他領域所常見的，在這個領域占有主導地位的是兩種具競爭力的理論類型：「精神分析理論」（psychoanalytic theory）和「學習理論」（learning theory）。然而，在懼曠症的案例中，還發展出第三種理論——羅斯的「心身理論」（psychosomatic theory），這種理論借助了「心理學」（psychological）和「神經生理學」（neurophysiological）的建構歷程[295]。而令人注目的是第四類理論，個案所揭露的祕密和原生家庭的重要關係把家庭互動中顯著的缺陷視為主要的「病原學」因子。

【理論1】懼曠症的精神分析理論源於兩個主要變項——聚焦於個案置身於街道產生的恐懼，或是離開家庭而產生的恐懼。

佛洛伊德傾向聚焦於個案置身街道而產生的恐懼，他把這看成個案出於恐懼自身原欲而進行的一種向外轉移。儘管在1926年，佛洛伊德開始大幅修改他的觀點，並推論理解焦慮的關鍵是想念熱愛或渴求的對象（請參考本書第2章），不過他並沒有將此觀點應用到懼曠症❷。因而，他的原始假說在後來不斷被許多精神分析師借用，這些精神分析師仍舊將某種形式的性誘惑當作是懼曠症個案最主要的恐懼情境[192 & 133 & 369]。

其他精神分析師在他們的理論中主要關注離家的恐懼，也因此他們發展的理論非常接近研究懼學的同事提出的理論。因為這種恐懼與被診斷為患有懼學的兒童相近。因此德伊奇[84]提出，懼曠症個案被迫與母親保持（或是其他愛的

---

❷ 在佛洛伊德後期研究《新精神分析引論》[128]中，他寫道：「懼曠症個案害怕在街道上遇見人群會引起他的性誘惑感受。」在他的恐懼症理論中，他提出了「替代」（displacement）說明個案從此以後轉移為害怕外部情境。

人）較近的距離，原因是他對母親抱有無意識的敵意願望，於是必須留在她身邊以確保願望不會實現。對E.韋斯[369]而言，個案留在家裡的動力可以被理解為「因未解決的依賴需要而發生退化」。這也是費爾本[98]的觀點，儘管在他的案例史中，他認為個案經歷非常不安全的兒童期是主要誘因。

沒有一位精神分析師的理論架構中有這種如同費爾本的推論──認為個案拒絕離開家是回應父母的行為，這些父母的行為可能在過去發生，也可能依然存在。

【理論2】在近十年左右，堅信學習理論的學者提出了一種新的方法從理論上理解各式各樣的懼曠症。他們也嘗試提出了可以解釋每一類恐懼情境的理論架構。儘管這種理論方法或許能幫助我們更理解一些單純的動物恐懼症，但是它能幫助我們理解懼曠症仍具有爭議。馬克思[238]曾經對懼曠症做過非常特殊的研究工作並延伸了學習理論並在文章中描述了自己的立場：

「特定的恐懼症，尤其是懼曠症，通常會伴隨著各式各樣的其他症狀，如擴散性焦慮、驚恐發作、憂鬱、去人格化、強迫和性冷淡等。學習理論不能解釋為什麼會發展出這些症狀、為什麼會同時發生這些症狀，也沒有解釋為什麼這些症狀大多與懼曠症有關聯，而不是與其他恐懼症聯結。」

馬克思認為「學習理論沒有指出驚恐、憂鬱和其他症狀的來源」。而在馬克思看來，最令人費解的是驚恐和憂鬱是

如何發生的。在馬克思的觀點中，不只是學習理論，其他理論也沒辦法解釋這些現象。馬克思承認有這樣的困境，可是也只能提出問題；但是他傾向認為驚恐發作可能有未知的生理起因。但是他沒有在任何地方提到這些症狀可能源自能夠造成心理痛苦的家庭情境。

儘管馬克思坦承完全依據學習理論來解釋懼曠症的症狀有其困難，但是他仍然相信學習理論的許多貢獻。他提出的理論正是基於學習理論所包含的觀點，每當恰好有類似情感經歷的個案離開他家，「驚恐發作和憂鬱出現，就像促使恐懼症的超級增強物」。這一連串的思考讓馬克思認為懼曠症的發展過程中，首先出現的是驚恐發作，然後個案才會報告他的恐懼，這種情況也許是「次級制約作用」（secondary conditioning），或者是「合理化」（rationalization）導致的結果。害怕離開家的恐懼感和害怕與陪伴者分離的恐懼感這兩種懼曠症最具特點的症狀，都是透過次級制約作用而發展。

馬克思提出許多對於恐懼症形成的因果關係懷疑論，認為這些增強物可能只是一個「已對該心理障礙有依賴性的個案之單純而非特定性壓力，或是這種心理障礙早已存在並且被掩蓋了，直到被壓力源引發而加重了症狀」。為了支持自己的立場，他更強調有相當多恐懼症並沒有明確造成個案生活情境的變化。

馬克思描述一個處於憂鬱狀態伴隨自殺意念而來尋求治療的34歲女性案例時，同時展現了他對於事件發生順序的假設以及他的觀點薄弱之處。這位來訪者給予的說明是：在10年前當她23歲時，在搭乘火車去工作的旅途中已經

感到焦慮、滿身大汗並且雙腿顫抖。她發現如果丈夫在場她會覺得好一些，因此她在丈夫工作的工廠找了一份工作。不過，在短短幾個月後，她開始害怕與丈夫分離，必須知道丈夫到底人在何處並頻繁打電話給他。如果不能及時聯繫上丈夫，她就會恐慌，並覺得自己完全迷失了且想要尖叫。

馬克思提供有關這個病患童年的唯一訊息是：「在她仍是個孩子時，她經常對父母外出感到驚恐，甚至有一次因為害怕還讓弟弟出去找父母。她罕見的有了想要尖叫的欲望，並且難以抑制這種感受。這些情境直到18、19歲時才消失。」

儘管這類回顧訊息的價值值得思考，馬克思似乎十分肯定各類症狀發生的先後順序：「首先出現的是對旅行的恐懼和去人格化，緊接著是發現當丈夫在場時自己能更為安心，之後丈夫變得不可或缺。最終這個個案因為分離焦慮來尋求治療。」馬克思提出兩種截然不同的路徑，用來解釋為什麼會出現這樣的症狀。一方面是懼曠症，而另一方面是關於分離焦慮，他認為在這種情況中，個案像孩子一般敏感。這兩種病理是各自獨立發生的，並在之後相繼產生交互作用。

馬克思的觀點有幾個缺陷：第一，根據這位個案的兒童期經歷，我們很難接受他如此自信的推斷懼曠症先出現，分離焦慮而後出現；第二， 他聽到病患解釋最初焦慮發作是突然出現時，並沒有考慮到個案可能有意無意的壓抑了有效訊息，我們知道這個現象非常常見，個案常常會隱藏很多可以幫助我們理解當前情境的重要線索；第三，把一

組經常一起出現的症狀假定為兩種截然不同的心理病理學❸，這和理論的簡化原則背道而馳；第四，正如馬克思自己承認，他無法解釋這位病患（或其他人）是如何或是為什麼開始體驗到焦慮和驚恐發作。

可以解釋這位個案症狀的另一個備選假說是——在她的兒童時期，她常常經歷不斷重複、來自現實的被拋棄威脅，所以即使在成人之後，她依然會對類似的危險極為敏感。

至於說到懼曠症個案家屬在產生恐懼症中所扮演的角色，學習理論家和傳統精神分析師同樣沒有給出清晰的解釋。儘管這兩個流派都沒有在歸因過程中賦予父母行為相當高的重要性，但是到目前為止，學習理論和精神分析學派都提出了父母溺愛理論。正如安德魯斯[15]所指出，渥爾普（Joseph Wolpe）[383]和拉薩路[219]這兩位學習理論流派的領導人物，都曾提到個案與過度保護父母互動時會學習到退縮或是繼續待在家裡的應對方法。馬克思[238]在對於預防恐懼症的論述中也提出了同樣的機制。若干年前，一位精神科醫師特休恩（William B. Terhune）[350]的觀點與如今的學習學派理論家在很多方面相似，他自信的認為：「恐懼症個案被過度保護，是被溫和所養育起來的人。」

【理論3】第三種關於懼曠症的主要理論是由羅斯[294 & 295]根據全人的身心發展所提出。羅斯在呈現自己的理論時，特別強調個案的脆弱人格、突如其來的壓力性事件的角色，以及去人格化這個他所認為的核心症狀。他認為導致這些情境的心

---

❸ 馬克思的論述源於他發現：有5%懼曠症個案並沒有因為他人陪伴而得到幫助，並且更喜歡單獨旅行[238]。不過，在大部分症狀中，個案通常缺少一個或多個典型症狀。

理因素可能源於童年早期，合併像失去親人和疾病突發壓力等事件而導致焦慮依賴型人格的發展。他假定個案有一種特定大腦機制，一旦被激化就難以抑制。在考慮到他發現個案的特定知覺和意識障礙，以及歸因為顳葉功能障礙的其他症狀，羅斯得出結論——個案的身體病理可能來自其意識調節機制，來自這種機制的長期紊亂。儘管他沒有說明更多產生懼曠症症狀過程的細節，有關艱難的兒童生活如後期生活壓力情境交互影響，但是羅斯的理論並沒有與目前我們所呈現的其他理論矛盾。

我們現在回來探討第四種理論類型，即以本研究發展出的理論視角來探尋懼曠症的問題時所採用的理論。

進一步的討論中，我們必須自始至終銘記：正如研究人員所一致認同的，懼曠症的核心恐懼是離家。

家庭互動的致病模式

研究者已經將焦慮型依附理論應用於懼學問題，但是是否能真正解決懼曠症問題仍然值得懷疑。因為去除掉一些（甚至大部分）粗糙的觀察研究後，有關懼曠症個案原生家庭互動模式有效資料相當稀少。目前所發表的資料幾乎都來自單方面訪談個案或是其親人，我們知道這些臨床作業流程可能造成失真和遺漏，我們缺乏第一手觀察個案與父母互動的必要資料。因此，我們現在可以做的事是把聚焦在目前的研究發現，這些發現與以往很多案例中觀察到的一致，即使不是所有案例，也有很大一部分的懼曠症案例可以被視為家庭互動模式的成果。

儘管指向某種特定互動模式的資料相當少，但是有很多證據可以指

出：懼曠症個案的家庭有某種普遍的模式。有鑒於此，我們先不考慮特定模式，而先探討適性的證據。

　　大部分的報告同意大多數懼曠症個案來自完整的原生家庭。意思是「來自一對父母長期共同居住在一起的家庭」。不過實質證據也說明，這些家庭具有不和諧的關係，且常常會發現個案的父母相當神經質或有其他形式心理障礙。以最親的親人是否具有明確精神官能症診斷為例，羅斯[294]發現其發生率高達21％。此外也有一個不可忽視的事實，有少數父母（一項研究中達到25％）來自死亡、離婚或其他原因而破裂的家庭。

　　利普斯（M. S. Lipsedge）的一項研究報告了八十七位倫敦個案，其原生家庭中心理障礙發生率相當高。這些個案的年齡範圍從22～64歲，其中十四位是男性，七十三位是女性。幾乎所有的訊息是透過來訪者的初試訪談獲取，不過不定期會補充一些從他人那裏獲得的訊息。雖然這種資料蒐集的方式有其不足，但是個案也不太可能誇大家庭成員的心理紊亂程度。

　　基於這些資料，個案的家庭可以被粗略分為三大類別：

【類型A】完整、相當穩定的家庭。
【類型B】雖然是完整的家庭，但是在家中有著很多爭吵、暴力、酗酒，或幾乎完全缺乏情感的互動。
【類型C】由於死亡或離婚而破裂的家庭、父母之一患有慢性疾病、個案過去曾與父母長期分離，或是父母人物曾經變動過。

　　被劃分為各個類別的個案，其所來自家庭的數量和比率如下表。

家庭類型	個案數量	個案百分比（％）
A	37	42
B	26	30
C	24	28
總計	87	100

【類型A】共有三十七位個案描述他們的家庭生活是幸福，或是沒有提供任何特別負面訊息。不過，其中兩位個案描述自己以為父母曾患懼曠症（一位父親以及一位母親），還有兩位個案稱自己曾經被「過度保護」。十位個案提到在兒童時期曾經感到非常恐懼；在這些個案中，兩名個案曾經拒學，一名是懼曠症個案。因此，在這些不存在明顯心理問題的家庭中，也有約三分之一的家庭成員有不同的精神疾病困擾。

【類型B】共有二十六位個案，其家庭表面上是完整的，不過個案稱自己在兒童時期曾經經歷過一段相當不開心的家庭生活。十八位個案稱父母處在無盡的爭吵中，其中還有暴力，也常常因為酒精變得更糟糕。另外八位抱怨自己沒有感受到任何愛，或是曾經被拒絕。二十六例個案中有三個個案的母親曾經是懼曠症個案，兩名個案在兒童時期曾經拒學。

【類型C】剩餘的二十四位個案之中，有二十一位經歷過家庭結構破裂，原因是死亡、離婚、遺棄，或是經歷母親角色變動等。其中有十位在10歲生日之前就經歷父母之一或父母雙亡（六個人失去父親、三個人失去母親、一個人失去雙親）。五個個案母親曾遺棄孩子，至少一個個案父親也曾遺棄孩

子。兩位個案在年幼之時曾因戰爭離開倫敦多年，一位從
3歲，另一位從4歲開始。還有很多兒童被親戚撫養長大。
在二十一位個案中，有人曾經經歷過感情聯結破裂，有三
位是被長期患病的母親撫養長大，其中一個案例母親自個
案7歲後就患有「多發性硬化症」（multiple sclerosis）。
在這二十四位個案中，有三位個案的父母之一曾患有懼曠
症：一位父親，一位母親，還有一位是與個案共同生活的
外祖母。有八名個案描述自己在兒童時期經常感到焦慮，
其中有兩名曾拒學，以及一位患有懼曠症。

**雖然這些證據有明顯的侷限性，我們仍然有足夠理由相信超過一半
的案例中**（即那些來自「類型B」和「類型C」家庭的個案），**其兒童時期的
家庭生活有失常的狀況。**而少數自稱為來自穩定家庭的個案，也有清楚
證據顯示其中約三分之一的人有隱蔽的心理障礙。

一些特殊的模式

前面已經提到，成人懼曠症的案例和兒童期拒學的案例之間有驚人
的相似之處，因此，我們有理由懷疑在懼曠症個案家中具有特定互動模
式，且可能與拒學的兒童類似或相同。雖然目前可用的證據之品質仍相
當不足，但是確實有證據支持這樣的預設。

以下拒學兒童家中的普遍互動模式，或許在懼曠症個案家中出現的
頻率也一樣高。

【模式A】母親，或少數為父親，對其依附對象有慢性焦慮；從過去
　　　　　就會將個案留在家中陪伴自己，或現在依舊如此。

【模式B】個案害怕當自己不在父母身邊時，父母會發生可怕的事

情，因此他可能會一直待在家，或是堅持不管自己什麼時候離開家，都要母親陪伴自己。

【模式C】個案害怕如果自己離開家，自己會發生一些恐怖的事情，因此一直待在家裡防止這些事情發生。

在拒學的兒童家庭案例中，這些不同的互動模式並不矛盾，各種因素混雜在案例中也很常見。

【模式D】第四種在拒學兒童家庭中發現的互動模式是——父母由於擔心孩子的安全而把孩子長期留在家中。這種模式並沒有直接出現在懼曠症個案家庭，卻有很多間接證據暗示這種模式可能存在。

家庭互動的模式A：父母要求孩子留在家中陪自己

有很多證據說明，在模式A的家庭中，父母將兒子或是女兒留在家裡陪伴自己。因而，幾乎所有研究都強調在這類家庭中的父母（通常是母親），在孩子的生活中持續扮演著主導的和控制角色。羅斯將他的女性病人與其母親之間的關係描述為「緊密而強烈的」，並且似乎排斥家庭圈以外的關係。羅斯[294]呈現了一系列案例中的一個典型個案，是一位「情緒化、不成熟」的年輕女性。這位個案報告自己曾經被「專橫統治」的母親勸服而不再與一位安靜的牧師約會，從而繼續留在家中。史奈斯[331]報告在他的二十七個案例中有至少七個個案存在明顯的「過度保護」的證據。韋伯（A. S. Webster）[368]研究了二十五個案例，報告中除了一位個案之外，其他個案的母親都是處於支配地位並過度保護孩子。特休恩[350]回顧了八十六個案例，總結出：當一位憂慮、依賴、情緒化、不成熟的個體具有想要成為獨立社會個體的野心時，常常滋生出恐懼症症

狀。

　　儘管這些發現傾向一致，但是迄今仍然沒有研究者提出假設回答：
「為什麼母親會以支配和占有的方式來對待自己的女兒（或兒子）？」
或：「這位母親是透過何種方式或技術成功的控制自己的子女？」不
過，德伊奇[84]在著作中報告了一個個案，我們發現個案母親曾不斷要求
女兒作為她的陪伴者和看管者，但是德伊奇沒有討論為什麼這位母親會
有如此表現。

　　德伊奇在呈現一位遭受典型且嚴重的懼曠症困擾的21歲女孩案例
時，將這位個案的母親描述為「高度神經質」，從一開始「將所有她不
滿意的原欲都集中在唯一的孩子身上」。相反的，個案的父親則被母親
視為不重要的人。儘管母親聲稱「自從女兒出生，我就已經成為女兒的
奴隸，我的女兒不能忍受我離開」，但是有強烈證據顯示，與拒學的兒
童案例相似，母親所提出的解釋與事實恰好相反。換句話說，當母親聲
稱女兒對自己產生強烈需求時，實際上是母親對女兒有很多需求。利普
斯研究中的引證可以支持這種解釋，在他的八十七名個案中，不少於八
位個案報告父母一方是懼曠症個案。

　　這些研究提到，大量懼曠症個案的家庭情況並沒有充足的證據顯示
具有模式A的家庭互動。至少這些研究指出，研究者還需要不僅僅是針
對個案和其家屬之間的關係，還需要個案父母和祖父母之間的關係的系
統性研究。因為，如果採用心理動力學角度合理理解此情況，即恐懼症
可以從一代傳遞到下一代，那麼當我們去理解個案父母的神經障礙時，
同樣應該以他們的兒童期經驗為背景。同時，檢查懼曠症個案與配偶之
間的關係同樣十分必要。佛瑞（William F. Fry）[134]報告儘管較為模糊，但
七名個案的丈夫也患有懼曠症。在這些案例中，部分丈夫十分堅持妻子
需要自己待在身邊，透過觀察可以看出，需要另一半陪伴的壓力更多來
自丈夫而不是妻子。

家庭互動的模式 B：害怕父母發生可怕的事情

在這種模式中，個案害怕父母一方會發生可怕的事情，但是懼曠症相關文獻中很少提到這種恐懼。這可能意味著恐懼這種不測事件在現實中並不常見，也可能意味著研究者沒有報告出這種情況，或是個案自己發現不能夠談論他們所恐懼的情境，或精神科醫生因為其他原因忽略了家庭影響的重要性而沒有深入探尋❹。

利普斯把很多懼曠症個案家庭的不正常互動描述為一些個案在兒童時期長期生活在恐懼中、擔心自己的父母（其中一方或雙方）會遭遇不測。他的十八位個案中，有十一位報告出父母一方或雙方曾出現暴力行為，另外七位描述父母總是處於無盡的爭吵之中。任何在類似家庭成長的兒童或者成人都知道，對孩子而言，父母的暴力行為和爭吵有多麼恐怖。首先，暴力行為可能看起來有謀殺的意圖；第二，僅僅是口頭上的威脅也可能會使孩子充滿恐懼，因為在父母的爭吵中，遺棄家庭或自殺的威脅可能極為常見。我們在第15章已經描述了瀰漫在 Q 女士兒童時期生活中的擔憂，她害怕會因為謀殺或是自殺失去父母（一方或雙方）。

除了主要針對配偶的威脅，還可能有一些父母將威脅作為控制孩子的手段。我們要注意這樣的威脅，比如：如果孩子沒有作為，媽媽就會生病、死亡或自殺，這種威脅不但會貫穿孩子的青少年時期，同樣也會延續到其成人生活。如果一直處於這種狀態，可能會導致成人退化到永久受到威脅的狀態中。

我們有理由相信，類似的家庭情境隱藏在前面提到過的懼曠症案例背後，用德伊奇的話來說，那個20歲女孩的母親「聚集了所有的原欲」在女兒身上。對該案例更具體的討論如下。

---

❹ 另一個原因可能是沒有足夠訓練的精神科醫師在判斷家庭病理性互動模式時，無法報告出個案訴說的恐懼情境，反而只是描述個案經歷著「非理性恐懼」。哈伯（M. Harper）與羅斯描述三十位懼曠症個案中，有十九位被報告體驗著非理性恐懼148。

在這個案例中，這位年輕女性最主要的症狀就是恐懼一些可怕的事情降臨在母親身上。當母親離開房子時，女孩唯恐她會走遠；她每一天都非常焦慮的在窗邊等待，當她看見母親安全而完好的回來時，便會發出一聲放鬆的輕歎。或者，個案害怕當自己不在家裡時，可怕的事情會降臨在母親身上。

德伊奇評論這位個案的焦慮來源時，用了她所聲稱所有從事分析工作的人員的假說——個案「誇大的情感性焦慮」過度補償為了對抗母親而產生的無意識攻擊願望，並且這些敵對的願望升級為個案的伊底帕斯情結。儘管有很多精神分析師仍然會採用這種假說（他們可能將敵對歸因於前伊底帕斯期而不是伊底帕斯階段）；其他研究者透過在家庭病理學中的經驗，意識到其他的可能性。其中一種就是「高度神經質」的母親發出威脅要自殺的信號；另一種可能來自德伊奇的假設，她認為個案主要是因為害怕自己的攻擊性衝動會付諸行動。個案的母親透過多年來、不斷對女兒施加不為人知的要求而喚起了女兒的這種攻擊願望。此外，子代會採用他們觀察到的父母行為模式，我們應該記得，這位個案發展出想把母親推到電車下面的願望，其線索可能源於母親常常重複威脅要把她扔到電車下面。

關於在家庭中已知與可能會發生的事，沒有一件會憑空發生。這些可能性也不是臨床學家做夢所想出來的。只有重新用家庭影響的知識來探索每個案例，才能在理解的基礎上幫助個案前行。

家庭互動的模式C：害怕自己會遭遇不測

懼曠症個案有一種常見的症狀——害怕當自己不在家時，可怕的事情會發生在自己身上。尤其是瀕死感和無助感的情境，而且常見的是，這類恐懼會與個案所經驗的體化症狀聯結，這些體化症狀包括心悸、眩暈、腿腳無力這些會被個案解釋為瀕臨殘疾或是死亡的象徵。其他個案

則將自己的恐懼描述為無法阻擋的不安全感。

　　儘管個案害怕的場景經常是非理性的，但是那些藏在恐懼背後，與拒學的兒童相似的情況提醒我們一種可能性——懼曠症個案正在或曾經遭受過被拋棄或是驅逐出家門的威脅。在拒學兒童的案例也很難獲得類似威脅的資料，但是在文獻中有足夠的證據支持研究者有必要對此進行系統調查。

　　大部分被引證過的文獻中顯示研究者沒有想到存有這種假設的可能性：他們的個案所體驗到的症狀可能是反映了兒童期和青春期長期經歷過被拋棄的威脅。前文提到馬克思[238]描述的一個懼曠症個案，是具有代表性的案例。個案回憶自己小時候常常在父母離家時感到十分恐慌，且有一次還因為害怕而讓弟弟去尋找父母。

　　在眾多已經發表的懼曠症相關文章中，只有一項研究提到了威脅，且認為威脅對個案產生了至關重要的作用，也就是韋伯[368]的研究。他研究了二十五位、患有懼曠症，且至少接受3個月心理治療的已婚女性個案。韋伯將自己的臨床筆記作為資料來源，評估了這些個案和其母親的態度。在二十五位母親中，有二十四位母親都被評估具有支配性和過度保護。做這些評估時，韋伯的主要標準是「母親非常關切女兒的福祉，常常沒有理由就獎勵女兒；如果女兒不聽話就拒絕她或威脅要拒絕她，或是親口告訴女兒『媽媽不會再愛她』」。韋伯提出，這些個案的不安全感可能是曾經被這樣對待的結果❺。

　　我曾治療一位25歲左右的女性個案，她的症狀是典型的嚴重懼曠症。在一年多的時間中，她一直堅持強調沒有什麼正面的詞可以用來描述她的母親，後來她用「悍婦」這個詞描述。她的母親常常用最可怕而暴力的威脅，包括直接、徹底而為所欲為的拒絕，且現在仍然使用這些

---

❺　韋伯並沒有提到這種可能性：其中一些母親可能曾經威脅要拋棄孩子，或是把孩子趕出去。

手段。她說她的父親十分害怕妻子，盡可能住在外面不回家；個案說自己喜愛父親，同時也為父親感到遺憾。個案講述這個故事時具有一致性，尤其是個案經常以強迫和威脅的方式來對待分析師，證明她描繪母親的畫面並沒有誇大。如果今天讓我來治療這位個案，相較我當時所做的，我會把更多注意力放在母親的威脅上，如今，我相信母親的威脅無論在病理學角度還是導致她的病情上都有相當重要的作用。

正如我們所看到的，利普斯的研究支持了這樣的觀點──高比率的懼曠症個案曾經在家庭裡禁受惡劣的對待。此外，史奈斯[31]提供了證據──有一些懼曠症個案的母親確實有過度保護的狀況，而其他母親則是表達拒絕：在一項有二十七位個案的研究中，七位被報告曾經被過度保護，八位被拒絕過❻。

儘管如此，這些簡單的分類在進行判斷時可能太過粗糙。某位個案給人一貫被過度保護的印象，後來偶然被發現在現實中其實完全相反，這種情況並不少見；某位個案看起來一貫排斥他人，但是他也可以偶爾滿懷深情。很多懼曠症個案父母的行為與拒學孩子的父母相同，通常是十分模稜兩可的。這兩類案例中的行為，通常毫無疑問都是從父母那裡經歷過並傳承下來的。

家庭互動的模式D：父母害怕孩子會受到傷害

在模式D中，父母害怕孩子會受到傷害，因此為了孩子的安全而將孩子留在家中。在拒學的兒童的案例中，父母害怕可能會發生這種事件的一個主要原因為早期發生在他自己身上的悲劇事件記憶。

在懼曠症個案家庭中似乎並沒有證據證明存有這種模式，儘管個案

---

❻ 我們需要更開放的討論剩餘的十二個案例是否真的證實為沒有結論或暗示關係是「正常的」。

反復提及父母過度保護的特點使這種模式似乎確實存在。

至此，我們嘗試發現懼曠症的臨床特徵可以在不同程度上反映在四種家庭互動模式上，這四種家庭互動模式在拒學兒童案例中非常清晰。由於懼曠症個案家庭的有效資料品質並不佳，因此我們在判斷時必須保持開放的態度。未來關於此症狀的研究中，研究者的注意力應該要有技巧的放在個案原生家庭內部互動的資料，可能的話最好延伸到至少跨兩代。若一開始就以這種目的蒐集資料，研究者就有可能深入探索出一套初步假說，並系統性的檢驗這些資料。

「懼曠症」與喪親和憂鬱的關聯

在懼曠症成人個案和拒學的兒童中可以發現某些方面高度相似——喪親、嚴重的疾病（親人或是個案本人），或是其他重大家庭環境變化，導致很大比率的個案出現急性症狀。很多臨床解釋中，這類事件僅僅被順便提及。不過，在羅斯[294 & 295]的研究中，提出了促發這些事件的統計資料。

羅斯的一百三十五個懼曠症系列案例中，報告曾有一位親人死亡或近親突然患病（通常是父母一方，並且是個案極端依賴的那一位）的比率為37%；有15%的個案經歷家庭破裂或是其他家庭危機。個案的疾病或是一些其他的對他危險的事件又占了多達31%的比率。這就使得我們在83%的案例中可以辨識出一些突發事件。除了注意到這些發現與在拒學案例中的相似之處，然而在比迄今為止更多的臨床細節被報告出來之前，我們很難再深論其中。

儘管如此，在懼曠症的心理病理學中，有充分證據說明喪親扮演了一個特殊的角色，而且如同馬克思傾向的論點，這並不是偶然的因素。伊凡斯（Philip Evans）和利傑特（John Liggett）[94]運用特別設計的投射測

驗，其中包括七個結構性較弱的模糊面孔，測驗者的指導語是：每一張面孔代表了個體曾經在他生命中某個時期「經歷過的問題」。他們發現，一個樣本中十位懼曠症個案傾向將「困難」識別為顯著的失落事件，同時也會常把圖片中經歷失去的人物認為是自己。

更深入探討焦慮和失落的關係會超出本書範疇。不過，我們可以提一下關於喪親之人的研究，比如帕克斯[272 & 273]的那些研究，顯示對他們而言，經歷驚恐發作和其他焦慮症狀十分常見。回顧這些研究，我們發現案例的光譜，其中一端是個案被精神科醫師診斷為懼曠症，而另一端有更高比率的人，其症狀可能因為沒有那麼嚴重或者病程沒那麼持久，因此從來沒有見過精神科醫師。

與這項研究的爭論相關的是，懼曠症與憂鬱之間的緊密聯結。首先，懼曠症的症狀與憂鬱症狀似乎總是同步且同向發生變化，不是同時變得更糟糕，就是同時好轉[294 & 331]。其次，比起他人，懼曠症個案有更高風險發展出憂鬱疾病[310]。我們將在《依戀理論三部曲3：失落》中繼續探索這些關係，以及這些關係所代表的含義。

懼曠症的治療反應紀錄

安德魯曾經在一個富有思想的綜述中指出[15]，在來自不同學派的治療師治療懼曠症個案的方式中，有超乎研究者所預期的相同之處。在行為治療流派的傳統和一些精神分析傳統中[122 & 101 & 10]，他們都非常相信來訪者和治療師的關係經過兩階段發展。在第一個階段中，來訪者來找治療師是為了尋求支持；在第二個階段，治療師運用這個關係促使來訪者

---

❼　佛洛伊德在一篇關於「分析技巧」的文章中[122]，特別建議分析師在治療懼曠症個案中應該「運用分析師的影響力引領來訪者，當他們努力試著改變時，鼓勵他們走上街、對抗他們的焦慮」。

面對他最恐懼的情境❼。既然行為學派的治療師更深入使用面質技術，而且聲稱獲得了可測量的功效，那麼我們來思考一下，這樣的理論具有什麼樣的意義。

近年來，馬克思等人[240]在英國倫敦莫斯利醫院開展一系列、不同形式的心理治療有效性試驗。行為治療師採用了兩種形式：（a）一起運用分級再訓練與想像系統減敏；（b）「洪水法」（flooding），鼓勵來訪者持續不斷將最害怕、恐懼的畫面視覺化（在55分鐘的治療中），治療師不斷談論恐懼症並盡力將來訪者的焦慮維持在最高峰。再者，在第五次和第六次治療之後，個案在治療師的陪伴下，額外花1小時將自己暴露在他認為自己最恐懼的情境中。

最近一個關於兩種治療方式的交叉試驗結果報告顯示[240]，個案的狀況是在治療後馬上好轉，並且持續12個月。九位懼曠症個案的案例中，兩種治療方式的組合模式將症狀從嚴重或非常嚴重降低到了中等或輕微程度。在這兩種技術中，洪水法被證明更為有效。這時自然會存在一個問題：「這些結果與我們在本章所提出的假說相容還是相互矛盾？」

當治療開始時，來訪者的平均年齡是33歲，且他們的症狀已經持續12年。他們對治療都有很強的動機。來訪者中，有相當多位都將洪水法作為證明自己可以面對恐怖情境的挑戰，對一些來訪者來說，這是他們在多年中第一次將自己暴露於恐懼場景中。基於現有的理論，他們能夠從這個經驗中受益可能歸於兩種因素：

【因素1】恐怖的情境，如獨自外出或乘坐大眾運輸工具旅行，並不是來訪者以前或現在所害怕的核心情境，而是來訪者關注和其家庭情境互補的情境。因此，即使這些來訪者是真的害怕這些情境，一旦他真正面對這種情境，總歸會發現這些情況其實並沒有那麼可怕。

【因素2】這些個案的懼曠症症狀平均是在12年前開始發展，那時個案都還沒有滿20歲。不管當時個案的家庭情況如何，在這段時間都有可能發生很多實際上的變化。因此，對一些個案而言，或者對所有個案而言，被假定導致這些症狀產生的家庭情境條件可能已經不復存在。因此一旦治療師堅定抓住機會，很多症狀可能會消失。

如果後一種解釋被證明是有效的，那麼就說明一旦完全發展出恐懼症的症狀，即使產生這些症狀的情境已經發生改變，部分案例也可能持續很久。這與我們目前的理論一致。儘管如此，由於這個理論認為個體兒童期與依附對象模式的持續存在，因此我們可以預測這些來訪者可能會持續對失去依附對象以及對任何他們預見的失落都極為敏感。因此，他們會非常容易發展出焦慮的症狀。不過，事實是否真是如此還不清楚。

因此，結論就是：迄今為止，很少被報告出來的治療結果與我們提出的理論矛盾。與此同時，也沒有人聲稱得出支持我們理論的結果。眾所周知，在任何案例中，從治療結果反過來論證病理學理論是具有危險性的。

第20章

被忽視、壓抑和偽造的家庭脈絡

「沒有孩子想要承認父母犯了嚴重的錯誤，要直接承認母親為了她自己的目的而剝削我、父親並不公正又專制，或是父母一點也不想要我，是極為痛苦且十分恐怖的一件事。」

——約翰·鮑比

家庭關係中被隱瞞的事實和假意見

有一種觀點是，從「焦慮型依附是由於不健康的家庭互動而產生」這個角度出發，可以更完整的理解拒學、懼曠症以及某些形式的動物恐懼症。然而，支持這個觀點的人有義務回答這種理論所帶來的兩個問題：第一，為什麼恐懼症個案害怕，或至少被認為害怕某些情境，例如學校、擁擠的人群或動物等，而這些狀況與個案和父母的關係似乎沒有任何關聯？第二，相反的，如果恐懼症個案的根本問題在於與父母之間的關係，那麼為什麼總是無法認清事實，他的問題常常被認為是出於其他原因？

回答這些問題其實並不難，但是似乎有好幾個過程在產生作用，導致真正該負起責任的情境變得模糊不清，最後篩選出不相關的情境。

當沒有安全感的個體不能確定其依附對象是不是可接近、有回應，或甚至是不是活著，就會面對一個潛在的恐懼情境，讓個體以恐懼來作

為回應，同時，其恐懼的反應強度很可能遠高於依附對象所能提供的安全與信任。因此，我們很容易理解，對沒有安全感的個體來說，在家庭範圍以外，可能引發恐懼的潛在情境會傾向不斷增加。但是現在仍然無法解釋的是：「為什麼治療師關注的焦點常常只放在個案恐懼、家庭外的情境，而忽視了他可能恐懼依附對象可能發生的事情？」

我們在第11章已經提到——個體其實難以辨別激發恐懼的情境刺激本質。研究者認為有幾種原因：一是存有多種複雜情境。不管什麼時候，恐懼被混合的情境所激發起，個體都有一種明顯傾向，抽取出單一成分作為喚起恐懼的情境，而忽略其他情境的存在。假設一個人獨自待在黑暗中、聽到奇怪的噪音。在這樣的情境中，恐懼的強度可能是三種因素（黑暗、噪音、獨處）同時出現而引起，人們有很大的可能會把注意力放在其中一個情境上，而另外兩個情境則僅僅被看作是偶然或是完全被忽視了。至於哪種成分會被單獨提取、哪種成分會被忽視，可能由個體自身偏好所決定。

至少，在西方文化，有一種偏好是將注意力放在最有可能帶來真正危險的情境成分，比如因為奇怪的噪音而忽視其他的線索，而「獨處」成分的比重也較少。確實，在我們的文化中，因獨處時感到害怕通常會被視為是羞恥或是愚蠢的。因此這裡就存有一個普遍偏好——我們傾向忽視引起恐懼情境的特有成分，而對一項焦慮個案的研究資料顯示這些成分是最重要的。

儘管如此，我們不可能只用文化偏好來解釋這種具強烈傾向導致錯誤判斷而引起個案恐懼。在很多案例中，其他更特別的因素同樣發生作用。其中包括：與個案的症狀發展相關，但卻被忽視、壓抑，以及虛構的家庭背景。

個案父母都有一種顯著傾向——閉口不談自己目前或是曾經扮演的角色，而這也是許多研究者所關注的。他們很少主動告訴想要幫忙的臨

床工作者關於夫妻吵架或是他們要分居的事情，他們可能曾經威脅要拋棄孩子，或是曾經試圖自殺等。有時候，父母沒有提供這些訊息是由於他們真的沒有意識到這些訊息與孩子患病的關聯，或是由於臨床工作者似乎對此不感興趣。在其他時候，這種訊息被忽視顯然是有動機與目的的。比如說，在家庭心理病理學實務中頻繁出現的情況是——當父母有了足夠的信心，會坦承在一開始的訪談中隱藏了或是故意虛構了關鍵訊息。他這麼做通常是出於恐懼被批評。但是大部分隱藏和虛構裡頭中有更深層的原因。

在某些家庭中，父母會隨著治療工作推進而變得坦白，這些家長是憂慮的，有些時候甚至是不惜任何代價證實孩子的行為是不合理、不能理解的，以讓他們自己成為盡力幫助孩子的理性之人。從臨床工作者的觀點來看，這類父母通常對任何有批評意味的暗示非常敏感，特別是當批評來自孩子時，他們會否認自己在問題中所扮演的角色。他們聲稱：孩子的行為應該就是孩子的問題——他有情緒障礙、生病、發瘋，或他很糟糕❶。

另一個解釋是，不論何時，個案的問題都可以輕易被家長推託歸為家庭以外的原因，而家長會熱中於確認——沒有同情心的老師、欺負他人的男孩、吠叫的狗、交通事故——家長積極主動的捕捉到每一項可用以解釋個案問題的情境。由於產生了這些恐懼症，恐懼也頻繁的成為家庭中的代罪羔羊，於是症狀漸漸擁有自己的生命。

如果這種分析正確，我們就能下此結論——容易被診斷為恐懼症的某種情境，父母對成長的影響具有主導性❷。不過，還有兩個部分活躍

---

❶ 史考特（R. D. Scott）的研究證實，在一些案例中，父母採用這種態度是因為擔心自己也會被認為有心理疾病321。在其他的案例中，父母的知覺和行為讓個案感受到恐懼，個案害怕自己將會步上兒童時期某位患有精神疾病親戚的後塵320。

❷ 從廣義上來講，特定動物恐懼症可能是例外。

在這個舞臺上——個案自己以及臨床工作者。這兩個部分顯然通常都扮演支持角色。

看起來，父母如何定義個案的情況，因個案不同有著差異巨大的接受程度。有全部或是至少有一半的個案反駁父母的定義，而非少數。因此，正如前面章節所描述，只有極少數被診斷為懼學的兒童可能會抱怨老師和同學。相似的是，懼曠症個案的研究，反復顯示許多個案自訴最讓他們感到恐懼的是離開家，而不是在家外面會發生什麼。許多個案得到理解和鼓勵時（甚至是沒有理解和鼓勵），不管是兒童或是成年人，都會準確描述出他們最恐懼的情境。不幸的是，臨床工作者通常沒有捕捉到個案敘述的內容含義，個案的故事被草草了結或是被忽視。

儘管如此，我們必須意識到，有很多個案看起來真誠的相信問題是源自家庭之外的情境，有些個案甚至會在這條路走得更遠，拒絕相信因家中存在的問題導致了他的恐懼。我們會問，這是如何發生的呢？可能有幾種潛在的交互過程發生了作用。

為什麼個案拒絕承認自己的恐懼來自家庭中的問題

首先，沒有孩子想要承認父母犯了嚴重的錯誤。要直接承認「母親為了自己目的而剝削我、父親並不公正又專制，或是父母一點也不想要我」是極為痛苦且十分恐怖的一件事。因此，孩子會傾向從更具善意的角度來看待父母的行為。我們很容易發覺孩子身上存在這樣的天生偏好。

不僅大部分兒童不願意以較壞的角度來看待父母，父母也盡其所能確保孩子不會這樣想，或是至少在與別人的交流中，他不會表現出這樣有害的畫面。當Q女士還是個小女孩時，她會記得母親堅決不允許她在任何情境下向別人透露父母之間發生的可怕爭吵。結果Q女士完全沒有

告訴友善的鄰居，或老師和學校的朋友，並且在長大之後，向治療師坦承時也有極大的困難，即使是成年人，違背強勢和無情的父母還是很不容易。

因此，若個案害怕說真話會被制裁，可能會習慣從討喜的視角假裝其家庭場景。但是在他的心中完全知道事情真相，並可能在有足夠支持的情況下，會鼓起勇氣說出來。

這種心理狀態與另一種相關案例的狀態非常不同——**個案提出了誤導性的家庭場景，因為他完全不知道真相。後一種情況的發展就像一個人從小到大都被系統的錯誤資訊包圍，這些資訊包括家庭成員的動機和他們之間的關係。**

在第14章中，我們解釋了兒童發展過程中，兒童為自己建構出關於依附對象和自己與依附對象關係的運作模式。用於運作這個模式的資料來源相當多——他的日常經驗、父母對他說的話，還有其他人的訊息等等。通常，他從截然不同的途徑獲得的這些訊息是合理、不相互矛盾的。比如，孩子可能將父母體驗為可以接近、體貼和有反應的，而且從其他途徑獲得的訊息可能也大力支持了這個觀點。其他人會告訴孩子：他有這麼愛他的父母有多麼幸運。父母親也會告訴他：他們是多麼愛他以及他們認為他有多麼可愛。然而，另一種情況是，孩子從自己對父母的經驗與從父母那裡接收到的訊息，以及從別人那裡接收到關於父母的訊息，都一致顯示父母並不愛他。我們甚至可以想像出很多更複雜的關係，但是在每個案例中，從各個途徑呈現在孩子面前的訊息都是合理也不相互矛盾的，他們建構關於父母的和自己的運作模式對他們而言內部一致，與他人的訊息互補。由於這樣的模式可以在一定程度上準確反映出父母是什麼樣類型的人、父母如何看待孩子以及他們可能會如何對待孩子，因此，這個孩子有能力對他們的關係做出穩定而準確的預測，並且在此基礎上，建構出有效的行為計畫。

相反的，對於極少數兒童而言，從各個途徑傳遞而來的訊息可能互不相容。我們舉一個真實、非極端的例子——孩子可能經驗母親為不會回應他且沒有愛的對象。他可能準確推斷出「母親一點也不想要他，也從沒愛過他」。不過這位母親可能會堅持，無論何時她都愛自己的孩子。而且，如果親子之間發生了衝突，母親可能聲稱這是由於孩子天生脾氣執拗。當孩子尋求母親的關注時，她稱之為「讓人難以忍受的要求」。當孩子打斷她時，他就是「讓人難以忍受的自私鬼」；當因為她的忽視而感到憤怒時，就被認為是「脾氣很差，甚至是邪惡」的孩子。她聲稱，孩子天生就不好帶。儘管如此，孩子應該感謝自己運氣好，他應該感謝上帝賜予給他一個充滿愛、全心全意愛著他的母親，不然就不配擁有這個好運。

在這個案例中，孩子從父母那裡接收到的訊息不僅被系統性扭曲了，而且與他自己的第一手經驗有著尖銳的矛盾。如果接受母親的觀點是正確的，那麼他建構關於母親的模式，將會與自己的運作模式相同；然而，如果他接受從經驗中得到的訊息才是正確的，那麼他建構出來的模式會完全相反。在這種情況中，這個孩子會面對極為嚴肅的兩難選擇。他要接受自己看到的圖像嗎？還是要接受父母堅持認為是真實的圖像？

這個兩難困境有幾種可能的結果：一是即使冒著與父母鬧翻的風險，孩子依然遵從自己心中的觀點。這並不是容易的事，尤其當父母透過威脅要遺棄他，或是生病與自殺來要求孩子接受自己的觀點時。不論什麼時候，孩子或是年輕人都會得到教訓，即如果他和父母之間注定嚴重的關係破裂，也只更證明了這種關係是不可逾越的。第二種相反的結果是完全遵照父母的觀點，儘管這是以放棄自己的想法為代價。這兩類人在運作他的行為和感受時，會失去自己模糊掉自己所看到的家庭背景。第三種情況，或許是常見的結果——孩子會進行困難的妥協，藉此

試圖同時相信這兩種視角以及這兩種觀點。第四種情況是他拚命想要整合這兩種圖景，但是由於它們天生就相互矛盾，這種嘗試注定會失敗且可能導致孩子認知崩潰。如果沙茨曼（Morton Schatzman）建構史瑞伯案例是正確的（見第11章），史瑞伯的情況可能就是第四種結果的一項案例。

有很多精神科醫師，包括我自己，都相信有很多嚴重的心理障礙可以被理解為是從這種類型的認知衝突中所發展❸。不過在這裡，需要考慮的只有兩種可能的結果。即正在成熟的孩子不斷接受父母對家庭場景的描述，不是沒有明顯保留，就是保留了其他東西。當事實如此，這個孩子可能成年後仍然接受母親描繪的圖像，即母親可能是極其具奉獻精神和自我犧牲的女性（但是在旁觀者眼裡，有時候她可能要求很多且充滿占有欲），並且孩子仍然接受母親對他的描述，認為他是一個自私、會無理取鬧、發脾氣的人（但在旁觀者眼裡，他可能顯得可憐且順從）。如果他表現出質疑母親關於雙方關係狀態的跡象，那麼，母親可能會以威脅來堅持讓他相信這個狀態。如果他害怕母親之後可能會實現那些威脅（她也可能否認曾經做出這些威脅）、如果治療師將他的焦慮貌似合理歸因於一些家庭外的情境（她可能很快就會捕捉到這一點），暴露在這些壓力下時，孩子就很難建立起自己對該事件的認知，並會對此感到絕望。這樣的狀況絲毫不令人驚訝，且孩子會軟弱無力的順從，甚至直接武斷採納母親的建構方式。

---

❸ 大部分研究處理了思覺失調症個案家中的互動，這些研究來自貝特森（Gregory Bateson）與其同事的研究[26]、立茲（Theodore Lidz）與其同事的研究[226]、韋恩（Lyman C. Wynne）與其同事的研究[384]、賴因（Ronald D. Laing）與埃斯特生（Aaron Esterson）的研究[215]，以及史考特與其同事的研究[321]。一些研究得出的結果是：首先，發生在家庭中的壓抑（意識層面）和偽造，與在個體身上出現的壓抑（潛意識層面）和分裂，在病因學上的影響相同；其次，這兩種類型的機制是相互作用的。關於這個領域我們在《依戀理論三部曲3：失落》有更詳細的說明。如果採用一些設計良好的研究來探索這種相互作用，可能得出最具心理病學價值的結果。

當然，那些一貫壓制或是偽造自己家庭生活角色的父母極為病態。但是他們講述自己故事的方式卻可能讓人信服，因此對這種系統的扭曲沒有敏感度的人就會被欺騙；且個案若贊成父母的解釋，就更有可能成真。不幸的是，很多臨床工作者由於被灌輸了無關的理論且又沒有在家庭精神官能症領域受過訓練，就會發現自己沒有足夠的知識來識別到底發生了什麼事。結果就變成心理病理學診斷出的這個人成為了家庭的精神官能症症狀代罪羔羊，懼曠症就是一例。

社會價值觀讓我們更容易忽視父母可能造成的問題

大部分臨床工作者在這些事件中沒有受過訓練，且他們經常會顯示出某種偏好。有時候，偏好是贊成孩子而反對父母，更常見的是贊成父母而反對孩子。通常，臨床工作者自己也身為父母，所以可能有意無意的輕易認同其他父母的觀點。父母可能被認為是富有經驗且敏銳的；相反的，個案很年輕，可能會傾向被認為是誇大甚至是造假的。父母講述他們的故事時可能看起來比孩子更清楚和有條理。此外，父母可能是備受尊重的公民，臨床工作者不願意質疑他們。或許小漢斯的父母是佛洛伊德的「親密跟隨者」（S.E. 10: 6）並非巧合。此外，在所有場景中，在社會上相當盛行、由來已久，且一定會影響所有取向的就是「尊敬父母」這條戒律。

此外，還有一種傾向站在讓平衡傾斜的同一個方向，這種傾向無論在臨床工作者還是普通人中都是非常顯著，與描述具體化某個情緒有關，尤其是描述不舒服的情緒。不是去描述讓一個人體驗到恐懼的情境，而是把這個人稱為「有某種恐懼」；不是去描述使這個人變得憤怒的情境，而是稱他「脾氣很糟」。相似的說法是，有些人「有某種恐懼症」，或「充滿了焦慮或攻擊性」❹。一旦情緒被具體化，這個敘述者

就不必追蹤是什麼使來訪者害怕或是憤怒，並幾乎不能發現那些被遺漏或是壓抑的家庭背景。因此，臨床工作者如果以這樣的方式思考，都非常容易陷入父母的主張，即孩子的行為完全不可理喻且難以理解，並因此將孩子的行為歸因於孩子的一些心理或是生理方面問題。過度關注疾病分類學的本質或是生物化學的反常現象也會有同樣的影響。很多現代的理論，包括精神分析和非分析流派，都屬於這個類型。

正如史考特所提出[318 & 319]，所有影響匯聚而成的心理疾病的文化圖像的結果存在精神分析和心理病理學中；主導的傾向是相信父母的建構，而懷疑兒童的建構。如果父母和兒童之間具有分歧，治療師就十分確定的將其歸因為兒童的感受和幻想更容易受到扭曲，卻單單不願意接受這是父母感受和幻想歪曲的效應。

不過，在某些特定方面，情況恰好相反。那些信奉反精神疾病的人相信個案是正確和健康的，而父母被認為是錯誤或患病的。不幸的是，這些對父母刺耳的斷言與譴責，讓家庭聲譽受損。

我們這裡採用的觀點是，**父母在孩子發展出高度敏感性的恐懼歷程中扮演了重要的角色，這並不是站在道德角度譴責父母，而是這種行為是因為他們自己過去也是一個孩子。**一旦接受這個視角，父母對孩子造成嚴重影響的行為就可以被理解，也可以在沒有道德譴責的情況下被治療。這種方式使我們有希望打破受苦的「世代傳承」。

---

❹　關於具體化情緒的傾向，本書「附錄3」將有更多深入的探討。

第21章

安全依附與
自主的成長

> 「人類比我們想像的更傑出和強大,當意料之外的悲劇來臨時,我們
> 看到人類總是能成長到遠超出想像的高度。我們必須銘記人類有能力
> 偉大、有能力勇敢,但是這種能力絕不是靠著自己就能夠獲得,他們
> 需要處在緊密聯結的人類群體中,而這個群體中的每個人準備好去承
> 受其他人的重擔。」

——大主教 安東尼 · 布倫(Anthony Bloom)❶

人格發展與家庭經驗

在前面六個章節,我們一直將注意力集中於「什麼樣的家庭情境會
讓發展中的孩子比大多數孩子更容易焦慮和恐懼」。而現在,相反的,
我們要研究「什麼樣的家庭情境可以將個體引向更幸福的結果」。我們
的案例支持我們相信不穩定的依附對象與其回應是導致孩子發展不穩定
和焦慮人格的重要因素。那麼是否存在一個有力的案例,可以說服我們
孩子依附對象的可得性和支持是建立穩定人格的基礎?

當然,簡單的陳述都需要被仔細推敲。研究發現,那些長大成為焦
慮而恐懼的個體,其家庭經驗具有家長支持不明確的特徵,並且具有隱

---

❶ 節錄自1969年3月26日「大衛 · 基森紀念演講」(David Kissen Memorial Lecture)。

祕但強大的扭曲力。孩子承載壓力，比如表現得像是父母的照顧者；或是採用父母提供的虛假模式面對自己、對孩子，或是對他們之間的關係。相似的是，那些長大成相對穩定且自主的人，其家庭模式的特點不僅能夠在需要的時候得到父母的可靠支持，還能夠在日益增長的自主性得到穩定與及時的鼓勵，並且擁有與父母坦誠交流的運作模式，這種模式不僅準確，且隨時都能夠開放的準備接受質疑和修正。

因此，兒童會傾向在無意識認同父母，當他們成為父母後，會採用與自己兒童時期所經驗到的相同模式，這種互動模式會傳承，從一代傳給下一代。因此，**透過家庭「微文化」（microculture）的媒介傳承的心理健康和心理疾病仍然很重要，甚至遠比透過基因所傳承的更為重要。**

不可迴避的問題是：目前為止，我們並沒有充分證據支持這些主張。一些可引用的研究中，用來判斷個體是否穩定而自主的標準可能被質疑；在蒐集父母行為資料時採用的方法，可能會被挑剔其準確性；其對人格組織連續性的假設可能受到質疑；在西方文化下，樣本的限制使這些發現可以被推廣到什麼範圍也存有疑問。即使如此，目前這些研究報告的一致性仍然讓人印象深刻。因此，只有當觀點不同的研究者從新的方向來判斷並呈現資料時，反對意見才可能被認真對待。

我們蒐集到約十幾篇文獻都是1960年後的研究，這些研究都是在美國展開。不過，到目前為止，這些研究的結果尚未與其他研究結果互相矛盾。當然，類似於「人格發展與家庭經歷是相關的」這種知識已經普及於英國專業人士，他們不會質疑美國研究者的發現。

生命週期的片段研究

由於條件所限，我們不可能研究人類從搖籃到墳墓的整個歷程，所以有必要一點一點的研究生命週期的各個片段。一旦有了足夠的類似研究，就可以合理的期望，人格模式的圖像會如同拼圖一樣，透過研究成

果拼湊起來。每個人的人格在其家庭環境影響下會沿著典型路徑發展，不管是好的或是壞的，家庭環境都傾向促進這種發展。在這個章節，我們嘗試描繪出這樣的粗略地圖。

研究最多的生命週期片段是10～20歲初頭的年齡層。研究者通常選擇的樣本不是特定學校的幼兒，就是特定大學的學生。然而，在大多數的研究中，與人格和家庭相關的資料僅限制在個體生活中的一段時間，且其中只有少數研究追蹤受試者往後很多年的狀況。這類研究的一些例子是派克（Robert F. Peck）和赫威斯特（Robert J. Havighurst）[276]的研究，這項研究就追蹤受試者從10～17歲的情況，奧弗（Daniel Offer）[269]的研究從受試者14歲追蹤到18歲，以及莫菲（E. B. Murphey）等人的研究[260]追蹤了受試者從高中最後一年到大學第一年。樣本數量從幾個到幾百不等，偶爾也有樣本數加起來達到上千筆的資料。每個個體可以被利用的資料量差異巨大，且如研究者所預期，變化的程度與樣本大小成負相關。不過大部分研究樣本包含了男性和女性，少數研究樣本僅包括男性。

而聚焦於青少年早期到成年早期生命片段的研究，提供我們有利的觀點，可以更準確的觀察個體更早或更晚的生命週期片段。從一個方向上看，我們可以看到三項關於人格發展和家庭經歷的研究所發現的結果，分別覆蓋生命的第4和第5年[28 & 156]，以及生命頭兩年的階段（安斯沃思與其同事的研究）。從另一個方向來看，我們可以看到研究30歲出頭和35歲上下特別自主的男性成長[208]。最後，還有一個研究的受試者有將近一百位個案，從童年早期開始追蹤到30歲出頭的長期調查，在這裡我們就不贅述了[329]。

這些數量眾多且目標各異的研究中有一個共同點，那就是——健康的人格組織以及其表現出的程度和形式，與個體與在家庭中的經驗類型相關。由於大部分的研究中，研究者主要關注於好的發展所具有的本質

及其條件，所以許多樣本被排除了偏差值，使有情緒困擾或曾在青少年期犯罪的個體沒有被充分呈現甚至被排除。而在臨床研究中，很典型且更普遍的偏差，是樣本主要甚至全部由有障礙或曾經犯罪的受試者構成，這種情況下，兩種偏差就可以被好好檢視。

了解人格發展過程與家庭經歷的四大資料來源

要知道人格發展過程及其現在的組織和表現，可以至少從四個主要來源獲得資料：

【來源1】從受試者那裡獲得透過訪談或是填寫問卷以及自評量表而來。

【來源2】從熟識受試者的報告者那端獲得，特別是父母、老師以及同輩。

【來源3】從受試者在訪談以及「投射測驗」（projective test）中的反應獲得推論性資料。

【來源4】在自然設置中觀察受試者的行為獲得的第一手資料，如在家庭、學校，或是實驗室中。

相似的是，要知道個體的家庭體驗，也至少可以從四個主要來源獲得資料：

【來源1】透過訪談、填寫問卷或自評量表等形式，從受試者的父母或兄弟姊妹身上獲得。

【來源2】來自受試者自己。

【來源3】透過受試者父母在訪談過程中或是投射測驗中的反應進行推斷。

【來源4】透過觀察互動中的家庭獲得的第一手資料，可以是在家中或是在臨床實驗室設置中。

　　少部分研究者只透過單一來源獲得資料，這樣做的好處是可以研究大數目的樣本。大部分研究者會選擇從各式各樣的途徑獲得資料，但是如此一來，往往受到限制只能研究數量較少的樣本。從這兩種不同類型的研究中獲得的資料可以互相證實，也增添了研究自身的可信度。

評估人格結構的標準

　　我們關注的這類研究中，有個真實存在的困難是——決定採用何種標準來評估人格結構。因為可能會有人質疑：當我們把特定個體歸類為整合良好、安全以及心理健康而排除其他人時，我們採用何種標準？這些標準的效果如何？或許我們按照自己的喜好評判這些人格特徵的同時，只是運用中產階級在某個領域的標準，而這與人格特徵沒有關聯？因此，評估這種風險最好的形式是看到研究結論在應用上的限制，是否在最壞的狀況下研究會誤導實務工作？而由於這類型的批評非常常見（如史皮格[338]、米勒[250]、布朗芬布倫納的研究[60]），我們需要肯定的回答。

　　首先，迄今為止研究者用的標準並不一致。某些研究的首要標準是社會環境的設定（如家庭、學校或是在工作中）之競爭性的表現。有一些例子由老師為高中生評分[59]，或根據大學生自己提供的資料而來[246]，在其他研究中的主要標準是受試者自尊的高低，根據受試者自己表達「與他人對比之下，對自身的感受」來評分自尊。研究案例有古柏史密斯（Stanley Coopersmith）[76]對 10 ～ 12 歲學生的研究，以及羅森伯格（Morris Rosenberg）[292]針對 16 ～ 18 歲高中生的研究。在其他的研究中，如葛林格（R. R. Grinker）[140]針對大學生的研究中，使用的是從心理病理學發展出、相當複雜的標準。此外，也包括葛林格[140]、派克和赫威斯特[276]及

奧弗[269]運用了好幾種不同標準所做的一些研究。透過不同研究者、以多樣化的標準，也為避免一些無意的偏見奠定了基礎。

我對評估標準有信心的第二個原因是：很多研究證實，用於衡量健康發展的標準與心理不健康的獨立測量結果具有負相關。例如，羅森伯格顯示「自尊心高低與憂鬱傾向、隔離和孤獨感，以及與身心症狀之間具有負相關」。相似的是，古柏史密斯的測量顯示「自尊心高低與透過臨床測試的焦慮程度，以及由受試者母親所報告孩子的情緒問題和破壞性行為都是負相關」。

對評估標準有信心的第三個原因是：當這些標準被應用於單一樣本的受試者時，其人格評分與這些受試者來自的社會階級之間僅有弱相關。這表示家庭關係的特定價值觀與中產階級之間的關聯相當明顯，儘管這種關係不適用於少數工人階級成員，但是我們也不能錯誤假定不適用於全體工人階級的成員。此外，我們也不能像人們常常判斷的那樣，認為那些所謂的中產階級價值觀與心理健康不相關。相反的，我們可以很容易假定，儘管不能說是所有，但有大部分的兒童會因為其家庭的社會心理價值觀和對待導致孩子達到適中的教育和經濟水準，而這可能會使他更可能發展出比一般更好的心理健康程度。這種觀點的合理性在於，家庭的社會心理價值觀和對待的方式可能會使兒童處於平均以下的健康情境，同時也會導致低教育經濟。確實，關注貧困原因的研究者並不少於關注心理疾病成因的研究者，而他們發現一些特定、有損害、自我永存的家庭微文化，是導致貧窮和心理疾病的共同原因。

這些問題非常複雜和困難，我們會在後面章節中再次提及。與此同時，我們已經提出夠多資料說明質疑現有成果的重要性，因為我們不能夠接受研究充斥著對中產階級的無意識偏見。

我們相信，這些研究中使用的標準間關係都相當緊密，而所有測量方法即使粗略，都評測到了一種稱為「適應性」的特徵。這意味著有適

應能力的個體存活的時間也會更長，在社會環境中也一般都能生存，尤其是當生存需要向他人尋求合作時。儘管這種能力可以被呈現在實證測驗中，但是在生活中並沒有這麼簡單。然而，可以透過想像實驗呈現出這個概念。在實驗中，實驗者會選擇幾組個體，這些個體彼此不熟悉，並將每個小組運到一系列陌生且困難的環境中，其中陌生和困難的原因是不同的社會結構和習俗，而另外一些是由於地理特點。其研究假設為「在測量適應性上獲得更高分的小組個體，比適應性上得分低的個體更可能有更好的發展，並能夠長時間良好生存在不同的環境中」。

因此，「適應性標準」與「調整現狀的標準」截然不同，調整現狀的標準會受到強烈反擊。而適應性標準與個體是否傾向於接受、批評或是拒絕現狀的標準也不同。確實，在適應性標準上獲得高分的個體，其人格對其生活所造成的正反影響，我們所知甚少，而要說明這些問題並不是精神科醫師所能勝任的。

因此，我們所清楚辨認出的一些相關標準，只是眾多適用於測量人格的標準中的一小部分。其他的標準，比如「原創性高低」（degree of originality）、「創意精神」（creative spirit），或是「創新能力」（capacity for innovation）與心理健康和適應性的標準肯定截然不同，而且這些標準之間的關聯也非常微弱。因此我們必須強調，當我們將注意力放在一系列的標準上而排除其他標準時，其實並不是說適應性這個標準是唯一重要的標準。之所以如此聚焦於此標準的原因是，在心理病理學的實務工作中，我們首要關心的應該是那些與心理健康和疾病相關的事情。我們仍然可以在實踐中應用其他標準，只要符合專業倫理即可。

讀者如果對標準的相關問題感興趣，可以參考葛林格[140]、希斯（Douglas H. Heath）[152]的討論，也可以參考奧弗和沙伯遜（Melvin Sabshin）對此的全面綜述[270]。

對青少年和年輕成人的研究

派克和赫威斯特的研究

　　由於臨床工作者普遍會懷疑大量樣本研究的結果，這些研究的研究方法在他們看來並不合適。所以，我們著手一項非常細緻、對三十四位兒童的研究，其中十七位男孩、十七位女孩，他們都生活在美國中西部名為大草原城的小鎮。這項由派克和赫威斯特在1960年發表的研究，實際上是對始於20世紀40年代該鎮社會心理生活的延展進行調整。當這個小鎮被選為研究對象之初，小鎮人口共有約一萬名，其中90％是在本地出生，主要是挪威人和波蘭人的後代。小鎮中，男人通常參與當地農業或是工業。居民的區域幾乎很少由社會階層進行劃分，且沒有混亂的區域。

　　該研究樣本，是1933年出生於該鎮中所有兒童的子樣本。處於這個群體中的所有兒童有一百二十名，都在1943年、10歲時第一次參與測試。在那個時候，他們參與了大量關於智力和人格測試，並由老師和同輩對他們的人格特徵進行評分。研究者基於前期研究結果篩選出包括三十四名兒童的子樣本作為具代表性的樣本。其中兩個方面：一是道德品性的代表性；二是對小鎮上的社會階層結構具代表性。直到1950年，這些兒童已經17歲了，這三十四名兒童以及其家庭發展都是該研究的內容。

　　正如我們看到的，這項研究運用的兩種標準，即「道德品性」和「社會階層」，都可能引起爭議，因此該研究必須注意每一個用詞。

　　儘管在選擇子樣本時，派克和赫威斯特用了以道德特徵定義的標準，但是閱讀他們的案例資料時可以發現，個體在擁有良好的人格及工作能力和人際關係這兩個方面有高度關聯是十分正常的事情。因此，實

際上，這裡使用的量表幾乎等同於可能被設計測量「人格整合」（integration of personality）或「自我強度」（ego strength）、「情緒安全」（emotional security）或「心理健康」（mental health）的量表，或是我們在此定義的「適應性」（adaptability）❷。

關於階層問題，該研究有很多與其他研究相反之處，這也是該研究的優勢，即：該研究的樣本選擇能夠代表整個大草原城市的人口，且正因為如此，大部分受試者社會經濟狀況屬於中下階層。我們在下方表格中列舉了相關資料。許多批評表示部分研究發現容易造成誤導，因為其中混雜了中產階級價值觀，而這與此情境本身關聯並不高。

研究者針對參與本研究的三十四名兒童蒐集了大量的資料。很多資料源於兒童自身，比如來自訪談這些兒童、其填寫的標準化測試和問卷調查，以及來自投射測驗。其他資料源於群體測量全數一百二十名兒

社經階層	研究樣本			
	男孩數量	女孩數量	所有兒童比（%）	城市中所有年齡層的人口比（%）
上層階級	0	0	0	3
中上層階級	1	0	3	11
中下層階級	4	5	26	31
下上層階級	9	10	56	41
下下層階級	3	2	15	14
總計	17	17	100	100

❷ 在派克與赫威斯特的早期研究中，曾將「道德特徵」（moral character）的標準取代「性格成熟度」（maturity of character）標準。這個研究中沒有採用後面這項標準的原因我們已經在第14章最後簡單說明，在本書最後一章也會有更詳細的説明。

童，以及老師的評分。研究者分析與評估這些資料經過了幾個步驟：首先，來自不同途徑的資料都被獨立分析；其次，研究者會召開臨床討論會，在這個討論會中，從各個途徑蒐集的資料會被側寫並形成人格結構圖像；第三，每一項項目中的每位研究者根據用於測量人格的一系列、不同方面的量表來評分每位兒童，之後形成一份人格剖析圖給每位兒童。最後，基於這些剖析圖，兒童會被根據他們的成熟程度劃分到八大類別中。在下文中，我們列舉了這八大類型特徵的簡短描述，從「最不成熟」開始，同時顯示被劃分到該類的兒童數量。

詳述八大類兒童人格成熟度標準

類型1 沒有道德意識型

有五位兒童被劃分為這一類，他們的特徵是：不能準確知覺社會情形、他人和自己；缺乏設定清晰、實際和可完成目標的能力；行為並不適應個體在腦中想要達到的目標；控制衝動的能力不足，而這將會阻礙其成功適應這個社會，甚至會影響其自我滿足感實現。

他們會顯示出敵對、不成熟的情感。此外，他們有一種孩子氣、不適當的情感傾向，而這會使得他們調動過多能量，在已經非常脆弱的自我控制感增添更嚴重的壓力與緊張。這些情緒的普遍本質是消極主義和敵意。這些受試者不願意約束自己以及積極知覺他們的社會。

他們承受著具有懲罰性但是無效的內疚感，且對他們的控制行為作用非常有限。這種感受顯現了一種內心矛盾——缺乏積極性、對自我健康的關注和自尊。儘管他們可能非常挑釁的否認與他們拒絕的一切文化相關代表性的東西，但是他們與自己相處時並不會比與現實世界互動更和諧。

類型 2 **介於沒有道德意識與權宜型中間**

共有三位兒童，我們在此不做細節描述。

類型 3 **權宜型**

這裡有四位兒童的特徵被歸納為「選擇最簡單而非最得體的方式使自己擺脫困境」。他們的獨特之處是並不會為個人需求而積極嘗試操縱周圍的人事物，即使不得不妥協時，也盡可能努力獲得自己對自己的認可。他們會盡量避免社會需求，因為這些社會需求可能會要求他們以積極社會化的方式表現。

他們對圍繞在身邊的社會力量有抑制傾向，這種傾向使得他們迴避不道德行為，要求他們壓抑自己緊張不安的感覺，以及各種自私衝動。

他們會成為享樂主義者，但似乎有一個不可逃避的事實──社會生活會產生真正的幸福，而這依賴於個體與他人之間，積極並相互溫暖的關係。由於他們對這種關聯幾乎沒有概念，那種試圖努力享受享樂主義的愉悅常常落空。他們會追尋但是不會找到，因為他們不能辨識模糊但強烈渴求的人際溫暖和贊許。

類型 4 **衝動但深感歉疚型❸**

有兩位兒童的特徵是「具有原始、嚴厲的道德準則」，但是他們卻不承認自己是「家中的統治者」。他們的行為相當衝動或主觀，非理性的堅持自己並不相信的道德準則……他們不太關心他人，覺得自己非常糟糕。他們不太能意識到自己的內疚，因為他們會透過有意識的把自己想像成更讓人喜愛的樣子來保護自己，以防止意識到自己的低落的自尊

---

❸ 派克與赫威斯特只在信件中提到這種人格類型，這裡的標題是由本書作者提供。

心。即使如此，他們內心的鬥爭是如此激烈，以至於這種鬥爭不能被成功漠視。他們努力嘗試，卻很難在生活中有真實的愉悅。

類型5 遵從型

有八位兒童的特徵是「具有大量的敵對性，且被帶有懲罰性的道德準則有效的控制」。

其中兩位女孩被描述為「不能發自內心表達自己的願望，生活中幾乎得不到滿足感」。她們對自己「不好的衝動」有強烈、長期的內疚，即使很少主動表達這種內疚。她們的超我幾乎由已經無條件整合的「被動否定」組成。她們感到自己很壞，就像她們很少在別人身上看到自己所喜歡的部分。她們不能夠理性檢查自己良知所懲罰的聲音（聽起來幾乎就是直接複製苛刻的父母指責）來面對日常現實生活。簡單來說，她們憂鬱、沉悶、不開心，也難以站起來面對這個世界，即使只是向這個世界表達敵意。

一些其他被歸類為「遵從型」的兒童被描述為「表面上看起來很友好，但是相對而言獨處時比較自在」。然而他們也被認為缺乏內在方向、消極服從他人的要求。

類型6 非理性道德良知型

三個兒童被描述為「清教徒式道德良知」的活生生例子。他們有一種讓人察覺到的一般性敵對狀況。這使他們產生一些不強烈的內疚，因為他們完全被超我力量支配。他們自動表現出有責任心、忠誠、誠實、友好，但是這更多是強迫而非個人意向。在傳統道德標準上，他們對自己以及他人的要求一樣多。

儘管如此，他們缺乏對他人的強烈和正向關注，更不用說內在抑制卻連動的敵意，使得他們很容易生活在過於教條化的僵化情況下。

他們會透過嚴格觀察法律字眼而獲得冰冷的滿意感，這就是他們在生活中獲得的樂趣，他們的同伴尊敬他們，卻不會喜歡他們。

類型 7 整合程度尚可型（但沒有第八類型整合得好）

這裡的五位兒童表現為「高度理性，具有友好以及利他傾向，很高的自主性並良好整合大部分主要驅力」。他們是「完全自發的」喜歡他人，回報自己被其他人喜愛。儘管沒有缺乏任何道德準則，但是相比於第八類型的個體來說，他們太過於把自己的愉悅放在首要位置。不過即使如此，他們通常也非常體貼他人。

類型 8 理性利他主義型

最後，有四位兒童被描述為「良好整合」以及「情感成熟」，他們被認為擁有「穩固而內化的道德準則」，且他們會把這些準則以有洞察力的方式應用出來。

他們會主動而徹底的享受生活，對自己有健康的尊重，就像他們也以同樣的方式尊重他人。他們能夠準確而良好的意識到自己的本質和能力。由於內心沒有嚴重的衝突、沒有任何出於「安全感」目的而盲目遵從常規的非理性需要，所以可以十分自在的運用幾乎所有情感能量。

這些由研究者對兒童在「道德發展」（後來等同於「成熟度」標準）上做出的判斷，與依據平常標準判斷兒童的獨立性結果密切相關。因此，我們發現在成熟度上被歸為最高兩個類別的九位兒童，其同輩幾乎一致認為他是友好、使人愉快的，會是大企業中的優秀參與者，並且有自我控制能力和領導能力。相反的，在成熟度上被歸為最低兩個分類的八位兒童，其同輩則一致認為他是糟糕的。被研究者歸為中間四類型的十七位兒童，在同輩眼裡，同樣是處於中等位置。唯一的分歧集中在三位兒

童身上，其中一位被研究者劃分為「權宜型」，兩位被劃分為「遵從型」，但是這三位兒童在同輩中獲得了更高的評分。至於哪一個群體的判斷更有區辨力，這是有待解決的問題。

家庭互動模式與兒童人格成熟度之間的關聯性

富有批判性的讀者顯然會在某些問題上對評分者劃分的等級持有不同意見，反對的理由可能是：在這個研究中，研究者是根據單一的標準為道德發展（或成熟度發展）評分。儘管如此，大部分讀者會意識到，整體評估兒童的「成熟度」與大部分臨床工作者在評判兒童心理健康時使用的方法一致。此外，這項研究並無法實質發現人格發展與家庭經驗的關係。

若我們轉向兒童的家庭，運氣很好的是，一個在大草原城工作的獨立研究小組曾經在兒童13～14歲間蒐集了大量有關其家庭的細節，這些訊息後來被儲存起來沒有使用。這讓我們可以透過比較兩組完全獨立進行蒐集的資料來調查人格結構與家庭互動模式之間是否相關。結果顯示，我們的理論所引導預測的方向是正確的，人格結構與家庭互動模式之間的確具有關聯性。

在三十四個家庭中，每一個家庭都有一個獨立的小組對其填寫的大量量表進行評分。進行「因素分析」（factor analysis）這些分數後發現，家庭互動模式中具有四種層級。大部分的小組評分都顯示，這四個層級中的兩個層級之間有正相關，並且與評判兒童成熟度標準之間有強烈關聯❹。這兩種有顯著影響的層級，以及其成分如下所示：

---

❹ 另外兩個家庭互動的程度為「民主與獨裁」以及「父母懲罰的嚴重性」，與兒童在成熟度上的特徵之間沒有發現明顯的關聯。

層級 1 **兒童與其父母相互信任、支持**

- 父母接受孩子本來的樣子，並給予孩子足夠的愛和讚美
- 父母相信孩子的判斷，並且不會密切的監控
- 孩子感到可以自由的與父母討論問題
- 父母鼓勵孩子交朋友，同時歡迎他的朋友
- 父母之間的關係是和諧的

層級 2 **家庭生活具有一致性**

- 常規日常生活的規律性
- 父母管教的方法在本質上和時間上的可預測性
- 家庭成員頻繁參與共同活動

　　當我們注意在成熟度上評分最高的九個兒童其家庭生活時，我們發現有八個家庭在以上兩個層級中得分都很高。相反的，在成熟度高低上，得分最低的八個兒童中，有七個兒童的家庭在以上兩個層級中得分都很低。

　　研究者總結了兒童的家庭模式中最明顯的五個特徵，我們會在下文中描述。

【特徵1】「沒有道德意識型」兒童的家庭：這些家庭最讓人感到震驚的特點是——他們毫無例外的非常不一致；除了一個家庭以外，這些家長都非常不信任也不支持孩子。這些男孩和女孩在成長過程中只感受到很少的愛、很低的安全感，以及很少的一致性處罰約束方式。因此，當我們看到這種類型兒童表達出對家庭以及幾乎所有人的恨意時，也就不

覺得奇怪了。

【特徵2】「權宜型」兒童的家庭：這些孩子來自放任自由的家庭，在這種家庭中，父母會不加選擇的給孩子自己做決定的自由，不加選擇的贊成孩子，並常常對自己設定的規則表現出寬容，但是這同樣是不一致的行為表現。儘管這些孩子接收到「父母大量的表淺支持」，但是這種支持是與不一致、不規律，以及寬容聯結在一起，因此並不含有把孩子當作獨立個體的真正關心和認知。

再者，如果屬這種類型的兒童被發現對他的父母缺乏感情，並且隨時準備在需要時拒絕父母，我們並不會對此感到奇怪。

【特徵3】「遵從型」兒童的家庭：大部分這類兒童來自嚴重獨裁的家庭，這種家庭中有很多的不信任。當父母的行為不一致時，這些孩子的人格結構會與那些「沒有道德意識型」兒童非常接近。當這些家長表現出較高的一致性且不信任感較低時，這些孩子的人格結構則會比較傾向於「非理性道德良知型」。

【特徵4】「非理性道德良知型」兒童的家庭：這三個兒童都是女孩，她們的父母十分苛刻。這三個家庭沒有一個家庭在相互信任這個層級上獲得高分，並且其中一個家庭在這個層級上得分非常低。三個家庭的一致性高低差距較大，程度跨越高度到平均值。

【特徵5】「理性利他型」兒童的家庭：這些最高分小組兒童的父母，其特徵是——他們都能由衷贊許孩子以及孩子的活動與朋友，他們會參與孩子的許多活動，並且會與另一半有非常和諧的關係。家庭日常生活會非常有規律但是又不至

於過於僵化。父母信任孩子，在規則方面，他們的行為與要求一致，但是會相對寬容而不那麼嚴厲。研究者發現，這些孩子對父親和母親都有著強烈的正向感受，而這種感受最終會延伸到其他人身上。父母制定的行為標準從來不會過度嚴苛執行，且通常可以在家中被公開討論，也可以根據情境特殊性調整。

我們現在已經發現，兒童成熟度的特徵和家庭體驗之間有較相當高的關聯，但是有一個例外。這個案例中，男孩在成熟度被研究者評分很高，其同伴也給予很高的評價，但是這個男孩的家庭在各種量表中的得分都較低。當研究者第一次拜訪這個家庭時，把這個家庭描述為「邊邊的工人階級家庭」，訪談者發現在這個家庭中很少有規律和一致性。儘管如此，幾年以後，另一名拜訪者發現這名男孩與家人以及親屬之間的關係是相互接納且有支持性的，雖然這種關係被認為缺乏溫暖，但是仍然非常有趣。對於這個明顯反常的案例，一個可能的解釋（同樣也是派克和赫威斯特傾向採納的解釋）是——最開始的那名工作者過於關注這個家庭中明顯的物質匱乏，而過少關注較那些不明顯而存在於這個家庭中的情感關係，以及家庭成員給予彼此的支持。

由於這三十四名青少年和其家庭已經被研究和觀察了超過7年，所以研究者可以測量在這段時間內發生在這些孩子及其家庭中的人格的變化。讓研究者震驚的是成熟度和家庭關係發展過程中相當高的一致性，這種一致性非常明顯。這些評分和實際的案例都顯示，無論孩子在10歲時展示出什麼樣的道德行為模式和人格特徵，非常有可能延續到其青少年時期的展現。此外，迄今為止，這些資料對於理論早期發展是有用的並延續至後期的理論性發展。相似的是，研究者發現父母在這些年中的傾向也是一致的，如同他們的孩子，特別是和特定兒童的關係。

這種在超過7年、從青少年早期到後期中發展的一致性對我們的理論非常重要，主要原因有兩點：首先，人格發展發生於整個生命週期中，這個研究透過就像拼拼圖，把不同研究區塊中的發現拼湊起來，以增加建立人格結構圖像研究的可信度；其次，這個研究支持了一個觀點，即對照「發展是固著在單一路徑」解釋成人人格類型的模式，根據「發展發生於大量截然不同、有區分度的路徑」是更好的角度。我們會在最後章節中詳細論述這個觀點。

四大具有代表性的大型研究

這部分，我們將簡短介紹對青少年和年輕成人的研究中有價值的發現。儘管這些研究者使用的樣本結構不同，採用的也是不同的人格發展標準及不同的家庭生活模式指標，我們還是把展示重點放在與派克和赫威斯特的研究相似或是相符的規律的研究報告。

因為派克和赫威斯特的研究樣本非常小，所以比起這些有代表性的龐大樣本數研究而言，還具有相當的優勢；樣本數小的研究，使研究者得以了解家庭生活非常不同層面的內容。而我們必須銘記，對於大部分的樣本數量大的研究而言，關於受試者家庭的資料大多數來自受試者自己的報告，因此這些資料也必須被謹慎對待。

有兩個樣本數量龐大的研究顯示，人格發展模式與受試者所來自的家庭特定基本特徵之間有非常清楚的關係：

研究 1　羅森伯格的研究

第一個研究是羅森伯格[292]研究五〇二四位男生和女生；這些受試者的年齡介於16～18歲之間，都就讀紐約州的十所公立高中，研究者選擇受試者的過程中，會確保受試者能夠代表社區中每個群體類別。研

中用到的人格標準是自尊心高低，有關個體如何衡量自己的感受，尤其當將自己與他人比較時如何感受自己。羅森伯格透過十個問題來測量自尊，受試者要在每個問題上進行五點自評，範圍從「非常同意」到「非常不同意」。

自尊心評估量表是從另一個範圍更大的問卷中提取出來。其中一部分是詢問青少年的家庭狀況，另一部分是關於受試者對自己的感受，以及可能容易表現出的身心症狀的看法。這個問卷調查由教師發放，並且受試者在學校裡就完成。研究者從獲得的可用訊息中發現了兩種可能的關聯：（a）受試者的自尊心與其在其他方面評價自己有所相關；（b）受試者的自尊心與受試者的家庭結構相關。

【關聯1】羅森伯格發現自尊心低落與幾種潛在的精神障礙測量資料有顯著關聯，例如孤獨的感受、對批評的敏感性、焦慮、憂鬱以及身心症狀。相反，高自尊與對他人的信任、主動參與社會，以及被選為領導者的可能性有關聯。

【關聯2】羅森伯格發現，在自尊心高低上，離異家庭的兒童傾向和生活在完整家庭中的兒童互相比較並覺得自己更不被喜愛。這些自尊低落主要出現於母親很早結婚且在婚後很快懷孕並在24歲前離婚的孩子身上。相似的是，那些結過婚但是在年輕時就成為寡婦的婦女，她們的孩子也出現自尊低落的傾向。相反的，這樣的負面結果並沒有出現在那些較年長的單身母親對孩子的影響，儘管這些母親也因為死亡或離婚而失去了丈夫。羅森伯格透過非常有說服力的假設來解釋這個發現，這種假設認為「過早離婚和寡居生活會讓年輕的母親陷入艱難和脆弱的情境中，而這通常會導致母親感受到不安全、焦慮和易怒，最終反過來影響自己

孩子的人格發展」。羅森伯格沒有提到的另一種可能性是
——年輕單身媽媽的孩子，非常可能會經歷一段不穩定的
替代照料者時期。

研究 2　梅嘉吉的研究

　　第二個大型研究由四百八十八位大學生（兩百八十位男性和兩百零八位
女性）組成，是平均年齡為 19 歲的大學生樣本。梅嘉吉（E. I. Megargee）
等人[246] 報告社會化測量結果與受試者父母的婚姻狀況之間具有系統性
關聯。研究者測量社會化所使用的是「加州人格問卷社會化量表」
（California Psychological Inventory Socialization Scale），這個量表被認為有良
好效果和標準化工具，讓研究者可以將男性和女性小組與常模的社會化
程度進行比較，得出受試者是優於或是劣於常模的結論。在這個量表
中，有障礙的小組和行為不良青少年會得到較低的分數。

　　當研究者根據四百八十八位學生的分數將他們分為四組後，研究者
發現這個分數梯度與下列家庭生活特徵呈正相關：

　　【特徵1】與親生雙親生活在一起
　　【特徵2】學生為父母的婚姻關係評定為優秀
　　【特徵3】學生將自己的童年生活評價為幸福的

　　相反，分數梯度與父母離婚事件呈負相關。
　　在下表中，研究者只提供四個小組中，學生分數最高和最低分數的
結果。在每一個案例中，中間兩個小組的分數有賴於極端值之間的梯
度。單獨考量單一性別時，並沒有發現不同結果。該結果是以每個小組
中，學生報告自己處於下頁顯示的家庭特徵百分比的表現。
　　在這個研究中，沒有發現父母一方死亡與社會化分數之間的相關。

家庭生活	高分組的百分比 N=51	低分組的百分比 N=110
與親生雙親生活在一起	95	78
給父母的婚姻關係評分為優秀	85	29
把自己的童年生活評價為幸福	85	42
父母離異	2	19

不過由於在整個樣本中只有7%受試者喪失一位親人，但是也發現部分原因是由於失去親人的青少年進入大學的比率，遠低於沒有失去親人的青少年進入大學的比率所導致。

研究 3 布朗芬布倫納的研究

第三個大樣本研究是由布朗芬布倫納[59]報告的。他的研究目的是調查17歲男孩和女孩，其家庭背景與教師評價兩個標準之間的關係。兩個標準分別是：（a）在學校中，孩子被證明是領導者或跟隨者的程度；（b）可以負責任的完成任務的程度。他們家庭的相關資料來自由受試者填寫的問卷，這個問卷被設計用於測量二十個父母與兒童關係的各項層面。

這個研究的樣本數量為一百九十二位，由同等數量的男孩和女孩以及同等數量來自四個社經階層的個體構成。社經階層是根據孩子報告父親的教育水平粗略劃分。

男孩和女孩的結果，以及與兩個標準相關結果都具有顯著差異。男孩在領導力上的得分高於女孩，而在責任心的得分則低於女孩。在這兩個標準中，父親教育程度更高的孩子，得分要比父親受教育程度低的孩子得分更高。另一個主要的發現是，表現出領導力的青少年，更可能來

自於他可從父母那裡獲得更多時間、更多愛以及更多支持的家庭；而那些表現出責任感的青少年，更可能來自於父母更常透過理性與獎賞的方式而非用懲罰以提高孩子自主性的家庭。兒童的領導力與責任心、家庭中的愛以及自主性，都是呈正相關。

研究還發現，在領導力和責任心兩個標準上評分為高分組的男孩與女孩，其家庭生活有一定的差異。男孩能夠在父母高標準的支持和控制下茁壯成長，但是當女孩受到父母過度支持或控制時，則有可能出現一些成長危機。

相反的，在低分組中，沒有發現男孩和女孩之間的家庭背景有類似的差異。此外，不論是在領導力或是責任心層級上，分數較低的青少年，其家庭生活場景相似：其普遍特點是家長的冷漠與拒絕。這類家庭中的男孩（或女孩）較有可能把父母描述為傾向抱怨、奚落他們，認為他們不如其他孩子更讓人喜愛，陪伴孩子的時間很少，甚至會迴避孩子。這些家庭不是缺少規則，就是透過專制和過度懲罰的方式來執行家規。不過，有極少數在領導力上得分很低的兒童呈現出了非常不同的家庭景象——與被忽視相反，父母明顯過度保護他們。

研究 4 古柏史密斯的研究

第四個研究由古柏史密斯[76]在一個相對大型的樣本中展開，儘管只蒐集了母親方面的訊息，但是其獲取的家庭訊息都是第一手資料。受試者都來自完整白人家庭中的男孩。

古柏史密斯的樣本由八十五名年齡介於 10 ～ 12 歲的男孩構成，他們都在新英格蘭兩個中等大小的小鎮上上學。大部分受試者來自中等社經地位的家庭。該研究基於先評估了更大量兒童的基礎上，以兩個標準分層抽樣產生這些樣本：（a）男孩在測量自尊的測試中自我評估；（b）老師依據男孩的行為所形成的評估。正如羅森伯格的研究結果顯

示，自尊心低落與透過臨床測試得出的焦慮程度有明顯關聯；並且，雖然程度沒有那麼強烈，自尊心低落與母親報告出的情緒問題也有關聯。

男孩家庭方面的相關訊息主要源於：（a）母親填寫的一份調查問卷；（b）在未提前通知的情況下，訪談者基於男孩在自尊上的評分與母親進行約兩個半小時的訪談；（c）男孩回答的一系列關於父母態度和行為的問題。受試者的父親並沒有出現在該研究過程中。

古柏史密斯回顧研究發現時，首先強調的是——在高自尊男孩的家庭中發現母親的接納程度相當高：「不論採用何種工具以及何種訊息來源，研究結果都是一致的。這顯示有著高自尊孩子的母親更能表達愛，且相較自尊心低落孩子的母親，高自尊孩子的母親與孩子有更親密的關係。」此外，高自尊和自尊心低落男孩的父母，以非常不同的方式執行家規。儘管在這三個研究中，關於人格發展的標準十分不同，但是在這個方面，古柏史密斯的發現與前文中派克和赫威斯特的發現以及布朗芬布倫納的發現非常相似。**在古柏史密斯的研究中，高自尊男孩的父母不僅對孩子有較高的期望，且這些父母對孩子的控制往往是採用關懷、尊重和公正的形式，並且獎勵多於懲罰**。相反的，研究發現，那些自尊心低落男孩的父母，通常會給予更少的關愛和指導，而且孩子還常常遭遇嚴厲而不受尊重的懲罰，包括「失去愛」的懲罰。

人格發展、管教模式以及社會階層之間的關聯

研究者報告：管教和關愛模式之間的差異，與孩子發展家庭生活中的個性差異具有相當高的一致性。同樣讓人驚訝的是，研究者發現，這些差異與社會階層具有一定的關聯——教育程度和社會階層較低的父母相較於受到良好教育的中產階級父母，更可能採用嚴厲而專制的懲罰方式，也更可能忽略或是拒絕孩子。並且，處於工人階級的父親相較於中

產階級的父親，可能會花更少的時間與青少年共同參加一些活動（見1958年布朗芬布倫納的綜述研究[58]）。總體而言，這些關於管教模式與人格發展及社會階層關係的研究，支持了我們早前提出的假設。這個假設便是「在健康的人格發展與更高的社會階層之間具有正相關，但是關聯程度可能較弱」。在一定程度上，產生這種關聯的原因可以被解釋為——不同社會階層的父母，教育孩子的方式本身具有差異。

布朗芬布倫納的實證研究發現[59]，可以透過一系列典型相關來展現：

【關聯1】兒童在領導力和責任心上得分較低，與父母對孩子的低興趣或是專制的家教，或是父母很少指導孩子之間相關。

【關聯2】教育程度較低的父母傾向採用專制的家庭教養方式（包括體罰與語言上的奚落），受過良好教育的父母並不常用此法。

【關聯3】受教育程度較低的父母，其孩子比受到過良好教育父母的孩子，在領導力和責任心上的得分可能更低。

羅森伯格報告了在自尊心高低、父親關注孩子的程度，以及社會階層之間有一系列相似的關聯。我們可以在本書第15章找到與這個假設一致且更深入的證據。在第15章，我們曾討論孩子的焦慮症狀和父母威脅要拋棄他或是威脅要自殺的經歷之間的關係。研究發現，勞工和中低階層的父母，比起社會階層更高的父母，採用這種威脅方式的比率更高。但是本書不便進一步深究這些複雜而敏感的細節。

還有另一個大型領域我們也不適合在此進行深入探究，即「父親和母親對孩子發展的特別影響作用，尤其是父親或母親各自對男孩和女孩的影響」。道萬（Elizabeth Douvan）和阿德森（Joseph Adelson）[88]以更細緻的方式討論了12～18歲男孩和女孩展現的發展模式差異。

小樣本的深入研究

接下來，我們將透過討論三項研究樣本轉往更深入而細緻的探索。這三個研究的樣本都是由男性與年輕人構成，選擇他們的主因是「他們非常健康並且整合良好」。受試者接受了集中臨床測試，以及歷時至少1年的觀察。按照受試者年齡遞減排列，第一個研究樣本是正在受訓的太空人，第二個樣本是剛剛進入大學的年輕人，第三個研究樣本是正在為升大學做準備的高中生。

這三個研究在受試者人格的發展路徑，以及他們所經歷的家庭生活發展路徑這兩方面的發現一致，同時，這些發現與派克和赫威斯特的發現也一致。首先，研究發現，這些適應良好的受試者在兩方面達到了一種平穩而有力的平衡：一方面是主動性和自主性；另一方面是當情況需要時，向他人尋求幫助並且運用他人幫助的能力。其次，測試他們的發展顯示這三個樣本成長於家庭關係緊密聯結的家庭，父母都不會吝於給予支持和鼓勵。

迄今為止，每個研究展現出的圖像都是相似的，它呈現了孩子以穩定的家庭為基礎成長為青少年、年輕成人，經過一系列逐漸離家的過程後脫離家庭。雖然這些家庭十分鼓勵自主，但是並非強制。脫離的每一步都是在前一步的基礎之上，這種過渡是簡單而有階段性的。最終，儘管家庭成員之間的聯結減弱，但是絕不會破裂。

研究 1 關於太空人的研究

樣本一的太空人是在自主性獲得高分的男性，他們有能力在具有潛在巨大危險和壓力下生存，並有效工作。柯爾欽（Sheldon J. Korchin）和拉夫（George E. Ruff）研究了太空人的表現、人格和生活史。他們在兩篇文章中初步報告七名男性的研究發現[208 & 298]。

儘管這些男性傾向為「個人主義者」（individualist）、顯示出高度自主性，且明顯偏好獨立行動，但是他們全部都報告：「需要依賴他人時，感受是舒適的。」以及擁有：「在一些可能導致不信任他人的情況下，保持信任的能力。」阿波羅13號在前往月球的途中恰巧遭遇事故，其船員的表現就曾證明他們擁有保持信任他人的能力。他們不僅在面臨巨大危險的情況下維持效率，並且還能與地球基地上的同伴繼續進行相互信任的合作。

　　當轉向他們的生活史時，我們發現這些太空人：

> 「在相對較小但是組織良好的社區中長大，他們的家庭有著強大的向心力，並且對父親有很強的認同感……對他們的眾多訪談中出現相同的主題是——他們與父親在室外共同參與活動的幸福記憶……環境對他們的挑戰並沒有超出其能力範圍。他們在中小學和大學表現良好。我們可以看到他們的成長模式相對平穩，他們遇到的挑戰都是可處理的，這能夠提高他們的志向高低，成功後繼而獲得更多自信，並在這種方式下提升競爭力……他們有著穩定的自我概念，能夠清晰且敏銳定義自己的職業價值觀。」

　　評估研究者的這些發現和結論時，我們必須考慮這些男性的家庭團結程度、對父親的認同感，以及穩定的成長史，在何種程度上讓他們符合參與太空人訓練的標準。因為毫無疑問，如果這些因素確實是一部分篩選標準，那這個研究就有「循環論證」（circular argument）❺的危險。

---

❺　編注：指在邏輯上自己證實自己的謬論。

❻　儘管沒有柯爾欽與拉夫的研究那麼詳細，瑞哈特（Roger F. Reinhardt）280研究了一百零五名美國噴射機飛行員顯示：太空人就是從這個飛行員群中選拔出來。而當中更為成功的飛行員，其人格與家庭背景（尤其是與父親的關係），與太空人有相當多共同點。

不過我們仍然必須銘記，被選為太空人之前，這些男性已經被證明是傑出的試飛員❻。因此，這個研究至少顯示由柯爾欽描述的家庭背景和經歷，與穩定人格發展高度一致。高度自主性與能夠信任他人、依賴他人的能力結合在一起，成為穩定發展的人格。

研究 2 葛林格報告對大學新生的研究

　　第二個研究為葛林格報告[140]對大學新生的研究。這些大學新生被老師評為心理健康狀況較好、心理穩定程度較高，且老師預測他們未來將成為年輕的領導者和社會工作者。該研究的樣本由一百多位學生構成。儘管在得出結論的過程中仍然有循環論證的風險，但是該研究透過比較三個子樣本成員的家庭背景降低了這種風險。三個子樣本的成員在整合程度和心理健康上具有差異。

　　實際上，當葛林格和其同事在尋求健康的受試者展開身心症狀研究時，這個研究便開始了。在某個大學進行初始訪談的過程中，葛林格對這些年輕男性不受精神官能症困擾的程度印象深刻。因此他決定在隔年研究所有新入學的男生。主要發現來自全體八十位學生各自填寫的問卷調查。其次，取自三十四位志願樣本，以及在上一年度見過的三十一位學生的精神官能症訪談用以補充了前面的發現。下面首先呈現的是透過訪談研究得出的發現，其次是從問卷調查中獲得的發現。

　　參與研究的大學由「基督教青年協會」（Young Men's Christian Association）贊助，目標是訓練年輕男性和女性從事與該協會目標一致的工作。這所大學的學生來自美國和加拿大各個地區，大多數是來自中西部的鄉村社區或是小城鎮。許多進入這所大學的學生都「對協會的工作有著強烈的信念和動機」。進入這所大學的門檻低於其他多數大學，且其課程設置的學術性較低。大部分學生實踐能力強，並擅長遊戲；學生的智商範圍從100 ～ 130。對絕大多數學生而言，他們的價值觀和目標與父母

的價值觀和目標，以及其大學事務緊密相關。該學校的畢業生有著良好的聲望，並且在企業徵才中相當受歡迎。

被訪談的六十五位學生中，葛林格只報告少數顯示出精神官能症特徵的受試者。絕大多數受試者是坦率的年輕人，他們對自我的評價相當誠實且準確，擁有「與家庭成員、同伴、老師和訪談者建立親密和深入關係的能力」。他們報告的焦慮或悲傷體驗，顯示他們的這種感受通常是在合適的情形中被喚起，並不會過於嚴重或持久。葛林格特別指出，大多數受試者描述自己一方面喜歡並尋求責任感，另一方面同樣願意在重要的事宜上尋求他人的建議。因此，葛林格得出結論——準備好在合適的情境中尋求他人幫助與獨立性發展並不矛盾。

此外，受試者報告的整體家庭生活經歷圖像與研究太空人的報告明顯相似。幾乎在每一個案例中，受試者都報告自己的雙親健在。呈現出來的典型畫面是幸福平和的家庭，在這種家庭中，父母會分擔責任和分享興趣，並被孩子認為是相愛和互相給予的。母親一定程度被認為是更具有支持性、溫暖，且比父親更親密。而主要來自父親的規則是一致和公平，這種規則主要由責罵、適切的體罰，以及剝奪特權所構成。只有極少數情況是父母以收回對孩子的愛作為威脅。

這些學生描述在兒童時期時，認為沒有什麼比與母親待在一起更讓他們感到安全，同時，他們對父親有強烈的認同感。葛林格對這些年輕人對父親和父親形象的強烈認同感印象深刻，也因此傾向於得出結論——對男性而言，這種認同感對自身成長並保持心理健康極為重要。

問卷研究全數八十位新生，進行了組內比較，研究者的發現強烈支持以上這些結論。在受試者回答問卷調查的基礎上，根據其人格發展中具有的精神官能症特質高低劃分為三個子樣本。被劃分為最為健康一組的學生，報告出他們與健康父母之間的關係最為緊密。而處於健康程度最低分組的學生，更可能報告自己的家庭關係多少有些疏離或是緊

張，並且同樣更有可能報告在青春期有壓力、焦慮和衝突的情境。此外，葛林格總結他發現整合最好、最為健康的學生時所用的詞語與柯爾欽用於描述太空人的詞彙非常相似。他對這些學生遵循的單一發展路徑、這些學生的人格成長和生長環境變化的漸進性，以及這些學生幾乎從未遭遇壓力和失望的困擾，都感到印象深刻。

葛林格也討論了他的研究和結論可能要面對的一些反對的聲音。比如：他意識到，批評他的研究者可能是認為這些年輕大學生僅僅是沉悶的遵從者，他們缺乏創造精神和創新能力。不過，即使這種批評是事實，也是其爭議，因為這種批判不一定中肯。正如前文中提到，作為精神科醫師，我們關心在心理健康和自主性層級得分高的個體之人格發展狀況，不太關注其他可以用於評估人格的標準。而且，**正如葛林格辯駁這種來自「致力於創新和競爭性事業的專業人士所提出的簡化批評」，不斷的創新和緊張的競爭，本身就是精神官能症症狀。相反的，健康的人群可能正為穩定性提供穩定的核心，而不是導致混亂的可能因素。**

此外，葛林格還意識到由於研究中的所有訊息都源於受試者的自我報告，可能會有人質疑研究中運用來自歷史資料所陳述的效果。並且，他也知道自己無法評估「受試者將自身健康發展歸因於家庭的穩定與和諧之程度」。不過，我們發現葛林格的資料和結論與派克、赫威斯特[276]和古柏史密斯[76]研究中的資料和結論有細微的差異，後者關於父母的訊息是透過第一手觀察獲得，某種程度上彌補了這些缺陷。接下來，我們要報告的研究中也出現了這種現象。

研究 3　哈堡對處於高中到大學過渡期學生的研究

這個研究由在華盛頓特區的哈堡（David A. Hamburg）及其同事展開[260]，研究對象是處於從高中到大學過渡期的學生。其中有十九位準大學生，他們處在高中生涯的最後一年，依據學校紀錄和初始訪談被選擇出

來，他們顯示出了有較高的競爭力，這種競爭力包括「學術效能」（ac-
ademic effectiveness）、令人滿意的同伴關係，以及參與社會團體的能力。
在進入大學之前，這些學生在6個月內被訪談不少於七次。在進入大學
之後的第一年，他們被訪談不少於四次。他們的父母被訪談了三次，一
次是在學生進入大學之前，一次是在聖誕節假期，還有一次是在年末時
父母與孩子共同參加訪談。

　　這個研究最後，每名學生依據兩個標準被評估：（a）自主性顯示
的程度，程度的評定是根據個體的自主決定，且感到自己決定負責這兩
方面的能力；（b）他能維持或者提高與父母相互有益的關係的程度。
在對這兩個標準的評估上，這些學生可以被劃分成四個子樣本：

　　【樣本1】在自主性和家庭關係上都獲得高分：9名
　　【樣本2】在自主性上獲得高分，在家庭關係上獲得低分：6名
　　【樣本3】在自主性上獲得低分，在家庭關係上獲得高分：1名
　　【樣本4】在自主性和家庭關係上都獲得低分：3名

　　在第一個子樣本中，九名學生顯然擁有最美好的世界，在大學中能
夠自主和有效的生活，同時在假期時可以與父母一起享受日益親近的關
係。這個子樣本的學生與葛林格的適應良好的組十分相似。第二個子樣
本的學生在大學中同樣抓住了他們的機會，但是與父母的關係卻日漸疏
遠甚至慢慢敵對。而處於第三和第四個子樣本的四名學生，則顯示出欠
缺獨立性和組織自己生活的能力。因此，這也說明，在這一年的課程中
蒐集的證據顯示，樣本中只有半數學生的生活符合研究者當時選擇他們
為樣本的高度期望。

　　訪談父母的過程包括一次父母和學生的聯合訪談，顯示出了父母對
待的方式在不同子樣本有顯著的差異。

研究發現，被劃分到第一個子樣本的學生，其父母有清楚的價值觀和標準，並且可以就此與子代溝通。與此同時，他們相當重視孩子自身的自主性發展，並且十分鼓勵孩子的自主性。當他們的兒子（或女兒）需要幫助或給予意見時，他們早已做好準備回應，但是會避免在孩子沒有提出要求的情況下就給予幫助。他們以尊重的方式對待孩子，有好消息和壞消息都會告知孩子，相信孩子會像大人一樣有責任感。簡單來說，他們鼓勵孩子獨立發展自己的生活和人格，享受孩子在假期時的陪伴，並且早已準備好在孩子呼喚自己時給予幫助。

被劃分到第二個子樣本的六名學生顯示出很高的自主性，但是家庭關係親密程度較低。他們的父母可以提供很多在第一個子樣本的學生家長可以提供的情形。研究發現，兩組之間最主要的差異在於第二個子樣本中，學生家長似乎會分配孩子不符合兒子或女兒興趣的角色，而這個角色更符合家長的興趣。結果，當孩子有了獨立生活的機會後，就會從家庭中掙脫出來、走自己的路。不過，研究結果所顯示的衝突是否會長久持續下去依舊不確定，這似乎取決於家長是否能尊重孩子決定的人生道路，並達成和解。

最後，被劃分到第四個子樣本的三名學生，被描述為低自主性和低家庭關係。研究發現，父母常常並不清楚他們是誰與他們的立場。這些家庭中的溝通很貧乏，並在觀點上經常充斥著衝突。即使呈現出觀點，往往也是模糊的。這個子樣本的學生做了決定之後，可能會不確定這是自己做的決定還是父母控制下所做的決定。

因而，正如葛林格的研究所示，組內樣本的比較研究顯示、最符合初始標準學生的家庭特徵是——在家庭中，孩子能夠得到最多的支持，父母與孩子之間的溝通最清楚、孩子能夠被最大的信任著並且被給予最多的責任感。如此一來，結論似乎十分清晰：**當一名學生感到自信、覺得家庭內的關係是安全的且是支持與鼓勵的，那麼他在面對大學提供的**

大部分新機會時，不會感到困難。

迄今為止，我們回顧的每一個研究都發現有相似的模式：逐漸增長的自主性建立在值得信任的安全依附對象上，並會在安全依附中得到發展。這種模式在生命早期就已經存在。

從幼兒家庭經驗的研究論證依戀理論

雖然還有其他圍繞著青少年和其家庭進行的研究，且這些研究支持了我們的理論，著名的如：奧弗[269]的研究，但是我們仍然必須轉向生命週期的另一個部分。因為我們或許會有這樣的疑問：「有什麼證據證明，整合良好、適應性強的青少年，恰好是按照幼兒家庭經歷類型以相同或相似路徑發展？」鮑姆林德（Diana Baumrind）[28]對進入幼兒園的兒童進行了橫斷研究，安斯沃思和同事對幼兒在生命第一年的發展進行了短期的長期性研究[5]，梅因（May Main）[236]在一些特定情況下研究了21個月大的幼兒，這些研究都帶領我們一步步解答這個問題。

幼兒園的幼兒

為了獲得可系統化研究的受試者，鮑姆林德篩選了就讀於一所大學附屬幼兒園四個分部中的一個分部共有一百一十名的兒童。這些兒童的年齡都介於3～4歲，來自中產階級家庭。為了確保參與研究的孩子被劃分為三個截然不同的小組，每一個小組的受試者都有清晰且一致的人際行為模式，因此篩選分為兩個步驟進行：首先，在為期14週的觀察結束時，老師和心理學家要評分孩子的五個行為層級。之後緊接著進行第二個步驟，五十二名在各個層級上得分一致的孩子（分數可高可低）要接著參與一個實驗情境研究。在這個實驗情境中，研究者要求每名兒童完成三個謎題，三個謎題的難度等級逐漸增加。研究目的在於觀察孩子

在面對輕易的成功、可能的成功，以及肯定的失敗三個情境時的反應。
依據這兩個步驟的結果篩選出三個小組，並總共選擇了三十二名兒童。

【組別1】第一個小組由七名男孩和六名女孩構成。這些兒童在幼兒
園的課堂中和在實驗室中都獲得了較高的分數。他們被認
為在參與學校活動時精力充沛且愉悅、願意面對並解決新
的困難任務、願意積極探索環境、有能力遵守學校規則、
有堅持做自己的能力，並且在必要時願意向成人尋求幫
助。

【組別2】第二個小組由四名男孩和七名女孩構成，他們在以上相關
情境得分較低。特別是他們欠缺探索、缺乏能力解決全新
和困難的任務，且不能與其他兒童進行良好合作。他們也
相當情緒化，且具有攻擊性、是製造麻煩、恐懼、無趣或
壓抑的。

【組別3】第三個小組由五名男孩和三名女孩構成，評價同樣較低。
特別是在參與活動和探索性方面被評價得相當低，遵守學
校規則的能力很差，同時在堅持做自己、走自己的路這方
面的能力很差。

相對於他們的年齡而言，被劃分到第一組的幼兒被認為整合良好且
適應性強。而那些被劃分到第二和第三組的幼兒，幾乎所有標準上發展
程度都是停滯的。

每個幼兒的家庭經歷訊息主要源於三個管道：（a）研究者登門拜
訪兩次，每次持續約3小時，且其中一次拜訪是在夜晚進行的，而夜晚
是一天中，家庭壓力最大的時候；（b）在實驗室「結構式觀察」
（structured observation）母親和孩子；（c）單獨訪談父母雙方。

登門拜訪中，觀察者會記錄父母與兒童互動的每個場景，特別是某位成員試圖影響另一位成員行為的互動。為了讓測量觀察具有可信度，對八個家庭的觀察是由兩名觀察者同時完成。他們的紀錄被進行了編號，之後，在四個評分表中，每個兒童的父親和母親都被評分。評分表可以被總結如下四類：

【類型1】養育：父母關心孩子身體和情緒健康、關注他，並在孩子成功時表達驕傲和愉悅的程度。

【類型2】成熟的要求：父母期望孩子是自主的且能夠發揮自己能力的程度。

【類型3】控制：父母試圖更改孩子的行為方式的程度，這種控制可能是透過施與壓力，也可以透過抵抗壓力。

【類型4】溝通的模式：父母考慮孩子觀點和感受的程度，並且運用開放且清楚的態度，而不是採用操縱的方式控制。

第二個獲得兒童家庭經歷的訊息途徑，是觀察母親和孩子在實驗室情境下的狀態。共兩名心理學家觀察和記錄他們的互動。這個過程被分為兩個階段：首先，母親被要求運用一些長度和顏色不同的棒子來教孩子一些基本概念；其次，母親被要求在孩子玩耍時陪伴他。母親可以按照自己的意願行事——可以選擇與孩子一起玩耍，也可以不和孩子一起玩耍。不過在任何情況下，她都被要求確保在孩子玩耍的過程中遵循實驗者給予的特定限制。在這個設置中，我們可能看出母親如何幫助和支持孩子，她對孩子可能有什麼樣的期望、如何運用表揚和批評、用什麼方式強制執行某些規則、教導模式，以及她讓孩子感到安全的能力。最後，研究者在四個評分表上評分母親的行為，這四個評分表與之前用於登門拜訪後，評估父母的那四個評分表相同。

研究者在兩個不同設置中（家裡和實驗室），觀察到每位母親行為的一致性說明了每個觀察描述的圖像都是有效的（雖然這可能被解釋為兩種設置的評分模式並沒有完全獨立）。

當研究者根據兒童最初被劃分的三個小組比較其家長的行為時，發現三個小組的兒童，其家長行為之間的差異與我們透過對青少年和其父母的研究發現所得出的預期完全一致。研究發現，第一組的兒童，其家長在四個評分表上都獲得較高的評分；而第二和第三組的兒童，其家長在這些量表上獲得的得分都比第一組兒童的家長更低。第二組兒童的家長在養育量表上的得分特別低；而第三組兒童的家長則在控制力和成熟要求量表上得分特別低。

基於從三個途徑獲取的訊息，研究者發現，這三個小組的兒童，其家庭經驗的典型畫面如下所示：

【畫面1】第一組兒童的家庭經歷：在家庭的情境中，這些活躍、有控制力且自主的兒童，其家長在對待孩子的方式上一致。他們在照顧孩子的過程中都是充滿關愛且認真盡責。他們尊重孩子的願望，但同樣也會堅持自己做出的決定。他們在需要違背孩子願望時會給予理由，並且會鼓勵孩子與自己進行言語上的意見交流。在實驗室設置中，這些父母顯示出了嚴格的控制，並對孩子有很多的期望，但是他們的控制和期望都具有支持性。他們會讓孩子清楚知道自己的期望是什麼。

【畫面2】第二組兒童的家庭經歷：研究發現，在家庭和實驗室的情境中，這些十分焦慮和有攻擊性的兒童，其家長給予孩子相對更少的情感、注意力和支持。儘管他們會嚴格控制孩子，但是不會解釋自己的行為或給予孩子理由。而且，他

們很少鼓勵或贊成孩子。在訪談中，有母親報告她採用的管教措施使孩子感到恐懼。

【畫面3】第三組兒童的家庭經歷：研究發現，這些害羞甚至可以說非常不活躍的兒童，其家長本身都是不愛出風頭和沒有安全感的，他們在管理家庭時效果也不好。這些父母沒有對孩子有過多的要求，但是他們也不輕易驕縱孩子。研究者在訪談中發現，這些母親傾向威脅撤回愛以及嘲弄的方法來管教孩子。

另一個研究是由海尼克在洛杉磯展開的，目的在於初步研究家庭經歷與幼兒行為之間的關係。這些幼兒就讀同一個幼兒園。這個研究是一項長期性研究，從幼兒3歲進入幼兒園時就開始，並持續了4年。除了定時評估幼兒在學業上的表現，該研究還細緻記錄了幼兒每天的社會和情緒行為，還有從老師和父母那了解到的兒童行為作為特殊參考。該研究印證了鮑姆林德曾報告之相同類型的關聯，孩子在學校顯示出的行為模式與母親對待孩子的方式有關。海尼克等人透過描述兩個孩子和其家庭截然不同的發展發現[156]；**孩子在學校的行為其實是回應家中的經歷，尤其回應依附對象的可得性與不可得性**，這項研究大力支持了現有理論。另一個由馮列文和圖馬[221]報告、非常相似的研究也支持了此理論。

儘管如此，我們必須銘記，這些不同的文獻所研究的兒童已經3～4歲了，這個年紀說明在孩子和父母之間已經發生了好幾年複雜的互動，孩子的人格已經發展許多。因而我們可能要思考的是：「對於他們在生命週期更早階段中的體驗及發展出的人格模式，我們知道多少？」為了更了解孩子生命更早期的發展，我們接下來轉向安斯沃思和其同事觀察0～1歲二十三名嬰兒和他們的母親的研究。

1歲的孩子與母親建立的依附關係及其往後發展

在第3章中,已描述了安斯沃思的研究方法,即:觀察母親和其12個月大孩子的互動。首先,母親和孩子都處在沒有危險但是陌生的情境中;隨後,母親會暫時離開房間,並再次回來。安斯沃思研究、總共五十六名來自中產階級家庭的12個月大嬰兒中,有二十三名嬰兒組成的子樣本是在自己家中和母親一起接受觀察。

一位觀察者每隔3週會拜訪一次在子樣本中的這些孩子,觀察者每次會停留約4個小時,在此過程中,母親被鼓勵按照往常行事風格從事活動。在每次拜訪過程中,觀察者會進行非常細緻的記錄。這些紀錄會在之後口述或者轉錄形成敘述性報告,內容是嬰兒行為及發生在母親和嬰兒之間的互動。我們抽取子樣本可用的資料,而為了達成我們的目標,我們必須聚焦於三種設置:

【設置1】被觀察的幾個月大的嬰兒與母親在實驗室情境中的行為。

【設置2】被觀察的11個月大和12個月大的嬰兒與母親一起在家時的行為。

【設置3】孩子在1歲以前,觀察者拜訪家庭時觀察到的母親對嬰兒的行為。

由安斯沃思等人報告對以上研究,發現的檢測顯示——雖然有極少數的例外,但是12個月大的嬰兒在自己家中,母親在場或不在場的行為反應,與在陌生情境測驗中,母親在場或不在場下的行為十分相似。透過觀察嬰兒在不同類型情境中的行為,研究者根據兩個標準將嬰兒劃分為五個主要小組:(a)嬰兒在不同情境中探索環境的程度;(b)當母親在場時、當母親離開時,以及當母親回來這三種情境時,嬰兒對待母親的方式❼。

五個小組以及被劃分至每個小組的嬰兒數量如下所示：

【組別1】P組（共八名嬰兒）：在這個分組中，嬰兒的探索性行為隨著情境變化而變化，最為明顯的差異是由母親是否在場所引起。他把母親作為自己的基地，一直關注著母親身在何處，並不時與母親有眼神交流。他會一而再，再而三的回到母親身邊，並享受與母親接觸。當母親短暫離開後回來時，他會非常熱情迎接母親。沒有在他身上發現明顯矛盾心理。

【組別2】Q組（共四名嬰兒）：這個分組中，嬰兒的行為與在P組中的嬰兒行為十分相似。不同點是：首先，在這個分組中，嬰兒在陌生情境中傾向更積極探索；其次，他們對母親有一定程度的矛盾心理。一方面，如果被母親忽視，嬰兒可能會非常急迫的需要母親關注；另一方面，嬰兒反過來可能會忽視或迴避母親。不過在別的時候，這對母子組合能夠一起進行愉快的交流。

【組別3】R組（共三名嬰兒）：在這個分組中，嬰兒不論母親是否在場、不論所在環境是否熟悉，都十分積極的探索環境。而且，他幾乎沒有和媽媽互動，並常常對被母親抱起沒有太大的興趣。其他時候，尤其是在母親將他獨自留在陌生的情境中之後，嬰兒表現得非常不同，他會尋求親近母親，

---

❼ 這裡呈現的區分方法，是以嬰兒在兩種情況中的行為為基礎，也修訂了安斯沃思等人提出的觀點。安斯沃思當時的觀點是孩子在家中的行為就是唯一資料來源。在這裡，嬰兒被劃分為P、Q和R組，這與安斯沃思將嬰兒劃分為1、2、3組的意義相同。這裡被劃分為T組的嬰兒與安斯沃思研究中的第4組嬰兒相同。剩餘一名嬰兒，儘管在家十分被動，卻在陌生情境測試中表現出顯著的獨立能力，最後被劃分到S組。在S組中的嬰兒與安斯沃思第5組嬰兒相同。這裡呈現的再次分組，獲得了安斯沃思教授的同意。

然後再迴避母親的親近，或是尋求接觸母親然後又設法擺脫母親。

【組別4】S組（共五名嬰兒）：在這個分組中，嬰兒的行為不一致。有些時候他們表現得非常獨立，儘管通常只會持續很短的時間；其他時候，他們則顯得十分焦慮母親身在何處。他們對與母親接觸有十分明顯的矛盾心理，他們非常頻繁的尋求與母親接觸，但是當和母親親近後，似乎並不享受，甚至會經常拒絕親近母親。更為奇怪的是，在陌生情境中，他們傾向忽視母親在場且避免和母親親近。

【組別5】T組（共三名嬰兒）：這個分組的嬰兒在自己家中和在陌生情境中都顯得十分被動。他們很少表現出探索性行為，反而有比較多的自體享樂行為。他們對於母親身在何處有明顯的焦慮，並在母親不在場時頻繁哭泣，但是當母親回來後，他們對母親都有著明顯的矛盾心理。

當研究者嘗試採用以上這些不同的行為模式作為預測未來人格發展的依據時，在S和T分組中的八名嬰兒，似乎最不可能發展出整合良好的人格，因為整合良好的人格需要將自主性與信任他人結合。這些嬰兒中，有一些在兩種情境下都十分被動，有一些只是非常簡短的探索新環境。大部分的嬰兒對於母親身在何處感到很焦慮，他們與母親的關係顯得相當矛盾。

R分組中的三名嬰兒，則在探索環境上顯得更為積極，並且看起來十分獨立。但是他們與母親的關係十分謹慎，甚至有輕微的疏離感。對臨床心理學家而言，他們給人一種不能夠信任他人，並且發展出早熟、獨立的印象。

Q分組中的四名嬰兒顯得很難評估。他們似乎正好屬R分組和P分

組之間的類型。

　　如果研究者在此研究中採用的視角被證明是正確的，那麼在P分組中的八名兒童，最有可能發展出整合良好的人格——既獨立又能夠信任他人，因為他們有興趣探索周圍的環境和裡面的人與物，能夠在其中自由且自信的移動，並且能夠與母親保持親密接觸。他們確實在獨立性程度上沒有高於Q和R分組的嬰兒，並且在陌生情境測驗中，母親短暫離開讓他們受到更多的影響，但是他們與母親的關係似乎一直是令人愉悅且自信的，這不僅顯現在充滿情感的擁抱上，也顯現在一定距離時的眼神交流，而這似乎能夠保證他們有著一個美好的未來。

　　我們現在轉向五個小組中，嬰兒接受的母親養育類型。參考觀察者在長時間拜訪嬰兒家庭時所蒐集的訊息，研究者再次發現，每一組嬰兒的母親，其養育方式的差異與前文中以更年長兒童和青少年為研究對象的研究發現相似。

　　為了評估母親對其孩子的行為，安斯沃思採用了四種截然不同的九分量表。它們分別是：「接受—拒絕量表」、「合作—衝突量表」、「可接近性—忽視量表」，以及測量「母親對孩子需要信號的敏感度量表」。由於這些量表有著高度關聯，因此安斯沃思只呈現最後一個量表的細緻結果，即：母親對孩子需求的敏感度。由於敏感的母親會一直關注孩子的信號與需要，所以有可能正確解釋這些信號，並迅速且適當的回應。而不敏感的母親則常常注意不到孩子的信號，並在注意到時也容易錯誤解釋，從而遲緩、不恰當的回應，或者完全不回應。

　　在測試了五個分組中，嬰兒母親在各個量表上的得分後，研究者發現在分組P中，八名嬰兒的母親得分特別高（5.5～9分），而那些在分組R、S和T的十一名嬰兒的母親，得分則特別低（1～3.5分），最後分組Q的四名嬰兒的母親，得分處於中等（4.5～5.5分）。組間差異在統計學上相當明顯。此外，研究發現，各組母親在其他三個量表上的得分差

異相當一致，或是大概處於相似的數值高低。

　　透過進一步分析資料[30 & 341]，研究者發現當嬰兒在生命早期的幾個月哭泣時，如果母親回應度更高，嬰兒在其1歲前剩下的月份中，哭泣的頻率會降低，且嬰兒更可能在母親短暫離開後歸來時表現出歡迎母親回來的愉悅感。

　　安斯沃思和其同事討論他們的研究時特別強調[6]：

　　「在嬰兒生命最初的幾個月，能夠給予嬰兒相對更多的身體接觸的母親會使嬰兒在快1歲時，不僅能夠享受與母親接觸時積極的情感互動，同時在被母親放下時也能心滿意足、愉悅的去探索周圍環境、去玩耍。類似的接觸不會使嬰兒成為過於黏人和依賴的1歲孩子；相反的，這促使嬰兒發展獨立性。那些想要抵抗、不希望自己被母親放下來的嬰兒反而是之前有較少被母親擁抱體驗的嬰兒，這些嬰兒同樣沒有準備好獨自玩耍……」

　　梅因[236]透過追蹤之前在12個月大時參與陌生情境測驗的嬰兒，並在9個月後，在一個不同但是相似的情境中繼續觀察了這些嬰兒，進一步推動了這些研究。被追蹤觀察的四十名孩子中，有二十五名在其12個月大時被劃分為「安全型」，十五名被劃分為「非安全型」[8]。當這些孩子在21個月大時，在一個自由玩耍的設置中被觀察時，研究者發現，那些早期被劃分為安全型的孩子，相較於早期被劃分為非安全型的孩子，在參與活動時，注意力更集中，並且能夠持續更長的時間，此外，微笑和大笑的頻率也更高。當有一名成人玩伴參與進來時，安全型

---

❽ 梅因的安全型嬰兒在這裡被劃分為P、Q組，她所指的非安全型，在這裡被劃分為R、S和T組。

幼兒也顯得更容易接近、更願意與成人玩伴玩耍。幼兒完成「貝萊嬰兒發展量表」（Bayley Scales of Infant Development）的結果顯示，安全型幼兒的合作能力更強，並且其平均分數為111.2分，明顯高於非安全型幼兒，非安全型幼兒的平均分為96.1分。但是這些差異並不能被歸因為如：母親的教育程度、幼兒的兄弟姊妹數量，或是他之前缺乏什麼遊戲的經驗。雖然在觀察期間，兩組學步期兒童母親的外顯行為並沒有什麼顯著差異，但是整個歷程中，安全型幼兒的母親表現出更濃厚的興趣，在觀察孩子參與活動時也更密切，並且有更多情感表達。因此，我們可以說，**在嬰兒12個月大時就建立起與母親的互動模式，在其後9個月時間內有很好的穩定性；這個發現再次支持了前面的結論，即「有敏感度回應孩子需求的母親，嬰兒會更有可能愉悅的去探索環境並玩耍」**。合作意願、集中注意力的能力，以及在21個月大時在發展測試上都獲得高分，都能良好預測他們的美好未來。

顯然，在有自信的得出結論之前，還需要大量進一步的研究工作。儘管如此，我們已經知道的人格發展以及生命最初幾個月的母子互動整體模式，與之後的歲月中孩子的人格發展和家庭互動是如此相似，這讓我們很容易相信前者是後者的預測因素。至少，安斯沃思的發現顯示，當嬰兒的母親是敏感、可接近和有回應的，她接受孩子的行為，與孩子相處時有著合作態度，那麼這個孩子會有著與其他理論所指出的辛苦孩子截然不同的人生經驗。相反的，這種養育方式培養出來的孩子更可能在其生命第二年發展出自主性，並高度信任母親且樂於享受母親的陪伴。

自主、依賴自己與依賴他人之間的關聯與差異

在第14章中，我們介紹了關於人格機制和發展的三種論點。第一種

論點是，只要個體相信在自己需要的時候可以接近依附對象，那麼相較那些不知原因缺少這種信心的個體，就不會輕易感到高度或慢性的恐懼。第二種觀點認為，不論個體對依附對象的可接近性和回應性是充滿信心還是缺乏信心，都是在之前所有不成熟的歲月中緩慢形成的，並且一旦發展就會在其他生命階段裡傾向保持穩定。第三個觀點指出，不同個體所建構的對於依附對象可接近性的預測模式，準確反映了這些個體曾經真實經歷過的體驗。然而，由於每種觀點非常具有爭議，或是曾經有著爭議，所以我們有必要展示出更細緻的證據。

雖然這些觀點最初都源自治療心理障礙兒童的嘗試性解釋，尤其是在分離後發展出的心理障礙。但現在看來，這些觀點似乎有著更廣泛的應用價值。目前我們清楚了解：不僅僅是幼兒，處於所有年齡層的人類都符合這個規律。也就是說，如果個體相信在出現困難時，自己信任的一位或者多位對象會在第一時間出手相助，那這樣的個體是最幸福的，並且能夠最大程度的發揮自己的智慧。被個體信任的對象為個體提供了安全的港灣，並且越是值得信任的港灣，個體越會將其視為理所當然。但不幸的也是，當個體越將其視為理所當然，就意味著個體更有可能忽視和忘記其重要性。

比較矛盾的是，依照這種觀點，真正自主的個體實際上不是我們刻板印象中的那種獨立形象。個體得以自主的一個基本成分是在需要時能夠依賴、信任他人，並且知道依賴誰是適當的。因此，**一個健康自主的人能夠根據環境變化而轉換自己的角色：在某個時間點，他可以為他人提供安全的港灣；在另一個時間點，他可以欣然依賴自己的某位同伴，**

---

❾　溫納報告了研究五十二名以婚婦女在懷孕期間和生育後的初步發現。這些受試者都來自中產階級，年齡在20歲以上，其中有初次生育者，也有多次生育者。她們都在懷孕期間由於情緒問題而尋求心理病理學家幫助直到產後，至少3個月維持每週一次的治療訪談。部分受試者在研究過程中表現出嚴重的情緒問題，但是大部分沒有這種狀況。

從而獲取一定的安全感。

我們可以從正處於從孕期到成為母親的生命過渡階段、健康自主的女性身上看到這種適應角色變化的能力。溫納（N. K. Wenner）[372]發現❾，可以成功處理這些轉變的女性，在其懷孕期間和產後可以良好而直接有效的方式向其依附對象表達她想要獲得支持和幫助的期待。同時，她能夠發自內心支持他人包括她的孩子。溫納還報告，在懷孕期或產後經歷較多情緒問題的女性，在依賴他人方面有很大的問題。這些女性或許缺乏能力表達尋求支持的願望，或者她表達這種願望的方式相當苛刻且富有攻擊性。不論是哪種情況，她的行為都顯示她缺乏相信「馬上會有人來支持她」的信心。通常，她會不滿足自己所得到的，也不能發自內心為他人提供支持。梅爾基斯[248]的研究顯示，有這種問題的女性，通常與母親之間有較深的矛盾。

不同研究理論對基本原則的認同

我們這裡所採用的理論視角，與其他大量精神分析師的觀點，尤其是認為環境對發展有著重大意義精神分析師其實相當一致。

例如，在英國，費爾本[98]堅持認為「與自我發展相關的任何理論，若要令人滿意，則必須從與客體關係角度上思考」，他提出在個體發展過程中，「拋棄嬰兒依賴的原始狀態，是由於喜愛成人狀態或成熟的依賴狀態……」溫尼考特的觀點是：

「成熟以及敢獨處的能力，顯示個體有機會透過夠好的母親養育建立對美好世界的信念。漸漸的，對自我有支持性的環境會被個體內化，並形成個體的人格，因此形成了一種真正獨立的能力。即使如此，理論上，個體身邊還是有人存在，這個人在個體的無意識中等同母親……」[379]

在美國，也有影響力持續多年的相似理論傳統，弗萊明（Joan Flem-ing）[103] 的文章對這種理論進行了良好闡述。貝內德克[32 & 34]強調個體如何產生相信具有幫助性人物的信念，是從嬰兒期和兒童期間，個體與母親不斷重複而滿足的體驗中產生，繼而導致個體發展出強大的自我，使個體得以在沒有任何支持的情況下仍然保持整合和自我調整的能力。馬勒[235]基於研究重度心理障礙和精神官能症兒童得出了相似的結論。她提出：對自己的信心、自尊以及獨立狀態中的愉悅感，是從對他人的信任中發展出來。這種信任是個體透過嬰兒期和兒童期間，從養育者那獲得的體驗所建立。養育者是孩子早期活動的「參照點」（reference point），與此同時也會給予孩子足夠的自由，以幫助其度過馬勒稱之為「分離—個體化」（separation-individuation）的發展階段。弗萊明[103]耗費多年研究那些在兒童期或青少年期經歷喪親之痛的成人個案，最終採用了這些觀點，並堅持認為：即使是在成人生命中，「我們絕不會完全脫離這種需要，需要一個值得信任而有幫助的個體，並深信在必要時可以回應我們的召喚」。

因此，儘管不同臨床學家得出結論時所基於的觀察資料來源與推論框架通常有非常大的差異，但是在一些基本原則上，始終高度一致。可以確定的是，充分的自主性不僅僅是擁有依賴他人的能力，而且會從這種能力中獲得成長。因此，**一個安全的港灣和強大的家庭支持，非但不會阻礙孩子自主性發展，反而可在扎實的基礎給予孩子發展自主的由衷鼓勵。**

第22章

人格成長的路徑

「有機體與環境並不是相互分離的事物，它們本身有著各自的特點，就像用鏈子將鵝卵石扔到篩子上，有機體和環境匯聚在一起後彼此之間的聯結很少。有機體最為根本的特點是時間擴展性，而這也可以被看作是一系列可以更改的發展路徑。」

——瓦丁頓（Conrad H. Waddington）[359]

個體差異的本質：替代模型

在20世紀大部分的人格發展模型中，最受歡迎的觀點認為「人格是不斷發展的歷程，透過一系列的階段、沿著單向的軌道指向成熟」。不同形式的人格障礙被歸因為發展階段中的一次停滯。這種理論認為，這一次停滯，可能或多或少是完全停滯。但是研究者猜想，大多數情況下，這種停滯可能只是部分停滯。在這種情況下，發展被假設為明顯而令人滿意的連續過程，研究者認為，除非是在巨大的壓力下人格有崩潰的可能，否則只會退化到早期的某個階段，部分停滯或是固著。此外，有一些我們熟知的理論系統也是建立在這樣的模型基礎，比如亞伯拉罕（Karl Abraham）[2]的理論認為，每一種人格障礙、精神官能症或精神疾病的表現形式，都與發生在個體特定發展階段的固著程度相關。正是從這個模型開始，研究者將成熟和不成熟的術語應用到描述健康和障礙的人

格上（請參見第14章）。

　　雖然比起亞伯拉罕的理論，安娜・佛洛伊德[109]提出的理論系統顯得更為細緻，但是仍然保留了測量了被觀察的個體所顯示出成長、固著和退行方面的個體差異特徵。不同於亞伯拉罕的模型僅僅納入原欲發展階段，安娜・佛洛伊德的模型納入了被認為不同人格機制的每個發展階段等，比如，飲食模式或是客體關係的發展階段。因此，在介紹這個理論時，實際上是在講述一系列健康人格應該如何按照年齡時間順序，以合適的比率，相對平緩與和諧的發展而形成「發展線」（developmental lines）。而不同形式的心理障礙則被認為是「個體的發展在單一或多個線路上出現一定程度的固著或是退化」。

　　在臨床領域中，很少討論有關人格發展的替代理論。相比傳統理論，替代性模型其實更貼近現如今可利用的證據，讓人格可以被理解為一種不斷沿著可能與獨立的路徑發展的結構。研究者認為，所有路徑的起點都相當接近，讓個體在大範圍路徑中選擇任何一個可能前進的方向。同時，個體所選擇的路徑會在旅程的一個階段中，發展到那一刻的有機體以及所在環境產生互動。因此，懷孕就取決於新形成的基因組和子宮內環境的互動；出生時的發展，就取決於生理結構，包括新生兒及其所出生的家庭，或是非家族成員的心理結構；不同年齡層的發展，就取決於其呈現出的人格結構、家庭與之後更廣泛的社會環境之間的互動。

　　在胎兒期，可供個體選擇、潛在的全部路徑排列是由基因組的構成所決定。隨著發展進行以及結構逐漸分化，可供個體選擇的發展路徑也會被侷限。

　　這兩種可供選擇的理論模型可以類比為兩種類型的鐵路系統。傳統理論模型就像一條單一的主要路線，上面設置了一個接著一個的停靠站。我們可以想像，在任意一個停靠站上，火車都可以停下來短暫或是

永久停留；火車在一個停靠站停留的時間越長，越傾向在後面的路程中遇見阻礙時，返回曾停留過的停靠站。

另一個替代模型就像一輛從大都市出發的火車，最初的路線是簡單順著一個方向前進，但是很快的，它就駛進了一個交岔路口，這裡有大量不同的路線。儘管這些路線之間或多或少有一定的差異，但是最初，大部分路線是向著與原始路線沒有太大差異的方向前進。接下來的每一條路線都是從大城市起源，但是，路線的分支越多，方向的分歧程度可能就越大。不過，儘管很多分支與原始路線相距越來越遠，但是也有很多分支會與原始路線匯聚，因而最終個體可能會回到與原始方向相近甚至是平行的路線上。從這種模型的角度來看，最關鍵的在路線發生交叉的交叉點。因為一旦火車按照任何特定路線行駛，就會存在壓力迫使其繼續按照這種路線行駛；但是，交岔路口的分歧可能並沒有非常巨大的影響，並且在到達下一個交岔路口時，保留著讓火車駛向匯聚方向的機會。

這些運用於研究和實務的不同理論模型具有深遠的意義。在研究方面，傳統的理論模型認為——在成人身上的每一種人格障礙表現形式，其實都來自生命階段中正常且健康的人格結構。這些人格結構通常形成於生命最初幾年，甚至是最初幾個月中。研究者依據這樣的假設，認為提出這種現象是因為兒童時期的健康特徵，可能在後續發展成為個體之後成為人格障礙某種行為特性。因此研究者觀察個體早期階段的發展歷程，以第一手資料探索早期健康人格結構如何在之後生命階段的某個時刻表現為某種人格障礙，並在此基礎上建構了發展心理學。

關於人格發展的替代模型研究，研究者提出大量、不同的發展路徑，有著十分重要的意義。正如我們在第14章結尾處所討論，這個模型認為「成人混亂的人格狀態反映其早期健康發展狀態，它認為任何試圖在此基礎上建構發展心理學模型是錯誤的嘗試」。相反的，該模型認

為，研究者應該做的是描述出人類可利用潛在而眾多，並常常分歧的發展路徑，專注在個體的選擇上。要完成這種描述模型，只有在特定的環境中恰好經歷人格發展的時候進行研究才可行。透過這種方式，才可能更深入理解人格和環境的互動順序。

人格發展的路徑及動態平衡

這個替代模型在人格結構上與傳統理論有不同的視角。它認為人格結構是由有分歧的發展路徑導致的成長結果，這與瓦丁頓[359]提出的「後熟論」（epigenesis theory）非常相似，發展生理學家已經廣泛接受了後熟論。該理論認為，決定有機體發展的過程以及每一種發展特徵受環境影響的敏感度由基因所決定。對環境的變化相對不敏感的特徵可以被稱為「環境穩定性」（enviromentally stable），對環境變化相對敏感的特徵可以被稱為「環境依賴性」（enviromentally labile），關於這兩個用語，請參考《依戀理論三部曲1：依附》第3章與第10章解釋。

瓦丁頓討論了「物種成員在發展過程中具有對環境變化的敏感度，導致其生存方面的優勢和劣勢」。一方面，對環境變化敏感度低可以確保物種能夠適應許多不同環境並發展，但是這樣的代價是，當環境變化超過了特定限制時，該物種將會完全無法適應；另一方面，對環境敏感度高可以讓有機體根據特定環境調整自己的發展，從而以能夠更佳適應該環境的方式發展。這種對環境變化的高度敏感度，同時還能確保在該物種的基因庫中儲存適應能力，因而使得部分有機體在環境有較大變化時，能夠適應並生存。不過，這種靈活性同時會伴隨一些風險，如：在一些環境中，很多個體發展可能會走入相反的方向，結果可能是嚴重不適應所有環境。而因為有這種風險，沒有物種能夠提供其成員在其發展過程中對環境變動超過一定限度的敏感度。

演化過程中，環境變化的敏感度在發展允許的範圍內，不同物種會根據其敏感度採用不同的策略。因為如果敏感度相當極端，不論是極端敏感或是極端不敏感，對於物種生存都有非常嚴重的危害。也因此，每一個物種最後都會在兩種極端之間找到平衡點。此外，對所有物種而言，遺傳敏感度最高的程度，或許表現在其生命最早期階段，之後再慢慢減弱。

為了限制遺傳下來的敏感度並保證物種在環境變化境況下也能夠獲得穩定發展，物種必須演化出一些生理和行為上的歷程，以緩解環境變化的影響。這些歷程有著一致的目標，即「不考慮發展所發生在環境中出現的大多數變化，這些歷程始終傾向讓個體維持在目前的發展路徑上」。這些歷程所具有強大的自我調節性被瓦丁頓稱為「動態平衡」（homeorhesis）。

當瓦丁頓的概念被運用於人類人格發展時，人格結構發展的心理歷程先天就被賦予對環境一定的敏感度，特別是對生命早期時的家庭環境，但是這種敏感度會在兒童期逐漸減弱，而到了青少年後期就已經非常有限了。因此，這種發展歷程被認為能夠在生命早期階段內其所處的環境適應性而改變了路線；而之後，隨著環境敏感度的減弱，個體會越來越被限制在某個特定路徑上。

日常經驗則告訴我們，人格發展的早期階段與對環境的敏感度會導致了適應結果，從這個意義上來看，其最終產生的成人人格能夠在所處的不同文化家庭和社會環境中能有好的表現。不過，正如我們所看到的，這種早期敏感度不能完全保證未來的適應性結果；比如，當發展的環境超出了特定限制，有機體對環境的敏感度則可能導致其人格發展會採用非適應性發展路徑。更嚴重的是，由於調整動態平衡，有機體多少會永久被限制在該發展路徑上。實際上，病態人格就是個體在生命最初3年或幾年處於嚴重而非典型的家庭環境中，所發展出來的一種結果。

病態人格可以被人格非適應性發展模式的例子。

此外，還有另外一種人格發展路徑可能導致成人生活中出現非適應性產出模式。當個體發展是按照人格成長的路徑進行，就能夠良好適應個體目前所處的環境。但是當成人發現自己身處的環境有所變動，則這種對於成長的適應性就終止了。比如，強迫型人格的個體也許能夠在組織良好的社會環境中獲得旺盛的發展，但卻沒有適應環境變化的能力，這就是這種非適應性發展模式的典型例子。

動態平衡對人格發展的壓力

接下來，我們簡單思考一下將個體人格發展傾向維持在目前所處路徑的心理歷程之本質。壓力似乎有兩種，一種是來自環境，一種是來自有機體內部。而由於這兩者之間不斷相互影響，這些壓力形成了相當巨大的聯合作用。

如派克和赫威斯特報告，來自環境的壓力，很大程度上源於孩子生活和成長的家庭環境傾向保持相對穩定。這就意味著，無論來自家庭的何種壓力引導孩子朝著現在所處的路徑發展，這種壓力都很有可能一直存在，並讓孩子維持在同一條路徑上。這告訴我們試圖透過心理治療改變孩子的人格結構，而不透過家庭治療同時改變家庭環境的努力注定徒勞無功。

但是並非只有環境壓力會讓個體發展維持在某個特定的發展路徑上。一旦發展出人格結構特點，同樣有自身傾向維持當前發展方向的自我調整方式。比如，個體當前的認知和行為結構決定了個體能知覺到什麼、忽視什麼，個體如何知覺新的情境，以及個體可能建構出什麼樣的行動方案來處理新情境等。此外，當前的人格結構還決定了個體追求何種類型的人和環境，並試圖避免哪種人和環境。在這種條件下，個體能夠影響他對自身環境的選擇，因此最終會回到原點。因為每個個體都具

有這種強大的自我調整心理歷程，所以不論學童、青少年，或是成人，心理治療的方法如果是以改變個案的家庭或社會環境為目標，而不是直接改變個案自身的人格結構，也注定徒勞無功。

由於環境和有機體內部的動態平衡壓力不斷相互強化，最終將個體的發展維持在當前的發展路徑上。因而心理治療的方法，最好能夠同時處理這兩種壓力。當今很多動力學取向的精神分析學家十分關注這種聯合治療技術發展。當然，構成有機體調整動態平衡的心理歷程和行為表現形式，在精神分析傳統理論中被定義為「防衛」（defensive）。在《依戀理論三部曲3：失落》中，我們計畫從這個角度來探討防衛歷程和防衛行為。

了解決定一個人的發展路徑的重要因素

根據瓦丁頓的理論，我們認為人格最根本特點是其「時間擴展性」（time-extended properties），可以被想像為「一系列可供選擇的發展路徑」。個體在最初從對每一位開放的眾多路徑中選擇哪一個路徑，取決於近乎無窮多的變項。但是在這些變項中有一些更容易被識別，因為這些變項的影響非常深遠。而研究者認為，沒有一種變項比孩子在家庭中的經歷對其人格發展有更為深遠的影響：因為，從生命的第一個月他與母親的關係到兒童期和青少年期他與雙親的關係，在這段過程中，他建立起關於各式各樣情境中依附對象會如何對待自己的運作模式，而在剩下的生命裡都會將自己的預期建立在這些運作模式上。

我們可以看到，**與依附對象分離的體驗（無論持續多長時間），以及失去的經歷，或是被威脅要被拋棄的經歷——這些經歷都將個體處於最佳範圍內的某條路徑上的發展，轉向另一條在該範圍之外的路徑上。以鐵路作為比喻，這些經歷就像鐵路交叉處的道岔，讓火車從主要路線偏**

離到支線。比較幸運的是，通常這種偏離程度並不會很大，因而個體還可以輕易的回到主要路線上。相反的，其他時候，當某次偏離的程度過大且持續時間更久，或者又再次發生偏離，那麼此時如果要回到最初的路線就變得更困難，甚至不可能做到。

不過，我們千萬不要假定——分離、分離的威脅，以及失去是可以讓個體從發展最佳路徑上偏離出來，轉向次級路徑的僅存因素。如果現在呈現在此的理論是正確的，那麼家庭養育過程中，很多其他限制和缺點可能導致相同的結果。此外，這種偏離可能發生在任何一種被個體知覺為壓力或危機的生活事件之後，特別是當這個事件發生在不成熟的個體或是已經在次級發展路徑上的個體身上時。因此，有很多事件能夠將個體從原本的發展路徑轉向另一條發展路徑，而分離和失落的經歷以及被拋棄的威脅，只會是這些事件中的一小部分，這些大量的事件會被描述為生命中的重大變化[274]。在這個定義的範疇中，還包括在一定情形中可能會幫助個體更良好發展的事件。

為什麼研究者將注意力集中於個體的分離和失落經歷，以及被拋棄的威脅，而不是其他事件呢？其原因相當多：首先，這些都是很容易被定義的事件，在短期內對個體有可被觀察到的影響。並且，如果個體繼續在嚴重偏離的路徑中發展，其長期影響也很容易被觀察到。因此，這些事件為研究者試圖闡明人格發展以及影響人格發展的因素等極為複雜的目標提供了有價值的切入點。

其次，在一定程度上，由於這些事件的影響並不限於人類，也能在其他物種中發現這些事件的影響，這提供了機會讓研究者重新完善人格發展理論。並且，也可以藉此機會改善理論在精神分析傳統、動物行為學和發展生物學中所內化的一些偏差觀念。

最後，這些事件在兒童、青少年以及成人生活中十分普遍，在我們所知的主要壓力來源占大部分，因而更清楚了解這些事件的影響，對於

以理解、治療甚至在情況允許時，能夠及時幫助以預防精神障礙為己任的臨床心理學家。

不過，雖然或許我們證明了這項工作是有用的，但是這僅僅是個開始。人類的人格可能是地球上現存、複雜系統中最為複雜的一種。要描述人格建構的主要成分、要理解和預測人格工作的方式，以及最重要的，繪製出一個人千絲萬縷錯綜複雜的發展路徑，是我們全體未來的任務。

分離焦慮相關文獻綜述

文獻研究顯示❶，研究者可從六個理論視角來理解分離焦慮，其中三個涉及兒童對母親的依戀理論。按照業界精神分析師的關注度高低，其內容概括如下：

【理論1】佛洛伊德在《性學三論》[114]中提到分離焦慮，按照當時（1926年）他對焦慮所持有的觀點，分離焦慮是焦慮理論中的特殊例子。一項有關神經質焦慮的研究中[112]，佛洛伊德提出，病態焦慮是由軀體內無法釋放的性興奮轉化而來。嬰兒與照顧者分離時出現的焦慮就是具體表現。在分離時，嬰兒的原欲未得到滿足，轉化成焦慮情緒。這個理論可以稱為「轉化的原欲理論」（transformed libido theory）。

【理論2】兒童與母親分離時產生的焦慮是再現「出生創傷」。因此，出生焦慮可以代表兒童隨後出現的分離焦慮。根據蘭克[279]的觀點，這個理論可被命名為「出生創傷理論」（birth trauma theory），與「重返子宮理論」（return-to-womb craving theory）相對應，都可解釋兒童與母親的聯結。

【理論3】母親不在時，嬰幼兒可能會被現實傷害。嬰幼兒會隨之發展出保障自己安全的策略，即：每當媽媽離開時就會表現

---

❶ 這篇綜述發表在《兒童心理學與心理病理學雜誌》（*Journal of Child Psychology and Psychiatry, 1961*）第一集。這裡只修改了部分內容。

出焦慮。這種行為有功能：保證媽媽不會離開太久，這也是佛洛伊德1926年提出的「信號理論」（signal theory）。根據想要避免的情境不同，這個理論會有很多不同變形。主要變形：（a）「經濟波動」（economic disturbance），由於生理需求未得到滿足而積累過多刺激時產生[125]；（b）「喪失性慾」（aphanisis）[184]，即：永久且完全失去獲得性快感的能力所產生的焦慮（瓊斯最初用這個理論來解釋焦慮時，並未涉及分離焦慮。然而，兩年後，他試圖將這個理論與佛洛伊德的最新思想接軌）；（c）「自戀性損傷」（narcissistic injury），最初由史畢茲[340]提出，並由喬夫（W. G. Joffe）和山德勒[180]發展出新的理論模型，即：想要避免創傷情境涉及自戀性損傷。有理論指出，兒童與母親透過次級驅力聯結。佛洛伊德認為，這是信號理論的基礎，兩者在某種程度上相互對應。同樣，想要避免引起自戀性損傷的創傷情境，也源於次級驅力。

【理論4】分離焦慮的產生是因幼兒會認為母親離開是因為自己吃掉或摧毀了母親，因此會永遠失去她。兒童的死亡本能會引起這樣愛恨交織的矛盾情緒。這個理論由克萊恩提出[203]，在她的術語中，這種現象被稱為「憂鬱性焦慮」（depressive anxiety）。

【理論5】兒童會將自身的攻擊性投射到母親身上，認為母親具有迫害性，他會將母親離開看成是對他生氣或想懲罰他。因此，每當母親離開時，他會認為母親不是永遠不會回來，就是會帶著敵意情緒回來，讓他倍感焦慮。這個理論仍由克萊恩提出[202]，被稱為「被迫害性焦慮」（persecutory anxiety）。

【理論6】分離焦慮最初是指兒童與母親的依附關係遭到破壞後，兒童的基本反應，不是其他術語的替代物。這是「依附受挫理論」（frustrated attachment theory）。這個理論認為，母親在場給孩子帶來的愉悅感與孩子獲得食物和溫暖時的愉悅感同等重要。詹姆斯[170]、薩蒂[348]，以及赫爾曼[158]等人都提出過上述理論，但是在精神分析學派中，這個理論並未受到太多關注。我在早期著作中提出[49]，這個理論是信號理論的另一個變形。本書第12章提到的理論是上述第3和第6個理論的結合，即：兒童與依附對象的分離會讓兒童感到沮喪，並且喚起內心強烈的恐懼感。結果，每當幼兒感受到任何分離的可能時，就會產生焦慮的情緒。

本書第5章認為，幾乎所有關於焦慮和恐懼的精神分析理論，都是在現代演化理論之前的生物學典範中進行討論。這可以解釋本章中大量複雜的理論之間為什麼是相互競爭、矛盾。

代表人物對於分離焦慮的觀點

人物1 西格蒙德・佛洛伊德

佛洛伊德直到1926年（他70歲時），才在《抑制、症狀與焦慮》一書中對分離焦慮做出系統闡述。在此之前，佛洛伊德承認自己沒有足夠重視兒童對母親的依附，也自然較少關注兒童對母親的分離焦慮[127]。然而，他並非完全視而不見這個問題。在著作《性學三論》[114]和《精神分析引論》[121]中，他都提到了分離焦慮，並在書中闡述了分離焦慮的重要性❷。

在《性學三論》的「早期客體關係」這一章中，佛洛伊德專門寫了一段探討「嬰兒的焦慮」（S. E. 7: 224）。他指出：「兒童的焦慮是表達他們感受到自己失去所愛之人。」這個觀點與佛洛伊德對成人精神官能症焦慮的假設一致。那時，佛洛伊德仍持有如下觀點，即：當強烈的性興奮沒有完全釋放時，原欲就會直接轉化成焦慮。他認為兒童同樣也是如此，因為「兒童早期的表現顯示，對照顧者的依賴本質上是性欲的表現」。在分離情境中，兒童的原欲得不到滿足，佛洛伊德認為，兒童會像成人「將原欲轉化成焦慮」。四年後，他也用同樣的理論來解釋小漢斯出現的第一個症狀——分離焦慮，即「對母親強烈的情感突然轉化成了焦慮」（S. E. 10: 25）。

《精神分析引論》中，他的推論沒有變。當他再一次提及母親離開後兒童表現出的焦慮時，他提出「嬰兒的焦慮並不是現實焦慮，與成人的精神官能症焦慮密切相關，源於未充分釋放的原欲」（S. E. 16: 408）。這是將成人的精神官能症焦慮和嬰兒的分離焦慮相提並論，在1905年他就提出過類似的觀點❸。

雖然佛洛伊德在《精神分析引論》中又談到，焦慮的核心是反復體驗出生時的感受（S. E. 16: 396），但是透過實際觀察，這仍是源於嬰兒與母親時分離產生的焦慮。從1905年起，佛洛伊德開始關注嬰兒焦慮，與母親分離產生的焦慮一直是其理論核心。出生焦慮早在1910年前就被提出（S. E. 11: 173），最初這只是補充該理論。雖然出生焦慮逐漸被重視，但是仍然無法超越人們對分離焦慮的關注。由於很多分析師強調了出生焦慮的作用，它也變得越來越重要❹。

---

❷ 史崔屈在標準版《抑制、症狀與焦慮》的引言中清楚指出佛洛伊德對於焦慮的看法，即「與母親的分離焦慮經常發生」345。

❸ 成人因為原欲未得到滿足而表現出的精神疾病現象就像嬰兒——孤單一個人時會感到很害怕，他會採用不成熟的方法來緩解這種情緒（S. E. 7: 224）。

瓊斯告訴我們[188]，在《超越快樂原則》[123]一書中，佛洛伊德再次提到分離焦慮，並將分離焦慮與著名的「棉花軸事件」（cotton-reel incident）聯繫起來。18個月大的孫子將各類小物體扔向角落和床底，好像在表達「消失」（gone）。之後，男孩的繩子末端有一個棉花軸，他開始帶著「消失」的表情扔棉花軸，又帶著快樂的「是的」（da）表情把棉花軸拉回來。這個小遊戲與男孩對母親的強烈依附有關，佛洛伊德提出了他的解讀：

> 「這與兒童巨大的『文化成就』（cultural achievement）有關——『脫離本能』（instinctual renunciation，本能滿足的消失），即他可以在不表達抗議的情況下讓母親離開。他透過這個遊戲補償自己，在他的可控制範圍內決定身邊物品消失和回來。」（S. E. 18: 14-15）

文化成就的證據是否充分我們不得而知，但是如果佛洛伊德的孫子是按正常規律發展，這種成就實際上很難維持。許多嬰兒在18個月大的時候允許母親離開1小時左右而且不會哭泣，但是在接下來幾個月中，這些嬰兒會更沒有耐心，可能會惹大麻煩。然而，觀察這類現象澄清了佛洛伊德對兒童與母親依附的概念，並讓他在焦慮理論之上有了更深入思考——這是早期能體現直接觀察價值的一個例子。

蘭克的《出生的創傷》[279]於1924年出版後，佛洛伊德在《抑制、症

---

❹ 《精神分析引論》中，佛洛伊德認為「兒童看不到熟悉和所愛的人（一般是母親）的情境，是兒童焦慮的原型」（S. E. 16: 407）。但他認為這種情境也會再現「出生焦慮」。在《抑制、症狀與焦慮》一書中，佛洛伊德又將出生焦慮當成兒童焦慮的原型。他在書中解釋為何在蘭克有關出生創傷的重要作用理論上自己未有所發展，並在結論中指出「出生創傷對於焦慮的原型的意義」（S. E. 20: 162）。《新精神分析引論》[128]中，他也依舊持有相同立場，他再次表示：「嬰兒在不同發展階段會有與之適應、決定焦慮的因素。」（S. E. 22: 88）出生時的焦慮與喪失所愛客體的焦慮被賦予同等重要的地位。請參考瓊斯[188]與史崔屈[345]的討論。史崔屈指出，在佛洛伊德的後期著作中，焦慮都可以被理解為「源於出生創傷」。

狀與焦慮》[125]中加入了附錄，並稱：「這讓我又開始重新思考焦慮的問題。」蘭克在《出生的創傷》中表示：「焦慮的情緒源於出生創傷以及反復體驗當時的場景。」這個觀點最初由佛洛伊德提出。但是，佛洛伊德補充：「蘭克認為出生是一次創傷，焦慮狀態是為了應對創傷，而之後的焦慮情緒則是為了更徹底釋放體內的能量，我並沒有在他的理論上有所發展。」（S. E. 20: 161）佛洛伊德勇敢的透過實證觀察重新檢驗自己的理論，讓他重新開始研究分離焦慮。

《抑制、症狀與焦慮》中，佛洛伊德用了七個章節試圖說明焦慮的理論，他放棄了自己最喜歡的一個假設——焦慮是對原欲的直接轉化。他之所以這樣做，是因為之前他假設焦慮是壓抑的結果，但是臨床資料顯示，壓抑是焦慮的結果（S. E. 20: 109）。因此，在第8章，佛洛伊德悲哀的說：「目前，對於焦慮，我們得到了完全不同的兩種觀點，沒有什麼成果。因此，我建議從另一個角度來看這個問題——盡量不偏不倚的將所有關於焦慮的理論都集中起來，而不期待它們會整合出一個新的解釋。」經過簡單轉化思考方向，佛洛伊德表示：

「我們只能理解孩子焦慮的一部分表現，我們必須關注它們。兒童焦慮會在以下情境出現：獨自一人在家、在黑暗中，與不熟悉的陌生人待在一起。這三種情況的本質相同，即『看不到自己所愛的對象』。這裡，我找到了理解焦慮的關鍵——焦慮是對失去客體的一種反應。」

後來，佛洛伊德開始使用實證資料，這些資料已被充分證實。然而，他依然很困惑，如何解釋他觀察到的現象？為什麼兒童對焦慮會出現這樣的反應？他認為，雖然孩子發展還不成熟、不懂得如何更良好處理對客體的情感投注，但是這已充分體現了孩子表達感受的獨特方式。現在，針對本能行為，我們有更豐富的理論支持這個假設，即「焦慮的

426

本質是對客體的情感投注」。50年前根本不存在從這個角度思考本能行為的想法。當時，佛洛伊德認為兒童的依附只是一種次級驅力，首要驅力是生理需要。

佛洛伊德認為：

「襁褓中的嬰兒想要感知到母親的存在，僅僅是因為嬰兒透過經驗知道母親會及時滿足他的需要。嬰兒知覺為『危險』的情境或想保護自己的情境包括得不到滿足的情況，感受到生理需要不斷加強的緊張感和得不到滿足時產生無助感的情況。」

佛洛伊德進一步闡述：

「這與出生時的體驗類似。兩種情形都積累了大量的刺激，繼而出現了經濟平衡失調。這是『危險』以及『創傷情境』的本質。為了避免發生這種情況，嬰兒透過學習將對生理需求未滿足的恐懼轉化成恐懼導致這種情況發生的源頭，即：母親離開。現在，母親離開代表著危險，一旦有導致危險的跡象，嬰兒就會在受到生理需求威脅之前發出焦慮的信號。」

在了解佛洛伊德有關焦慮的解釋時，我們始終要記住，從佛洛伊德最早期的精神分析理論開始，他一直有一個假設，即：神經系統可以擺脫刺激物，發生真正的大問題往往是因為刺激超過了神經系統的承受能力。這些理論建構過程組成了佛洛伊德所描述的經濟視角；有時候，這種理論建構會用心理能量這個術語，也就是累積心理能量，然後以行動的方式釋放或儲存；有時候，這種理論建構也會使用「興奮」或「刺激」等類似術語。佛洛伊德認為，對與母親分離的嬰兒造成威脅的可怕

經濟狀態，實際是抑制無法釋放的心理能量。

佛洛伊德重新審視焦慮相關理論後得到結論——焦慮有兩種來源：首先源於有一定生理特徵的「自動化現象」（an autimatic phenomenon），是出生時反應的一部分。「當創傷出現在本我層面」，也就是：「令人不愉快的刺激量升道相當高的水準，以至於無法控制或無法轉化時，就會出現這種焦慮。」（S. E. 20: 137-41）人在這樣的情境下通常會感到無助。佛洛伊德對這種焦慮的闡述直接繼承了《神經質焦慮》[112] 中的早期理論，即：當神經系統無法處理大量刺激時，便會產生焦慮。

第二種來源中，焦慮是一種「求救信號」，用來預測即將到來的危險。因為需要預先判斷，這種焦慮「只能被自我感知」（S. E. 20: 140）。個體需要提前想到危險的場景，並在危險未出現前將它轉化成信號發出。佛洛伊德列出了不同發展階段會出現的危險事件，這些危險事件一旦得以發展，可能會造成創傷。出生、失去客體（母親）、恐懼父親、恐懼超我等等，都是佛洛伊德列出的危險事件。

佛洛伊德很強調在這種焦慮來源中「預期」的作用：「個體若要提前預知危險情境，還需要提高自身的自我保護能力，這需要承受無助感，而不僅是被動等待危險發生。同時，認知程度的發展也很必要。」

雖然按照之前的理論，佛洛伊德認為分離焦慮只是信號，透過學習發展、有預期功能而必須存在，但是他顯然不太滿意這個結論。書的最後（S. E. 20: 168），他再一次回到「童年早期莫名的恐懼」以及其他物種遇到危險的情況，對失去客體的恐懼可能是先天反應：因此，他提到遇到真正的危險時，先天預備的古老遺跡和殘留足跡。這些反思以及兒童依附的相關內容在《精神分析概要》[130] 中有所提及。這表示，在佛洛伊德生命晚期，他的觀點與我們的觀點（即依戀理論）並無不同。

然而，更重要的一點是，在這本晚期著作中，佛洛伊德書中最終闡明的內容才能體現分離焦慮與哀傷和防衛的真實聯繫。之前，佛洛伊德

真誠的承認自己很困惑。他認為壓抑發生於焦慮之前，他也不相信焦慮和哀傷的情緒是對失去客體的反應。現在，他能清楚認識它們之間的關係——焦慮反映了將要失去客體所引發的危險，哀傷是真正失去客體後的反應，防衛用於保護自我不受到本能慾望的傷害，後者有時會超過自我能承受的程度，在失去客體時很容易爆發（S. E. 20: 164-72）。這個論述並未被之後的理論學家普遍應用。

人物2 恩內斯特·瓊斯

瓊斯[184]最早提出「喪失性慾恐懼症」（aphanisis theory）時，沒有引用佛洛伊德的《抑制、症狀與焦慮》，顯然，他沒有跟上佛洛伊德最新的思想變化，也沒有意識到兒童對母親依附（與兒童的性無關）的重要性。瓊斯的喪失性慾恐懼症理論認為，最原始的恐懼源於永遠且完全失去享受性樂趣的能力和機會，並未涉及依附的話題。他只在一處提及分離焦慮——被閹割的前兆以及女孩對與父親分離的恐懼。

然而1929年後，瓊斯[185]開始努力將自己的喪失性慾恐懼症理論與佛洛伊德的信號焦慮理論結合。結合的過程並不容易，而最後的結論也比兩種理論本身更複雜。其中一個困難在於，瓊斯還是無法意識到兒童對母親的依附與性無關❺。結合後的理論並不常用，在此不再贅述，粗略概括如下：瓊斯認同佛洛伊德提出的信號焦慮理論，相信信號由自我發出，用於提醒個體注意可能存在的嚴重危險，將佛洛伊德有關創傷情境的構想併入了他的喪失性慾恐懼症理論。

---

❺ 例如，請參考瓊斯的資料關於「外部危險升高源於失去客體」，如第17章男孩案例中的母親。

人物 3 梅蘭妮·克萊恩

　　瓊斯的焦慮理論一開始獨立於佛洛伊德的思想發展，但是之後嘗試將兩者結合。克萊恩的理論完全獨立於佛洛伊德的理論，她還經常強調兩者的理論差異。克萊恩從死亡本能和攻擊角度理解焦慮，而佛洛伊德從未將兩者聯繫起來。克萊恩有關焦慮的理論，特別是與分離焦慮相關的理論形成於1924～1934年間，並在《焦慮與內疚理論》[206 & 207]中得以全面闡述。這是與佛洛伊德理論有很大不同，但是又在理論和實踐中有重要影響的唯一理論。

　　《抑制、症狀與焦慮》一書中，佛洛伊德明確拋棄了對死亡的恐懼是原始焦慮想法，他認為對死亡的恐懼是更晚才發展、習得的恐懼❻。這個觀點在《精神分析引論》[121]（S. E. 16: 407-8）中已闡述過。克萊恩提出異議：「我不贊同這個觀點，因為我的分析觀察顯示，人的潛意識存有對生命毀滅的恐懼。」她認為這是對死亡本能的反應：「因此，我認為內心的死亡本能所引起的危險，是焦慮的首要來源。」[207]克萊恩認為，嬰兒會將這種危險感知為壓倒性的攻擊，是迫害性的，而這種迫害最早在出生時體驗過：「我們認為嬰兒出生時就已經開始在生之本能和死亡本能之間掙扎，並會產生疼痛體驗引起的迫害性焦慮。」她從中得到有關嬰兒最早客體關係的結論：「這種體驗（比如出生）會讓外界，包括第一個客體（即母親的乳房），看上去充滿敵意。」[207]另一篇文章中[204]，她用一句話總結了她的觀點：「我認為焦慮源於體內的死亡本能，是一種對死亡恐懼的感受，並伴有被迫害的恐懼。」[207]她的觀點又再次回到了這項背景——焦慮源於不斷存在的死亡本能，新生嬰兒身上就已經存在迫害性焦慮。基於此，克萊恩提出了她的分離焦慮理論。

---

❻　有意思的是，安東尼（Sylvia Anthony）[16]在兒童對死亡恐懼的研究中有類似結論。她認為，只有與分離畫上等號時，分離才有情緒上的價值——分離與死亡是同樣的概念。對兒童來說，這意味著分離情境中的死亡是母親死亡，不是他自己。

佛洛伊德區分了現實焦慮（已知外界危險產生的焦慮）和精神官能症焦慮（未知的內部世界感知到的危險產生的焦慮，S. E. 20: 165 & 167）[125]。克萊恩[206]認為兩者都是嬰兒對失落的恐懼。她描述了這兩種焦慮的本質：「現實焦慮源於嬰兒完全依賴母親滿足生理需求以及釋放緊張；精神官能症焦慮源於嬰兒認為自己的攻擊衝動摧毀了母親或母親存在被摧毀的危險，導致嬰兒會覺得母親再也不會回來了。」若這種憂鬱性焦慮只在嬰兒後期發生，那克萊恩的理論則與佛洛伊德的理論無本質上的分歧，而是延展了佛洛伊德的重點。但是，克萊恩不這樣認為。她強調，這兩種焦慮在嬰兒早期就已經出現，而且一直相互作用。因此：「嬰兒不會認為外界的危險完全是已知、源於外界的。」[207]她的論述與其同事的論述在這一點上一致。探討棉花軸事件時，克萊恩的觀點與佛洛伊德不同，她認為當嬰兒想念母親以及需要得不到滿足時，母親不在場會讓他感覺這是自己的破壞性衝動造成的。伊卡斯（Susan Isaacs）也說過：「精神痛苦是有內容、有意義的，暗含幻想。在此例中，『他表現得好像再也見不到母親』，這是他的幻想，即母親被他的仇恨和貪婪摧毀，最終消失。❼」[207]

從上述論述可以看出，克萊恩和其同事似乎確實將憂鬱性焦慮看作分離焦慮的核心。但是，他們也在其他論述中強調，幼兒與母親的關係本身是「防衛的首要手段」。「在佛洛伊德看來，嬰兒對母親的依賴和對失去母親的恐懼是焦慮最根本的來源，但是在我們看來那（自我保存）已經是對更大威脅（對內部破壞性的無助感）的防衛。」[207]她寫道，「最初，死亡本能和攻擊的內部力量是有機體的主要威脅。分離過程中，這些能量獲得釋放，因此在最後的分析中，分離焦慮被認為是對內部破壞性造成威脅的反應。」這個理論顯然與佛洛伊德以及我們在這裡討論的

---

❼　伊卡斯的話引自1936年版本《抑制、症狀與焦慮》。

理論大不相同。佛洛伊德首要考慮因分離而「積聚大量刺激」所帶來的焦慮，而克萊恩和其同事則首要考慮迫害性焦慮。

需要提及的一點是，克萊恩在部分文章中也提出，出生可能是引起焦慮的創傷事件，她有時還會贊同分離焦慮的出生創傷理論[207]。因此，她寫道：「原發性焦慮的其他重要來源是出生創傷（分離焦慮）和生理需求未得到滿足的受挫感。」然而，儘管提出了焦慮的其他來源，克萊恩還是很快又將這些來源納入迫害性焦慮的範疇，因為嬰兒傾向認為恐懼感是客體引起的。克萊恩早期認為「嬰兒對破壞性衝動的恐懼似乎立即就會與某個客體聯結」，她完成敘述時提及了出生創傷和生理需求未滿足的受挫感：「這些體驗也是在生命初期被感知，並被認為是客體引起的❽。」即使這些客體是外在的，透過內射，這些外在客體會變為內在的迫害者，從而加強對內部破壞性衝動的恐懼。

評估克萊恩的觀點時，需要意識到她主要的理論觀點在佛洛伊德《抑制、症狀與焦慮》[125]一書出版前就已形成。佛洛伊德在最後的理論中認為焦慮源於分離的體驗，這是他最後論斷的關鍵變動。與佛洛伊德不同，克萊恩在關注兒童與母親分離是焦慮的源頭之前已經發展了有關焦慮的理論，她第一次提及分離焦慮，是在1935年發表的〈躁狂──抑鬱狀態的心理過程〉一文中。

當我們回頭看克萊恩的早期著作時，她的觀察令人印象深刻，即：焦慮和無意識攻擊經常共同存在，特別是一個人對另一個人有明顯的焦慮和強烈的依附時。然而，我認為，她太執著於攻擊性早於焦慮出現、將攻擊性看作焦慮的唯一來源。她沒有意識到，有意識或無意識的攻擊性可能是對分離的普遍反應，也可能經常是加劇分離焦慮的重要因素。

---

❽　佛洛伊德並不贊同這類理論。他寫道：「這種理論架構，即『對幼兒如此不信任與存有對統治世界的攻擊本能恐懼』，是不對的。」（S. E. 16: 407）

透過口頭上認同兒童和其母親的聯結，她對於兒童出生早期的心理世界有很多不太真實的假設，並建構了不讓人信服的理論模型。這導致了兩方面的不良結果：一方面，部分批評者無法認識到她的貢獻裡那些有價值的部分；另一方面，她的支持者沒有及時意識到，憂鬱性或迫害性焦慮可能很重要，是分離焦慮的來源，但是這些術語很難理解。此外，若母嬰關係在嬰兒出生後第二年或之後幾年受到干擾，也會對孩子心理病理發展有深遠影響。

人物 4　安娜·佛洛伊德

克萊恩寫了很多關於分離焦慮的內容，但是她很少提及在具體的分離情境中，嬰幼兒到底如何表現。安娜·佛洛伊德是最早進行觀察記錄的人，但是直到近些年，她才開始探討其中的理論意義。對於克萊恩來說，這可能是因為在佛洛伊德有關焦慮本質和起源的論述出現之前，她就已經形成了自己的理論取向。克萊恩的《兒童精神分析》[201]一書未提到《抑制、症狀與焦慮》[125]。此外，雖然安娜·佛洛伊德在《自我與防衛機制》[105]中用了一章的篇幅描述對焦慮來源和危險的防衛過程，但是書中未提及分離焦慮或失去客體。在戰爭期間，安娜·佛洛伊德創辦漢普斯特戰爭療養院，有了照顧嬰幼兒的經驗，這時她才開始關注這些問題。

在兩本與博靈漢合著的中篇著作中[64 & 65]，安娜·佛洛伊德對觀察內容進行了詳細描述。她發現對於 1 ～ 3 歲的兒童：「在這個時候的分離反應會特別強烈。他發現自己得不到已經習慣的客體，情感需求得不到滿足。他難以忍受對母親的渴望，這種渴望將使他陷入絕望的境地。」[64]雖然安娜·佛洛伊德能清楚理解這些反應中的痛苦，但是這兩部著作以及她之後幾年發表的文章都沒系統闡述焦慮，也沒特別闡述分離焦慮。

博靈漢和安娜‧佛洛伊德沒有料想到療養院中嬰幼兒的強烈反應，也很困惑如何解釋這些現象。例如，她們的一段文字表示[64]，如果分離是逐步的，一切可能都會好起來：「分離時，兒童的反應不完全是分離狀態下會有的反應。」另一段表示，3～5歲兒童的痛苦可能完全是因為兒童將分離當作懲罰：「為了應對這種內疚的情緒，他過於強調感受到對父母的愛。」從中可以看出，她們認為如果沒有內疚和迫害性焦慮，這個年齡的孩子可能不會感到痛苦。在這些文章中，她們提到「分離自然產生的痛苦」以及「未滿足的欲望在體內造成了緊張感，感覺像遭到攻擊」，這可能更符合真相。

在那個時期，安娜‧佛洛伊德對這些反應以及分離的長期結果提出了一個理論 [107 & 108]。她認為，兒童對母親的依附可以用次級驅力理論解釋。由於兒童基本上只有生理需求，最初他只會對能滿足這些需求的人產生興趣。由於害怕生理需求難以得到滿足，與母親分離時，孩子會產生焦慮。對醫學生的一次演講中，她清楚陳述了自己的觀點。她描述了受到良好照顧的孩子如何發展依附後，提出如下觀點：

「另一方面，如果母親不那麼注重照顧者角色，或她讓太多人來代替她的角色，孩子對母親從索取生理需求的愛轉化成真正持久的依附過程會很慢。嬰兒可能會覺得太不安全、太過擔憂生理需求是否能得到滿足，以至於無法對照顧自己的人擁有充分的情感。」[108]

據此，我們會得到兒童與母親聯結的次級驅力理論，以及佛洛伊德關於分離焦慮的「信號─焦慮理論」的結論。

在1965年和1972年出版的書中，安娜‧佛洛伊德描述了兒童早期會出現的幾種焦慮，能突出特定階段客體關係發展的特點。按發展順序，這些焦慮形式如下「對消失的原始恐懼、分離焦慮、閹割焦慮、失

去所愛的恐懼、內疚」。分離焦慮（以及對消失、饑餓、孤獨、無助的恐懼）是客體關係發展第一階段的特點。這個階段被稱為「共生階段」（symbiotic stage），體現母嬰生理統一性，母親的自戀延伸至嬰兒，嬰兒將母親納為內在的「自戀環境」（narcissistic milieu）。隨後幾個階段，開始出現其他形式的焦慮。例如，第三階段是「客體恆常性」（object constancy），以害怕失去客體的愛為特點。通常，隨後幾年出現不尋常、強烈的分離焦慮，可能是固著於共生階段。在客體恆常性階段，過度恐懼失去客體的愛，可能是父母教養所犯的錯誤或是該階段兒童的自我過於敏感所造成。

自我心理學其他理論家的貢獻

安娜·佛洛伊德的早期理論得到了紐伯格（Herman Nunberg）[267]、費尼謝爾（Otto Fenichel）[101]、舒爾[314 & 315]的認可。在舒爾的兩篇文章中，他提出了一個普遍假設，即：人類行為的生物性嚴格受限。在之後的文章中，他大量使用了行為資料和概念，他詳述了其中的組成部分。一方面，他認為出現「戰鬥—逃跑」行為是基本狀態，這是兒童擁有知覺外部客體階段的特點。另一方面，他強調更早的階段（未分化階段，undifferentiated phase），在這個階段，所有危險都與生理相關、來自內部，例如由於生理需要未被滿足、本能欲望積累而造成的危險。因此，他認為（特別對於人類而言）分離焦慮是在發展中習得的：「個體意識到外界客體能引起或結束創傷情境，危險可能並不源於未被滿足的生理需求，而是造成這種不滿足發生的情境。因此，饑餓不再是危險，取而代之的是母親不在場。」儘管他探討了很多「基於先天因素」的危險來源，但並沒有提到失去母親也可能是來源之一。

克里斯[211]在意識到分離焦慮的重要性後，便努力併入自己的理論

中。但是，他的觀點更多是參考前人的理論，而沒有重新評估資料。他想將這個理論與哈特曼（Heinz Hartmann）的「自我心理學」（ego psychology）相容。他強調要區分失去所愛客體以及失去客體的愛所造成的危險不同。佛洛伊德[125] 曾經簡要說過兩者間的差別，但是克里斯用自己的方式對此進行了詳述。在理論基礎上，他提出失去所愛客體的危險只與依附需要（如生理需求）相關，而與特定客體無關。相反的，與客體恆定性的關係發展不容易被替換，兒童對失去客體之愛這項危險的敏感度與這種關係的發展有關。他認為，這是自我發展的關鍵。

　　然而，這個假定的聯繫沒有獲得觀察證實。在人類幼兒發展出對失去客體之愛的意識以及克里斯提出的12個月的年齡限制之前[211]，我們就能看到兒童對失去特定所愛客體的焦慮反應。本書前文（第15章）強調，無論人類還是更低等的生物，影響依附行為的反應都會很快指向某個特定客體，沒有理由認為這種行為是自我發展的重要部分。因此，克里斯提出的兩者，在理論上的區別可被認為是錯誤的。

　　佛洛伊德在《抑制、症狀與焦慮》的最後幾頁提到過焦慮情緒（對有失去客體危險的反應）和悲傷情緒（對失去客體後的反應）兩者間的關係，但是其關聯的重要性一直未獲得關注，只有克萊恩和貝內德克的著作有所強調。德伊奇區分兩者[85]：「焦慮是嬰兒式的反應，悲傷和哀傷是更成熟的反應。」她寫道：「早期嬰兒式焦慮是孩子對與保護自己、愛自己的客體分離的反應。」當幼兒長大，「悲傷的痛苦可能會取代焦慮。」年長個體出現的分離焦慮被視為退化至嬰兒期，一般在「悲傷威脅了自我的整體性，即自我難以承受悲傷時會出現這種退行現象。」然而，這種根據成熟度的區分法難以承受考驗。嬰幼兒對母親離開後的反應，肯定包含悲傷的成分。貝內德克以及其他理論家也曾表示，如果成人與所愛客體分離一段時間，也會出現焦慮。

　　多年來，貝內德克一直關注個體與所愛客體分離和重聚，以及對待

失落的反應。在她的臨床經驗中，清楚意識到分離焦慮的重要性，以及分離焦慮與焦慮和哀傷情緒的密切關係。在描述戰爭期間人們對分離、重聚、失落的反應時，她反覆提到分離是一種創傷，她大膽概括：「對分離最普遍的反應就是焦慮。」[33] 她也意識到，體驗和預想與所愛的人分離，會使人更渴望對方的陪伴。之後的一篇文章中[34]，她提到嬰兒在哭的時候，不總是因為生理因素（如饑餓、疼痛），也可能是由於嬰兒的情感交流及心理需求沒有得到滿足。

上述觀察結果都可以用本書中的依附、分離焦慮、哀傷的理論進行解釋。貝內德克最初是在匈牙利布達佩斯接受訓練，她並不接受這些更簡化的假設。她建立的理論都是基於兒童與母親聯結的次級驅力理論，但是這個理論有一定的複雜性和缺點。因此，成人在分離時的欲望增長，被解釋為退化，這很難不被認為是自然、正常的反應。確實，貝內德克的許多理論都受到「依賴」這個概念的影響，她會傾向認為對所愛者的依附都是不合適的、會退化為嬰兒狀態。

貝內德克沒有系統論述過分離焦慮。但是，她在之後的研究中分別提到了兩個理論[34]：第一個與佛洛伊德的「信號—焦慮理論」類似；第二個與「自我瓦解的危險」有關。

她想知道嬰兒為什麼會透過哭泣來回應「依賴需求遭遇挫折」，這個問題也是佛洛伊德曾想探索的問題。回到她堅持的觀點，即「哭的本質上，只與饑餓和疼痛相關」，她認為：「這是個體對缺乏客體參與因而破壞了共生關係所做出的反應，就好像他被拋棄、他很饑餓。」

貝內德克將哭泣理解為焦慮，而焦慮是對自我瓦解的恐懼，她對這個觀點並沒有很大的把握，因此又提出了另一個觀點——當幼兒面臨焦慮、恥辱、失敗的羞恥時，會求助母親，保住自我的完整性。對於年長一點的孩子，他可以利用自身資源維持自我。因此，雖然貝內德克的臨床案例表現與我們當前提出的理論一致，但是貝內德克的解釋仍屬傳統

典範。

馬勒[235]的大多數理論跟隨貝內德克的想法，特別是使用「共生」（symbiosis）這個概念；而區分客體關係發展的不同階段所呈現的不同焦慮形式，則追隨了安娜·佛洛伊德的理論。雖然她們提出的發展階段基本相同，但是分離焦慮具體被劃分在哪一個發展階段，兩者具有差異。安娜·佛洛伊德認為分離焦慮是發展第一階段、母嬰生理聯結受到損害的結果，而馬勒認為，分離焦慮是在後段階段出現，例如客體恆定性出現後，大概是在第三年或第四年。馬勒認為發展第一階段（共生階段）的焦慮是對自我毀滅的恐懼，理由是，在該階段，失去共生客體相當於失去自我完整的一部分。這與史畢茲的理論很接近。

和大多數分析師相同，史畢茲堅持用次級驅力理論來解釋兒童與母親的依附關係，並用佛洛伊德的「信號—焦慮理論」來解釋分離焦慮[340]，但他提出的概念基礎略有變形。他的理論是「自戀性損傷」（narcissistic trauma）。他認為客體關係的發展是從「自戀階段」（1～3個月）到「前客體關係階段」（4～6個月），再到「真正的客體關係階段」（7～9個月），之後他又補充說明：

「在第三個階段，真正的客體關係才第一次出現。客體的面孔可以被識別，但是其作用仍是幼兒已建立自我的一個組成成分。在這個階段，失去客體就像少了一部分自我，這種自戀性損傷和失去很大程度同樣嚴重，反應也很強烈。」

在其他文章中，史畢茲堅持認為焦慮是用於警醒，且依賴於學習和預見。從中我們可以看出，史畢茲認為焦慮是信號，用來提醒自戀性創傷可能帶來的危險。這是「信號—焦慮理論」較新穎的變形，即：個體要避免的是自戀受到威脅的情境。

值得一提的是，史畢茲許多關於焦慮的理論都在試圖解釋7～8個月大嬰兒在遇見陌生人時所表現出的焦慮，他將其命名為「八月的焦慮」，與所愛客體分離引起的焦慮變得更少。回顧他的實證研究，我們可能對這個結論感到驚訝，但隨後會發現他觀察的並非兒童在分離或重聚後立即發生的反應（如：抗議、沮喪、焦慮），而是分離發生一段時間之後的反應（如：悲傷、憂鬱）。因此，他沒有辦法連續觀察分離焦慮引發的反應到悲傷憂鬱的發展過程。

　　山德勒和喬夫的看法與克里斯以及史畢茲類似。傳統的次級驅力理論和依賴的概念被用於解釋兒童與母親的依附。在基本理論模型基礎上，他們特別強調母親在場或不在場時兒童的內心感受，較少將之與本能行為或母親存在的生存價值以及母親離開的風險因素聯結。因此，他們認為兒童生活中，客體的作用是幫助兒童獲得理想狀態下的幸福感受。相反的，失去客體意味著失去了一部分自我，比如「與客體相關的那部分自我」[180]。

　　因此，對於山德勒和喬夫來說，要避免的不是實際的失去以及因此引起的對自我的壓倒性創傷，而是破壞了自我內心感受的創傷情境[303]。

　　山德勒和喬夫總結了我的理論與他們理論的不同之處後，得出了以下結論[180]：

　　「失去客體可能會對自我造成傷害，從而引起急劇的精神痛苦。這與亞伯拉罕以及其他理論家所說的失去客體需承擔『對嬰兒式自戀的極大傷害』達成一致。雖然鮑比認為這樣的說法沒有體現失去客體的真正重要性[50]，但是我們還是認為這個理論反映了一定的本質。」

　　當然，這些理論差距很大是因為採用了不同的典範。

關於分離焦慮的其他研究觀點

根據蘇利文（Harry S. Sullivan）的一貫主張，即「心理病理學是一門研究人際關係的學問」，他認為焦慮是兒童為了與母親和其他重要人員建立關係的工具。然而他的觀點和我們提出的觀點不同。首先，特別是他對學習作用的論述。他認為焦慮僅由母親的態度造成。當母親認同時，兒童就會很滿意；相反的，就會焦慮。儘管他極力強調「溝通需求」和「溫情需求」，以及在他提到孤獨淒涼的經歷時使用「真實的威脅」和「恐怖」這類措辭[347]，但是和所愛者分離本身引起的焦慮似乎完全被排除。因此，在最後一章，他提出了人和其他物種共有的特徵，即「生理需求以及反復和他人溝通的需求」，他將一些特徵（如焦慮）做了對比（僅限於人和經過教化的一些動物）。他提出假設——由於焦慮是訓練和學習造成的，只有經過教化的物種才有。「我很難想像在人際互動中有誰不會習得焦慮這種情緒。」即使是過度焦慮而產生的憂鬱，也被認為是錯誤的教育方法所造成❾。

儘管在蘇利文的觀點中，焦慮的起源仍然是個謎，不過很明顯，他認為焦慮通常和教養有關。他認為焦慮的主要誘因是缺乏母愛，這與我對分離焦慮以及被拋棄的威脅會加重焦慮的理論很接近。儘管如此，似乎沒有提到悲傷與焦慮是因為缺乏溫情及分離。意識到孤獨感對成人是可怕的體驗，但是他似乎沒有意識到這對兒童和青少年來說更加痛苦。實際上，他在文章中特意排除了這一點：「孤獨是經常被清楚回憶的可怕經歷，一般只在青春期前後出現。」

蘇利文的著作會給人一種印象，即：他從沒有觀察青少年與兒童，

---

❾ 柯恩博士（Mabel B. Cohen）注意到，蘇利文不認為這種「訓練」是父母有意為之，他認為「父母與孩子溝通中無意識的態度或壓力，比有意識計畫的行為更重要」（來自私人交流）。

他僅關注到他們與特定的人形成的緊密依附以及關係親近的人帶來的安全感。「和他人交往的需要，常以孤獨感的形式體現」，不需要性關係或父母子女關係，而是體現了生物合群性。他堅信嬰兒沒有什麼行為與釋放焦慮有關。嬰兒能得到母親時，焦慮就得到了釋放，忽略這一點是其理論的不足。因此，他似乎沒有抓住分離焦慮的實際本質。儘管他最近關注這些問題並做了進一步研究，仍然無法得到有關焦慮本質和起源的理論。可能基於同樣的原因，在他的病理學理論中，悲痛和哀傷因素未被作為重要部分進行探討。

在格林納麗（Phyllis Greenacre）[139]的分離焦慮的理論中，似乎也忽略了悲痛和哀傷。出生過程和出生後的前幾週，是用來解釋個體患有不同層級精神官能症的可能主要因素（參考本書第16章）。

蘭克關於出生創傷的觀點已經提到。費爾本的早期論文認為[97]，分離焦慮是所有心理病理學的主要源頭，這與蘭克的觀點十分接近。費爾本假設出生焦慮是「隨後出現、所有分離焦慮的原型」，與解釋母嬰聯結的重返子宮理論對應。儘管這樣，這些觀點是費爾本主要理論觀點的延伸[98]，主要理論觀點的其他部分和我們提出的依附受挫理論一致。在之後的論文中[99]，他簡述了自己的觀點：「孩子成長過程中，焦慮最早的起源是分離焦慮。」

其他人以分離焦慮為核心建立了他們的心理病理學理論，一些人已用依附受挫來解釋分離焦慮。例如，早在1935年，薩蒂堅持兒童依賴母親主要是因為需要陪伴，把焦慮看作是表達這種重要需求得不到滿足所產生的不舒服感受。一年以後，赫爾曼[158]表達了幾乎一致的觀點。他把焦慮和依附母親的渴望聯結起來：「焦慮是在遇到危險時，感覺是自己一個人在面對的感覺。這種表現是在尋找幫助，同時也在尋找母親。產生依附的想法時，就會產生焦慮。」

後來，奧迪爾[268]陳述了相同的理論立場。以《抑制、症狀與焦慮》

為起點，他批判了佛洛伊德的觀點，認為嬰兒出生第二年還沒有危險意識。他提出另一種主張：「出生第二年出現這種情緒（比如焦慮），說明可以區分一種狀態，也就是：主觀不安全狀態。」並得到結論：「造成嬰兒不安全感的最重要原因是，母親或其替代者在他最需要照顧和保護的時候與他分離，這個狀態是焦慮與不安全感聯結的基礎。」就各個方面來說，奧迪爾與我們提出的觀點一致。不同之處在於，他堅持分離焦慮僅僅從出生後第二年開始，因為兒童1歲生日後的明顯表現誤導了他假設在這個時候才產生焦慮。

溫尼考特沒有犯這種錯誤。儘管在一些文章中[374 & 375 & 378]，他可能想支持克萊恩的觀點，即「分離焦慮只是憂鬱性焦慮」，但在他的著作《由不安而來的焦慮》[376]中，他的觀點與我們一致。他提到最早的焦慮和不安全感有關，以及焦慮是由於成人用錯誤的方法照顧嬰兒所引起。他評價：「如果照顧方法有誤，嬰兒感覺焦慮很正常。」

這也是詹姆斯的觀點[170]，他在多年前簡要寫道：「嬰兒期最大的恐懼來源是孤獨感。」

精神分析和演化論

　　一直以來很少有人意識到佛洛伊德在超心理學中採用的典範是前達爾文假設，探究為什麼會造成這樣的結果相當有趣。

　　19世紀的後半葉分別進行著兩場辯論，其中一場是關於「演化的歷史史實」，另一場圍繞著「如果確實發生了演化，那是怎麼發展的」。形容詞「達爾文主義的」（Darwinian）常常被用來描述信仰演化歷史現實。除了達爾文以外，還有許多人宣揚演化確實存在的現實，不過都沒有辦法像達爾文一樣將證據條理、清楚的組織並展示。然而「達爾文主義的」實際上應該並不僅僅用來指代發生總體的演化，而是必須嚴格堅守這樣的理論，即：透過特定生物學過程所帶來的演化，達爾文將這個過程稱為「天擇」（natural selection，也稱為「自然選擇」），這種「天擇」所描述的是自然發生的變異遺傳給後代的性狀，導致不同程度繁殖成功或失敗。

　　佛洛伊德毫無疑問是「演化論主義者」（evolutionist），但是沒有證據顯示他是「達爾文主義者」（Darwinian）。顯然是因為演化的觀點總是被看成「達爾文主義的」，導致我們忽略了佛洛伊德對於前達爾文主義觀點的堅定態度。在他的《自傳研究》[124]中，佛洛伊德描述了在1870年間，他作為一名學生「被當時最受關注的達爾文理論深深吸引」（S. E. 20: 8）；並且，我們可以從瓊斯的作品中了解到[186]，在佛洛伊德就讀維也納大學的第一年，佛洛伊德修了一門課程「生物學與達爾文主義」。這些參考資料加上佛洛伊德對演化理論的熱情，以及他常常喜歡引用達爾文的思想，導致人們假定佛洛伊德採用了達爾文的演化理論，即使佛洛伊德並非每一次都使用演化論。佛洛伊德是達爾文主義者這種

觀點與歷史紀錄並不一致，瓊斯的自傳清楚呈現了這個狀況[188]。

如今，達爾文提出的天擇原理，其解釋力已經有了堅實的基礎，且得到生物學家廣泛認可，因此大家很容易忘記這與精神分析理論剛剛形成時的情況不同。埃斯里（Loren Eiseley）[90]描述了19世紀最後25年間，科學研究的氛圍。當時演化的歷史現實已經得到了良好的研究，但是演化的方法還處於激烈討論中。他討論了凱文（Lord Kelvin）頗具權威但錯誤的批判達爾文理論，是如何鼓勵了其他反對達爾文理論的人們，並且提倡了「拉馬克主義」（Lamarckian ideas）❶。以至於達爾文在《物種起源》[80]中修正了自己的觀點，將拉馬克關於「遺傳獲得特徵理論」加入自己的天擇理論中。瑞沃（L. B. Ritvo）的書中描述[283]，這種來來回回的激烈爭論，在19世紀70年代與80年代主要由動物學教授克勞斯（Carl Claus）介紹給當時位於維也納的佛洛伊德。在1909年，達爾文100週年誕辰，他的天擇理論仍舊處於爭議之中，因此慶祝儀式也舉辦得馬馬虎虎。在20世紀前25年中，演化論確實處於「混亂與迷惑的狀態」[83]；直到1942年，赫胥黎（Julian Huxley）的論著《演化：現代的整合》[169]才提出了定義之前研究理論的描述。在1920年，有歷史意義的轉折點出現了，那就是基因分析不僅被應用在實驗室樣本中，且被推廣到在自然環境中的野生物種中❷。

一旦佛洛伊德的精神分析觀點在歷史上發展的關鍵日期與演化理論互相比較時，在精神分析（如同大多數其他心理流派）中，達爾文主義觀

---

❶ 戴比爾（Gavin De Beer）指出[83]，歷史對拉馬克並不公平。在1809年，身為率先建構生存物種是從早先物種演化的系統性理論研究者之一，拉馬克做出了巨大的貢獻。但是由於達爾文的決定性著作使拉馬克的敘述黯然失色，導致除了祖國法國之外，他在其他地方都被人們遺忘。相較之下，拉馬克的觀點認為演化發生的過程不僅僅是獲得遺傳特徵，更是表現「趨向完美」和「內在感受的需求力量」。這些在1859年《物種起源》發表後，物種演化過程辯論中相當突出。這個辯論在20世紀早年一直持續，甚至到今日也偶爾被人提及。

❷ 關於演化過程的近代理論，請參考史密斯（Maynard Smith）[330]與亞蘭（Alexander Alland）[11]的研究。

點的缺席也就不再奇怪。與此相反，顯然佛洛伊德在年輕時期，以及中年和晚年時期都不是那一代人中唯一對演化理論（包括達爾文的天擇理論）持懷疑態度的人。

然而，這種立場不明的狀況在佛洛伊德的性格中極為少見。雖然他從未明確否定達爾文主義的原理，但是顯然，他早期對於理論生物學中前達爾文主義的堅定態度，不可能為認可達爾文主義留有餘地。佛洛伊德的著作中都沒有提到有關達爾文天擇學說的爭論；相反的，達爾文理論僅被帶過[188]。

在《依戀理論三部曲1：依附》的第1章，我們就強調了佛洛伊德引進精神分析的心靈能量模型並不源於他在診所接觸病人，而是源於若干年前所了解到的思想，尤其是當他在所崇拜的生理學教授布呂克（Ernst Wilhelm von Brücke）的實驗室工作時。這些觀點比達爾文的《物種起源》發表時間要早很多。在1840年間，布呂克加入由赫姆霍茲（Hermann von Helmholtz）領導、一群有奉獻精神的年輕科學家組織。他們共同決定將所有真實因素在科學中用「力」（force）來符號化。由於赫姆霍茲流派的成果很快被宣揚開來，佛洛伊德作為其中一名人員，很自然接受了他們的假設。就像瓊斯所指出[186]，布呂克在1870年間的演講精髓和內容與佛洛伊德描述精神分析的用詞頗為一致：「精神分析源自於力之間的相互作用所引發的所有精神過程（這些過程不同於接受外界刺激），這些力之間會彼此協助、抑制，又或者彼此聯合進而妥協。」（S. E. 20: 265）[126]

該模型的侷限在於組織佛洛伊德關注的臨床現象方面，這些我們已經在《依戀理論三部曲1：依附》討論過。在此要強調的是，這個模型不僅在起源上是前達爾文主義，且與達爾文引入的生物學概念也相去甚遠。佛洛伊德和其同事深受赫姆霍茲的假設影響，因此難以達到達爾文觀點標準。隨著佛洛伊德年齡增長，他更相信拉馬克倡導的「生機論」（vitalist theory），也就更不可能達到達爾文觀點的高度。瓊斯在他的著

作中[188]用了半章篇幅講述佛洛伊德如何解釋拉馬克理論，從遺傳獲得特徵可能性的假設開始，發展到堅信「內在需求感受」所具有的力量。

在佛洛伊德職業生涯早期，他跟隨赫姆霍茲學派的同事所擁護的「決定論」（determinism）。但是在1915年之前的某個時間，他的觀點似乎徹底改變，他在1917年表達出對於拉馬克理論的極大興趣，拉馬克提出了動物的「內在需求感受」會影響動物的結構。在那一年，佛洛伊德對拉馬克所有研究有無限的熱情，並且要與費倫齊（Sándor Ferenczi）和亞伯拉罕實施一項雄心勃勃的計畫，要將精神分析和拉馬克的演化理論整合。「我們的目的是將拉馬克的理論建構在我們的理論之上，由此展示『需求』（need）這個概念，需求會創造修正器官，這不過是作用於身體上的無意識想法。簡而言之就是『思想全能』（omnipotence of thoughts）。」❸正如瓊斯所指出，這種信念的結果是說「需求」使動物不僅僅在環境中產生改變，同樣使其身體內部產生改變。進而，誘因與功能被混淆了。就這樣，佛洛伊德對於理論生物學的態度從那一天起，就與20世紀主流生物學家完全不同了。

佛洛伊德越發深入相信拉馬克的觀點，擯棄達爾文關於不同存活率以及誘因和功能的觀點，拉馬克的觀點充斥於精神分析理論結構中❹。隨著他人在生物學上堅定的以達爾文主義原理為基礎，而精神分析繼續以拉馬克為基礎，兩者之間的鴻溝不可避免越來越深。這樣只有三個可能的結果：第一，基本上無法想像的，就是生物學放棄達爾文觀點；第二，精神分析學派根據現代演化理論重新修訂；第三，讓分歧無限持續下去，而精神分析永久保持在科學世界的邊緣地位。

---

❸ 節選自1917年11月佛洛伊德寫給亞伯拉罕的信，引用自瓊斯的著作[188]。雖然瓊斯在著作第1集中聲稱：「佛洛伊德從來沒有放棄過決定論的目的論。」但是顯然，這個說法並不成立。

❹ 儘管哈特曼頗具影響力的書籍——《自我心理學與適應性問題》[149]寫於現代演化理論知識廣泛傳播之前。

專業術語的問題

在本書前面章節，圍繞著有關恐懼和焦慮等專業術語問題。有些問題在第6、12、18、20章中有部分討論，因此我們在此將考慮其他部分。

在20世紀中，學界為了澄清專業術語付出了無數的努力，也有許多人嘗試將一些普通詞語賦予特定用法。但是沒有一種解決方案令所有人滿意；或者至少說，除非每個人都用同樣的理論，否則沒有方案能夠讓所有人滿意。因為一般來講，使用的術語並不是反映理論。

專業術語具體化的威脅

首先，例如「恐懼」（fear）、「警惕」（alarm）、「焦慮」（anxiety）以及其他類似的詞語，只有在形容「個體的有機體組織狀態」時才是正確的，認識到這一點非常重要。本書中，我們僅用到這些詞語的形容詞形式，來描述有機體可能處於某種狀態，它可能的行為方式，或者可能的感受方式，這些都是緊密聯結的。相反的，如果說「一個恐懼」或「一個焦慮」，就好像其本身是一個事件，這種用法並不合理。在具體化情感時，容易掉入的陷阱已經在《依戀理論三部曲1：依附》第7章和本書第20章討論過。

不幸的是，不僅僅在日常的用語中，在心理學、心理病理學和精神分析文獻中也有非常明顯的趨勢具體化「恐懼」與「焦慮」這兩個詞彙。因此，我們發現傑西德的實證工作非常有價值，通常，他會將一個樣本中兒童報告的恐懼數目製作表格分類，對三種特定種群動物——

狗、馬、貓的恐懼進行評分[174]，並且用百分比形式呈現結果、匯總統計到的恐懼數量。不過幸運的是，在他的其他表格中，兒童對於特定場合的恐懼是以百分比形式呈現，而本書採用的是這些統計數字。

在傳統精神分析中，佛洛伊德直到1926年才將焦慮視為「個體在某種情況下的一種反應」。在那之前，焦慮一直都被他當作原慾的一種轉換形式。正如史崔屈在一篇前言中指出，直到1920年，佛洛伊德才在《性學三論》第四版中加入注腳：「精神分析研究的最重要結果，就是發現精神官能症焦慮是從性慾中產生，是它的一種變形產物，並且其產生方式就像釀酒過程中，發酵出了問題、酒變成了醋。」

直到今日，這種類型的想法也沒有消失，並且據我所知，依然很容易陷入這種錯誤中。

「焦慮」、「驚恐」、「恐懼」、「恐懼症」

因為英語單詞「焦慮」（anxiety）和其德語近義詞「焦慮」（angst）在精神分析和心理病理學中占據重要的地位，所以在這裡，我們從這兩個詞開始考慮。

本書中已經被採用的英語單詞「焦慮」（anxiety）的用法是代表：（a）當我們的依附行為被促發，尋找一個依附對象但是找不到時，我們的感受；（b）如果我們需要依附對象，而出於某些原因無法確定依附對象是否可以獲得，這個時候我們的感受。這可能會帶來這兩個疑問：「這種用法如何適應其他語境？」「如何與其他語義的詞搭配？」我們毫無疑問的可以回答這兩個問題。

佛洛伊德如何運用德語詞彙「焦慮」（angst），以及將這個詞翻譯成英語所遇到的困難，都在史崔屈的文章中有所討論[345 & 346]。使用英語的精神分析師對英語術語「焦慮」（anxiety）的用法，萊克勞福特已經探討過[300]。在其他語種中，它的許多相關詞彙已由A. 路易斯討論過。A.

路易斯還檢視了語源學。這些詞在使用上趨向相同，但卻與一致性相去甚遠[225]。

三位作者共同指出的一個用法特點是——從技術角度來看，德語的焦慮和英語的焦慮都傾向表示一種來源不明的恐懼。例如，佛洛伊德[126]評價德語焦慮有一種不確定性和缺乏對象的特點。精確的來說，如果可以找到客體，我們就會使用「恐懼」而不是「焦慮」（S. E. 20: 165）。萊克勞福特[300]建議將焦慮定義為「對一些尚不明確、自身或者環境因素的反應」，並且認為精神分析主要關注的是「由自我中無意識、壓抑的力量擾動」而引起的焦慮。A. 路易斯將焦慮看作與恐懼同源的情感狀態，當沒有可識別的威脅或者具有威脅但與引發出的情感極不相稱時，個體所體驗到的就是焦慮。

研究者對於這類用法存有很多疑問，很想弄清楚對某人來說，某種情況引起的恐懼就是不確定的；或者對某人來說，是不可識別的。焦慮究竟是由個體來定義（就像佛洛伊德與萊克勞福特所說），還是由治療他的醫生來定義（就像A. 路易斯所提出）？答案可能兩者都有。因為，在一方面，病人可能有時候能夠察覺到他所害怕的東西，但是因為某些原因無法說出口；或者，他可能說出來，但是醫生並沒有注意到。另一方面，病人可能沒有察覺到困擾自己的是什麼，但是醫生可能堅持相信自己能夠識別出來。在這類用法上的另一個困難就是：醫生和個案在一段時間後都會意識到是什麼引起恐懼。這樣的話，是不是就要說：「病人的焦慮不再是焦慮，而成了恐懼呢？」這樣一來，如果病人和醫生都識別錯誤病人恐懼，那又應該怎麼辦呢？這個狀況造成的疑問並非微不足道。

英語和德語的「焦慮」在歷史用法上的另兩個特點是——這些詞有時候用於表示恐懼，是由於引發它的情境與產生的情緒強度無法匹配；有時候用來描述未來可能會出現的恐懼，而不是對現實情境產生的恐懼。然而，這兩種評價標準都不令人滿意。我們在第9章和第10章強調

過，將合理與適當的概念應用到恐懼的行為會造成多大的誤導；在第10章講述過很多情況下，恐懼是被預知到的，而非當下的情況所引起。這種預測的時間範圍相當大，包括從下一秒到遙遠的未來。這種預測究竟在多遠的未來，才能夠被歸為焦慮而不是恐懼呢？未來的地獄之火場景，究竟會引起恐懼還是焦慮呢？

本書中用「焦慮」（anxiety）表示個體受到分離威脅時的感受，這是反映了現有理論。不過，我們還是保留了焦慮的語源學起源，以及佛洛伊德在後續著作中對於德語焦慮的用法。

根據 A. 路易斯的研究[225]，英語的焦慮和德語的焦慮在希臘語和拉丁語中有近義詞，其含義聚焦在「哀傷與悲傷」，由於與依附對象的分離常常伴有想念以及憤怒，而失去常常伴有痛苦和絕望，因此當找不到依附對象或者依附對象是否能如期待那樣有可得性以及反應性時，個體的感覺就可以恰當的運用焦慮這個詞來代表。這種用法同樣符合佛洛伊德的想法，他寫到：「想念某個愛著的或者思念的人，是理解焦慮的關鍵。」[125]

「驚恐」（alarm）一詞在本書中是用來補充焦慮，應用在描述「當我們試圖撤離或逃離某種令人恐懼的情況時的感受」，這符合其語源。「驚恐」源自16世紀義大利語「to arms」，暗指「意外的攻擊」[271]。

雖然焦慮和驚恐的用法都符合語源學，但是我們很難從語源學說明「恐懼」（fear，法語為「peur」，德語為「furcht」）一詞用法的正當性。「恐懼」一詞在古高地德語和古挪威語中是近義詞，其含義是「伏擊和瘟疫」[271]，這樣就與驚恐很接近了。

「恐懼症」（phobia）這個術語的用法受到廣泛認同，但是本書並不支持這個術語。馬克思[238]討論了它的歷史，並且將恐懼症定義為「一種特殊形式的恐懼（a）超出了情境需要的程度；（b）不能理性解釋；（c）超過了控制範圍；（d）導致迴避恐懼的情境」。萊克勞福特這樣

定義恐懼症：「在某種特定情境下或者是某個特定客體出現的情境下，個體感受到不必要或過度焦慮所引起的症狀。」[300] 這個術語總是有病理學的味道。

這些用法的缺陷如下：

【缺點1】它趨向具體化恐懼，就像馬克思的書《恐懼與恐懼症》[238] 的書名。

【缺點2】定義中的主要評價標準，就是對情境的反應強烈且不合理，這是值得質疑的；按照這個定義，對黑暗、噪音或者任何其他自然線索的恐懼都將被歸為恐懼症，然後沾上病理學色彩。

【缺點3】當臨床工作者引入恐懼症的概念，試圖弄清楚病人究竟害怕的是什麼，他關注的是情境的特殊方面，以至於可能忽略了其他更重要的東西，以及恐懼行為中的逃離成分，進而忽略了依附成分（見第18、19章），因為希臘語的語源代表「飛走與逃跑」。

【缺點4】當今精神分析師通常使用恐懼症表達一種特殊病理過程的結果，也可以說客體或者情境導致了恐懼，並不是因為其自身，而是因為它成了另一個東西的象徵，例如：因為它代表了一些衝動、願望、內在客體等等，或者病人無法面對的那部分自我[300]。

一旦放棄恐懼症這個術語，我們就更容易理解個體如何在特定場景下比同伴發展出更多焦慮。

參考書目

1   Abraham, K. (1913). 'On the Psychogenesis of Agoraphobia in Children.' In Abraham, Clinical Papers and Essays on Psycho-analysis. London: Hogarth; New York: Basic Books, 1955.

2   Abraham, K. (1924). 'A Short Study of the Development of the Libido.' In Abraham, Selected Papers on Psycho-analysis. London: Hogarth, 1927, New edition, London: Hogarth, 1949; New York: Basic Books, 1953.

3   Ainsworth, M. D. S. (1972). 'Attachment and Dependency: A Comparison.' In J. L. Gewirtz (ed.), Attachment and Dependence. Washington, D.C.: Winston (distributed by Wiley, New York).

4   Ainsworth, M. D. S. & Bell, S. M. (1970). 'Attachment, Exploration, and Separation: Illustrated by the Behaviour of One-year-olds in a Strange Situation.' Child Dev. 41: 49-67.

5   Ainsworth, M. D. S., Bell, S. M. & Stayton, D. J. (1971). 'Individual Differences in Strange-situation Behaviour of One-year-olds.' In H. R. Schaffer (ed.), The Origins of Human Social Relations. London & New York: Academic Press.

6   Ainsworth, M. D. S., Bell, S. M. & Stayton, D. J. (in press). 'Infant-Mother Attachment and Social Development: Socialization as a Product of Reciprocal Responsiveness to Signals.' In M. Richards (ed.), The Integration of a Child into a Social World. Cambridge: Cambridge University Press.

7   Ainsworth, M. D. S., Blehar, M. C., Waters, E. & Wall, S. (in prep.). 'Strange-situation Behaviour of One-year-olds: Its Relation to Mother-Infant Interaction in the First Year and to Qualitative Differences in the Infant-Mother Attachment Relationship.' (Monograph.)

8   Ainsworth, M. D. & Boston, M. (1952). 'Psychodiagnostic Assessments of a Child after Prolonged Separation in Early Childhood.' Brit. J. med. Psychol. 25: 169-201.

9   Ainsworth, M. D. S. & Wittig, B. A. (1969). 'Attachment and Exploratory Behaviour of One-year-olds in a Strange Situation.' In B. M. Foss (ed.), Determinants of Infant Behaviour, Vol. 4. London: Methuen.

10   Alexander, F. & French, T. M. (1946). Psychoanalytic Therapy. New York: Ronald Press.

11   Alland, A. (1967). Evolution of Human Behavior. New York: Doubleday; London; Tavistock, 1969.

12   Anderson, J. W. (1972a). 'An Empirical Study of the Psychosocial Attachment of Infants to their Mothers.' Thesis presented for the degree of Ph.D., University of London.

13   Anderson, J. W. (1972b). 'Attachment Behaviour Out of Doors.' In N. Blurton Jones (ed.), Ethological Studies of Child Behaviour. Cambridge: Cambridge University Press.

14   Anderson, J. W. (1972c). 'On the Psychological Attachment of Infants to their Mothers.' J. biosoc. Sci. 4: 197-225.

15   Andrews, J. W. D. (1966). 'Psychotherapy of Phobias.' Psychol. Bull. 66: 455-80.

16   Anthony, S. (1940). The Child's Discovery of Death. London: Kegan Paul.

17   Argles, P. & Mackenzie, M. (1970). 'Crisis Intervention with a Multi-problem Family: A Case Study.' J. Child Psychol, Psychiat, 11: 187-95.

18   Arnold, M. B. (1960). Emotion and Personality. Vol. 1, Psychological Aspects; Vol. 2, Neurological and Physiological Aspects. New York: Columbia University Press; London: Cassell, 1961.

19   Arsenian, J. M. (1943). 'Young Children in an Insecure Situation.' J. abnorm. soc. Psychol. 38: 225-49.

20   Backett, E. M. & Johnston, A. M. (1959). 'Social Patterns of Road Accidents to Children: Some Characteristics of Vulnerable Children.' Brit. med. J. (1): 409.

21   Baker, G. W. & Chapman, D. W. (eds.) (1962). Man and Society in Disaster. New York: Basic Books.

22   Bandura, A. (1968). 'Modelling Approaches to the Modification of Phobic Disorders.' In R. Porter (ed.), The Role of Learning in Psychotherapy. London: J. & A. Churchill.

23   Bandura, A. & Menlove, F. L. (1968). 'Factors Determining Vicarious Extinction of Avoidance Behavior through Symbolic Modeling.' J. Pers. soc. Psychol. 8: 99-108.

24   Bandura, A. & Rosenthal, T. L. (1966). 'Vicarious Classical Conditioning as a Function of Arousal Level.' J. Pers. soc. Psychol. 3: 54-62.

25   Barker, R. G., Kounin, J. S. & Wright, H. F. (eds.) (1943). Child Behavior and Development. New York & London: McGraw-Hill.

26   Bateson, G., Jackson, D. D., Haley, J. & Weakland, J. (1956). 'Toward a Theory of Schizophrenia.' Behav. Sci. 1: 251-64.

27   Baumeyer, F. (1956). 'The Schreber Case.' Int. J. Psycho-Anal, 37: 61-74.

28   Baumrind, D. (1967). 'Child Care Practices Anteceding Three Patterns of Preschool Behavior.' Genet. Psychol, Monogr. 75: 43-88.

29   Bell, S. M. (1970). 'The Development of the Concept of Object as related to Infant-Mother Attachment.' Child. Dev. 41: 291-311.

30   Bell, S. M. & Ainsworth, M. D. S. (1972). 'Infant Crying and Maternal Responsiveness.' Child. Dev. 43: 1171-90.

452

31 Bender, L. & Yarnell, H. (1941). 'An Observation Nursery: A Study of 250 Children on the Psychiatric Division of Bellevue Hospital.' Amer. J. Psychiat. 97: 1158-72.

32 Benedek, T. (1938). 'Adaptation to Reality in Early Infancy.' Psychoanal. Quart. 7: 200-15.

33 Benedek, T. (1946). Insight and Personality Adjustment: A Study of the Psychological Effects of War. New York: Ronald Press.

34 Benedek, T. (1956). 'Toward the Biology of the Depressive Constellation.' J. Amer. psychoanal. Ass. 4: 389-427.

35 Berecz, J. M. (1968). 'Phobias of Childhood: Aetiology and Treatment.' Psychol. Bull. 70: 694-720.

36 Berg, I., Marks, I., McGuire, R. & Lipsedge, M. (1974). 'School Phobia and Agoraphobia.' Psychol. Med. 4: 428-34.

37 Berger, S. M. (1962). 'Conditioning through Vicarious Instigation.' Psychol. Rev. 69: 450-66.

38 Bernfeld, S. (1925, Eng. trans. 1929). The Psychology of the Infant. London: Kegan Paul.

39 Blehar, M. C. (1974). 'Anxious Attachment and Defensive Reactions associated with Day Care.' Child Dev. 45: 683-92.

40 Bloch, D. A., Silber, E. & Perry, S. E. (1956). 'Some Factors in the Emotional Reaction of Children to Disaster.' Amer. J. Psychiat. 113: 416-22.

41 Bolwig, N. (1963). 'Bringing up a Young Monkey.' Behaviour 21: 300-30.

42 Bower, T. G. R., Broughton, J. M. & Moore, M. K. (1970). 'Infant Responses to Approaching Objects: An Indicator of Responses to Distal Variables.' Percept. Psychophysics 9(2B): 193-6.

43 Bowlby, J. (1940). 'The Influence of Early Environment in the Development of Neurosis and Neurotic Character.' Int. J. Psycho-Anal. 21: 154-78.

44 Bowlby, J. (1944). 'Forty-four Juvenile Thieves: Their Characters and Home Life.' Int. J. Psycho-Anal. 25: 19-52 and 107-27.

45 Bowlby, J. (1951). Maternal Care and Mental Health. Geneva: WHO; London: HMSO; New York: Columbia University Press. Abridged version, Child Care and the Growth of Love. Harmondsworth, Middx: Penguin Books, second edition, 1965.

46 Bowlby, J. (1953). 'Some Pathological Processes Set in Train by Early Mother-Child Separation.' J. ment. Sci. 99: 265-72.

47 Bowlby, J. (1958a). 'Psycho-analysis and Child Care.' In J. D. Sutherland (ed.), Psycho-analysis and Contemporary Thought. London: Hogarth. Reprinted in P. Halmos & A. Iliffe (eds.), Readings in General Psychology, London: Routledge, 1958.

48 Bowlby, J. (1958b). 'The Nature of the Child's Tie to his Mother.' Int. J. Psycho-Anal. 39: 350-73.

49 Bowlby, J. (1960a). 'Separation Anxiety.' Int. J. Psycho-Anal. 41: 89-113.

50 Bowlby, J. (1960b). 'Grief and Mourning in Infancy and Early Childhood.' Psychoanal. Study Child 15: 9-52.

51 Bowlby, J. (1961a). 'Separation Anxiety: A Critical Review of the Literature.' J. Child Psychol. Psychiat. 1: 251-69.

52 Bowlby, J. (1961b). 'Processes of Mourning.' Int. J. Psycho-Anal. 42: 317-40.

53 Bowlby, J. (1963). 'Pathological Mourning and Childhood Mourning.' J. Amer. psychoanal. Ass. 11: 500-41.

54 Brain, C. K. (1970). 'New Finds at the Swartkrans Australopithecine Site.' Nature 225: 1112-19.

55 Britton, R. S. (1969). 'Psychiatric Disorders in the Mothers of Disturbed Children.' J. Child Psychol. Psychiat. 10: 245-58.

56 Broadbent, D. E. (1973). In Defence of Empirical Psychology. London: Methuen.

57 Broadwin, I. T. (1932). 'A Contribution to the Study of Truancy.' Amer. J. Orthopsychiat. 2: 253-9.

58 Bronfenbrenner, U. (1958). 'Socialization and Social Class through Time and Space.' In E. E. Maccoby, T. M. Newcomb & E. L. Hartley (eds.), Readings in Social Psychology. New York: Holt, Rinehart & Winston.

59 Bronfenbrenner, U. (1961). 'Some Familial Antecedents of Responsibility and Leadership.' In L. Petrullo & B. M. Bass (eds.), Leadership and Interpersonal Behavior, New York: Holt, Rinehart & Winston.

60 Bronfenbrenner, U. (1970). 'Some Reflections on "Antecedents of Optimal Psychological Adjustment".' J. consult. clin. Psychol. 35: 296-7.

61 Bronson, G. W. (1968). 'The Development of Fear in Man and Other Animals.' Child Dev. 39: 409-31.

62 Bronson, G. W. (1972). 'Infants' Reactions to Unfamiliar Persons and Novel Objects.' Monogr. Soc. Res. Child Dev. 37 (3).

63 Brun, R. (1946). A General Theory of Neurosis. New York: International Universities Press.

64 Burlingham, D. & Freud, A. (1942). Young Children in War-time. London: Allen & Unwin. Reprinted in Freud, A., Infants without Families: Report on the Hampstead Nurseries 1939-1945. New York: International Universities Press, 1973.

65 Burlingham, D. & Freud, A. (1944). Infants without Families. London: Allen & Unwin. Reprinted in Freud, A., Infants without Families: Reports on the Hampstead Nurseries 1939-1945. New York: International Universities Press, 1973.

66 Burnham, D. L. (1965). 'Separation Anxiety.' Archs gen. Psychiat. 13: 346-58.

67 Burton, L. (1968). Vulnerable Children. London: Routledge; New York: Schocken Books.

68   Caplan, G. (1964). Principles of Preventive Psychiatry. New York: Basic Books; London: Tavistock.
69   Choi, E. H. (1961). 'Father-Daughter Relationships in School Phobia.' Smith Coll. Stud. soc. Wk 31: 152-78.
70   Clancy, H. & McBride, G. (1969). 'The Autistic Process and its Treatment.' J. Child Psychol. Psychiat. 10: 233-44.
71   Clyne, M. B. (1966). Absent: School Refusal as an Expression of Disturbed Family Relationships. London: Tavistock
72   Cole, S. (1963). Races of Man. London: British Museum (Natural History).
73   Colm, H. N. (1959). 'Phobias in Children.' Psychoanal. psychoanal. Rev. 46(3): 65-84.
74   Coolidge, J. C., Hahn, P. B. & Peck, A. L. (1957). 'School Phobia: Neurotic Crisis or Way of Life.' Amer. J. Orthopsychiat. 27: 296-306.
75   Coolidge, J. C., Tessman, E., Waldfogel, S. & Willer, M. L. (1962). 'Patterns of Aggression in School Phobia.' Psychoanal. Study Child 17: 319-33.
76   Coopersmith, S. (1967). The Antecedents of Self-esteem. San Francisco: W. H. Freeman.
77   Cox, F. N. & Campbell, D. (1968). 'Young Children in a New Situation with and without their Mothers.' Child Dev. 39: 123-32.
78   Croake, J. W. (1969). 'Fears of Children.' Human Dev. 12: 239-47.
79   Crook, J. H. (1968). 'The Nature and Function of Territorial Aggression.' In M. Ashley Montagu (ed.), Man and Aggression. New York: Oxford University Press.
80   Darwin, C. (1859). On the Origin of Species by means of Natural Selection. London: Murray.
81   Darwin, C. (1871). The Descent of Man, London: Murray.
82   Davidson, S. (1961). 'School Phobia as a Manifestation of Family Disturbance: Its Structure and Treatment.' J. Child Psychol. Psychiat. 1: 270-87.
83   De Beer, G. (1963). Charles Darwin: Evolution by Natural Selection. Edinburgh: Nelson; New York: Doubleday, 1964.
84   Deutsch, H. (1929). 'The Genesis of Agoraphobia.' Int. J. Psycho-Anal. 10: 51-69.
85   Deutsch, H. (1937). 'Absence of Grief.' Psychoanal. Quart. 6: 12-22.
86   DeVore, I. & Hall, K. R. L. (1965). 'Baboon Ecology.' In I. DeVore (ed.), Primate Behavior. New York & London: Holt, Rinehart & Winston.
87   Douglas, J. W. B. (in press). 'Early Hospital Admissions and Later Disturbances of Behaviour and Learning.' Devl. Med. Child. Neurol. 17.
88   Douvan, E. & Adelson, J. (1966). The Adolescence Experience. New York: Wiley.
89   Edelston, H. (1943). 'Separation Anxiety in Young Children: A Study of Hospital Cases.' Genet. Psychol. Monogr. 28: 3-95.
90   Eiseley, L. (1958). Darwin's Century. New York: Doubleday.
91   Eisenberg, L. (1958). 'School Phobia: A Study in the Communication of Anxiety.' Amer. J. Psychiat. 114: 712-18.
92   English, H. B. (1929). 'Three Cases of the "Conditioned Fear Response",' J. abnorm. soc, Psychol. 34: 221-5.
93   Estes, H. R., Haylett, C. H. & Johnson, A. (1956). 'Separation Anxiety.' Amer. J. Psychother. 10: 682-95.
94   Evans, P. & Liggett, J. (1971). 'Loss and Bereavement as Factors in Agoraphobia: Implications for Therapy,' Brit. J. med. Psychol. 44: 149-54.
95   Fagin, C. M. R. N. (1966). The Effects of Maternal Attendance during Hospitalization on the Post-hospital Behavior of Young Children: A Comparative Study. Philadelphia: F. A. Davis.
96   Fairbairn, W. R. D. (1941). 'A Revised Psychopathology of the Psychoses and Psychoneuroses.' Int. J. Psycho-Anal. 22. Reprinted in Fairbairn, Psychoanalytic Studies of the Personality. London: Tavistock/Routledge, 1952; New York: Basic Books, 1954 (US edition entitled Object-relations Theory of the Personality).
97   Fairbairn, W. R. D. (1943). 'The War Neuroses: Their Nature and Significance.' In Fairbairn, Psychoanalytic Studies of the Personality. London: Tavistock/Routledge, 1952; New York: Basic Books, 1954 (US edition entitled Object-relations Theory of the Personality).
98   Fairbairn, W. R. D. (1952). Psychoanalytic Studies of the Personality. London: Tavistock/Routledge. Published in the USA under the title Object-relations Theory of the Personality. New York: Basic Books, 1954.
99   Fairbairn, W. R. D. (1963). 'Synopsis of an Object-relations Theory of the Personality.' Int. J. Psycho-Anal. 44: 224-5.
100   Fantz, R. L. (1965). 'Ontogeny of Perception.' In A. M. Schrier, H. F. Harlow & F. Stollnitz (eds.), Behavior of Nonhuman Primates, Vol. 2. New York & London: Academic Press.
101   Fenichel, O. (1945). The Psychoanalytic Theory of Neurosis. New York: Norton.
102   Flavell, J. H. (1963). The Developmental Psychology of Jean Piaget. Princeton, N. J. & London: Van Nostrand.
103   Fleming, J. (1972). 'Early Object Deprivation and Transference Phenomena.' Psychoanal. Quart. 41: 23-49.
104   Fraiberg, S. (1971). 'Separation Crisis in Two Blind Children.' Psychoanal. Study Child 26: 355-71.
105   Freud, A. (1936). The Ego and Mechanisms of Defence. London: Hogarth.
106   Freud, A. (1946). The Psycho-analytical Treatment of Children. London: Imago; New York: International Universities Press, 1959.

107 Freud, A. (1952). 'The Mutual Influences in the Development of Ego and Id.' Psychoanal. Study Child 7: 42-50.

108 Freud, A. (1953). 'Some Remarks on Infant Observation.' Psychoanal. Study Child 8: 9-19.

109 Freud, A. (1965). Normality and Pathology in Childhood: Assessments of Development, New York: International Universities Press; London: Hogarth, 1966.

110 Freud, A. (1972). Problems of Psycho-analytic Technique and Therapy 1966-1970. London: Hogarth.

111 Freud, S. (1894). 'The Neuro-psychoses of Defence (1).' SE 3:45-61. ❶

112 Freud, S. (1895). 'Anxiety Neurosis.' SE 3: 90-115.

113 Freud, S. (1905a). 'Fragment of an Analysis of a Case of Hysteria.' SE 7: 7-122.

114 Freud, S. (1905b). Three Essays on the Theory of Sexuality. SE 7: 135-243.

115 Freud, S. (1909). 'Analysis of a Phobia in a Five-year-old Boy.' SE 10: 5-149.

116 Freud, S. (1910). 'A Special Type of Choice of Object Made by Men.' (Contributions to the Psychology of Love I.) SE 11: 165-75.

117 Freud, S. (1911). 'Psycho-analytic Notes on an Autobiographical Account of a Case of Paranoia.' SE 12: 9-82.

118 Freud, S. (1915a). 'Instincts and their Vicissitudes.' SE 14: 117-40.

119 Freud, S. (1915b). 'The Unconscious.' SE 14: 166-204.

120 Freud, S. (1917a). 'Mourning and Melancholia.' SE 14: 243-58.

121 Freud, S. (1917b). Introductory Lectures on Psycho-analysis. Part III. SE 16.

122 Freud, S. (1919). 'Lines of Advance in Psycho-analytic Therapy.' SE 17:159-68.

123 Freud, S. (1920). Beyond the pleasure Principle. SE 18: 7-64.

124 Freud, S. (1925). An Autobiographical Study. SE 20: 7-70.

125 Freud, S. (1926a). Inhibitions, Symptoms and Anxiety. SE 20: 87-172.

126 Freud, S. (1926b). 'Psycho-analysis.' SE 20: 263-70.

127 Freud, S. (1931). 'Female Sexuality.' SE 21: 225-43.

128 Freud, S. (1933). New Introductory Lectures on Psycho-analysis. SE 22: 7-182.

129 Freud, S. (1937). 'Constructions in Analysis.' SE 23: 257-69.

130 Freud, S. (1940). An Outline of Psycho-analysis. SE 23: 144-207.

131 Frick, W. B. (1964). 'School Phobia: A Critical Review of the Literature.' Merrill-Palmer Quart. 10: 361-74.

132 Friedman, J. H. (1950). 'Short-term Psychotherapy of "Phobia of Travel".' Amer. J. Psychother. 4: 259-78.

133 Friedman, P. (1959). 'The Phobias.' In S. Arieti (ed.), American Handbook of Psychiatry, New York: Basic Books.

134 Fry, W. F. (1962). 'The Marital Context of an Anxiety Syndrome.' Family Process 1: 245-52.

135 Goldberg, T. B. (1953). 'Factors in the Development of School Phobia.' Smith Coll. Stud. soc. Wk 23: 227-48.

136 Goldfarb, W. (1943). 'Infant Rearing and Problem Behavior.' Amer. J. Orthopsychiat. 13: 249-65.

137 Greenacre, P. (1941). 'The Predisposition to Anxiety,' In Greenacre, Trauma, Growth and Personality. New York: Norton, 1952.

138 Greenacre, P. (1945). 'The Biological Economy of Birth.' In Greenacre, Trauma, Growth and Personality. New York: Norton, 1952.

139 Greenacre, P. (1952). Trauma, Growth and Personality. New York: Norton.

140 Grinker, R. R. (1962). '"Mentally Healthy" Young Males (Homoclites).' Archs gen. Psychiat. 6: 405-53.

141 Hagman, E. (1932). 'A Study of Fears of Children of Pre-school Age.' J. exp. Educ. 1: 110-30.

142 Hall, K. R. L. & DeVore, I. (1965). 'Baboon Social Behavior.' In I. DeVore (ed.), Primate Behavior. New York & London: Holt, Rinehart & Winston.

143 Hansburg, H. G. (1972). Adolescent Separation Anxiety: A Method for the Study of Adolescent Separation Problems. Springfield, Ill.: C. C. Thomas.

144 Hare, E. H. & Shaw, G. K. (1965). Mental Health on a New Housing Estate. London: Oxford University Press.

145 Harlow, H. F. (1961). 'The Development of Affectional Patterns in Infant Monkeys.' In B. M. Foss (ed.), Determinants of Infant Behaviour, Vol. 1. London: Methuen; New York: Wiley.

146 Harlow, H. F. & Harlow, M. K. (1965). 'The Affectional Systems.' In A. M. Schrier, H. F. Harlow & F. Stollnitz (eds.), Behavior of Nonhuman Primates, Vol. 2. New York & London: Academic Press.

147 Harlow, H. F. & Zimmermann, R. R. (1959). 'Affectional Responses in the Infant Monkey,' Science 130: 421.

148 Harper, M. & Roth, M. (1962). 'Temporal Lobe Epilepsy and the Phobic Anxiety-Depersonalization Syndrome.' Compreh. Psychiat. 3: 129-51.

149 Hartmann, H. (1939, Eng, trans. 1958). Ego Psychology and the Problem of Adaptation. London: Imago; New York: International Universities Press.

❶ 此參考書目中的縮寫S.E. 來自《佛洛伊德全集標準版》（*The Standard Edition of The Complete Psychological Works of Sigmund Freud*）由倫敦霍加斯出版社（Hogarth Press Ltd, London）出版，共24卷。本書中所有關於佛洛依德的語錄，皆來自此書。

150 Hayes, C. (1951). The Ape in our House. New York: Harper; London: Gollancz, 1952.

151 Heard, D. H. (1973). 'Unresponsive Silence and Intra-familial Hostility.' In R. Gosling (ed.), Support, Innovation, and Autonomy, London: Tavistock.

152 Heath, D. H. (1965). Explorations of Maturity. New York: Appleton-Century-Crofts.

153 Heathers, G. (1954). 'The Adjustment of Two-year-olds in a Novel Social Situation.' Child Dev. 25: 147-58.

154 Hebb, D. O. (1949). The Organization of Behavior. New York: Wiley.

155 Heinicke, C. (1956). 'Some Effects of Separating Two-year-old Children from their Parents: A Comparative Study.' Hum. Relat. 9: 105-76.

156 Heinicke, C. M., Busch, F., Click, P. & Kramer, E. (1973). 'Parent-Child Relations, Adaptation to Nursery School and the Child's Task Orientation: A Contrast in the Development of Two Girls.' In J. C. Westman (ed.), Individual Differences in Children. New York: Wiley.

157 Heinicke, C. & Westheimer, I. (1966). Brief Separations. New York: International Universities Press; London: Longmans.

158 Hermann, I. (1936). 'Sich-Anklammern-Auf-Suche-Gehen.' Int. Z. Psychoanal. 22: 349-70.

159 Hersov, L. A. (1960a). 'Persistent Non-attendance at School.' J. Child Psychol. Psychiat. 1: 130-6.

160 Hersov, L. A. (1960b). 'Refusal to Go to School.' J. Child Psychol. Psychiat, 1: 137-45.

161 Hill, R. & Hansen, D. A. (1962). 'Families in Disaster.' In G. W. Baker & D. W. Chapman (eds.), Man and Society in Disaster, New York: Basic Books.

162 Hinde, R. A. (1970). Animal Behaviour: A Synthesis of Ethology and Comparative Psychology. Second edition. New York: McGraw-Hill.

163 Hinde, R. A. & Davies, L. (1972). 'Removing Infant Rhesus from Mother for 13 Days compared with Removing Mother from Infant.' J. Child Psychol. Psychiat. 13: 227-37.

164 Hinde, R. A., Spencer-Booth, Y. & Bruce, M. (1966). 'Effects of Six-day Maternal Deprivation on Rhesus Monkey Infants.' Nature 210: 1021-3.

165 Hinde, R. A. & Spencer-Booth, Y. (1968). 'The Study of Mother-Infant Interaction in Captive Group-living Rhesus Monkeys.' Proc. R. Soc. B. 169: 177-201.

166 Hinde, R. A. & Spencer-Booth, Y. (1970). 'Individual Differences in the Responses of Rhesus Monkeys to a Period of Separation from their Mothers.' J. Child Psychol. Psychiat. 11: 159-76.

167 Hinde, R. A. & Spencer-Booth, Y. (1971). 'Effects of Brief Separation from Mother on Rhesus Monkeys.' Science 173: 111-18.

168 Hug-Hellmuth, H. von (1913, Eng. trans. 1919). A Study of the Mental Life of the Child. Washington: Nervous & Mental Disease Pub. Co.

169 Huxley, J. (1942). Evolution: The Modern Synthesis. London: Allen & Unwin; New York: Harper.

170 James, W. (1890). Principles of Psychology. New York: Holt.

171 Janis, M. G. (1964). A Two-year-old Goes to Nursery School. London: Tavistock.

172 Jay, P. (1965). 'The Common Langur of North India.' In I. DeVore (ed.), Primate Behavior. New York & London: Holt, Rinehart & Winston.

173 Jensen, G. D. & Tolman, C. W. (1962). 'Mother-Infant Relationship in the Monkey, Macaca nemestrina: The Effect of Brief Separation and Mother-Infant Specificity.' J. comp. physiol. Psychol. 55: 131-6.

174 Jersild, A, T. (1943). 'Studies of Children's Fears.' In R. G. Barker, J. S. Kounin & H. F. Wright (eds.), Child Behavior and Development. New York & London: McGraw-Hill.

175 Jersild, A. T. (1947). Child Psychology. Third edition. London: Staples Press.

176 Jersild, A. T. & Holmes, F. B. (1935a). Children's Fears. Child Dev. Monogr. no. 20. New York: Teachers College, Columbia University.

177 Jersild, A. T. & Holmes, F. B. (1935b). 'Some Factors in the Development of Children's Fears,' J. exp. Educ, 4: 133-41.

178 Jersild, A. T., Markey, F. V. & Jersild, C. L. (1933). Children's Fears, Dreams, Wishes, Day Dreams, Likes, Dislikes, Pleasant and Unpleasant Memories. Child Dev. Monogr. no. 12. New York: Teachers College, Columbia University.

179 Jewell, P. A. & Loizos, C. (eds.) (1966). Play, Exploration and Territory in Mammals, London & New York: Academic Press.

180 Joffe, W. G. & Sandler, J. (1965). 'Notes on Pain, Depression, and Individuation.' Psychoanal. Study Child 20: 394-424.

181 John, E. (1941). 'A Study of the Effects of Evacuation and Air-raids on Pre-school Children.' Brit. J. educ. Psychol. 11: 173-82.

182 Johnson, A. M., Falstein, E. I., Szurek, S. A. & Svendsen, M. (1941). 'School Phobia,' Amer. J. Orthopsychiat. 11: 702-11.

183 Jolly, A. (1972). The Evolution of Primate Behavior, New York: Macmillan.

184 Jones, E. (1927). 'The Early Development of Female Sexuality.' In Jones, Papers on Psycho-analysis. Fifth edition. London: Ballière, Tindall & Cox, 1948.

185 Jones, E. (1929). 'Fear, Guilt and Hate.' In Jones, Papers on Psychoanalysis. Fifth edition. London: Ballière, Tindall & Cox, 1948.

186 Jones, E. (1953). Sigmund Freud: Life and Work, Vol. 1. London: Hogarth; New York: Basic Books.

187 Jones, E. (1955). Sigmund Freud: Life and Work, Vol. 2. London: Hogarth; New York: Basic Books.

188 Jones, E. (1957). Sigmund Freud: Life and Work, Vol. 3. London: Hogarth; New York: Basic Books.

189 Jones, M. C. (1924a). 'The Elimination of Children's Fears.' J. exp. Psychol. 7: 383-90. Reprinted in H. J. Eysenck (ed.), Behaviour Therapy and the Neuroses. Oxford: Pergamon, 1960.

190 Jones, M. C. (1924b). 'A Laboratory Study of Fear: The Case of Peter.' Pedag. Semin. 31: 308-15. Reprinted in H. J. Eysenck (ed.), Behaviour Therapy and the Neuroses. Oxford: Pergamon, 1960.

191 Kahn, J. H. & Nursten, J. P. (1968). Unwillingly to School. Second edition. Oxford: Pergamon.

192 Katan, A. (1951). 'The Role of "Displacement" in Agoraphobia.' Int. J. Psycho-Anal. 32: 41-50.

193 Kaufman, I. C. & Rosenblum, L. A. (1967). 'Depression in Infant Monkeys Separated from their Mothers.' Science 155: 1030-1.

194 Kaufman, I. C. & Rosenblum, L. A. (1969). 'Effects of Separation from Mother on the Emotional Behavior of Infant Monkeys.' Ann. N. Y. Acad. Sci. 159: 681-95.

195 Kawamura, S. (1963). 'The Process of Subculture Propagation among Japanese Macaques.' In C. H. Southwick (ed.), Primate Social Behavior. Princeton, N. J. & London: Van Nostrand.

196 Kellogg, W. N. & Kellogg, L. (1933). The Ape and the Child: A Study of Environmental Influence upon Early Behavior. New York: McGraw-Hill (Whittlesey House Publications).

197 Kennedy, W. A. (1965). 'School Phobia: Rapid Treatment of Fifty Cases.' J. abnorm. Psychol. 70: 285-9.

198 Kessen, W. & Mandler, G. (1961). 'Anxiety, Pain, and the Inhibition of Distress.' Psychol. Rev. 68: 396-404.

199 Kestenberg, J. S. (1943). 'Separation from Parents.' Nerv. Child 3: 20-35.

200 Klein, E. (1945). 'The Reluctance to go to School.' Psychoanal. Study Child 1: 263-79.

201 Klein, M. (1932). The Psycho-analysis of Children. London: Hogarth.

202 Klein, M. (1934). 'On Criminality.' In Klein, Contributions to Psycho-analysis 1921-1945. London: Hogarth, 1948.

203 Klein, M. (1935). 'A Contribution to the Psychogenesis of Manic-depressive States.' In Klein, Contributions to Psycho-analysis 1921-1945. London: Hogarth, 1948.

204 Klein, M. (1946). 'Notes on Some Schizoid Mechanisms.' In Klein et al., Developments in Psycho-analysis. London: Hogarth, 1952.

205 Klein, M. (1948a). Contributions to Psycho-analysis 1921-1945. London: Hogarth.

206 Klein, M. (1948b). 'On the Theory of Anxiety and Guilt.' Int. J. Psycho-Anal, 29. Reprinted in Klein et al., Developments in Psycho-analysis. London: Hogarth, 1952.

207 Klein, M., Heimann, P., Isaacs, S. & Riviere, J. (1952). Developments in Psycho-analysis. London: Hogarth.

208 Korchin, S. J. & Ruff, G. E. (1964). 'Personality Characteristics of the Mercury Astronauts.' In G. H. Grosser, H. Wechsler & M. Greenblatt (eds.), The Threat of Impending Disaster: Contributions to the Psychology of Stress. Cambridge, Mass.: MIT Press.

209 Kreitman, N., Philip, A. E., Greer, S. & Bagley, C. R. (1969). Parasuicide. Letter in Brit. J. Psychiat. 115: 746-7.

210 Kreitman, N., Smith, P. & Tan, E. S. (1970). 'Attempted Suicide as Language: An Empirical Study.' Brit, J, Psychiat. 116: 465-73.

211 Kris, E. (1950). 'Notes on the Development and on Some Current Problems of Psychoanalytic Child Psychology.' Psychoanal. Study Child 5: 24-46.

212 Kris, E. (1956). 'The Recovery of Childhood Memories in Psychoanalysis.' Psychoanal. Study Child 11: 54-88.

213 Kuhn, T. S. (1962). The Structure of Scientific Revolutions. Chicago & London: University of Chicago Press.

214 Kummer, H. (1967). 'Tripartite Relations in Hamadryas Baboons.' In S. A. Altmann (ed.), Social Communication among Primates. Chicago: University of Chicago Press.

215 Laing, R. D. & Esterson, A. (1964). Sanity, Madness, and the Family. London: Tavistock; New York: Basic Books. Second edition, 1970.

216 Lapouse, R. & Monk, M. A. (1959). 'Fears and Worries in a Representative Sample of Children.' Amer. J, Orthopsychiat, 29: 803-18.

217 Laughlin, H. P. (1956). The Neuroses in Clinical Practice. London: Saunders.

218 Lawick-Goodall, J. van (1968). 'The Behaviour of Free-living Chimpanzees in the Gombe Stream Reserve.' Anim. Behav. Monogr. 1: 161-311.

219 Lazarus, A. A. (1960). 'The Elimination of Children's Phobias by Deconditioning.' In H. J. Eysenck (ed.), Behaviour Therapy and the Neuroses. Oxford: Pergamon.

220 Lee, S. G. M., Wright, D. S. & Herbert, M. (in preparation). 'Aspects of the Development of Social Responsiveness in Young Children.'

221 Leeuwen, K. van & Tuma, J. M. (1972). 'Attachment and Exploration: A Systematic Approach to the Study of Separation-Adaptation Phenomena in response to Nursery School Entry.' J. Amer. Acad. Child Psychiat. 11: 314-40.

457

222 Leighton, D. C., Harding, J. S., Macklin, D. B., Macmillan, A. M. & Leighton, A. H. (1963). The Character of Danger. New York: Basic Books.

223 Levy, D. (1937). 'Primary Affect Hunger.' Amer. J. Psychiat. 94: 643-52.

224 Levy, D. (1951). 'Observations of Attitudes and Behavior in the Child Health Center.' Amer. J. publ. Hlth 41: 182-90.

225 Lewis, A. (1967). 'Problems presented by the Ambiguous Word "Anxiety" as used in Psychopathology.' Israel Ann. Psychiat, & related Disciplines 5: 105-21.

226 Lidz, T., Cornelison, A., Fleck, S. & Terry, D. (1958). 'The Intrafamilial Environment of the Schizophrenic Patient: The Transmission of Irrationality.' Archs Neurol. Psychiat. 79: 305-16.

227 Lorenz, K. (1937). 'Über die Bildung des Instinktbegriffes.' Naturwissenschaften 25. Eng. trans. 'The Establishment of the Instinct Concept.' In Lorenz, Studies in Animal and Human Behaviour, Vol. 1. Trans. by R. Martin. London: Methuen, 1970.

228 Lynch, J. J. (1970). 'Psychophysiology and the Development of Social Attachment.' J. nerv. ment. Dis. 151: 231-44.

229 MacCarthy, D., Lindsay, M. & Morris, I. (1962). 'Children in Hospital with Mothers.' Lancet (1): 603-8.

230 Maccoby, E. E. & Feldman, S. S. (1972). 'Mother-attachment and Stranger-reactions in the Third Year of Life.' Monogr. Soc. Res. Child. Dev. 37 (1).

231 Maccoby, E. E. & Masters, J. C. (1970). 'Attachment and Dependency.' In P. H. Mussen (ed.), Carmichael's Manual of Child Psychology. Third edition. New York & London: Wiley.

232 McCord, W., McCord, J. & Verden, P. (1962). 'Familial and Behavioral Correlates of Dependency in Male Children.' Child Dev. 33: 313-26.

233 McDougall, W. (1923). An Outline of Psychology. London: Methuen.

234 Macfarlane, J. W., Allen, L. & Honzik, M. P. (1954). A Developmental Study of the Behavior Problems of Normal Children between 21 Months and 14 Years. Berkeley: University of California Press.

235 Mahler, M. D. (1968). On Human Symbiosis and the Vicissitudes of Individuation. Vol. 1, Infantile Psychosis. New York: International Universities Press; London: Hogarth, 1969.

236 Main, M. (1973). 'Exploration, Play and Cognitive Functioning as related to Child-Mother Attachment.' Thesis submitted for the degree of Ph.D., Johns Hopkins University.

237 Malmquist, C. P. (1965). 'School Phobia: A Problem in Family Neurosis.' J. Amer, Acad, Child Psychiat, 4: 293-319.

238 Marks, I. M. (1969). Fears and Phobias. London: Heinemann Medical.

239 Marks, I. M. (1971). 'Phobic Disorders Four Years after Treatment: A Prospective Follow-up.' Brit. J. Psychiat. 118: 683-8.

240 Marks, I. M., Boulougouris, J. & Marset, P. (1971). 'Flooding versus Desensitisation in the Treatment of Phobic Patients: A Crossover Study.' Brit. J. Psychiat, 119: 353-75.

241 Marler, P. R. & Hamilton, W. J. (1966). Mechanisms of Animal Behavior. New York: Wiley.

242 Marris, P. (1974). Loss and Change, London: Routledge.

243 Martin, H. L. (1970). 'Antecedents of Burns and Scalds in Children.' Brit. J. med. Psychol. 43: 39-47.

244 Marvin, R. S. (1972). 'Attachment and Communicative Behavior in Two-, Three- and Four-year-old Children.' Doctoral Dissertation submitted to the University of Chicago.

245 Mason, W. A. (1965). 'Determinants of Social Behavior in Young Chimpanzees.' In A. M. Schrier, H. F. Harlow & F. Stollnitz (eds.), Behavior of Nonhuman Primates, Vol. 2. New York & London: Academic Press.

246 Megargee, E. I., Parker, G. V. C. & Levine, R. V. (1971). 'Relationship of Familial and Social Factors to Socialization in Middle-class College Students' J. abnorm. Psychol. 77: 76-89.

247 Meili, R. (1959). 'A Longitudinal Study of Personality Development.' In L. Jessner & E. Pavenstedt (eds.), Dynamic Psychopathology in Childhood. New York: Grune & Stratton; London: Heinemann.

248 Melges, F. T. (1968). 'Postpartum Psychiatric Syndromes.' Psychosom. Med. 30: 95-108.

249 Meng, H. & Freud, E. L. (eds.) (1963). Psycho-analysis and Faith: The Letters of Sigmund Freud and Oskar Pfister, Trans, by E, Mosbacher. London: Hogarth.

250 Miller, D. R. (1970). 'Optimal Psychological Adjustment: A Relativistic Interpretation.' J, consult, clin, Psychol. 35: 290-5.

251 Mitchell, G. (1970). 'Abnormal Behavior in Primates.' In L. A. Rosenblum (ed.), Primate Behavior: Developments in Field and Laboratory Research, Vol. 1. New York & London: Academic Pr ess.

252 Montenegro, H. (1968). 'Severe Separation Anxiety in Two Pre-school Children: Successfully Treated by Reciprocal Inhibition.' J. Child Psychol. Psychiat. 9: 93-103.

253 Moore, T. W. (1964). 'Children of Full-time and Part-time Mothers.' Int, J, soc, Psychiat., Special Congress Issue no, 2.

254 Moore, T. W. (1969a), 'Effects on the Children.' In S. Yudkin & A. Holme (eds.), Working Mothers and their Children, Second edition. London: Sphere Books.

255 Moore, T. W. (1969b). 'Stress in Normal Childhood.' Hum. Relat. 22: 235-50.

256 Moore, T. W. (1971). 'The Later Outcome of Early Care by the Mother and Substitute Daily Régimes.' Summary of paper given to the International Society for the Study of Behavioral Development, Nijmegen, July.

257 Morgan, G. A. & Ricciuti, H. N. (1969). 'Infants' Responses to Strangers during the First Year.' In B. M. Foss (ed.), Determinants of Infant Behaviour, Vol. 4. London: Methuen.

258 Morris, R. & Morris, D. (1965). Men and Snakes. London: Hutchinson.

259 Moss, C. S. (1960). 'Brief Successful Psychotherapy of a Chronic Phobic Reaction.' J. abnorm. soc. Psychol. 60: 266-70.

260 Murphey, E. B., Silber. E., Coelho, G. V., Hamburg, D. A. & Greenberg, I. (1963). 'Development of Autonomy and Parent-Child Interaction in Late Adolescence.' Amer. J. Orthopsychiat, 33: 643-52.

261 Murphree, O. D., Dykman, R. A. & Peters, J. E. (1967). 'Genetically Determined Abnormal Behavior in Dogs: Results of Behavioral Tests.' Conditional Reflex 2: 199-205.

262 Murphy, L. B. (1962). The Widening World of Childhood, New York: Basic Books.

263 Nagera, H. & Colonna, A. B. (1965). 'Aspects of the Contribution of Sight to Ego and Drive Development: A Comparison of the Development of Some Blind and Sighted Children.' Psychoanal. Study Child 20: 267-87.

264 Newson, J. & Newson, E. (1968). Four Years Old in an Urban Community. London: Allen & Unwin; Chicago: Aldine.

265 Niederland, W. G. (1959a). 'The "Miracled-up" World of Schreber's Childhood.' Psychoanal. Study Child. 14: 383-413.

266 Niederland, W. G. (1959b). 'Schreber: Father and Son.' Psychoanal. Quart. 28: 151-69.

267 Nunberg, H. (1932, Eng. trans. 1955). Principles of Psychoanalysis. New York: International Universities Press.

268 Odier, C. (1948, Eng. trans. 1956). Anxiety and Magic Thinking. New York: International Universities Press.

269 Offer, D. (1969). The Psychological World of the Teenager: A Study of Normal Adolescent Boys. New York: Basic Books.

270 Offer, D. & Sabshin, M. (1966). Normality: Theoretical and Clinical Concepts of Mental Health, New York: Basic Books.

271 Onions, C. T. (ed.) (1966) The Oxford Dictionary of English Etymology. Oxford: Clarendon Press.

272 Parkes, C. M. (1969). 'Separation Anxiety: An Aspect of the Search for a Lost Object.' In M. H. Lader (ed.), Studies of Anxiety. Brit. J. Psychiat. Special Publication no. 3. Published by authority of the World Psychiatric Association and the Royal Medico-Psychological Association.

273 Parkes, C. M. (1970). 'The First Year of Bereavement: A Longitudinal Study of the Reaction of London Widows to the Death of their Husbands.' Psychiatry 33: 444-67.

274 Parkes, C. M. (1971). 'Psycho-social Transitions: A Field of Study,' Soc. Sci. Med. 5: 101-15.

275 Parkes, C. M. (1972). Bereavement: Studies of Grief in Adult Life. London: Tavistock; New York: International Universities Press.

276 Peck, R. F. & Havighurst, R. J. (1960). The Psychology of Character Development. New York: Wiley.

277 Piaget, J. (1937, Eng. trans. 1954). The Construction of Reality in the Child, New York: Basic Books. Published in the UK under the title The Child's Construction of Reality. London: Routledge, 1955.

278 Preston, D. G., Baker, R. P. & Seay, B. (1970). 'Mother-Infant Separation in the Patas Monkey.' Devl. Psychol. 3: 298-306.

279 Rank, O. (1924, Eng. trans. 1929). The Trauma of Birth. London: Kegan Paul.

280 Reinhardt, R. F. (1970). 'The Outstanding Jet Pilot.' Amer. J. Psychiat. 127: 732-6.

281 Rheingold, H. L. (1969), 'The Effect of a Strange Environment on the Behaviour of Infants.' In B. M. Foss (ed.), Determinants of Infant Behaviour, Vol. 4. London: Methuen.

282 Rheingold, H. L. & Eckerman, C. O. (1970). 'The Infant Separates Himself from his Mother.' Science 168: 78-83.

283 Ritvo, L. B. (1972). 'Carl Claus as Freud's Professor of the New Darwinian Biology.' Int. J. Psycho-Anal. 53: 277-83.

284 Roberts, A. H. (1964). 'Housebound Housewives: A Follow-up Study of a Phobic Anxiety State.' Brit. J. Psychiat. 110: 191-7.

285 Robertson, J. (1952). Film: A Two-year-old Goes to Hospital (16 mm., 45 mins.; guidebook supplied; also abridged version, 30 mins.). London: Tavistock Child Development Research Unit; New York: New York University Film Library.

286 Robertson, J. (1953). 'Some Responses of Young Children to the Loss of Maternal Care.' Nurs. Times 49: 382-6.

287 Robertson, J. (1958a). Film: Going to Hospital with Mother (16 mm., 40 mins.; guidebook supplied). London: Tavistock Child Development Research Unit; New York, New York University Film Library.

288 Robertson, J. (1958b). Young Children in Hospital. London: Tavistock. Second edition, 1970.

289 Robertson, J. & Bowlby, J. (1952). 'Responses of Young Children to Separation from their Mothers.' Courr. Cent. int. Enf. 2: 131-42.

290 Robertson, J. & Robertson, J. (1967-73). Film series, Young Children in Brief Separation:
    No. 1 (1967). Kate, 2 years 5 months; in fostercare for 27 days.
    No. 2 (1968). Jane, 17 months; in fostercare for 10 days.

No. 3. (1969). John, 17 months; 9 days in a residential nursery.

No. 4 (1971). Thomas, 2 years 4 months; in fostercare for 10 days.

No. 5 (1973). Lucy, 21 months; in fostercare for 19 days.

London: Tavistock Institute of Human Relations (Films available from Concord Films Council, Ipswich, Suffolk; and from New York University Film Library). Guides to the film series are available from the Tavistock Institute of Human Relations and New York University Film Library.

291 Robertson, J. & Robertson, J. (1971). 'Young Children in Brief Separation: A Fresh Look.' Psychoanal. Study Child 26: 264-315.

292 Rosenberg, M. (1965). Society and the Adolescent Self-image. Princeton, N.J.: Princeton University Press.

293 Rosenblum, L. A. & Kaufman, I. C. (1968). 'Variations in Infant Development and Response to Maternal Loss in Monkeys. Amer. J. Orthopsychiat. 38: 418-26.

294 Roth, M. (1959). 'The Phobic Anxiety-Depersonalization Syndrome.' Proc. R. Soc. Med. 52: 587-95.

295 Roth, M. (1960). 'The Phobic Anxiety-Depersonalization Syndrome and Some General Aetiological Problems in Psychiatry.' J. Neuropsychiat. 1: 293.

296 Roth, M., Garside, R. S. & Gurney, C. (1965). 'Clinical-Statistical Enquiries into the Classification of Anxiety States and Depressive Disorders.' In F. A. Jenner (ed.), Proceedings of Leeds Symposium on Behavioural Disorders. Dagenham, Essex: May & Baker.

297 Rowell, T. E. & Hinde, R. A. (1963). 'Responses of Rhesus Monkeys to Mildly Stressful Situations.' Anim. Behav. 11: 235-43.

298 Ruff, G. E. & Korchin, S. J. (1967). 'Adaptive Stress Behavior.' In M. H. Appley & R. Trumbull (eds.), Psychological Stress. New York: Appleton-Century-Crofts.

299 Rycroft, C. (1968a). Anxiety and Neurosis. London: Allen Lane The Penguin Press.

300 Rycroft, C. (1968b). A Critical Dictionary of Psychoanalysis. London: Nelson.

301 Sandels, S. (1971). The Skandia Report: A Report on Children in Traffic (English summary). Stockholm: Skandia Insurance Co.

302 Sandler, J. (1960). 'The Background of Safety.' Int. J. Psycho-Anal. 41: 352-6.

303 Sandler, J. & Joffe, W. G. (1969). 'Towards a Basic Psychoanalytic Model.' Int. J. Psycho-Anal. 50: 79-90.

304 Scarr, S. & Salapatek, P. (1970). 'Patterns of Fear Development during Infancy.' Merrill-Palmer Quart. 16: 59-90.

305 Schaffer, H. R. (1958). 'Objective Observations of Personality Development in Early Infancy.' Brit. J. med. Psychol. 31: 174-83.

306 Schaffer, H. R. (1971). 'Cognitive Structure and Early Social Behaviour.' In H. R. Schaffer (ed.), The Origins of Human Social Relations. London & New York: Academic Press.

307 Schaffer, H. R. & Callender, W. M. (1959). 'Psychological Effects of Hospitalization in Infancy,' Paediatrics 24: 528-39.

308 Schaffer, H. R. & Parry, M. H. (1969). 'Perceptual-Motor Behaviour in Infancy as a Function of Age and Stimulus Familiarity.' Brit. J. Psychol. 60: 1-9.

309 Schaffer, H. R. & Parry, M. H. (1970). 'The Effects of Short-term Familiarization on Infants' Perceptual-Motor Co-ordination in a Simultaneous Discrimination Situation.' Brit. J. Psychol. 61: 559-69.

310 Schapira, K., Kerr, T. A. & Roth, M. (1970). 'Phobias and Affective Illness.' Brit. J. Psychiat. 117: 25-32.

311 Schatzman, M. (1971). 'Paranoia or Persecution: The Case of Schreber.' Family Process 10: 177-207.

312 Schiff, W., Caviness, J. A. & Gibson, J. J. (1962). 'Persistent Fear Responses in Rhesus Monkeys to the Optical Stimulus of "Looming". Science 136: 982-3.

313 Schnurmann, A. (1949). 'Observation of a Phobia.' Psychoanal. Study Child 3/4: 253-70.

314 Schur, M. (1953). 'The Ego in Anxiety,' In R. D. Loewenstein (ed.), Drives, Affects, Behavior. New York: International Universities Press.

315 Schur, M. (1958). 'The Ego and the Id in Anxiety.' Psychoanal. Study Child 13: 190-220.

316 Schur, M. (1967). The Id and the Regulatory Principles of Mental Functioning. London: Hogarth.

317 Scott, J. P. & Fuller, J. L. (1965). Genetics and the Social Behavior of the Dog. Chicago: University of Chicago Press.

318 Scott, R. D. (1973a). 'The Treatment Barrier: 1.' Brit. J. med. Psychol. 46: 45-55.

319 Scott, R. D. (1973b). 'The Treatment Barrier: 2, The Patient as an Unrecognized Agent.' Brit. J. med. Psychol. 46: 57-67.

320 Scott, R. D. & Ashworth, P. L. (1969). 'The Shadow of the Ancestor: A Historical Factor in the Transmission of Schizophrenia,' Brit. J. med. Psychol. 42: 13-32.

321 Scott, R. D., Ashworth, P. L. & Casson, P. D. (1970). 'Violation of Parental Role Structure and Outcome in Schizophrenia: A Scored Analysis of Features in the Patient-Parent Relationship.' Soc. Sci. Med. 4: 41-64.

322 Sears, R. R., Maccoby, E. E. & Levin, H. (1957). Patterns of Child Rearing. Evanston, Ill.: Row, Peterson.

323 Seay, B., Hansen, E. & Harlow, H. F. (1962). 'Mother-Infant Separation in Monkeys.' J. Child Psychol. Psychiat. 3: 123-32.

324 Seay, B. & Harlow, H. F. (1965). 'Maternal Separation in the Rhesus Monkey.' J. nerv. ment. Dis. 140: 434-41.

325 Shand, A. F. (1920). The Foundations of Character. Second edition. London: Macmillan.

326 Shirley, M. M. (1942). 'Children's Adjustments to a Strange Situation.' J. abnorm. soc. Psychol. 37: 201-17.

327 Shirley, M. & Poyntz, L. (1941). 'Influence of Separation from the Mother on Children's Emotional Responses.' J. Psychol. 12: 251-82.

328 Shoben, E. J. & Borland, L. (1954). 'An Empirical Study of the Etiology of Dental Fears.' J. clin. Psychol. 10: 171-4.

329 Siegelman, E., Block, J., Block, J. & Lippe, A. von der (1970). 'Antecedents of Optimal Psychological Development.' J. consult. clin. Psychol. 35: 283-9.

330 Smith, J. Maynard (1966). The Theory of Evolution. Second edition. Harmondsworth, Middlesex Penguin Books.

331 Snaith, R. P. (1968). 'A Clinical Investigation of Phobias.' Brit. J. Psychiat. 114: 673-98.

332 Spencer-Booth, Y. & Hinde, R. A. (1967). 'The Effects of Separating Rhesus Monkey Infants from their Mothers for Six Days.' J. Child Psychol. Psychiat. 7: 179-97.

333 Spencer-Booth, Y. & Hinde, R. A. (1971a). 'Effects of Six Days Separation from Mother on 18- to 32-week-old Rhesus Monkeys.' Anim. Behav, 19: 174-91.

334 Spencer-Booth, Y. & Hinde, R. A. (1971b). 'The Effects of 13 Days Maternal Separation on Infant Rhesus Monkeys compared with those of Shorter and Repeated Separations.' Anim. Behav. 19: 595-605.

335 Spencer-Booth, Y. & Hinde, R. A. (1971c). 'Effects of Brief Separations from Mothers during Infancy on Behaviour of Rhesus Monkeys 6-24 Months Later.' J. Child Psychol. Psychiat. 12: 157-72.

336 Sperling, M. (1961). 'Analytic First-aid to School Phobias.' Psychoanal. Quart. 30: 504-18.

337 Sperling, M. (1967). 'School Phobias: Classification, Dynamics, and Treatment.' Psychoanal. Study Child 22: 375-401.

338 Spiegel, J. P. (1958). 'Homeostatic Mechanisms within the Family.' In I. Galdston (ed.), The Family in Contemporary Society. New York: International Universities Press.

339 Spitz, R. A. (1946). 'Anaclitic Depression.' Psychoanal. Study Child 2: 313-42.

340 Spitz, R. A. (1950). 'Anxiety in Infancy: A Study of its Manifestations in the First Year of Life.' Int. J. Psycho-Anal. 31: 138-43.

341 Stayton, D. J. & Ainsworth, M. D. S. (1973). 'Individual Differences in Infant Responses to Brief Everyday Separations as related to Other Infant and Maternal Behaviors.' Devl. Psychol. 9: 226-35.

342 Stendler, C. B. (1954). 'Possible Causes of Overdependency in Young Children.' Child Devl. 25: 125-46.

343 Stott, D. H. (1950). Delinquency and Human Nature. Dunfermline, Fife: Carnegie UK Trust.

344 Strachey, J. (1958). Editor's Note to the Standard Edition of Freud's 'Psycho-analytic Notes on an Autobiographical Account of a Case of Paranoia.' SE 12: 3-8.

345 Strachey, J. (1959). Editor's Introduction to the Standard Edition of Freud's Inhibitions, Symptoms and Anxiety. SE 20: 77-86.

346 Strachey, J. (1962). 'The Term Angst and its English Translation.' Editor's Appendix to the Standard Edition of Freud's paper on Anxiety Neurosis. SE 3: 116-17,

347 Sullivan, H. S. (1953). The Interpersonal Theory of Psychiatry. New York: Norton; London: Tavistock, 1955.

348 Suttie, I. D. (1935). The Origins of Love and Hate. London: Kegan Paul.

349 Talbot, M. (1957). 'Panic in School Phobia.' Amer. J. Orthopsychiat. 27: 286-95.

350 Terhune, W. B. (1949). 'The Phobic Syndrome.' Archs Neurol. Psychiat. 62: 162-72.

351 Thorpe, W. H. (1956). Learning and Instinct in Animals. Cambridge Mass.: Harvard University Press; London: Methuen, Second edition, 1963.

352 Tinbergen, E. A. & Tinbergen, N. (1972). 'Early Childhood Autism: An Ethological Approach.' Zugleich Beiheft 10 zur Zeitsch. für Tierspsychologie. Reprinted in Tinbergen, N., The Animal in its World, Vol. 2. London: Methuen, 1973.

353 Tinbergen, N. (1957). 'On Anti-predator Responses in Certain Birds—A Reply.' J. comp. physiol. Psychol. 50: 412-14.

354 Tizard, B., Joseph, A., Cooperman, O. & Tizard, J. (1972). 'Environmental Effects on Language Development: A Study of Young Children in Long-stay Residential Nurseries.' Child. Dev. 43: 337-58.

355 Tizard, J. & Tizard, B. (1971). 'The Social Development of Two-year-old Children in Residential Nurseries.' In H. R. Schaffer (ed.), The Origins of Human Social Relations. London & New York: Academic Press.

356 Tyerman, M. J. (1968). Truancy. London: University of London Press.

357 Ucko, L. E. (1965). 'A Comparative Study of Asphyxiated and Non-asphyxiated Boys from Birth to Five Years.' Devl. Med. Child Neurol. 7: 643-57.

358 Valentine, C. W. (1930). 'The Innate Bases of Fear.' J. genet. Psychol. 37: 394-419.

359 Waddington, C. H. (1957). The Strategy of the Genes. London: Allen & Unwin.

360 Waldfogel, S., Coolidge, J. C. & Hahn, P. (1957). 'The Development, Meaning and Management of School Phobia.' Amer. J. Orthopsychiat. 27: 754-80.

361 Walk, A. (1972). An Objection to 'Parasuicide'. Letter in Brit. J. Psychiat. 120: 128.

362 Walk, R. D. & Gibson, E. J. (1961). A Comparative and Analytical Study of Visual Depth Perception. Psychol.

Monogr. 75, no. 519.

363 Walker, N. (1956). 'Freud and Homeostasis.' Brit. J. Phil. Sci. 7: 61-27.

364 Warren, W. (1948). 'Acute Neurotic Breakdown in Children with Refusal to go to School,' Archs. Dis. Childh. 23: 266-72.

365 Washburn, S. (1966). Statement quoted (p. 139) by William Dement in his comment on a paper by Frederick Snyder entitled 'Toward an Evolutionary Theory of Dreaming'. Amer. J. Psychiat. 123: 121-42.

366 Washburn, S. L. & Hamburg, D. A. (1965). 'The Study of Primate Behavior,' In I. DeVore (ed.), Primate Behavior. New York & London: Holt, Rinehart & Winston.

367 Watson, J. B. & Rayner, R. (1920). 'Conditioned Emotional Reactions.' J. exp. Psychol. 3: 1-14.

368 Webster, A. S. (1953). The Development of Phobias in Married Women. Psychol. Monogr. 67, no. 17.

369 Weiss, E. (1964). Agoraphobia in the light of Ego Psychology, New York: Grune & Stratton.

370 Weiss, M. & Burke, A. (1970). 'A 5- to 10-year Followup of Hospitalized School Phobic Children and Adolescents.' Amer. J. Orthopsychiat. 40: 672-6.

371 Weiss, M. & Cain, B. (1964). 'The Residential Treatment of Children and Adolescents with School Phobia.' Amer. J. Orthopsychiat. 34: 103-14.

372 Wenner, N. K. (1966). 'Dependency Patterns in Pregnancy.' In J. H. Masserman (ed.), Sexuality of Women, New York: Grune & Stratton.

373 Westheimer, I. J. (1970). 'Changes in Response of Mother to Child during Periods of Separation.' Soc. Wk 27: 3-10.

374 Winnicott, D. W. (1941). 'The Observation of Infants in a Set Situation.' Int. J. Psycho-Anal. 22. Reprinted in Winnicott, Collected Papers. London: Tavistock, 1958.

375 Winnicott, D. W. (1945). 'Primitive Emotional Development.' Int. J. Psycho-Anal. 26. Reprinted in Winnicott, Collected Papers. London: Tavistock, 1958.

376 Winnicott, D. W. (1952). 'Anxiety Associated with Insecurity.' In Winnicott, Collected Papers. London: Tavistock, 1958.

377 Winnicott, D. W. (1955a). 'Metapsychological and Clinical Aspects of Regression within the Psycho-analytical Set-up.' Int. J. Psycho-Anal. 36. Reprinted in Winnicott, Collected Papers. London: Tavistock, 1958.

378 Winnicott, D. W. (1955b). 'The Depressive Position in Normal Emotional Development.' Brit, J. med. Psychol, 28. Reprinted in Winnicott, Collected Papers. London: Tavistock, 1958.

379 Winnicott, D. W. (1958). 'The Capacity to be Alone.' Int. J. Psycho-Anal. 39:416-20. Reprinted in Winnicott, The Maturational Processes and the Facilitating Environment. London: Hogarth; New York: International Universities Press, 1965.

380 Wolfenstein, M. (1955). 'Mad Laughter in a Six-year-old Boy.' Psychoanal, Study Child 10: 381-94.

381 Wolfenstein, M. (1957). Disaster. London: Routledge.

382 Wolfenstein, M. (1969). 'Loss, Rage, and Repetition.' Psychoanal. Study Child 24: 432-60.

383 Wolpe, J. (1958). Psychotherapy by Reciprocal Inhibition. Stanford, Calif.: Stanford University Press.

384 Wynne, L. C., Ryckoff, I. M., Day, J. & Hirsch, S. I. (1958). 'Pseudomutuality in the Family Relations of Schizophrenics.' Psychiat. 21: 205-20.

385 Wynne-Edwards. V. C. (1962), Animal Dispersion in relation to Social Behaviour. Edinburgh: Oliver & Boyd.

386 Yarrow, L. J. (1963). 'Research in Dimensions of Early Maternal Care.' Merrill-Palmer Quart. 9: 101-14.

387 Yerkes, R. M. & Yerkes, A. W. (1936). 'Nature and Conditions of Avoidance (Fear) Response in Chimpanzees.' J. comp. Psychol. 21: 53-66.

388 Zetzel, E. R. (1955). 'The Concept of Anxiety in relation to the Development of Psychoanalysis.' J. Amer. psychoanal. Ass. 3: 369-88.